复旦大学韩国研究丛书

中国学术期刊综合评价数据库（CNKI）来源集刊

韩国研究论丛

（第二十四辑）

复旦大学韩国研究中心成立20周年特辑

复旦大学韩国研究中心 编

社会科学文献出版社
SOCIAL SCIENCES ACADEMIC PRESS (CHINA)

复旦大学韩国研究丛书
编辑委员会

主任委员 石源华

委　　员（按姓氏笔画排名）

方秀玉	〔韩〕白永瑞	石源华
任　晓	刘迎胜	刘　鸣
孙启林	庄锡昌	朴昌根
吴心伯	李甦平	邢丽菊
杨昭全	沈丁立	沈定昌
〔韩〕辛正根	陈尚胜	汪伟民
〔韩〕郑在浩	金光耀	金柄珉
金健人	郑继永	洪　军
胡礼忠	蔡　建	

执行主编 蔡　建　郑继永

英文译校 蔡　建

目录

总　序 …………………………………………………… 石源华 / 1

未来20年的韩中关系 …………………………………… 金星焕 / 1

韩国独立运动与中国关系史研究的新课题
　　——关于编纂《韩国独立运动与中国关系编年史》的
　　若干问题 …………………………………………… 石源华 / 10

中共上海韩人支部述论 ………………………………… 崔凤春 / 27

试论朝鲜民族早期共产主义运动和共产党的建立 …… 金成镐 / 49

光复以来韩国学术界对大韩民国临时政府研究述论
　　……………………………………………………… 魏志江 / 74

中国在朝核问题上的有限作用 ………………………… 蔡　建 / 93

朝鲜与东北亚区域合作
　　——从区域公共产品理论角度剖析 ……………… 傅　干 / 107

朝鲜半岛问题与中美关系 ……………………………… 崔志鹰 / 119

朝鲜战争与中美的相互认识 …………………………… 祝曙光 / 134

进退失据：检视李明博的内外政策 …………………… 汪伟民 / 148

李明博政府安保外交的演变 …………………………… 郑义炜 / 163

标题	作者	页码
韩国发展大洋海军态势评估	胡良孟 刘 鸣	177
试析韩国的政治粉丝社团现象	郑继永	199
周边大国在交叉承认韩朝问题上的博弈	朱 芹	216
韩国外贸发展的经验及其对中国的启示	沈万根	235
朝鲜王朝关王庙创建本末与关王崇拜之演变（下）	孙卫国	250
清末民初中国鸭绿江流域朝鲜移民社会	廉松心	267
十六世纪末的东亚和平构建——以日本侵略朝鲜战争期间明朝的外交集团及其活动为中心	郑洁西	283
康熙年间盛京的海上航运和清朝对朝鲜的赈灾活动	〔日〕松浦章	309
略论第一次俄朝密约事件	潘晓伟	327
朝鲜燕行使者所见十八世纪之盛清社会——以李德懋的《入燕记》为例（下）	王振忠	340
从"郑雷卿案"看沈馆朝鲜陪臣的抗清活动	石少颖	358
韩人移住内蒙古地区研究	梁志善	382
论牧隐李穑的儒学思想	李甦平	400
茶山丁若镛的心性论探析：以经学为中心	邢丽菊	431
韩国私教育盛行之探析	李冬新 范 靓	450
柳如是与黄真伊诗歌比较	郝君峰	467
浅析韩国影视文化对高校教育的影响	陈冰冰	481
韩国大学生的生活方式对休闲活动的影响	〔韩〕李敬姬	490
复旦大学韩国研究中心简介（1992～2012年）		505
2011年韩国研究中心大事记		528

总　序

2012年是中韩建交二十周年，也是复旦大学韩国研究中心成立二十周年。1992年8月，中国和韩国两国正式建交。10月，复旦大学韩国研究中心挂牌成立。中心的成立与发展，可以说是中韩关系建交与发展的一个缩影。

中韩建交后，两国关系差不多每五年就有一个大的提升，经历了友好邻邦关系—合作伙伴关系—全面合作伙伴关系，2008年进入战略合作伙伴关系的高层次。中韩关系定位的不断提升，反映了两国的国家利益和战略取向，有其深层的历史与现实原因，不仅有着充分生存和发展的基础，而且也有着广阔的发展前景。

从中国角度来观察，两国战略合作伙伴关系的建立是新形势下中国对朝鲜半岛进行战略调整和全面提升韩国在中国周边外交中战略地位的重要战略性抉择，是中国经济高速发展和和平稳定周边环境建设的现实需要，也是中国应对美国"重返"亚洲、可能"围堵"中国的东亚战略需求。为此，中国将长期以来推行的重北轻南的"一边倒"政策转变为坚持在朝鲜半岛南北间实行均衡政策，在政治、经济、文化等广阔的领域，特别重视发展与韩国间的友好关系。

从韩国角度来观察，两国战略合作伙伴关系的建立是韩国打破和牵制朝鲜实行的"通美封南"战略，防止美国"越顶外交"，平衡美韩同盟关系和中韩合作关系，争取韩国在东北亚发言权和提升战略地位的战略性措施，更是韩国从中国经济高速发展中"搭顺风车"和由中等发达国家走向发达国家的现实需求。为此，韩国在发展美韩同盟关系的同时，期待、重视、着力发展对中国的友好关系，即使两国间发生若干分歧，韩国也不会轻易放弃和改变这一基本的政策方向。

中韩关系的发展势头强劲，中国已经成为韩国最大的贸易伙伴国、最大的出口市场和进口来源国、最大的入境客源国。至2010年，双方共建立130对友好省市关系。两国领导人商定中韩贸易额2015年将达到3000亿美元，前景非常令人振奋。中韩战略合作伙伴关系具有必要性和稳定性，不管出现任何困境和问题，中韩关系的这个战略定位都会经受住考验，继续前行。中韩两国的地缘政治环境、共同的振兴目标、互补的经济需求、类似的文化背景等，决定了中韩战略合作伙伴关系还有进一步提升的空间。

然而，中韩关系的发展并非一帆风顺，中韩战略合作伙伴关系的发展存在两大内在的结构性矛盾。

其一，如何处理中韩战略合作伙伴关系与美韩战略同盟关系。韩国对中、美两个大国分别实现战略合作伙伴关系和战略同盟关系两种战略层次不同的关系。对于韩国来说，美韩同盟是第一位的，是其外交政策的基石，其次才是中韩合作关系。中美关系发展顺利，中韩关系就会通畅发展，如果中美关系出现波折，中韩关系就自然而然会受到影响。在韩国安全仍然很大程度依赖美国的情况下，韩国的外交政策不能不受到美国的制约和影响，韩国历届政府的外交政策实际上一直都在"亲美"与"亲华"间徘徊。如何处理或者平衡好两者的关系，是韩国外交政策以及中韩关系需要解决的重要难题之一。处于中、美两种安全合作体系之间的韩国需要有更多的独立决策能力，保持好自身在两者间的平衡，既与美国又与中国建立友好合作关系，才能确保中韩两国战略合作伙伴关系的健全和发展。任何倒向一边的政策，都会使韩国的战略决策失衡，使中韩战略合作伙伴关系受损。

其二,如何处理中韩战略合作伙伴关系与中朝友好互助关系。韩朝关系得到缓和与改善,进入正规的和平发展轨道,中韩关系就会顺利发展,反之,如果韩朝关系出现波折和冲突,中韩关系也必然会受到影响。目前,美朝、韩朝关系在理论上尚处于停战状态,互相之间发生波折与冲突是一个常态性的问题。每当发生韩朝冲突之时,中国的对韩外交和韩国的对华外交就会受到考验和冲击。韩国历届政府的对朝政策也始终在"缓和"与"强硬"间徘徊。如何处理韩朝关系是中韩战略合作伙伴关系巩固和发展的又一难题。中国不能接受任何使朝鲜半岛局势加剧的做法,不赞成使用大规模军演等加剧军事对抗的办法,甚至是颠覆政权、期待朝鲜"突变"的办法对待朝鲜。争取早日实现朝鲜半岛停战机制向和平机制的转变,是中韩两国共同的努力目标,也是两国战略合作伙伴关系进一步发展的重要背景和政治条件。

中韩间两大内在结构性矛盾在短期内无法从根本上得到解决,这是中韩关系进一步发展的重大制约因素,但经过双方的共同努力和政策调整,这些矛盾有所缓解。因此,中韩战略合作伙伴关系的建设不能照搬既有的建设模式,应是一个逐步深化而非一步到位的过程,其运行路径将体现先易后难、逐步扩展、多轨并行的特点。两国可以通过逐步深化、由易到难的建设模式,在各个领域克服内在结构性矛盾带来的负面影响,逐个地实现局部的战略合作伙伴关系,经过长时期的努力,将朝鲜半岛的停战机制转换为和平机制,促成韩朝、美朝、日朝关系实现正常化,并在此基础上,将两国关系发展提升为全面的战略合作伙伴关系。

复旦大学韩国研究中心自 1995 年开始创办综合性韩国学研究集刊《韩国研究论丛》,迄今已经 17 年,共计出版论丛 24 辑。2006 年,本集刊曾经入选中国中文社会科学引文索引(CSSCI)首届来源集刊,2009 年又入选中国学术期刊综合评价数据库(CNKI)来源集刊(所有出版论文全部提交网上以供各界阅读使用），对于推动中国韩国学的研究和中韩关系的发展及其困境的解脱，发挥了积极的作用，在国内外学术界产生了越来越重要的影响。本集刊已成为中国国内坚持时间最长、质量最好、出版期数最多的韩国学研究集刊之一。

17年间，《韩国研究论丛》共发表各个领域韩国学研究的最新成果701篇论文。中国国内韩国学研究的领军学者，韩国部分著名学者以及政界、外交界、经济界领袖等，在本刊发表论文或演讲稿，使本集刊具有强烈的时代性、广泛的代表性、浓厚的学术性、相当的前沿性，并在实践中逐步形成了确保集刊质量和严格学术规范的特点。

本集刊建立并逐步扩大了编委会，邀请国内外韩国学研究的重镇单位中国社会科学院、吉林社会科学院、上海社会科学院、北京大学、东北师范大学、山东大学、浙江大学、南京大学、延边大学的领军学者以及韩国高丽大学、首尔大学、成均馆大学的著名学者参加编委会，使集刊能够依托复旦，面向全国，兼及国际，努力反映当前中国和世界韩国学研究的最新研究成果。

本集刊努力扩大作者队伍，实行稿源的全国化及海外化。每辑论丛逐步做到4/5以上采用外稿，努力争取国内韩国学研究领域的领军学者在本论丛发表论文，保持每辑论丛的作者70%以上为具有高级职称的学者，也注意刊载优秀的青年学者和研究生的佳作，不少国内韩国学研究的著名学者已在本刊发表论文。论丛也适当刊载海外著名学者和政治家的演讲稿或论文，如前韩国总统金大中、前韩国总理李寿成及赵淳、前韩国外交部长韩升洲、前韩国统一部长丁世铉、前韩国统一研究院院长李朝凤、前韩国民主党代表金槿泰及韩和甲、前韩国大国家党外交委员长朴振、前韩国中央银行行长朴升、前韩国驻华大使权丙铉等和韩国顶级学者金俊烨、文正仁、柳承国、尹丝淳、李元淳、朴永锡等数十人，以及俄罗斯科学院远东研究所所长季达连科、朝鲜半岛研究所所长特卡钦科等世界级学者的论文，产生了较大的影响。

总　序

　　本论丛得到各方好评，《中国社会科学文摘》多次转载本集刊的论文。值此中韩建交20周年之际，社会科学文献出版社决定于2012年出版五卷本的复旦大学韩国研究论丛论文精选《韩国研究二十年》（五卷本）。本文集将从已经发表的论文中精选最为优秀的150余篇，分列韩国文化研究、韩国历史研究、韩国政治研究、韩国外交研究、韩国经济研究五卷出版。《韩国研究二十年》（五卷本）将体现20年来中国韩国学研究的最新成果。

　　相对于中国的日本学、美国学、俄罗斯学、法国学等学科而言，中国的韩国学研究如同中韩关系一样，虽然有了一定的发展，而且发展速度很快，但总体水平尚处于年轻稚嫩的阶段，有待于进一步成长与提高。衷心希望在中韩关系发展的未来20年以及更长的年代里，复旦大学韩国研究中心及其《韩国研究论丛》将继续发挥积极的作用，成为推动中韩关系发展和韩国学学科建设的一支积极而重要的力量。欢迎海内外从事韩国学研究的朋友们继续投送优秀的文稿，使论丛成为我们的共同园地，鲜花竞放，春色满园。

石源华
于复旦大学韩国研究中心
2012年2月

未来20年的韩中关系*

金星焕

我从学生时期就对中国历史十分感兴趣,作为一个非常重视韩中关系的外交官,今天能同热切关注韩中关系的各位专家、企业家、公务员以及我们未来的主人——各位同学欢聚一堂,就韩中关系交换意见,我感到很高兴。尤其是,作为第一个在上海作演讲的韩国外交部长,我感到十分荣幸,也觉得很有意义。

上周,韩中两国政府在首尔共同举办了建交20周年的庆祝典礼。开幕式上,上海评弹团与浙江小百花越剧团在演出中将韩国的传统说唱"板索里"与中国的评弹和越剧完美结合,得到了广大观众的好评。上海艺术团的精彩演出可谓是纪念两国建交20周年的一个亮点,给我留下了深刻的印象。演出中有句台词:"汉江和长江,山水遥相望,建交二十载,中韩情意长","东方之珠并肩立,盛世繁荣共富强"。我认为这句话恰到好处地描述了韩中关系

---

* 2012年4月9日,韩国外交通商部部长金星焕为庆贺中韩建交20周年在上海所作的公开演讲。经作者同意收入本书。文字略有改动,内容及用词尊重作者原意。

的现在和未来。

自古以来,上海就同韩国有着特殊的缘分。据有关记载,早在新罗、高丽时代,包括上海在内的华东地区就已经与韩国展开了积极的贸易和交流活动。此外,日本强占韩国时期,韩国临时政府在上海成立,尹奉吉义士向日本帝国主义投掷炸弹的义举也发生在上海。

现在,上海正在逐渐发展成韩中两国交流的枢纽。2011年,韩国与上海的贸易额达到259亿美元,在两国总贸易额中所占比例超过10%。生活在上海的韩国侨民达到6.3万名,有许多优秀的韩国企业在上海这片热土上投资兴业。

中国有这样的说法,"要看过去的中国就去西安,要看现在的中国就去北京,而要想看未来的中国就要到上海"。正如此话所描述的一样,上海是展示未来中国的窗口。值此两国建交20周年之际,我十分荣幸地在上海与大家一同回顾过去20年里韩中关系发展所取得的成果,并以此为基础,和大家共同探讨在新的20年里,如何进一步促进两国关系的发展。

一　对韩中关系的评价

1992年建交以来,韩中两国在政治、经济、文化、人文交流等诸多领域取得了前所未有的发展成果。继1998年两国建立"面向21世纪的合作伙伴关系"之后,2003年两国关系被提升为"全面合作伙伴关系",而2008年李明博总统执政后,两国关系再次被提升为"战略性合作伙伴关系",进一步拓展和深化了双边合作。

以高层交流为例,2008年以来,两国举办了17次首脑会晤和24次外长会晤,两国的交流比其他任何国家之间的交流都要活跃。同时,其他政府部门、议会(人大)、地方政府间的交流也十分频繁。就拿我和杨洁篪部长来说,仅仅2012年我们已经进行了4次会晤。

另外,两国贸易额从1992年建交初期的64亿美元扩增至2409亿美元,增长了约37倍。互访人数也从1992年的13万人次增加到641万人次，增长了约49倍。目前，每周有840架次的航班往返于韩国的7个城市和中国的30个城市之间。

当然，我们之所以能够实现如此惊人的发展，主要是因为两国地缘相近，在历史、文化和情感上的相似，以及经济产业结构所具有的互补性。我想我们可以用"松茂柏悦"这句话来形容两国关系。

韩中两国关系所取得的如此辉煌的发展，引起了东亚乃至世界众多国家的关注。这是因为，两国在地域及国际事务上都有着巨大的实力，并且通过相互合作，为地区及世界的和平与繁荣作出贡献的潜力也十分之大。

随着中国经济实力的增强以及国际地位的提升，国际社会多以"惊讶"、"惧怕"、"期待"的眼光来看待中国。对中国依靠与以往不同的经济社会体制和制度来实现发展这一点，人们深感惊讶，同时也对中国今后的发展态势有所惧怕。

然而，我本人却对中国发展所带来的新机遇予以更多的关注。这是因为，中国的发展将会成为韩国未来经济增长的巨大动力，将大大有助于提高韩国人的福利水平。同时，韩国的发展和两国关系的发展，也将对加强中国的发展和提高中国人民的福利作出不小的贡献。我深信，随着国家实力的增强，中国作为一个负责任的大国，将对世界的和平与繁荣发挥更大的作用。

二 两国关系发展的基本方向

为了加强韩中两国的相互发展，两国应以20年来所取得的成果为基础，就未来20年的发展达成战略性共识。

以建交20周年为契机，双方应从之前"保留不同点、追求共同点"的所谓的"求同存异"层面，积极迈向"求同化异"，即"扩大相互在不同意见领域的共识"，从而达到质的飞跃。

2012年1月，李明博总统来华进行国事访问。两周前，胡锦涛主席出席首尔核安全峰会。在建交20周年之际，两国领导人已经举行了两次首脑会晤，并就推动两国战略合作伙伴关系的发展走向新的阶段达成共识。应该说，这是为两国未来的关系发展所迈出的第一步，具有重要意义。

在新的20年里，两国应该以合作、包容的态度，进一步扩大共同规范，增进民间沟通，为两国的共同繁荣乃至东亚和世界的稳定与发展作出贡献，从而推动两国关系向更加成熟的方向发展。

为此，我认为两国应该在以下三个方面共同作出积极的努力。

第一，在政治安全领域，两国作为战略合作伙伴以及共同追求东北亚地区和平与稳定的国家，应在包括韩半岛在内的地区与全球事务上进一步发展和深化合作。

韩中关系是韩国外交上最为关键的主轴之一，韩国政府十分重视。我们认为中国是实现东北亚和平的伙伴，也是支持韩半岛和平统一的国家。我们也期待中国成为未来统一韩国的良好伙伴。

同时，韩国作为中国的主要睦邻友好国家，将会一如既往地支持两岸和平繁荣，并希望在地区和国际事务上继续扩大双边合作。

尤其在韩半岛问题上，韩国作为直接当事国，希望与中国继续保持密切的合作与沟通。过去60年来，韩半岛在持久的分裂和对立之下反复出现不信任和反目，一直生活在黯淡的时代里。现在，我们应从黯淡的时代里摆脱出来，开创"和平与合作"的时代。实现半岛无核化，结束分裂，实现和平统一，从而谱写数千年来统一历史的新篇章，这就是我们的时代课题。

迄今为止，在追求东北亚合作共赢的过程中，两国所面临的最大阻力是朝核问题。为了解决这一问题，我们通过六方会谈付出了巨大的、不懈的努力。中国作为六方会谈的主席国，作出了不少的努力，对此韩国表示高度赞赏。但是，朝鲜在六方会谈期间依然进行了导弹开发和核试验，不断发起挑衅。最近，朝鲜与美国之间刚刚达成了"2·29"共识。而在履行这一共识之前，朝鲜竟然宣布所谓的"实用卫星"发射计划，并无视包括中国在内的国际社会的反复呼吁，依然将发射体安装在了发射场。

也许朝鲜会强行实行需投入巨额资金的发射计划。这种行为是对国际社会的重大挑衅，也将造成严重的安全威胁。此外，这还将成为我们一直渴望实现的东北亚和平与繁荣的巨大障碍。我们再次敦促朝鲜立即停止这种"挑衅行为"，早日走上和平之路。

所谓的强盛大国，并不是通过强化军事力量和挑衅来实现的。朝鲜只有通过改革开放，成为国际社会的一员，促进本国经济发展，积极改善民生，才能真正走上强盛大国的道路。中国通过改革开放来推动国家发展，不仅实现了惊人的经济发展，也成为引领国际社会的国家。越南也不例外，越南的成功告诉我们，伴随着改革的开放才是成功之路。韩国亦从战争遗留下的绝望和废墟中，实现了令全世界瞩目的经济增长。南北同为一个民族，我认为朝鲜同样能够实现这一蜕变。

在追求东北亚和平与繁荣的这一时代，并没有对朝鲜造成威胁的国家。只有朝鲜自身的选择，才能决定朝鲜的未来。一味地坚持对核开发、军事挑衅、谴责和威胁的封闭体制和先军政治之路的追求，并不是一条阳光大道。朝鲜应该作为国际社会的健康一员，通过和韩国及国际社会的合作，改善民生，走出经济低迷。一旦朝鲜放弃核开发和武力挑衅，走上变化之路，韩国政府将与朝鲜积极合作并提供相关援助，以使朝鲜得到真正的发展，朝鲜人民的生活将得到改善，并对新政府产生更大的信心。我想，这一效果将远甚于发射所谓的"实用卫星"所能带来的效果。我们期待，作为朝鲜近邻的中国能敦促朝鲜弃核并融入东北亚合作时代的潮流，为共同实现东北亚的相生共荣作出积极贡献。

另外，韩中两国在东北亚地区和全球问题上，需要进一步加强沟通与合作。继昨天在宁波召开的第六次中日韩外长会议之后，今后应继续发展三国合作机制。此次的首尔核安全峰会上，中国宣布了关于核安全的实质性公约，为会议的成功召开作出了积极贡献。另外，应进一步加强两国在国际恐怖主义、毒品、海盗、网络犯罪等全球问题上的合作。

就算是友邻也会存在意见分歧,在韩中两国关系的发展过程中亦是如此。但是只要通过密切的沟通与合作,增进相互理解与信任,任何问题都能迎刃而解。为此,我们应该进一步增进沟通、对话和交流,这种交流包括两国元首等高层在内的政府、议会与政党、军队等层面的,也包括媒体、专家等民间层面的。

第二,在经贸领域,两国作为共同实现东北亚时代繁荣的伙伴,应该进一步推动两国合作水平在质和量两方面向更高的层次发展。

我想首先告诉大家的是,韩中FTA的签署将是一个历史性的时刻,两国政府为了迎接和准备这一时刻,正在做着最后的冲刺。过去20年来,两国关系实现了令人瞩目的发展,此时此刻我们要以此为基础,为新的发展建立一个规范性的制度性框架。我深信,韩中FTA一定会顺应这样的时代要求。因为韩中FTA不是一个简单的经济议题,它已经超出了经济层面,具有将两国关系带向更高层次的更为深刻的意义。2012年1月李明博总统访华以及3月胡锦涛主席出席首尔核安全峰会时,两国首脑再三表明了早日推进韩中FTA的坚定意志。不久之后韩国将完成一系列的国内程序,届时两国就将正式启动谈判。我认为,韩中FTA将对消除两国之间所存在的贸易投资壁垒,提高两国经贸关系密切度等方面,发挥应有的机制性作用。

韩中FTA一旦签署,两国贸易投资规模将大大增加。原定2015年贸易额达到3000亿美元的目标也将有望提前实现。此外,一直以来相对于贸易规模来说较小的投资规模也有望大幅增加。韩国政府热烈欢迎通过韩中FTA的签署,有更多的中国企业到韩国投资。据我了解,中国政府正在实行的"走出去"政策正是为了鼓励中国企业进行海外投资。我希望在选择投资对象时,韩国能够得到更多的关注。与此同时,韩国政府也会不懈努力,为中国企业创造更好的投资环境。

不仅如此,韩中FTA还将为扩大两国社会、文化交流及加强政治安全领域的合作作出贡献。FTA可以促进两国社会和文化的交流,从而纠正双方之间的误会和偏见,为增进互信发挥积极作用。随之,包括经贸领域在内的众多领域的信任度和相关性也将会大大提高,这将为推动两国战略关系的进一步发展奠定坚实的基础。我坚信,通过韩中FTA,两国将迎来贸易额达3000亿美元、人文交流达1000万人次的时代。我期待两国为此共同作出努力。

为了两国经济合作关系取得面向未来的发展,我们应该积极推进为下一代考虑的可持续发展问题。最近,应对气候变化和低碳绿色增长已经成为全世界的热门话题,两国也应在此类领域积极开展合作。为此,韩国政府正在重点发展新发展动力产业。中国政府也不例外,据我了解,中国通过实施"第12个五年规划"大力发展7个战略新兴产业。我期待,今后两国共同开拓有望合作的新领域。

另外,双方还应加强合作,共同应对世界范围内不断发生的自然灾害,防范并治理跨境影响周边他国的沙尘暴、海洋环境污染等。2011年的日本东部大地震以及2008年四川大地震,再次让人们深深意识到任何国家都会遭遇自然灾害,而当灾难来临时,各国应齐心协力,共同克服困难。

为了积极鼓励两国企业活动,保持良好的经贸势头,两国应尽快签署社会保障协议。我认为,随着中国社会经济发展水平的提高,社会制度和福利水平也应得到相对提升。为了保持两国企业活动的良好发展趋势,我们应采取适当措施,减轻企业和劳动者在义务加入社会保障之后所面临的负担。

为了推动两国经贸合作关系的发展,双方需要有效应对来自外部世界的挑战。最近,继全球金融危机之后,来自欧洲的财政危机对包括韩中两国在内的整个亚洲地区带来了负面影响。针对这种外部挑战,两国在共同应对的同时,有必要提前防备未来可能发生的流动性危机。2011年,两国将货币互换规模从280亿美元加大至560亿美元。这一举措使得两国金融货币合作水平得到进一步提升,并为区域内金融、货币互换的稳定作出了积极贡献。我期待,今后这种双边合作以及G20框架内的合作能够不断延伸。

第三，两国应该进一步扩大双向性的文化和人文交流，增进两国人民间的相互理解和睦邻友好关系，从而为两国关系发展打下更加坚实而良好的基础。通过扩大双向性的文化和人文交流，双方努力成为相互信任、相互帮助的近邻，增进相互理解和友谊，这将为两国关系的良好发展奠定坚实的基础，其重要性尤为突出。

目前，两国文化和人文交流呈现出良好的发展势头。两国每年互访人数高达650万人次，长期生活在中国的韩国人达到65万名，而长期居住在韩国的中国人也达到61万人。截至目前，在韩国定居的韩中跨国婚姻也已超过12万对。最近，越来越多的国民通过SNS等新媒体直接进行沟通。总而言之，两国人民已经融为一体，和睦相处。

以此为背景，"韩流"和"汉风"继续席卷两国。据我所知，宣传汉语和中国文化的全球第一个孔子学院在首尔成立，而报名参加汉语水平考试的考生中，韩国人占一半以上，这些足以说明韩国人对汉语有着浓厚的兴趣。在中国，韩国电视剧、K-pop等"韩流"也十分火热。在中国深造的韩国留学生和在韩国深造的中国留学生人数分别超过6万名，均居对方国家外国留学生人数的首位。驻上海韩国文化院开设了韩国语、韩国料理、跆拳道等与韩国语言和文化相关的讲座，中国朋友的参与热情十分高涨。上个月，为了庆祝中韩建交20周年，韩国音乐慈善团体"Beautiful Mind"来到上海献上了很有意义的演出，引来了两国媒体的纷纷关注和竞相报道。这种对对方国家的语言和文化的高度关注，在全球范围内也是极为少见的。

近来，两国政府和企业为走近对方国民作出了更多的努力。例如，韩国外交部正在推进的"芝兰之交"就是与驻韩中国大使馆合力实施的交流项目。通过该项目，我们鼓励在韩国留学的中国学生对韩国中小学生中的弱势群体免费教授汉语。参与过"芝兰之交"项目的中国大学生和弱势学生都称，"我们的关系变得像家人一样亲近"，"完全改变了对中国的印象，没有了偏见"，彼此都表示满意。

"企业社会责任活动"支援项目,是帮助在中国投资的韩国企业通过奉献才华和义工等各种社会责任活动,提高企业自身以及韩国在中国的形象。在中国的韩国企业很多,我认为,通过社会责任活动,他们能为中国社会作出积极贡献,也能够让中国朋友对韩国产生好感。

另外,我们要努力不懈地构建两国间互免签证协议、领事协议等制度框架,从而促进两国民间交流。

当然,随着两国民间交流的扩大,在一些互联网和媒体上出现的消极情绪也层出不穷。可是,如仔细查看相关事例,就能发现这些事例要么是被歪曲,要么就是极少数人所提出的单方面的主张。我想,大多数的国民还是相互怀有友好感情的。但是,如果这种不良事例不断蔓延,必将影响两国关系。因此,我们需要采取积极的应对措施。两国人民的爱国之心都很强烈,这一点值得肯定。我们应做到不过度偏向民族感情,应积极努力成为共创东北亚时代的友邦并普及这种认识。为此,两国应进一步加强互联网门户网站以及媒体间的交流。

三 结束语

20年来,韩中两国关系发展取得了辉煌成果。我希望两国以此为基础,作为战略合作伙伴,携手共赢,共同开启为东亚乃至全世界作出积极贡献的新的20年。

上海作为东亚经济圈的金融枢纽,在这一过程中所需发挥的作用尤为突出。从这一点来讲,韩国愿意同上海继续增强双边合作。我也希望在座的各位能够明确认识到韩中关系和韩沪合作给两国人民和每一个人所能带来的直接利益。

韩国独立运动与中国关系史研究的新课题

——关于编纂《韩国独立运动与中国关系编年史》的若干问题

石源华

【内容提要】运用中文资料为主，兼而运用韩、英、俄、日文相关资料，编撰《韩国独立运动与中国关系编年史》，对于进一步综合、梳理已经发现的中文档案资料和现有的研究成果，推动韩国独立运动与中国关系史的研究，具有重要的学术意义和现实意义。《编年史》将韩国独立运动与中国关系史上发生的重要事件、文献、活动、人物等逐天编排、叙述、评点，并保存若干重要历史文献资料原文或节录，每个年度均编撰内容提要，勾勒每年的重要事件及年代特征，努力为后人提供一部翔实的编年史。涉及的主要问题有：韩国独立运动与中国关系研究的历史定位；韩国独立运动与中国关系的研究对象；韩国独立运动与中国关系研究的特殊意义；韩国独立运动与中国关系研究的新动向和新问题；韩国独立运动与中国关系研究的资料运用等。

【关键词】韩国独立运动　中国　编年史

【作者简介】石源华，复旦大学国际问题研究院教授、学术委员会主任、韩国研究中心主任。

编撰一部《韩国独立运动与中国关系编年史》，既是研究韩国独立运动与近代中韩关系史的需要，也是我从事韩国独立运动与中国关系研究以来的一个愿望。

由于历史的原因，中国学术界对于该课题的研究还处于起步阶段，无论是基本史料的汇集，还是基本史实的梳理，都有大量工作需要做，而深层次的研究工作更有待今后的努力。20世纪60年代以来，韩国政府和学术界开始重视该课题的研究，但由于他们的研究是在与中国学术界互不交流而且极少使用中文资料的情况下进行的，存在明显的缺陷。中韩建交以来，这种情况有所改变，但仍显不足。因此，运用中文资料为主，兼而运用韩、英、俄、日文相关资料，编撰《韩国独立运动与中国关系编年史》，对于进一步综合、梳理已经发现的档案资料和现有的研究成果，推动韩国独立运动与中国关系史的研究，具有重要的学术意义和现实意义。

1995年，上海人民出版社出版了我编著的《韩国独立运动与中国》，该书在内容上以大韩民国临时政府与中国关系为中心，旁及其他相关的内容，是我编撰《韩国独立运动与中国关系编年史》的一次初步尝试。使我倍感兴奋的是，该书出版后得到广泛引用。曾经参加过韩国独立运动的老战士、前国家民族事务委员会副主任文正一先生，朝鲜义勇军老前辈金刚先生给我来信，热情鼓励，希望我能就中国共产党与韩国独立运动的关系史作进一步的研究，并提供了一些资料及线索。1997年，我完成了该书的姐妹篇《中国共产党援助朝鲜独立运动纪事》，体裁与上书相同。1999年，该书韩文简译本首先由韩国高句丽出版社出版。2000年，该书增订本由中国社会科学出版社出版。这是我编撰《韩国独立运动与中国关系编年史》的又一次尝试。在此前后，我还完成并出版了专著《韩国反日独立运动史论》、[①]《金若山将军传》、[②]《中韩文化协会

[①] 石源华：《韩国反日独立运动史论》，中国社会科学出版社，1998。
[②] 石源华：《金若山将军传》，韩国高句丽出版社，1998。

研究》、①《大韩民国临时政府驻华代表团研究》等，②主编出版了《韩国独立运动党派与社团研究》、③《〈申报〉有关韩国独立运动暨中韩关系史料选编》等，④其中《大韩民国临时政府驻华代表团研究》一书的附录《大韩民国临时政府驻华代表团史料长编（1945～1949年）》，对于上述两书没有涉及的战后韩国独立运动与中国关系作了全景式的扫描。这些研究成果为《韩国独立运动与中国关系编年史》的编撰确定了基本框架和工作基础。

收集相关的档案史料是编纂该编年史的重要工作。1990年4月至1992年1月，我赴日本访问研修，将该课题列为研究项目之一，收集到一些在国内难以见到的史料以及日本学者对于韩国独立运动的研究成果。1999年和2007年，我分别应中国国民党蒋中正文教基金会理事长秦孝仪先生和台北中研院近代史研究所张启雄研究员的邀请，两次专程赴台，访问中国国民党党史会、"国史馆"以及中研院近代史研究所档案馆，收集韩国独立运动与中国关系史研究的相关档案史料，收获颇丰。1997年，经我穿针引线，韩国国史编纂委员会与上海市档案馆合作，并由我和马林先生主持编纂上海市档案馆馆藏韩国独立运动史料，出版了两卷本的《中国地域韩人团体关系史料汇编》。⑤在此前后，我先后访问中国第二历史档案馆、重庆市档案馆、重庆大韩民国临时政府纪念馆、江苏省档案馆、延边大学朝鲜研究所等，收集相关的档案史料。这些一手档案的收集和整理，奠定了我编撰《韩国独立运动与中国关系编年史》的史料基础。

---

① 石源华：《中韩文化协会研究》，世界知识出版社，2007。
② 石源华：《大韩民国临时政府驻华代表团研究》，社会科学文献出版社，2009。
③ 石源华主编《韩国独立运动党派与社团研究》，中国社会科学出版社，2003。
④ 石源华主编《〈申报〉有关韩国独立运动暨中韩关系史料选编》，人民文学出版社，2000。
⑤ 上海市档案馆编《中国地域韩人团体关系史料汇编》2卷，东方出版中心，1999。

编撰《韩国独立运动与中国关系编年史》，是完成个人的一个夙愿，也是对于20多年相关研究工作的一个总结。在20多年的时间里，我陆续探索和研究了韩国独立运动与中国关系史的若干重要问题，先后撰写了40余篇学术论文。2009年，在民族出版社禹社长的鼓励与支持下，我将这些论文的精华编辑而成《韩国独立运动与中国关系论集》（上下卷）。① 本人提出的一系列基本观点在本编年史的编撰中得到了体现。

本书将承继前述《韩国独立运动与中国》和《中国共产党援助朝鲜独立运动纪事》的体裁和框架，采用按年、月、日排列的方式，将韩国独立运动与中国关系史上发生的重要事件、文献、活动、人物等逐天编排、叙述、评点，并保存若干重要历史文献资料的原文或节录，每个年度均编撰内容提要，勾勒每年的重要事件及年代特征，努力为后人提供一部翔实的《韩国独立运动与中国关系编年史》，并体现个人的研究特色，其中涉及的主要问题如下。

一 韩国独立运动与中国关系研究的历史定位

韩国独立运动与俄国革命、中国革命并列为20世纪远东的三大革命运动。中韩两国人民亲密合作，并肩战斗，谱写了共同反对日本帝国主义侵略东亚的篇章，构成了近代中国史、韩国史和中韩关系史的重要内容，中国成为韩国独立复国运动的中心和主要活动基地。

然而，对于韩国独立运动研究的历史定位，长期以来却受到西方史学传统的影响。在第二次世界大战史的研究中，历来以美、英、苏等大国为中心，对于中国、韩国等东方国家的反法西斯战争不被重视，常常是一笔带过，甚至完全忽略不提。韩国独立运动的

---

① 石源华：《韩国独立运动与中国关系论集》（上下卷），民族出版社，2009。

历史作用及其在世界现代史上的地位没有得到应有的重视和评价。本编年史的编撰将努力突破"西方中心论",正确定位韩国独立复国运动在世界现代史上的地位和作用,通过详尽的历史叙述体现以下主要论点。

(一)韩国独立运动是世界反法西斯战争的重要组成部分

韩国是反抗日本法西斯侵略最早、抵抗时间最长的国家之一。韩国反日独立运动始于1905年日韩签署"保护条约"后爆发的义兵运动和爱国启蒙运动,以1919年的三一运动为标志,形成全国性的反日斗争高潮,产生了世界性的重要影响。自此以后,韩国成为亚洲人民反对日本侵略的先锋。1931年九一八事变后,韩人爱国团策动尹奉吉义士虹口公园掷弹事件,一举击毙侵华日军首脑白川大将,震惊世界。韩国人民积极参与中国东北抗日义勇军和东北抗日联军的武装反日斗争,成为其中的重要组成部分。1937年中日全面战争爆发后,韩国反日独立运动与中国抗日战争融为一体,分别在中国国民政府统治区、敌后抗日根据地和东北沦陷区形成了三支互不统辖的韩民族抗日武装力量,成为参加中国抗日战争的重要国际纵队,担负着支持中国抗战和完成韩国独立的双重使命。太平洋战争爆发后,韩国临时政府追随美、英、中等国宣布对日宣战,不仅领导韩国光复军继续与中国军队并肩抗击日本法西斯侵略军,而且还派出人员赴印度与联合国军共同对日作战。在战争结束前夕,该临时政府进而与美国军方合作,培训特殊军用人才,并积极筹备组织地下军,准备配合联合国军登陆朝鲜半岛。而战斗在敌后根据地的朝鲜独立同盟和朝鲜义勇军以及在苏联境内集训的东北抗日联军中的朝籍革命者也迅速行动,在不同的地域参加对日作战,积极壮大队伍,参加战胜日本法西斯的战争。韩国光复的实现是世界反法西斯战争取得最后胜利的标志之一。

（二）韩国独立运动是世界反殖反帝主义的重要组成部分

日本侵占朝鲜为其殖民地，是世界殖民主义和帝国主义欺压弱小民族的典型案例。韩国反日独立运动是世界民族主义战胜帝国主义和殖民主义的重要组成部分，在世界现代史上占有重要的地位。1919年三一运动前后，在俄国十月革命和美国威尔逊总统"十四点和平宣言"的影响下，朝鲜共产党、独立党、社会党等社会主义和民族主义政党应运而生，领导韩国国民在韩国国内和海外聚居地为反对日本强占朝鲜的殖民主义行径进行了不屈不挠的斗争，并与中国、印度、越南、土耳其等东方国家的反帝反殖民斗争互相呼应，互相支持，共同为埋葬世界殖民主义和帝国主义作出了贡献。第二次世界大战期间，韩国独立运动各党、各派积极参加世界反法西斯战争，尤其是在开罗会议后，韩国临时政府为争取同盟各国政府的正式承认而展开了积极的外交攻势，催促同盟国"迅速承认临时政府，并给韩国以作战物资的援助，使韩国国内抗日斗争能够展开"。在敌后抗日根据地活动的朝鲜独立同盟和朝鲜义勇军以及在苏联境内活动的中国东北抗联队伍中的朝鲜革命者，也积极参加世界反法西斯战争，积累和扩大自身的力量，为埋葬日本殖民者做了重要的准备。韩国光复的历史性成果，彻底结束了日本帝国主义对于朝鲜半岛35年的殖民统治，这不仅是韩国人民的历史性胜利，更是世界反帝反殖民斗争的伟大胜利。在世界现代史上具有重要的意义。

（三）韩国独立运动是世界民主主义运动的重要组成部分

封建专制主义曾经统治朝鲜半岛达数千年之久，在日本吞并韩国之前，经历了500年之久的朝鲜王朝（1897年后称"大韩帝国"）实行的是封建专制主义制度。韩国在近代的衰落和遭遇日本灭国之灾，与朝鲜王朝的封建腐朽统治密不可分。韩国独立复国运动兼具民族主义和民主主义的双重性质。韩国在摆脱日本殖民统治后，究竟应该建设一个怎样的国家，是实现民主主义或是社会主义，还是复辟封建专制主义的李氏王朝，这曾经成为韩国独立运动领袖长期争执的重大问题之一。在韩国独立运动内部存在着两个系列的政治主张：一是以复辟李朝统治为目标的民族传统主义的抗日独立运动团体，如大韩独立团、纪元独立团、大韩军统府、义军府等，他们主张恢复君主政体的国家；二是以实现民主共和为目标的民主主义系列的抗日民族运动团体，如耕学社、韩族会、大韩统义府、参议府、正义府等，他们主张独立后建设共和政体的近代民族国家。① 大韩民国临时政府经历过五次"改宪"，其政治体制经历了"国务总理制"—"大统领制"—"国务领制"—"国务委员制"—"主席制"—"主席副主席制"等重要的变化，但民主主义和共和政体始终占主导地位。该临时政府的施政理念"三均主义"是综合西方民主主义、苏俄社会主义以及中国孙中山的三民主义精华的结晶。② 在中国东北和华北、华中、华南敌后抗日根据地活动的朝鲜革命者更以共产主义为信仰，以实现社会主义为目标。那些主张复辟李氏王朝的思想，虽然作为韩国独立运动中的一种流派曾经长期存在，但始终未能居主导地位，也没有出现类似中国历史上的"袁世凯称帝"、"张勋复辟"这样的政治闹剧。韩国光复的实现意味着在朝鲜半岛彻底埋葬了封建专制主义的生存基础，在北方建立了社会主义制度，在南方建立了资本主义制度，这是世界范围内民主主义对于封建主义斗争的一次历史性胜利。

（四）韩国独立光复对于中韩关系的影响远超出两国关系的范围

中韩两国有着数千年友好交往的历史，是确保东北亚安全和平

---

① 参见〔韩〕赵恒来《大韩民国临时政府的政治主张及其正统性》，载石源华主编《韩国独立运动血史新论》，上海人民出版社，1996，第188~189页。
② 参见石源华《韩国反日独立运动史论》，第106~114页。

的重要保证。这一历史进程由于日本先是吞并朝鲜后是侵略中国而告中断。中国朝野采取各种不同的方式，数十年如一日地支持和帮助韩国反日独立运动。中国共产党、中国国民党以及各党派、各阶层人士都将帮助韩国独立运动看作中国自身的事情。抗日战争期间，韩国独立运动三大系列的志士在不同的区域得到了中国各党派和人民的无私支持和全方位的援助。中国人民将抗战到底的"底"定位为恢复韩国的独立，而不仅仅是将日本强盗赶出中国的国土。在开罗会议上，中国最高当局力主战后立即给予韩国独立，《开罗宣言》成为韩国摆脱日本殖民地地位的国际法律文件，也是中韩两国人民友谊的最重要象征。韩国独立光复与中国抗日战争同步胜利，彻底打败了近代危害东北亚安全的主要敌手——日本法西斯，使韩国独立得以实现，也使中国的周边环境发生了近代以来前所未有的有利变化。这不仅对于维护东北亚的和平与安全具有重要意义，也必将对世界和平产生深远的影响。

（五）韩国独立运动的特殊形态和战后朝鲜半岛的分裂，对战后远东和世界的格局产生了重要的影响

韩国反日独立运动与亚洲各国的革命运动具有不同的特点：中国革命是以革命的武力打倒反革命的武力，实现全国范围的新民主主义革命的胜利；越南独立则是以民族解放战争和国内革命战争为主要特征；印度独立是长期开展"不合作运动"，实现非暴力的革命运动，最终迫使英国殖民者同意印度独立；菲律宾独立则是在美国同意和支持下，实施分阶段独立方案；而韩国独立运动主要在国外（中国、美国、苏联等）进行，未能在其国内形成反日独立复国的广泛而深入的群众基础。战争后期，韩国独立运动各党派都曾试图计划组织地下军返回国内，配合和迎接盟军进攻朝鲜半岛，但这些计划未及实现，战争就突然结束，这对于战后韩国独立运动各党派命运的影响是灾难性的。韩国光复的最终实现主要是靠同盟国军实现的。美、苏军队分别占领了朝鲜半岛南北部，导致朝鲜半岛

的分裂，在美、苏的分别支持下，朝鲜半岛南北部分别成立了大韩民国和朝鲜民主主义人民共和国。1950年发生的朝鲜战争更使南北分裂固定化，不仅影响朝鲜半岛的前途，而且成为世界冷战格局升级的重要原因。朝鲜半岛成为美苏冷战的前沿阵地，其影响也是带有世界性的。[①]

二 韩国独立运动与中国关系史的研究对象

在朝鲜半岛，冷战时代和朝鲜战争以及南北双方现实的政治对立，影响着对于韩国独立运动各党派以及对华关系历史的研究。在一个相当长的历史时期内，南北双方的学者大多只研究有利于本方的党派，或是不提，或是批评，甚至攻击对方党派的独立奋斗历史。对于中国共产党和国民党与韩国独立运动各党派的关系，也基本上反映南北双方强烈的意识形态色彩。南北双方学者的分歧首先是名称问题，北方称为"朝鲜独立运动"，南方则坚持称"韩国独立运动"，而近代历史上"朝鲜"、"韩国"、"高丽"从来都是混同使用的。名称之争完全是由于现实政治斗争而起，在学理上毫无意义。对于三一运动，北方称起因于外受十月革命的影响，内受国民会影响，而国民会是金日成的父亲领导的；南方则强调起因于威尔逊总统的"十四点和平宣言"和天道教、基督教等教会的影响和作用。北方强调运动的主体是青年学生，南方则认为运动的主力是教会的教徒。北方认为运动的地点是从平壤开始发展到全国，南方则坚持运动首先是从当时的京城汉城开始，迅速席卷全国。双方对于韩国临时政府的评价更是南辕北辙，北方指责该政府是朝鲜民族独立运动中"袖手旁观的一部分资产阶级上层分子在海外组成的'亡命团体'"，"在搞民族主义运动的幌子下，进行事大主义的

---

① 本节内容参见石源华《韩国独立运动在近现代世界史上的地位与作用》，载《韩国独立运动与中国关系论集》下卷，第十四章，第3~11页。

卖国卖族活动","从爱国同胞那里刮去很多财物,并把它们揣入私囊","挥霍殆尽"等。南方则认为今天的韩国政府即渊源于当年的韩国临时政府,反复论证该政府的正统性,进而论证现政府的合法性,另外,全盘否定金日成派的抗日活动,并制定法律严禁宣传共产主义派的抗日活动,以此否定北方政权的合法性。朝鲜半岛学界对于独立运动的研究存在三个问题:一是以政治需要歪曲历史真实面貌;二是双方情绪对立,不能平静客观地研讨问题;三是制定制约对方的法律,使正常的研究工作成为不可能。①

中国史学界在这方面的研究起步较晚,研究对象也同样受到意识形态和中朝特殊关系的影响。在一个相当长的历史时期,对于韩国临时政府为代表的党派团体持批评态度,对于中国国民党援助韩国独立运动持否定态度,使该领域成为无人问津的禁区。对于与中国共产党关系密切的"延安派"的抗日斗争,②则由于中朝之间的特别约定而讳莫如深,迄今没有开放相关的档案,导致对于这部分朝鲜独立运动与中国关系史的研究出现缺失。

本编年史的编撰将尽力全面反映韩国独立运动及其与中国关系的全貌。日本灭亡韩国后,韩国侨民在中国进行的韩国反日独立运动,其地域之广、人数之众、党派之多、时间之长、斗争之烈、牺牲之大,较之世界其他地区,如美国、苏联、日本等地韩国侨民聚居地的独立运动是最为突出的,为韩国的独立光复作出的贡献也最大。在中国的韩国各抗日阶级、各抗日党派都参加了韩国独立复国斗争,就其政治影响和历史作用而言,最主要的有三股互不相辖的政治势力。

其一是在中国东北沦陷区中共领导的东北抗日联军中以金日成、崔庸健为代表的朝鲜抗日革命力量。战时,他们是中国共产党领导的反日斗争队伍的组成部分,曾随同中共领导的东北抗日联军

---

① 参见石源华《韩国独立运动评价与朝鲜半岛统一》,载《韩国独立运动与中国关系论集》下卷,第十五章,第14~15页。
② 1956年,朝鲜劳动党内发生整肃"延安派"的政治斗争,对于"延安派"斗争史的评价成为两党间的政治敏感问题。

在苏联境内进行整训，战后随苏军返回朝鲜国内，参与创建朝鲜民主主义人民共和国。

其二是抗日战争期间在延安和华北、华中、华南各抗日根据地，与八路军、新四军、华南抗日纵队并肩战斗的朝鲜独立同盟与朝鲜义勇军，战后部分回国参与朝鲜民主主义共和国的创建，部分留在中国参加中国人民解放战争，朝鲜战争前后返回朝鲜，被称为"延安派"，他们在朝鲜的处境颇为特殊。

其三是长期在中国关内地区活动的以大韩民国临时政府为中心和领导下的韩国反日运动各党派。他们派系林立，互相对立，但都与中国国民党建立了密切的关系，得到中国官方全方位的积极援助，战后大部分返回韩国，参与了大韩民国的创建，但在韩国政治生活中未能居于主导地位，也有少数领导人进入朝鲜半岛北部，从事政治活动。

尽管这些党派和政治势力的政治信仰不同、活动地域不同、参与斗争方式不同，战后政治取向和最终结局也各不相同，但他们都为韩国独立复国英勇奋斗作出了重要的贡献，并与中国各党派和政治势力建立了程度不同的密切联系。他们的奋斗正是朝鲜半岛南北双方建国的基础，也是今天中韩、中朝关系发展的重要基础。

本编年史将突破原有的研究框架，采取公正而不偏袒的历史态度，全面客观地反映韩国独立运动三大系列开展反日复国斗争的全貌，同时也全面客观地记录中国共产党、中国国民党以及其他各党派对于韩国独立运动的援助，撰写一部韩国独立运动与中国关系的信史存世。

三　韩国独立运动与中国关系的特殊意义

对于中韩友好关系发展的数千年历史而言，最能体现两国友谊和合作的内容是中韩之间的文化交流、中国明朝政府援助朝鲜进行抗倭战争以及近代中国朝野援助韩国独立运动。加强韩国独立运动与中国关系史的研究，不仅可以推进近代中韩关系史和中韩两国反对日本侵略斗争史的研究，而且对进一步发展中韩关系本身具有重要的现实意义。

尤其是在当今中韩之间发生若干历史问题争执、两国民间出现文化冲突的情况下，进一步深入开展韩国反日复国运动史的研究，更是具有特殊的意义。本编年史将以详尽的史料和充足的历史事实表明：如同有着数千年交流历史的儒家传统文化对于朝鲜半岛具有重要影响一样，近代中韩两国人民反抗日本帝国主义侵略的共同经历和用鲜血及生命凝成的战斗情谊，将成为奠定和发展中韩两国友好关系的重要政治资源和历史动力。

编年史将从政治、外交、经济、军事、文化等各个方面，全面阐述中国对于韩国独立运动的支持和帮助。从宏观层面，包括声援韩国人民各种形式的反日复国斗争，协助韩国独立运动举办军事学校培养军政干部，批准组建和支持朝鲜义勇队和韩国光复军在中国活动，开罗会议确定战后朝鲜的独立地位，争取国际社会共同承认韩国临时政府，帮助韩国代表参加联合国创建会议，以特殊方式承认韩国临时政府驻华代表团在华活动等。从微观层面，包括中国国民党与中国共产党分别制定各种援韩独立的具体政策，拨付援助韩国独立运动的政务活动费、军务活动费、秘密活动费、生活费等，乃至战时购粮、购药、治病、上学等特殊照顾等，真实地体现中韩两个民族在反抗日本帝国主义的斗争中并肩战斗的历程。这些历史事实将有助于推动今天中韩友好关系的发展。

四 韩国独立运动与中国关系史研究的新动向

在整个冷战期间，意识形态是阻挡正确客观评价韩国独立运动与中国关系的主要障碍。冷战结束后，民族主义成为阻碍正确客观评价韩国独立运动与中国关系的主要思想倾向。在编年史的编撰过程中，这是一个需要认真把握的问题。

在中国经济高速发展和韩国步入中等发达国家之后，两国民间的民族主义情绪有了不同程度的发展。中韩之间出现了一系列历史问题争端,有的问题,如高句丽历史问题等,甚至一度达到比较尖锐的程度。在韩国独立运动与中国关系史研究中也出现了一些值得注意的新动向。本来,中韩学者对于该问题的研究态度是基本一致的。双方共同认为:近代以来,日本帝国主义的侵略扩张是中韩两国人民的共同危害,韩国独立运动与中国抗日战争有着共同的目标,互相支援。韩国老一辈学者一般都抱着感激的心情描述和研究这段非同寻常的历史。韩国国家报勋处曾经代表韩国政府授予包括蒋介石在内的20多位中国国民党高层人士以"韩国独立勋章",表彰他们对于韩国独立运动作出的杰出贡献。韩国纪念独立运动的纪念馆也都以尊敬的态度颂扬中国人民对于韩国人民反日复国斗争的支持和援助。我所接触到的许多严谨的韩国学者花费了毕生精力研究韩国独立运动与中国关系的历史,写出了许多优秀的历史著作,颂扬两国人民共同反抗法西斯侵略的战斗情谊。这些研究成果对于中韩建交和中韩关系的发展起了积极的推动作用。

然而,最近几年来,在韩国独立运动与中国关系研究史领域也出现了一些另类的声音。2009年4月,在复旦大学举行的纪念大韩民国临时政府创建90周年国际会议上,有位韩国重要政府机关的官方学者,撰文认为韩国临时政府在太平洋战争后的主要外交努力方向已经转向争取美、英等西方国家的承认和援助,批评中国官方阻挡韩国独立运动人士与西方的联络,指责当时的中国政府企图独霸对于韩国临时政府的控制权。[①] 2010年12月,在韩国东北亚历史财团举办的"韩中交流合作的历史与未来展望"国际学术会议上,来自韩国著名大学的某教授撰文"重评"韩国临时政府与韩中合作,提出要对日本统治时期韩国临时政府和中国政府的合作关系进行"批判性的重新诠释",主张"不应一味从善意层面出发

[①] 复旦大学韩国研究中心等编《纪念大韩民国临时政府创建90周年国际学术会议论文集》(未刊本),2009年印行。

进行夸大宣传",其批判指向十分明确。该文认为:关于中国帮助韩人培训军政干部,中国"并非基于'平等友谊',也不是反帝国主义观点,而是将其视为中国抗日战争的附属力量"。中国并非将韩国光复军"视为主权平等的抗日战线同盟,而是视为援军,其中蕴含着中华主义的霸权意识","从广义上看,则是扩大中国对周边亚洲地区的影响力的一种中华主义"。该文批评"中国政府在承认临时政府问题上,采取双重态度",指出中国政府在《开罗宣言》前后,很早就对韩国信托统治问题表示同意,"并在后来将其用作确保半岛的发言权,将其用作将临时政府绑在自己身边的手段",指责中国认为"韩国的独立问题最好能够搁浅下来,若韩国问题长期成为悬案,那么美英两国将会尊重中国的立场,中国介入其中的机会也会越来越多,在此过程中可以实现自身的目标"。"中国政府的意图是要通过束缚临时政府,确保自身战后对韩半岛的影响力,并对战后苏联可能使出的战术加以应对。"该文的结论更加"骇人听闻":"在日本统治时期抗日共同斗争这一目标下的韩中合作关系,对临时政府而言,可谓是'丧权辱国'一般的屈辱过程。"① 这些奇谈怪论反映了部分韩国民族主义学者主张"重新研究历史",不管这些学者的动机如何,客观上都歪曲了中韩关系的历史真实面貌。

本编年史的编撰将重视辨正这些违反历史事实的论点,还原历史的本来面貌,但本书不取直接辩驳的方式进行驳斥和论战,而是逐日编排历史事实,说明历史真相,如中国政府如何保护受到日本追缉的金九等韩国独立运动志士,如何顶住日本的抗议和压力秘密帮助韩国培养了450多位军政干部,如何在自身极端困难的情况下确保韩国独立运动人士中等以上的生活水平,如何为争取国际社会承认韩国临时政府作出了多方面的努力,如何首先在开罗会议上提

---

① 韩国东北亚历史财团编《韩中交流合作的历史和未来展望国际会议论文集》(未刊本),2010年12月印行。

出并坚持战后韩国独立国际地位的确定，如何无数次与美国政府交涉，希望美国与中国一起承认韩国临时政府为"流亡政府"，如何帮助韩国派遣代表出席旧金山联合国创建大会，如何为了韩国临时政府及时返国而与美国军方进行艰苦的交涉等，本编年史将以事实说明真实的历史，让那些奇谈怪论不攻自破。

五　韩国独立运动与中国关系研究资料运用

编撰一部具有学术分量的编年史是我长期的愿望，20 余年来，我一直来为搜寻历史资料而不断地努力。本编年史使用的资料比较广泛，大致可分为以下若干部分。

一是韩方已编纂出版的重要资料集。重要者有：韩国国史编纂委员会编《韩国独立运动史》资料篇，韩国国家报勋处编《海外韩国独立运动史料》、《安重根传记全集》，韩国国会图书馆编《大韩民国临时政府议政院文书》，白凡金九先生全集编纂委员会编《白凡金九全集》，延世大学现代韩国学研究所编《雩南李承晚文书》，秋宪树编《韩国独立运动》等。

二是中方编纂出版的相关资料集。重要者有：赵中孚、张存武、胡春惠主编《近代中韩关系史资料汇编》，杨昭全等编《关内地区朝鲜人反日独立运动资料汇编》，杨昭全、李铁环编《东北地区朝鲜人民革命斗争资料汇编》，杨昭全、韩忠富编《大韩民国临时政府史料汇编》，冯开文、杨昭全主编《大韩民国临时政府在重庆》，金健人、杨昭全主编《大韩民国临时政府在杭州》等，上海市政协文史资料委员会、上海韩国临时政府旧址管理处合编《大韩民国临时政府在上海》，刘金质等编《中朝中韩关系文件资料汇编：1919~1949》，王明根、李花玉编《20 世纪韩国独立运动论著目录》，上海市档案馆编《中国地域韩人团体关系史料汇编》，石源华主编《〈申报〉有关韩国独立运动暨中韩关系史料选编：1910~1949》，孙科志等编《中国近代期刊与韩国》等。另有日本学者金正明编纂的《朝鲜独立运动》(全五卷)等。

三是中韩学者若干重要著作。主要有：朴殷植著《韩国独立运动血史》，太白狂奴著《韩国痛史》，金九著《白凡逸志》，闵石麟著《中韩关系史话》，李炫熙著《大韩民国临时政府史》，韩诗俊著《韩国光复军研究》，韩国国家报勋处和黑龙江省安重根研究会编《韩国独立运动史》，葛赤峰著《朝鲜革命纪》，编写组著《东北抗日联军斗争史》，胡春惠著《韩国独立运动在中国》，邵毓麟著《使韩回忆录》，杨昭全著《大韩民国临时政府史》、《金日成传》，沐涛、孙科志著《大韩民国临时政府在中国》，石源华著《韩国独立运动与中国关系论集》(上下卷)等。

四是近代中韩各类报刊。重要者有：《申报》、《民国日报》、《时报》、《华字日报》、《大公报》、《中央日报》、《盛京日报》、《新华日报》、《解放日报》、《晋察冀日报》、《扫荡报》、《东亚日报》等，《东方杂志》、《解放》、《红旗》、《布尔塞维克》、《向导》、《工人之路》、《每周评论》、《独立评论》、《建设杂志》、《震坛》、《独立新闻》、《光明》、《新韩青年》、《朝鲜义勇队通讯》、《东方战友》、《韩国青年》、《光复》、《韩民》、《朝鲜族民族战线》、《中韩会讯》、《中韩文化》等。

更重要的是第一手档案资料。重要者有：中国第二历史档案馆、上海市档案馆、重庆市档案馆、辽宁省档案馆、广东省档案馆、天津市档案馆、武汉市档案馆、延边朝鲜族自治州档案馆、中国国民党党史会、台北"国史馆"、台北中研院近代史研究所档案馆等收藏的韩国独立运动与中国关系的档案史料，还有若干选译的美国外交档案、俄罗斯解密档案、日本外务省档案馆档案等。

本书存在的问题是，编年史各个年份的编撰尚不平衡，有些年份资料不足。从整体史料运用观察，目前比较充分得到利用的是国民政府的相关档案、中国学者的研究论著以及相关报刊资料，大陆中央档案馆保管的有关朝鲜独立同盟和朝鲜义勇军的档案、东北抗日义勇军的档案还未开放，韩国独立运动在中国各地开展活动的地方档案收集不全面。韩国方面的完整档案目前还没有找到。另外,美国、俄罗斯、日本等国的相关档案也有待进一步收集。

本编年史存在的缺陷与不足是显而易见的。对于历史研究的档案收集和整理本身是没有穷尽的,随着研究的深入和各种档案的发现或解密,新的史料会不断地被挖掘出来,对本项研究产生重大的影响,甚至发生颠覆性的变化。在完成本书后,本人将继续努力,希望能在有生之年有机会对该编年史进行一次大规模的补订,或出版该编年史的补编,也希望相关研究者共同努力完成这一宏愿。

The New Study on the Relation History of Korean Independence Movement and China

Shi Yuanhua

Abstract Mainly based on the Chinese archives and also included in some materials from ROK, England, Russia and Japan, I compiled the chronicle of Korean independence movement and China. This chronicle followed the types and structures of "Korean independence movement and China" and "the chronicle of communist party of China's aid to Korean independence movement", which also compiled by me, arranged the important events, literature, activities of Korean independence movement by the year, month and day. This chronicle mainly focused on these topics such as the relationship, the object, the new problems and new trend of China and Korean independence movement.

Key Words Korean Independence Movement; China; Chronicle

【审读:蔡建】

中共上海韩人支部述论

崔凤春

【内容提要】 上海韩人支部,全称"中国共产党江苏省委员会上海法南区韩人特别支部",简称"中共上海韩人支部",或称"上海朝鲜人支部",它是国际共产主义运动的一个特殊产物,也是中国共产党的一个特殊基层组织。当上海中共中央处于危难之际,它以上海为活动舞台,坚持斗争到最后,起到了特殊的作用,产生了深刻的影响。

【关键词】 共产主义 朝鲜民族 特别支部

【作者简介】 崔凤春,杭州师范大学外国语学院教授。

序　言

在那个战争年代,加入一个党派似乎并非难事或十分复杂,加入中国共产党亦不例外。因为战争年代入党就意味着自己的生命随时会面临危险,中共上海韩人支部正是在这种环境下产生的一支朝鲜民族的劲旅。①

本文拟以日帝官方资料为主要依据,探讨中共韩人支部的成立背景、成立经过、组织系统、活动形式及解体过程,因为它不仅关系到中国共产党的发展史,更关系到国际共产主义运动史,这是写作本文的动机——在中国共产党成立90周年之际,回顾其发展历程中一个特殊的插曲,并把它作为论述的出发点。

一 成立背景

(一) 高丽共产党两派

旅华朝鲜共产主义运动历史悠久,可追溯到1919年秋,当时来自苏俄远东地区的韩人共产主义者开始在上海韩侨中间传播俄国十月革命成功的经验和共产主义思想。② 其中代表人物有大韩民国临时政府国务总理李东辉及国务院秘书长金立。列宁政府对朝鲜共产主义运动直接提供了经济援助。③ 出乎意料的是,其结果导致了朝鲜独立运动阵营内部无休止的争吵和分裂危机。与此同时,共产国际中国派遣员维经斯基(Voitinsky)直接指导旅沪朝鲜共产主义者成立了早期共产主义小组。④ 1921年上半年,上海和贝加尔湖以西伊尔库茨克两地先后出现了高丽共产党,朝鲜(韩国) 史分别

---

① 崔凤春:《中共上海韩人支部研究》,《东北亚研究》第二辑,朝鲜大学东北亚问题研究所,1996。
② 〔日〕外務省外交史料館藏《外務省警察史》第8卷,3 滿洲ノ部,東京・不二出版,1996,第305頁。
③ Dae‐sook Suh, *The Korean Communist Movement 1918 – 1948*, Princeton University Press, 1967, pp. 14 – 19.
④ 〔日〕「在上海共産黨首領呂運亨取調狀況ニ關スル件」,京畿道,昭和四年(1929) 八月廿一日。

称之为高丽共产党"上海派"和"伊尔库茨克派"(简称"伊市派")。① 早期旅沪朝鲜共产主义运动主要代表人物有李东辉、金立、金万谦、安秉瓒、朴镇淳、吕运亨、赵东祐、玄鼎健、尹滋英、金河球、赵东祐、张建相、康景善、曹奉岩、金丹冶、林元根、朴宪永等。1922年秋,高丽共产党两派曾在贝加尔湖附近上乌金斯克举行合并大会,试图实现统一,但由于两派矛盾激烈,互不相让,最终被共产国际勒令解散。② 尽管如此,高丽共产党还是为后来朝鲜共产党的成立和中国境内朝鲜共产主义运动的发展打下了基础。

(二) 朝鲜共产党海外部

1925年4月17日,曹奉岩、金在凤、金灿、金若水、俞镇熙、朱钟健、宋奉瑀、金尚珠、赵东祐、尹德炳、独孤佺、崔元泽、陈秉基等人在朝鲜京城(首尔)黄金町中国料理店雅叙园秘密聚会,成立了朝鲜共产党。4月19日,朴宪永、曹奉岩、林元根、金丹冶、权五卨、金灿、林亨宽、安相勋、申哲洙、金尚洙、张顺明、朴吉阳、金东明、洪增植、曹利焕等人在京城薰井洞4番地朴宪永家里聚会,又成立了高丽共产青年会(共青团)。

1925年11月发生了第一次朝鲜共产党大搜捕事件,不少党中央干部开始流亡上海,直到1928年7月发生第四次朝共大搜捕事件为止,大多数朝共中央干部流亡到中国境内的满洲(东北)和上海、北京等地,继续开展朝鲜共产主义运动,其中旅居上海的朝鲜共产主义者人数最多。1925年11月间,旅沪朝共干部曹奉岩、金灿、赵东祐、金丹冶等人经协商成立了朝鲜共产党海外部,作为朝鲜共产党的海外组织。其实,朝共海外部是朝鲜共产党的第二线

---

① 〔韩〕金仁德编《殖民地时代民族运动史资料集》7,日本地域篇,韩国国学资料院,1997,第46页。
② 〔日〕「金燦預審決定書」,昭和七年(1932)五月六日,《朝鲜思想通信》。

组织，也是朝共的一个海外支部，它并未固定活动根据地。1926年2月，海外部给朝共中央执行委员姜达永发出通信称："我们侨居海外的党员聚在一起成立了海外部，希望今后朝鲜共产党和我们海外部进行联系。"而中央执行委员会却指出："如果党指导海外部组织，就会违背于共产国际的指导。"① 此后，由于朝共中央多次遭到日帝的毁灭性破坏，党中央和海外部之间无法直接进行沟通或传达指令。

1926年4月，共产国际鉴于中国革命运动蓬勃发展，决定在上海成立远东部机构。同年8月，经南满春（来自莫斯科）介绍，曹奉岩作为朝共代表参加了共产国际远东部代表会议。远东部本部设在上海公共租界静安寺路德国人洋馆楼上，与会者共6人，除了远东部负责人（苏联人）和赤色职工国际代表之外，还有中共代表陈独秀和瞿秋白以及朝共代表曹奉岩。

1926年6月10日，以"李王国葬日"事件（"万岁"事件）为开端，朝鲜共产党又遭到第二次大搜捕，党组织再次遭到毁灭性的破坏，幸免于被捕的洪南杓、具然钦等中央干部逃往上海，也被接纳为海外部成员。由于朝共第二线组织及大搜捕事件，海外部遂决定按照共产国际上海远东部的指示开展工作，同时设法与朝鲜国内同志相呼应。曹奉岩作为朝共代表参加远东部之后，直接指导了朝共海外活动。

1926年12月，朝鲜共产党（所谓"ML党"）虽然召开了第三次全党代表大会，但并没有取消曹奉岩的朝共全权代表资格，也没有发出有关将来组织活动的指令，中央与海外部之间处于脱节状态。正当这时，中国北伐战争胜利在望，共产国际远东部于1927年4月上旬将本部迁至汉口。直到同年5月下旬，朝共中央才委托党员安秉珍指示曹奉岩作为朝共代表，出席在汉口总工会会馆举行

---

① 〔日〕「朝鮮共産黨員曹奉岩、洪南杓等治安維持法違反事件送致ニ關スル件」，平安北道，昭和八年（1933）四月廿四日。

的泛太平洋劳动大会。大会结束后，曹奉岩在汉口滞留三个月，观察中国革命运动，因发生了武汉分共事件，只得离开该地。1927年9月上旬，当曹奉岩返回上海时，国民政府最高政治顾问鲍罗廷给了他600元（中国币）旅费。当时，曹奉岩与朝共中央没有任何联系，因而他一直没有向朝共中央报告大会情况。

（三）中国国共两党的分裂

在中国大革命过程中，特别是在北伐战争中，中国共产党起到了决定性的先锋作用，影响巨大，深入人心。以蒋介石为代表的国民党当权派和地方军阀势力不甘心革命成功后中国将变成共产党的天下，因此公开举起反共旗帜，在各地接连发动一系列反共政变，国共合作面临不可调和的严重危机。直到1927年7月15日，以汪精卫武汉分共为标志，国共合作最终破裂，大革命半途而废。

从大革命爆发以来，旅华朝鲜人和旅俄朝鲜人纷纷前往广东，主要分布在黄埔军校、国立中山大学、广东大沙头飞行学校和国民革命军各部队。现将日本驻广东总领事馆警察署关于留粤朝鲜人综合调查统计情况（1926年11月22日）介绍如下。

（1）毕业于俄国士官学校的朝鲜人被共产国际本部派到广东政府军内担任炮术技师，目前在各军任职的朝鲜人，第一军8人，第二军6人，第三军6人，第六军4人，共计24人。（2）黄埔军校第三期步兵科（军官团）毕业出征的朝鲜人军官，第一军15人，第二军12人，第三军9人，第四军5人，第六军7人，共计48人，其中战死7人，负伤9人。（3）黄埔军校第四期毕业的朝鲜人19人被分派到各军，13人作为补充军官仍在补习军事教育，共计32人。（4）黄埔军校第五期学生80人，入伍生148人（截至11月22日），共计228人。（5）广东中山大学本科及预科生，共计13人。（6）义烈团员、丙寅义勇队员、共产党员、无名独立团员等，共计60余人（其中包括飞行学校学生6人、被派往俄国飞行学校者2人以及各军内军官13人）。以上总计405人，其中出征者91人和被派往俄国的2人除外，目前留粤朝鲜人总数达308人。①

上述的统计未必准确可靠，但它说明投身于大革命的朝鲜人至少达400人。随着北伐战争的胜利进军，朝鲜人来到武汉和南昌地区开展活动。国共合作破裂后，多数朝鲜共产主义者跟着中国共产党参加了南昌暴动和广州暴动以及海陆丰斗争，仅在广州暴动中壮烈牺牲的朝鲜青年就达150多人，② 他们都是身经百战的朝鲜民族精华。他们当中到底有多少共产党人，如今已无从查考，但是可以肯定，跟着中国共产党参加两大暴动的朝鲜人，无疑是共产主义者或是共产党同情者。据金弘壹回忆，参加广州暴动的朝鲜人中有很多已加入了中国共产党。③ 由于当时的中共组织关系档案至今仍未公开（或失传），所以也无法确认哪个朝鲜人是当年的中共党员。像张志乐（金山）这样的朝鲜共产主义者曾经投身于广州暴动和海陆丰斗争，九死一生才活下来，奉命于中共危难之际，担任北平市委组织部长，最后却以莫须有的罪名，被陕甘宁保安处杀害。当然，这并非中共本身的错误，而是执行中共政策的人犯了不可饶恕的罪恶。无论如何，像他那样作为中共党员在中国革命队伍里活动过的韩籍党员肯定不在少数。

另外，随着国共合作的破裂，中国革命队伍中的朝鲜人也开始分化，其中少数人仍然留在中国军内任职，而多数人则离开中国革命队伍，回到关内地区朝鲜独立运动和共产主义运动的发祥地——

---

① 〔日〕外交史料馆所藏：不逞團關係雜件，朝鮮人ノ部（支那各地四），在廣東總領事森田寬藏《在廣東鮮人統計ニ關スル件》，大正十五年（1926）十一月二十二日。
② 广州起义烈士陵园内中朝人民血谊亭碑文。
③ 〔韩〕金弘壹著《大陆的愤怒——老兵回忆录》（韩文），文潮社，1972，第242~243页。

上海，准备重整旗鼓。从 1927 年首次国共合作破裂到 1933 年初中共中央撤往江西中央苏区为止，上海便成为朝鲜共产主义者的活动场所和反日、反帝、反蒋的战场。

二 成立经过

（一）共产国际一国一党原则

大革命结束后，聚集上海的朝鲜共产主义者有两种情况。一是未曾参加过中国革命运动的，或不久前新来的政治流亡者；二是刚刚离开中国革命队伍的朝鲜共产主义者。无论是何种情况，旅沪朝鲜共产主义者都无法直接接受朝共中央的统一领导。在日帝的高压政策下，朝共组织多次遭到毁灭性的破坏，中央领导机构极不稳定，在动荡之中自身难保，更无暇顾及海外极少数朝鲜共产主义者。尤其是两次朝共大搜捕事件之后，朝共的创始人和骨干分子基本上都被捕入狱或流亡海外，其中旅居上海的原朝共主要领导人为数众多，他们完全有能力策划和开展朝鲜革命运动，但他们却具有致命性的弱点，那就是脱离了朝鲜国内的人民群众，因此只能依靠流动性很大的少数旅沪韩侨来开展朝鲜革命运动。于是，曹奉岩、洪南杓、吕运亨、玄鼎健、具然钦等早期朝共党干部经协商决定，按照共产国际所谓"一国一党主义"（属地主义）原则，① 即"离开一国的共产主义者应加入其所在国家的共产党组织"，以加入中国共产党为前提，成立一个韩人特别支部。这样，既可以参加中国

---

① 1924 年 7 月"第五次代表大会上通过的共产国际章程"中规定："共产国际成员只有在取得有关支部中央委员会同意后才能从一个国家移居另一个国家。共产党人改变居住地以后必须加入居住国的支部。未经所属支部中央委员会同意而径自移居另一国家的共产党人，不得成为共产国际另一支部的成员。"载〔英〕珍妮·德格拉斯选编《共产国际文件 1923～1928》第 2 卷，北京编译社译，1964，第 171 页。

所有的革命运动，又可以同时进行朝鲜革命运动，可得到两者兼顾、两全其美的效果。

（二）旅华朝鲜革命者的特殊性

朝鲜人在异国他乡加入中国共产党，这绝不是妄举，只有对共产主义理想深信不疑，才有可能会产生那种念头。虽然朝鲜人旅居中国境内，并且亲身参加中国革命运动，但是种种困难与之相伴。首先，在语言交流上存在着很多隔阂与不便，甚至根本无法进行沟通，浓浓的上海方言更是阻碍了中韩两民族党员之间的正常交流。其次，不同的风俗习惯也一直使中韩两民族党员在生活工作上难以融为一体。对中共方面来说，单独设立韩人支部，将便于处理各种事务。此外，更重要的是，朝鲜共产主义者不仅要援助和参加中国的革命运动，还要完成朝鲜民族的革命运动。中韩两民族虽然都是被压迫的民族，但是两者所处的客观环境有所不同，也就是说，中国是半殖民地半封建的国家，而朝鲜则是纯粹的殖民地，两者所担负的历史使命不同。身负两种特殊重任的旅华朝鲜共产主义者，当务之急是组织统一机构，以便有效地开展各种海外革命活动，于是中共上海韩人支部便应运而生。

（三）中共上海韩人支部成立大会

关于中共上海韩人支部的成立时间说法不同。

> 1. 曹奉岩、洪南杓的供词："1927 年 2 月（日期不详），有一天下午 1 时起，吕运亨、洪南杓、曹奉岩、具然钦、郑柏、玄鼎健、崔火云、边长城、赵东祜、崔昌植等人在上海法租界蒲石路吕运亨家里举行了成立大会。"①

---

① 〔日〕「朝鮮共產黨員曹奉岩、洪南杓等治安維持法違反事件送致ニ關スル件」，平安北道，昭和八年（1933）四月廿四日。

2. 金命时:"回沪后不久,金命时于1927年8月底经洪南杓担保加入中国共产党,并担任中共上海韩人支部甲组组长,该支部是在所谓第一次朝共大搜捕事件中逃往上海的残余党员所发起的,成立于1926年2月(日期不详),根据地设在上海法租界蒲石路吕运亨家里,党员约20人,干部有书记洪南杓、组织委员玄鼎健、宣传委员崔昌植,相当活跃。"①

3. 具然钦的供词:"1927年9月,与洪南杓、吕运亨、曹奉岩、郑柏、玄鼎健一起共同策划,加入中共江苏省党部,并在其所辖法南区设置了韩人支部。"②

日帝警方通常以具然钦的供词为准,即"1925年4月在京城成立朝鲜共产党,在上海设置支部,吕运亨成为其首脑,相当活跃。到了1927年9月,根据共产国际的所谓一国一党原则,支部成员全部加入中国共产党,并成立中共江苏省委法南区韩人支部"。③

由吕运亨主持上海韩人支部成立大会,曹奉岩说明朝鲜共产主义者成立韩人支部的原因,接着通过无记名投票的方式选出了如下支部委员:责任秘书(书记)洪南杓,组织部长(委员)吕运亨,宣传部长玄鼎健。讨论事项包括:加入中国共产党,向上海朝鲜人进行宣传,扩大韩人支部势力,无须特意制定纲领及规约(章程),遵照中国共产党的纲领及章程开展活动。时隔一周,吕运亨、崔火云等人为上海韩人支部加入中国共产党办了手续,决定直接与中共上海法南区委保持联系。

---

① 〔日〕「朝鮮共産黨再建事件檢舉ニ關スル件」,平安北道,昭和七年(1932)八月二十五日。
② 〔韩〕外务省警察史支那之部:《朝鲜民族运动史(未定稿)》6,高丽书林,1989,第665页。
③ 〔日〕高等法院检事局思想部《思想彙報》第七卷,昭和十一年(1936)六月,第173页。

三　支部组织

（一）组织系统

（1930年2月末调查）

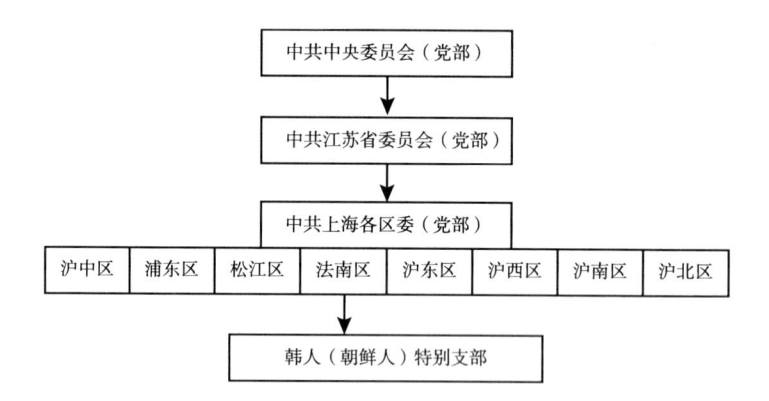

```
         中共中央委员会（党部）
                  ↓
         中共江苏省委员会（党部）
                  ↓
          中共上海各区委（党部）
  ┌────┬────┬────┬────┬────┬────┬────┬────┐
  沪中区 浦东区 松江区 法南区 沪东区 沪西区 沪南区 沪北区
                  ↓
         韩人（朝鲜人）特别支部
```

1. 沪中区（北区）：南民国路，北苏州路，西敏体尼荫路。
2. 浦东区：浦东全部。
3. 松江区：1930年1月新设，包括吴淞、江湾地区。
4. 沪东区：杨树浦一带。
5. 沪西区：东西藏路，西北新经路，北新闸路，南福熙路。
6. 沪南区：南市全部。
7. 沪北区（北区）：南苏州河，北闸北一带，西敏体尼荫路。
8. 法南区：东敏体尼荫路，西徐家汇南民国路，北爱多亚路，法租界。

沪东区，工人居多；法南区，学生居多。韩人多住在上海法租界，所以韩人支部归法南区委领导。韩人支部临时办公室设在蒲石路128号吕运亨家里。

(二) 支部委员

中共上海韩人支部在原则上每3个月改选一次干部，有时可留任两三届。历届韩人支部委员大致如表1所示。

表1　中共上海韩人支部历届委员（1927.9～1932.9）

历届	书记	组织部长	宣传部长
第1届	洪南杓（陈德三）	吕运亨（吕光）	玄鼎健
第2届	边长城（边东华）	马骏	禹世平
第3届	金元植（金炯善）	张泰俊	吴明
第4届	黄勋（崔重镐）	金元植	李汉林（朴恩赫）
第5届	曹奉岩（朴哲焕）	洪南杓	李汉林
第6届	曹奉岩	洪南杓	李汉林
第7届	具然钦（具沧海）	李敏达	李汉林
第8届	曹奉岩	廉龙燮（周允）	韩镕
第9届	洪南杓	张泰俊	金命时（金喜元）
第10届	金宇镇	郑龙周	廉龙燮
第11届	曹奉岩	张泰俊	韩镕
第12届	姜文锡（金达三）	韩镕（韩龙权）	曹奉岩

1928年7月，上海韩人支部委员如下：支部书记曹奉岩，副书记吕运亨（梦阳），委员洪南杓（韩山）、具然钦、崔昌植、金元植、吴明、武亭、金喜元、洪景天、刘俊贤。其中曹奉岩、洪南杓、具然钦三人在朝共大搜捕事件发生后来自朝鲜，吴明来自广州，武亭来自汉口，洪景天、金喜元、刘俊贤来自莫斯科。中共特派员汪河荣、林远祖、刘某等人负责指导韩人支部工作，每月召开两三次集会（青年会执行委员长边长城担任翻译），传达中共活动情况和行动计划，总结经验教训，鼓励韩籍党员等。①

1932年12月，上海韩人支部委员如下：支部书记黄勋，组织

---

① 〔韩〕外务省警察史支那之部：《朝鲜民族运动史（未定稿）》6，第321～323页。

委员金元植,宣传委员尹喆,第一组组长金叶,第二组组长廉相洙,第三组组长左赫相。

(三) 所属党员

中共上海韩人支部所属早期党员,几乎都是韩国革命青年会(青年同盟会)及韩国唯一独立党上海促成会会员。1927年12月,曾参加过广州暴动的朝鲜青年,包括黄埔军校学生、中山大学学生、教导团学员以及丙寅义勇队队员在内,大都逃到上海加入了韩人支部。例如,吴明、文善宰、金昌立、吴声伦(咸声)、崔云先、金明会、金元植、张志乐、朴根万、朴根秀(朴凤)等,都是广州暴动失败后转移到上海,一时留在中共韩人支部工作。①

党员少则不足十人,多则六七十人,通常达三四十人。由于党员不断被日警逮捕遣送朝鲜,所以逐年减少,至1932年9月,主要成员几乎都被捕入狱或被调遣他处,韩人支部开始陷入瘫痪状态。

现将1930年4月间上海韩人支部所属党员名单介绍如下。②

具然钦(具沧海、苍崖、江载厚)、郭重奎(郭宪、郭松园、郭哲镐)、李敏达(李三如)、成始伯(丁向明)、崔凤官(崔火云、冯剑英)、金元植(金炯善、崔相淳)、崔昌植(丁昌)、黄勋(崔重镐)、张泰俊、金明会(金潘)、金东哲、金镜(金祚伊、金以玉)、金茂(金武、金文、金龙基)、金武亭、金喆熙、金喜元(金命时、金辉星、金炯善之妹)、金东浩、金庆先(朱正方、金荣昌)、郑玉实、郑龙洙、尹喆(吴基万)、尹浩、林哲、崔芜芽、崔云先(崔鼎武)、张海山、李龙植(李秉云)、李汉林(李斡林、

---

① 《老红军崔鼎武》,载《朝鲜义勇军足迹》编写组编《在辽阔的中国土地上》(朝鲜文),延边人民出版社,1987,第68~86页;《忆往昔峥嵘岁月稠》,载金泽主编《吉林朝鲜族》,吉林人民出版社,1993,第177页。
② 〔韩〕外务省警察史支那之部:《朝鲜民族运动史(未定稿)》6,第585~587页。括号内姓名由笔者所加。

朴恩赫）、李平山、王浩丸（王洪凡）、郭东哲、高相赫（左赫相）、金致廷、黄俊（韩伟健、李铁岳、李铁夫）、文一平、吴小闻、李鹏、刘俊贤、文善宰、文善弘、韩镕、金昌立、吴明、李世基、赵一龙。

这时期，支部书记为李敏达，组织委员张泰俊，宣传委员金元植，临时办公室设在上海法租界雷米路30号。

四 外围组织

（一）中国共青团上海韩人支部

中国共青团上海韩人支部与中共韩人支部同时成立，早期团员约20人，都是年龄17~23岁的旅沪韩籍青年。书记尹浩，组织委员闵永玖，宣传委员崔云仙。1928年初，改选支部委员，书记金喜元，组织委员尹浩，宣传委员崔云仙。① 共青团上海韩人支部也是秘密组织，鲜为人知。1931年九一八事变以前，未曾公开进行活动，只是在后台指导所属群众团体的活动。现从《朝鲜民族运动年鉴》中把共青团上海韩人支部的一些宣传活动内容摘录如下。②

1932年5月1日，中国共青团上海韩人支部发表《五一节纪念宣言》。

1932年5月3日，中国共青团上海韩人支部发表《就强盗般的日、法帝国主义无辜逮捕朝鲜亡命者及韩侨檄全上海革命的青年群众！》。

1932年5月30日，中共上海韩人支部、中国共青团上海韩人支部发表《当纪念五卅第七周年之际，告革命的韩侨兄弟！》。

---

① 〔日〕「朝鮮共產黨再建事件檢舉ニ關スル件」，平安北道，昭和七年（1932）八月二十五日。
② 〔日〕金正明编《朝鮮獨立運動》Ⅱ，附《朝鮮民族運動年鑒》，第365页。

1932年6月10日,中共上海韩人支部、中国共青团上海韩人支部发表《六十运动第六周年纪念宣言》。

(二) 中共韩人支部所属公开团体

中共上海韩人支部在法南区委的直接领导下,与其他中共党支部相互协调,紧密团结,出色地完成了上级党组织所赋予的各项任务。由于中共上海韩人支部本身属于秘密组织,它的所有活动主要体现在旅沪韩人群众左翼公开团体的活动中。表2为1927~1932年旅沪韩人群众左翼团体名称及其存在的时间。

表2 旅沪韩人群众左翼团体名称及存在时间(1927~1932年)

序号	旅沪韩人群众左翼团体名称	活动时间	备注
1	韩国唯一独立党上海促成会	1927.4~1929.11	发行机关报《临时时报》
2	中国本部韩人青年同盟上海支部	1927.12~1929.12	发行《青年前卫》
3	上海韩人反帝同盟	1929.6~1933.7	发行《反帝战线》
4	留沪韩国独立运动者同盟	1929.10~1932	发行《前进》
5	上海韩人青年同盟	1929.12~1932	—
6	中国革命互济会上海韩人分会	1931.2~1932	《革命之友》《互济运动》
7	上海韩人苏维埃之友会	1931.5~1932	
8	上海焰少年会	未详	发行《劳动少年》
9	上海韩人女子俱乐部	1928.2~1932	《女子解放》
10	上海韩人纠察队	1930.4	队长李龙植,队员武亭等
11	上海反战突击旗社	未详	
12	上海韩人侨民团税不纳同盟	1931.12~1932	《民团税不纳同盟宣言》
13	铁声团	1932.4	朴哲焕、林哲、文善弘等
14	上海韩人读书会	1933.8~11	—
15	左翼社会科学者联盟小组	1933.11	—

五 革命活动

中共上海韩人支部的主要活动形式:执行中共各项方针政策,定期举行支部大会,学习讨论中共文件,发展韩籍党员,发行宣传刊物，召开纪念集会，组织示威游行，鼓动罢工罢课，发起募捐活动等。其活动可以归纳为以下几个方面。

（一）执行中国共产党的方针政策

1930年9月11日，上海法租界工部局警察在日本总领事馆警察的协助下，逮捕中共上海韩人支部书记具然钦，并在其住处（泰兴坊第9号）搜出大量文件，其中不仅包括有关中国共产党、共青团中央、共青团江苏省委、中国革命互济会的机密文件，还有大批红色报刊、小册子和传单，如《中央通告》、《省委通告》、《紧急通知》、《每日通讯》、《青年通讯》、《济总通告》、《苏联十月革命十二周纪念日宣传大纲》、《反军阀战争宣传大纲》、《广暴二周年纪念反军阀战争支部讨论大纲》、《铁路海员兵工厂工作计划大纲》、《工厂支部工作大纲》、《上海三八示威后走向五一罢工示威的工作大纲》、《五一、五五纪念宣传大纲》、《上海五一示威工作计划大纲》、《童子团组织法》、《二七纪念宣传大纲》、《五一工作行动大纲》、《国际青年纪念日上海工作大纲》、《三一八和三二一纪念宣传大纲》、《动员五一大示威的宣传鼓动工作大纲》、《双十节纪念大纲》、《上海民众济难运动周工作计划》、《三个月妇女工作计划》、《号召的口号》、《上海报》、《沪江日报》、《红旗》、《红旗日报》、《海光日报》、《上海工人》等。

由此可见，当时的中国共产党完全信赖上海韩人支部，并没有将其当外人组织看待，甚至把中央机密文件都直接下发到韩人支部。尤其是韩人支部成员韩伟健（李铁夫）于1931年秋被中共上级组织调任北平市反帝大同盟党团书记，后来他还历任中共河北省委组织部长、宣传部长、省委书记兼天津市委书记。[①] 他敢于批判中国共产党的"左倾"路线，因而被扣上"铁夫路线"

---

① 金亨直编译《不屈的战士——怀念李铁夫同志》，辽宁人民出版社，1982，第3~4页。

的帽子。他还被中国国民党蓝衣社逮捕押往南京监狱。面对严刑拷问，他守口如瓶，只字不提党内机密，显示了革命先辈的崇高风范。

从1930年7月到1931年4月，中共韩人支部干部洪南杓和金命时接受上级党组织的指示，前往北满地区对朝鲜共产党满洲总局成员进行宣传，动员他们加入中国共产党，同时建立了"在满朝鲜人反日本帝国主义大同盟"和中共阿城县委。除此之外，还有崔凤官、马天穆、朴根万、朴根秀（朴凤）等不少韩籍党员被调往东北从事中共地下工作。

（二）支持苏维埃政府及工农红军

1931年前后，中共上海韩人支部的武亭、张泰俊、韩镕、崔云仙等十几名党员被调往江西中央苏区工作，其中多数人在反"围剿"战斗中壮烈牺牲。

1932年是中共上海韩人支部活动最活跃的一年。6月29日，韩人支部制订"7月份工作计划"，其内容摘要大致如下。

政治运动与斗争中的组织：

1. 利用向红军赠送红旗的机会，开展群众性的组织斗争；

2. 将各群众团体、党组织总动员起来，当7月5日公判牛兰①之际，掀起群众性的斗争；

3. 积极支持将于7月15日举行的江苏省反帝代表大会和7月末举行的国际反帝大会以及全中国反帝大会；

4. 7月10日之前成立群众性的"8·1"斗争筹备委员会，以

---

① 牛兰，原名亚可夫·马特耶维奇·鲁尼克，乌克兰人。1928年春，牛兰被共产国际派往上海建立共产国际联络部中国联络站。1931年夏，上海公共租界英国巡捕逮捕了牛兰夫妇。1932年5月，国民党江苏省高等法院刑事庭开庭审理牛兰案。8月19日，南京国民政府以扰乱治安、触犯《危害民国紧急治罪法》的罪名，判处牛兰夫妇死刑，后来又改判无期徒刑。1937年8月，牛兰夫妇趁乱逃出监狱，赴沪居住，1939年返回苏联。

便开展红色反日斗争；

5. 将"8·1"斗争和"8·29"斗争（日韩合并纪念日）结合起来，开展宣传组织工作；

6. 掀起反对第四次"围剿"的群众运动，召开几次群众大会，向红军通电、赠送纪念品等，迅速开展组织工作，以便配合红军搅乱白军后方。

（三）反抗中国国民党反动派

中国国民党政府对日本的侵略采取不抵抗政策，热衷于大打内战，大肆镇压共产党和红军，韩人支部始终站在中国共产党的立场上，与国民党反动派进行针锋相对的斗争。中日战争之前，虽然日帝当局通常对旅华朝鲜共产主义者实施逮捕，初步审讯后遣送朝鲜或日本本土，但至少依法开庭审理，按"犯罪"行为轻重判刑。而国民党当局自广州暴动以来，对朝鲜共产主义者恨之入骨，一旦逮捕他们就直接引渡给日本驻华机构处理。不仅如此，国民党当局还直接关押旅华朝鲜共产主义者，甚至不经任何法律程序任意执行枪决，有的党员在关押期间或服刑期间莫名其妙地死在监狱里。中共韩人支部存在期间，许多韩籍党员突然失踪，这与国民党当局的暴政有密切关系。

（四）反对日本帝国主义侵略

尽管朝鲜共产主义者加入中国共产党直接参加中国革命运动，但他们并没有忘记殖民地朝鲜和朝鲜革命运动，他们的主要敌人仍然是日本帝国主义者。从中共上海韩人支部的活动内容中可以证明这一点。现将1932年下半年上海韩人支部发表的部分反日传单介绍如下。

8月1日，发表《檄革命的日本士兵诸君！》。

8月29日，发表《在"8·29"日韩合并纪念日来临之际，檄革命的日本士兵诸君！》。

8月31日,发表《为了反对强盗日本帝国主义再次进攻上海,檄全上海朝鲜同胞!》。

9月11日,发表《革命的日本士兵兄弟,反对日本帝国主义再次进攻上海!》。

9月30日,发表《亲爱的日本同志诸君!革命的海员、香港台湾工人兄弟及水兵诸君!失业者及革命的学生诸君!向镇压朝鲜共产主义者的日本官犬发动一场抗议斗争!》。

10月31日,发表《日本水兵、士兵兄弟!从此诸君用自己的手进行帝国主义战争,这是向诸君自己的屠杀!》。

(五) 重建朝鲜共产党组织

1. 培训党员。在中共的支持和帮助下,1931年夏,韩人支部委员曹奉岩、姜文锡、中国籍党干部王某(上级派遣)等对韩籍党员进行培训工作,全基成、黄炳一、金炯烈、高河山、曹龙岩、金以玉等党员都曾接受过短期培训。训练科目有《列宁主义基础》、《农民问题》、《中国农会对土地问题之诸过程》、《协同战线组织问题》、《关于托洛茨基、布哈林等人的诸倾向》、《共产国际十二月提纲》、《关于先锋战士在群众团体中的活动》、《朝鲜共产党史》等。

2. 派遣党员到东北和朝鲜着手重建朝共组织。金元植、郑泰熙、黄炳一、尹喆、金命时、左赫相等先后奉命潜回朝鲜,从事党组织重建工作,但未能成功,多数人被捕入狱。

(六) 争取旅沪韩侨的支持

旅沪韩侨群众是中共上海韩人支部得以生存发展的基础和战斗堡垒。自上海韩侨社会形成以来,无论是朝鲜共产主义者,还是民族主义者,都设法争取韩侨群众,首先在韩侨中间开展宣传教育工作,主要依靠韩侨成立各种群众团体。无论韩侨人数多少,只要是韩侨聚集的地方,都有韩侨团体及其刊物。中共上海韩人支部成立后首先着手组织韩侨群众左翼团体，同时针对韩侨群众发行各种中韩文报刊和其他宣传品，以广泛争取旅沪韩侨的支持。

六　解体过程

中共上海韩人支部成员自始至终遭到日本总领事馆警察署、法国租界工部局、公共租界工部局巡捕房和上海中国公安局的逮捕，剩下的成员也由于敌人的白色恐怖被迫逃离上海。中共上海韩人支部的解体过程既是日帝和中国国民党当局对其实施残酷镇压的过程，也是支部成员被捕入狱、突然失踪和被调遣他处的过程。1933年初，中共中央撤离上海，迁往江西中央苏区，中共在上海的全面活动基本停止。1933年1月8日，中共上级组织向韩人支部发出指示，要求设法重建韩人支部组织和反帝同盟、互济会分会等外围团体。① 同年1月19日，支部委员金丹冶召集韩镕（已从苏区返回上海）、吴大根②、李兴敏、曹龙岩、郭重善、田浩（田才浩）、金武、黄允祥③等中共韩人支部及其外围团体的成员，传达中共上级组织的指示精神，经讨论决定暂时停止韩人支部的工作，各成员直接加入其他中共党组织和群众团体，继续开展革命活动。现将1928~1933年间被日帝当局逮捕遣送朝鲜的韩人支部成员介绍如下。

---

① 〔韩〕外务省警察史支那之部:《朝鲜民族运动史（未定稿）》6。
② 1933年，吴大根叛变后成为朝鲜总督府间谍。1933年8月31日，侨民团义警队员金益星对上海朝鲜人亲友会会长柳寅发开枪刺杀未遂，由于吴大根告密，9月8日被逮捕归案。1935年1月27日，吴大根带着特种任务潜入南京后失踪。1935年5月，赵奉元与金料奉离婚后从南京回到上海向日本总领事馆警察署投案自首，并在其供词中称，吴大根于1935年2月初在南京被杀。（在上海朝鲜總督府事務官一杉藤平「對金九特種工作ニ關スル件」，昭和十年八月五日。）
③ 黄允祥（崔采），系黄勋（崔重镐）之子，1933年经南京中央陆军军官学校日语教官孙斗焕（孙建）介绍进入南京中央电影摄影场工作。

（一）被捕入狱

赵东祐、玄鼎健、吕运亨、李龙植、崔昌植、金庆先、赵泰羲、李教悳、金明会、河宗焕、具然钦、文宗穆、曹奉岩（朴铁焕、郑桓均、金骏）、徐丙松（徐宇园、徐素真）、姜文锡（金达三、姜文道）、金承洛（钱一平、金光辉）、张东宣、李武成、廉龙燮（周允）、李钟嵩（李素星）、洪南杓、郭重奎、金昌烈、权昌洙、全基成、张泰俊、金龙周（郑龙周），以上党员在上海被捕遣送朝鲜，大都被判为有期徒刑。此外，郑柏、黄炳一、金元植、金命时、边镇丰、金镜、韩兴敏等党员奉命潜入朝鲜后被逮捕。①

1930年，韩人支部早期党员康景善被国民党当局逮捕，在南京遭到枪决。1932年，尹浩、金东哲（金奭哲）、成始伯遭到国民党当局逮捕，被判刑关押在南京监狱，其中尹浩死于狱中。1933年，活动在平津地区的韩伟健被北平公安局逮捕后押往南京监狱，后经首都宪兵司令部韩人潘海亮（李春岩）全力解救才获释出狱。

（二）突然失踪

朴世均、金喆熙、朴恩赫、吴明、张海山、李世基、金东哲（金熙喆、金希哲、金奭哲）、曹龙岩（朴俊焕）、李启商、车吉文（车天马）、金奉烈（金杰）、金泰奎、廉相洙、金永琬（金一声）、金叶、安杜、金丹洽（金泰渊、金秋星、金柱）等干部和党员都突然失踪，从史料中找不到记载，其中或有可能被国民党

---

① 仅存的一位支部书记黄勋于1934年3月18日在上海病逝。1934年4月，尹喆（吴基万）因从事朝共重建运动而被逮捕遣送回国，以《治安维持法》违反罪名被判刑五年。1935年7月，韩龙权、李汉禹（金波、李汉燮）在上海法租界被捕并遣送回国，以《治安维持法》违反罪名被判刑五年；金昌立于1935年在旅顺监狱被处决。1936年10月23日，金昌洙因涉嫌共产党事件而被逮捕并遣送朝鲜。

暗杀。当然也有可能隐姓埋名迁居他处，或返回朝鲜不再从事革命工作。① 除此之外，早期朝鲜共产主义者尹滋英（尹石汉、尹苏野）、金元庆（崔昌植妻）等人脱离组织，不再参与政治活动。

（三）开除党籍

1931年2月，中共上海韩人支部书记张泰俊召开支部大会，根据支部决议，对堕落分子成周复（成周寔）、文善弘、郭重奎三人予以开除党籍处分。支部委员李敏达对日本当局采取妥协态度，因此也被开除党籍。② 此外，林哲、闵永玖、李石、张亮等党员也被开除了党籍。③ 其实，这些人并没有叛变投敌，其中多数人后来转而加入了朝鲜民族主义团体。由于当时上海韩人支部盲目执行中国共产党的"左倾"路线，以致削弱了自己的力量。

结　语

1. 中共上海韩人支部历时五年，成员忠于组织，活动广泛，内容丰富，斗争激烈。

2. 中共上海韩人支部被捕人数之多，叛变人数之少，在整个中共党史上是少见的。

3. 中共上海韩人支部成员为中国革命运动付出了巨大代价，其历史功绩不可磨灭。

4. 中共上海韩人支部的活动为后来中国境内的朝鲜共产主义运动打下了良好基础。

---

① 20世纪20年代后期曾在上海、北平等地活动过的原朝共中央干部安光泉（安孝驹）、梁明等人也突然失踪，至今仍未查明真相。此外，曾参加过中国大革命的辛日镕、韩海等人赴东北从事朝共重建工作。

② 〔日〕「吳基萬陳述」50，山口縣文書館所藏林家（朝鮮總督府關係）史料，2003。

③ 〔日〕「朝鮮共產黨再建事件檢舉ニ關スル件」，平安北道，昭和七年（1932）八月二十五日。

The Shanghai Korean Branch of CPC

Cui Fengchun

Abstract　Shanghai Korean Branch, its full name is "Korean Special Branch in Shanghai Fanan District of Jiangsu Provincial Committee of Communist Party of China", referred to briefly as "CPC Korean Branch", or "Shanghai Korean Branch". It is a special organization of international communist movement, and also the special local organization of Communist Party of China. When CPC Shanghai Central Committee was in critical time of danger, they fought to the last based in Shanghai. Its activities not only played an important role but also made a profound impact. Based primarily on the official information of the Japan Imperial time, this paper is discussing the backgrounds of CPC Korean Branch's founding, processing, organization, activities and disintegration. As of its relationship to the history of Communist Party of China, also to the history of international communist movement, this is the motivation for the drafting of this article—in the coming of the 90th anniversary of the founding of the Communist Party of China, looking back to the special episode in CPC's development of history, this is a starting point for the discussion.

Key Words　International Communist Movement; Korean Special Branch

【审读：石源华】

试论朝鲜民族早期共产主义运动和共产党的建立

金成镐

【内容提要】俄国十月社会主义革命的胜利，使朝鲜人民看到了民族解放的曙光，为他们指明了斗争的道路。朝鲜民族共产主义运动首先是在十月革命的故乡——俄国的远东地区朝鲜侨民社会里产生，而后逐步发展到朝鲜国内。朝鲜民族早期共产主义运动在其客观环境和主观条件上，不可避免地具有诸多局限性和缺陷，经历了错综复杂而曲折的发展过程，但其运动顺时代潮流而动，在朝鲜民族中广泛传播马列主义革命思想，把朝鲜反日民族解放运动有力地推进到新的历史发展阶段。

【关键词】朝鲜共产主义运动　韩人社会党　朝鲜共产党

【作者简介】金成镐，历史学博士，中国朝鲜史研究会会长，延边大学朝鲜韩国历史研究所所长，博士生导师。

一 韩人社会党的建立

1910年以来,日帝残酷的殖民统治和亡国奴的悲惨命运逼迫朝鲜民族崛起反抗,三一运动的沉痛教训又迫使朝鲜爱国先进分子苦苦寻找新的思想武器。俄国"十月革命的胜利,使陷入暗无天日的悲惨命运之中的朝鲜人民看到了解放的曙光,为他们指出了斗争和胜利的道路"。①朝鲜爱国先进分子如饥似渴地接受马列主义思想,迅速兴起新的共产主义革命思潮。朝鲜"以三一起义为转折点,资产阶级民族运动的时期宣告结束,在马克思列宁主义的旗帜下,以工人阶级为先锋的朝鲜人民的民族解放斗争,进入了新的阶段"。②

朝鲜民族共产主义运动首先是在十月革命的故乡——俄国的远东地区朝鲜侨民社会里产生的。其主要原因在于以下三点。第一,在远东地区已形成相当规模的朝鲜民族社会。十月革命爆发之际,侨居在远东地区的朝鲜人约达25万名。③第二,在俄共(布)的组织领导下,远东地区正在发生激烈的社会主义革命运动,当地朝鲜民族也被卷入其革命洪流之中。第三,早以中国东北地区和俄国远东地区朝鲜民族社会作为其根据地而进行反日革命运动的李东辉④、金立、李汉荣等人,在俄共(布)组织的帮助、指导下,接

---

① 〔朝鲜〕《金日成著作集》第11集,平壤外国文出版社,1982,第296页。
② 〔朝鲜〕《金日成著作集》第11集,第297页。
③ 〔韩〕姜万吉:《韩国现代史》,创作与批评社,1995,第71页。
④ 李东辉(1873~1935)是朝鲜民族最早的共产主义者之一。他出身于咸镜南道端川郡贫农家庭,毕业于汉城士官养成所,任江华岛镇卫队队长。1904年日俄战争以后,辞去军职,在江华岛设立学校,进行爱国文化教育启蒙运动。参加"西北学会"、"新民会"等进步学术团体和社会秘密组织,进行反日救国运动。其间,两次被捕入狱。1913年越境到中国延边地区,之后又前往俄国远东沿海州。他转战在俄国和中国东北等地,始终坚持反日救国斗争,1935年1月31日病逝于苏联远东地区。参阅韩国和平问题研究所编《统一韩国》2005年4月号(通卷256号),第78~79页。

试论朝鲜民族早期共产主义运动和共产党的建立

受其革命思想，迅速转变为共产主义革命者。

1918年4月至1922年10月，俄国远东地区正处于英、法、日等外国武装干涉和国内战争的极为混乱的时期，是新生的苏维埃政权与反革命势力生死搏斗的关键时期。① 1918年5月10日（俄历四月二十八日），李东辉、金立等人在哈巴罗夫斯克（伯力）正式成立了朝鲜民族最初的共产主义团体"韩人社会党"。② 其政治主张是：1. 走布尔什维主义的道路；2. 确定朝鲜民族独立运动的方向为社会主义；3. 把远东地区的解放作为发展朝鲜民族解放运动的前提条件；4. 在远东地区确立苏维埃政权，积极组织朝鲜人武装部队，支持苏俄红军。③ 大会选李东辉为中央委员会委员长，金立为秘书长兼机关志《自由钟》（5月1日创刊）的总编，柳东悦为军事部长兼军校校长。④ 韩人社会党组织了约100人的朝鲜人"赤卫军"。韩人社会党及其武装部队在俄共（布）组织和远东苏维埃政府的指导下，带领远东地区的朝鲜民众积极投入反对日本等外来干涉军和白卫军、保卫和建设苏维埃政权的革命斗争中。

1919年三一运动爆发后的5月初，韩人社会党（党员约1万名）和大韩独立新民团（团员约2万名，本部在中国吉林省珲春市）在符拉迪沃斯托克（海参崴）联合召开代表大会（代表49名），决定把两个组织合并为一个统一团体，组织名称仍为韩人社会党。大会选举产生新的中央委员会，其中，正式委员15名，候补委员7名，李东辉仍任中央委员会的总议长，原新民团团长金奎

---

① 参见〔苏〕鲍·尼·波诺马辽夫主编《苏联共产党历史》，人民出版社，1960，第306～347页。
② 〔韩〕刘孝钟：《在俄国远东地区的十月革命与朝鲜人社会》，载东京俄国史研究会编《俄国史研究》第45号，1987，第33页。一说是1918年6月26日成立韩人社会党，参见韩国政治外交史学会编《韩国外交史Ⅱ》，韩国集文堂，1995，第191页。最近又一说是李东辉等人于1918年4月在符拉迪沃斯托克组织"韩人社会主义者同盟"，于翌年4月第二次大会上联合"新民会"组织"韩人社会党"，参见韩国独立运动史研究所编《韩国独立运动与外国人》，2011，第89页。
③ 〔韩〕朴桓：《在苏韩人民族运动史》，国学资料院，1998，第260页。
④ 〔韩〕潘炳律：《诚斋李东辉一代记》，凡友社，1998，第447页。

冕任副议长兼军事委员会委员长，金立任秘书长。① 韩人社会党在承认和支持中国上海的大韩民国临时政府的同时，决定申请加入共产国际组织，并任命朴镇淳、朴爱、李汉荣为韩人社会党代表，前往莫斯科与共产国际取得联系。同年11月末，朴镇淳等向共产国际执委会提交了题为《社会主义运动在朝鲜》的韩人社会党组织报告书和党员名簿。② 12月7日，苏维埃政府正式宣布韩人社会党已加入共产国际组织。③ 在1920年7月19日至8月7日间召开的共产国际第二次大会上，朴镇淳以韩人社会党代表身份参加大会，并被选为执委会远东代表。④

1919年9月，为了更为广泛而有效地进行反日革命斗争，李东辉把远东地区党的工作委任给金奎冕副议长后，带领金立等党的一些主要干部转移到中国上海，就任大韩民国临时政府（1919年4月成立）的第一任国务总理，试图与反日民族主义势力建立广泛的革命统一战线。⑤ 1920年4月，李东辉为了取得苏俄的支持，以韩人社会党干部韩馨权为临时政府全权代表派往苏俄。韩馨权与列宁等苏俄政府领导人进行有关朝鲜革命的会谈，并得到了革命支援金40万卢布（苏俄政府答应将支援200万卢布）。⑥ 上海的韩人社会党在共产国际代表鲍罗廷的指导下，积极宣传共产主义革命思想，组织和扩大了革命队伍。他们在主动地与中国共产主义者取得联系与协作的同时，⑦ 向朝鲜国内和日本派遣秘密工作员，使之组织和扩大革命组织，进一步推动反日革命运动。

---

① 〔韩〕潘炳律：《诚斋李东辉一代记》，第176~185页。
② 〔韩〕潘炳律：《韩人社会党组织与活动》，载仁荷大学编《韩国学研究》（5），1993，第167~169页。
③ 〔韩〕潘炳律：《诚斋李东辉一代记》，第239页。
④ 〔韩〕潘炳律：《韩人社会党组织与活动》，第171~172页。
⑤ 〔韩〕姜万吉：《20世纪的韩国历史》，创作与批评社，2000，第96页。
⑥ 〔韩〕潘炳律：《诚斋李东辉一代记》，第242~243页。
⑦ 〔韩〕慎镛厦：《日帝强占时期韩国民族史》（中），首尔大学出版部，2002，第336~337页。

试论朝鲜民族早期共产主义运动和共产党的建立

二 两个高丽共产党的产生

1920年9月初,韩人社会党在共产国际特派员的直接指导下,① 在上海召开党代表会议,决定把党的名称改为"韩人共产党",把机关志《自由钟》的名称改为《共产》,扩大改编其组织。李东辉、金立、李汉荣、金万谦、安秉瓒等被选为中央委员,李东辉为其委员长。② 他们在共产国际远东部的援助下创办印刷厂,用朝鲜文翻译出版了《共产党宣言》等5000部马列主义书籍。③

这一时期,以远东地区为中心的苏俄朝鲜民族社会里出现了一世党（1919年）、莫斯科韩人共产党（1919年3月）、奥姆斯克韩人共产党（1919年11月）、赤塔韩族共产党（1920年）、阿穆尔（黑龙）州韩人共产党（1920年4月）、韩族共产党沿海州联合总会（1920年8月6日）等众多的共产主义团体。1920年1月,以苏俄红军第五军团的"高丽特立中队"朝鲜人35名为中心,在俄共（布）伊尔库茨克县委员会组织了"高丽部"。④ 同年7月7～15日,以俄共（布）伊尔库茨克县委员会高丽部为中心,在伊尔库茨克召开"全俄韩人共产党第一次代表员会议",成立了"全俄韩人共产党中央总会"（从9月25日起改称"高丽共产党中央总会"）。中央委员有5人,李成、蔡东顺分别任正、副会长,设立组织、宣传和联络交通等三个科,并以朝鲜文刊行其机关志《东亚共产》（8月14日创刊号）,在苏俄朝鲜民族社会扩大其影响。至1920年末,在苏俄境内的朝鲜人共产主义团体共有16个,有

---

① 韩国精神文化研究院编《韩国独立运动史资料集——洪范图编》,1995,第325页。
② 〔韩〕潘炳律:《诚斋李东辉一代记》,第265～266页。
③ 〔美〕徐大肃:《韩国共产主义运动史研究》,理论与实践出版社,1995,第29页。
④ 〔韩〕慎镛厦:《日帝强占时期韩国民族史》（中）,第342页。

2305名党员和候补党员。①

高丽共产党在俄共（布）西伯利亚总会东洋局韩族部的支持和协作下，创办"党学校"，以苏俄红军第五军政治部党校教材为教材，培养朝鲜民族军政干部，动员和组织朝鲜民族，积极参加苏维埃革命运动的同时，努力掌握朝鲜革命运动的主导权，使朝鲜民族解放运动发展为社会主义革命。总会成立伊始，就派遣总会长李成的弟弟李括前往中国上海，与韩国临时政府取得联系。而且自1920年11月起，总会把工作重点转向苏俄沿海州地区、朝鲜国内和中国东北地区，决定派遣总会长李成、朴承晚、金哲勋等"最优秀的主要力量"到那里开展工作。这些工作员带着俄共（布）西伯利亚总会东洋局所提供的活动资金，分别前往沿海州、朝鲜国内和中国东北地区，开展其革命工作。② 可以说，高丽共产党中央总会的建立及其在远东地区、朝鲜国内和中国东北地区的发展，标志着伊尔库茨克派的最初形成。

1921年5月4~15日，伊尔库茨克派得到共产国际东洋局秘书部（1921年1月组织）的支持，在伊尔库茨克召开第一次高丽共产党代表大会。来自苏俄、中国和朝鲜的代表83名，代表着32个团体和8730名党员（其中正式党员1880名）。大会完全排除了李东辉等上海的韩人共产党系统，尽管原韩人共产党中央委员金万谦、安秉瓒等人也参加大会，但他们是已与李东辉一派发生矛盾而决裂的人物。大会选举产生了中央委员会，韩明世、南万春、崔高丽、金哲勋、安秉瓒、金万谦等11人为委员，安秉瓒和韩奎善分别任正、副委员长。这次大会标志着高丽共产党伊尔库茨克派的最终形成。会后，金万谦等回到上海，开始组织与李东辉一派相对立的伊尔库茨克派的高丽共产党上海支部和"高丽共产青年会"。原

---

① 〔韩〕潘炳律：《诚斋李东辉一代记》，第289~291页；〔韩〕成大庆：《韩国现代史与社会主义》，历史批评社，2000，第155~163页。
② 林京锡：《伊尔库茨克派共产主义团体的起源》，载〔韩〕成大庆《韩国现代史与社会主义》，第165~178页。

试论朝鲜民族早期共产主义运动和共产党的建立

上海韩人共产党的主要成员吕运亨和金奎植、赵东祐、朴宪永等人也加入了这些组织。①

1921年1月，因反日民族革命路线上的分歧斗争，李东辉完全脱离大韩民国临时政府，他于3月前往广州访问中国革命先行者、时任中华民国非常大总统的孙中山，共同协商了东方各国的革命前途问题。②在伊尔库茨克派的第一次高丽共产党代表大会刚刚结束的第5天，即5月20～23日，李东辉等在上海组织召开高丽共产党代表会议，与会代表来自中国东北、朝鲜国内和日本等。1920年秋天成立的朝鲜国内早期共产主义秘密团体"社会革命党"也派来了8名代表。会议宣告成立又一个"高丽共产党"。会议选举产生了以李东辉、金立、金奎冕、朴镇淳（共产国际远东代表）、李镛、韩馨权等17人组成的新的中央委员会，以李东辉、金奎冕为正、副委员长，金立为秘书长。③会议决定把朝鲜国内的社会革命党组织改为高丽共产党的国内支部，创办国内机关志《新生活》（1922年3月创刊）。④金明植、尹滋英、韩伟健、张德秀、崔八镛等负责朝鲜国内支部的领导工作。这次会议标志着高丽共产党上海派的最终形成。自此，高丽共产党分裂为南北两派。

从1918年4月开始的朝鲜民族早期共产主义运动，在极为混乱的国际国内环境中经过错综复杂的内部斗争分化和再组合，终于分立为两大派，即高丽共产党伊尔库茨克派和上海派。大体上讲，伊派是以归化于俄国的朝鲜人为其主要的社会基础，其活动主要归属于俄共（布）组织，他们把殖民地、半封建社会的朝鲜的革命性质规定为社会主义革命，试图直接进行社会主义革命；而上海派则以亡命在苏俄、中国和日本等国外的朝鲜革命者为其主要成员，

---

① 〔韩〕潘炳律：《诚斋李东辉一代记》，第319～323页。
② 韩国精神文化研究院编《韩国独立运动史资料集——洪范图编》，第325页。
③ 〔韩〕潘炳律：《诚斋李东辉一代记》，第324～326页。
④ 〔韩〕李贤周：《汉城青年会初期组织与活动》，载韩国《国史馆论丛》第70辑，1996，第13～14页。

联合国内革命者，他们把朝鲜革命分为两个阶段，即民族革命和社会主义革命，把国家独立与民族解放斗争作为首要的时代任务，被伊派批判为"民族国粹主义"和"冒险主义集团"。① 这两派在政治思想上和组织上的分歧与对立斗争，将一直持续到朝鲜民族早期共产主义运动的整个过程。

两派斗争中最为严重的事件是1921年6月28日发生的自由市事变（又称黑河事件）。此时集中在苏俄远东自由市的朝鲜人各种武装部队共有4500余名（一说是超过5000人）。伊派影响下的朝鲜人部队联合苏俄红军（远东第29团270名军人和两辆装甲列车）围攻上海派影响下的朝鲜人部队（主要是经过1920年延边凤梧洞战斗和青山里战役，消灭大量日本侵略军之后，刚从中国东北转移去的原大韩独立军团部队）。在这一武装冲突中，死亡40人，失踪约450人，900多人被捕。被捕人员中70多名干部入狱，400余名被强制劳动。② 其余的2500余名朝鲜人部队被移送到伊尔库茨克，编入苏俄红军韩人特别步兵旅。③ 这一事件是由朝鲜民族共产主义队伍内部的伊派和上海派的矛盾、共产国际东洋局秘书部和远东共和国韩人部对朝鲜人共产主义团体的有些相异的认识和方针等各种错综复杂的诸多原因所造成的，它给朝鲜早期共产主义运动和整个反日民族解放斗争留下了极为沉重的阴影和教训。

1921年6月，李东辉、朴镇淳等人为了向共产国际汇报工作离开上海，前往莫斯科。而南万春、韩明世等伊派代表团则在5月末已与列宁进行过会谈，并得到共产国际的承认，参加了共产国际第三次代表大会。在此次大会上，伊派代表南万春发表演说，宣扬伊派是真正的共产主义政党，批判上海派是借用共产主义的爱国的

---

① 〔韩〕李钟奭：《朝鲜劳动党研究》，历史批评社，2003，第219~220页；〔韩〕慎镛厦：《日帝强占时期韩国民族史》（中），第345页。
② 〔韩〕姜万吉：《韩国现代史》，第74页。
③ 〔韩〕田贤洙（音译）：《曾帮助过韩国独立运动的俄国人》，载韩国独立运动史研究所编《韩国独立运动与外国人（会议论文集）》，2011，第94页。

民族主义势力。李东辉等历经千辛万苦，于9月才到达莫斯科。他们向共产国际执委会和俄共（布）中央报告上海派党务工作及伊派的错误问题。11月3日，李东辉等参加俄国十月革命三周年纪念活动，并以高丽共产党代表身份致祝词。共产国际根据伊派和上海派各自相异的报告，于11月15日发表了"第三国际共产党检查委员会决定书"。该决定书指出，伊派和上海派两派都不能标榜代表朝鲜革命，要求将来召开朝鲜国内外共产主义诸团体代表大会之前，先联合组成两派同等人数的中央领导机关。由此，两派各选4名代表组成高丽共产党联合中央，以李东辉为主要代表。共产国际又决定立即释放自由市事变中被捕入狱的朝鲜革命者。11月28日，列宁亲切会见以李东辉为首的高丽共产党代表团，肯定上海派的政治路线，批评伊派的"左倾"错误，高度赞扬了朝鲜革命者的奋斗精神。列宁指出，朝鲜革命应以民族革命为第一阶段，用组织宣传提高人民群众的革命觉悟，团结日本无产阶级在内的国内外广大的人民群众，不可用恐怖手段等，指明了朝鲜革命的方向性问题。① 12月21日，李东辉和伊派代表韩明世，与共产国际东洋局秘书部领导等举行会议，讨论两党联合问题。会议决定执行共产国际检查委员会的决定书，停止派别斗争，为实现真正的联合尽一切努力。

1922年1月21日至2月1日，共产国际在莫斯科召开远东各国共产党及民族革命团体第一次代表大会，与会的中国代表37名、日本代表13名、蒙古代表14名，而朝鲜代表则达56名，人数最多。朝鲜人代表中有朝鲜国内代表15名，中国延边地区代表2名。② 大会根据列宁关于民族殖民地问题的理论，阐明了被压迫民族所面临的反帝反封建的历史任务。这次会议对朝鲜民族解放运动产生了积极而深刻的影响。

但是，由于自由市事件的影响、对朝鲜革命性质的认识差异、

---

① 〔韩〕潘炳律：《诚斋李东辉一代记》，第331~341页。
② 〔韩〕潘炳律：《诚斋李东辉一代记》，第347~349页。

俄国归化人和非归化人之间的矛盾以及苏俄支援金40万卢布的使用问题等，高丽共产党两派之间错综复杂的矛盾和纷争依然没能得到根本的解决。共产国际为了解决高丽共产党两派之间的矛盾和纷争，于1922年4月22日作出六项内容的决定，批判派争，停止两派一些干部的党务工作，暂停共产国际的财政支援，并要求三个月内实现其团结统一。同年10月19～28日，高丽共产党在俄共（布）中央远东部和共产国际执委会的组织指导下召开了党联合大会，与会的两派代表共128名。在讨论代表资格问题等会议事项上两派发生纷争，伊派大部分代表退出会场。以上海派为主的大会选出了李东辉、洪涛、尹滋英等新的高丽共产党中央委员会干部10名，并决定在朝鲜国内和中国东北等地设立秘书部，培养组织宣传员，集结和训练武装队伍等事项。而脱离大会的伊派主要人物韩明世、金夏锡、金万谦等在赤塔组织召开另一个大会，选出伊派新的中央委员会。由此，以联合大会实现两派团结，试图建立统一的高丽共产党的希望终归失败。12月，共产国际解散两派组织，要求"互相妥协，要完全地建立朝鲜共产党"，并在符拉迪沃斯托克的共产国际东方部设立其所属的"高丽共产党总局"，任命上海派的李东辉、伊派的韩明世、朝鲜国内派的郑在达等各派代表为其委员，直接领导朝鲜共产主义运动。① 但伊派和上海派的纷争仍然没有消失，甚至愈演愈烈。

1923年12月31日，李东辉、郑在达等脱离高丽共产党总局，总局工作处于瘫痪状态。1924年4月，共产国际解散高丽共产党总局，为了在朝鲜国内建立共产党，于5月7日设立了"高丽共产党创立代表会议准备委员会"，南万春、李亨建、金哲勋、金若水等人被任命为委员。② 共产国际根据远东地区的形势变化以及国外高

---

① 〔韩〕潘炳律：《诚斋李东辉一代记》，第361～377页。
② 〔韩〕潘炳律：《诚斋李东辉一代记》，第376～394页；〔韩〕成大庆：《韩国现代史与社会主义》，第21～22页。

丽共产党活动中难以解决的派争问题，决定国外的朝鲜共产主义者应在朝鲜国内开展工作。这期间，高丽共产党总局和准备委员会先后派遣金灿（本名金洛俊）、金在凤①（又名权田）、辛容箕、郑在达等工作员到朝鲜，使之在国内秘密进行共产党的创建工作。②

总之，马列主义思想与朝鲜民族反日解放运动初步相结合的产物——高丽共产党诞生在朝鲜国外，主要活动在苏俄远东地区和中国。作为早期共产主义运动，它具有很多难以克服的主客观局限性和缺陷，没能形成一个统一的强有力的战斗组织而分裂为严重对立的两派，没能很好地起到应有的历史作用。但它在国内外的朝鲜民族社会广泛传播马列主义革命思想，为朝鲜革命从资产阶级民族主义运动转变为共产主义运动起到了积极的历史作用。

三 国外朝鲜民族早期共产主义运动的发展

如上所述，朝鲜民族早期共产主义运动因领导阶层内部出现极为复杂的派争问题，没能形成统一而强有力的政党。但是，众多的共产主义者和革命群众高举共产主义旗帜，积极投入反帝反封建的革命斗争。

远东地区朝鲜民族共产主义者和人民群众在俄共（布）的领导下积极投入到反对日本等外来侵略者、反对反革命白卫军的武装斗争中。1万余名的朝鲜人参加了革命武装斗争，③"高丽特立团"等数千名朝鲜人游击队员用生命和鲜血保卫了新生的苏维埃政权。如，1921年伊曼战役中，由中国东北长白县朝鲜人反日武装团体

---

① 金在凤，庆尚北道安东郡出身，曾参加三一运动，后任《满洲日报》京城支社记者。1920年开始参与上海大韩民国临时政府的联络工作和独立运动资金募集工作，被殖民当局逮捕入狱，服役半年。1921年9月亡命于苏俄远东地区，在伊尔库茨克军政学校学习。参见成大庆《韩国现代史与社会主义》，第57页。
② 参见金俊烨、金昌顺合著《韩国共产主义运动史》（2），1986，第188~212页。
③ 水村朴永锡教授华甲纪念，《韩民族独立运动史论丛》，1992，第1215页。

军备团改编的高丽革命义勇军与红军联合作战,英勇杀敌,第二中队长韩云龙等170余名朝鲜人献出了宝贵的生命。①

高丽共产党上海派组织在中国东北和俄国远东地区的朝鲜民族聚居地积极进行了革命活动。1921年11月,上海派主动联合东满朝鲜民族最有力量的反日革命团体大韩国民会,迅速扩大其组织力量。12月,在北满的宁安县建立高丽共产党北满支部,支部长为姜九禹。②同月7日,上海派在吉林省敦化县城东成立了隶属于高丽共产党中央总监部的道会与郡会,加强了对东北朝鲜民族的组织领导。他们在东满、南满和北满等三个地区成立道总部,在其管区内的各县则成立了郡会或区会。据1922年统计,东满总部设在敦化,其管区内设有敦化、额穆、延吉、汪清、和龙、珲春、安图、宁安、东宁等九个郡会,会员达1万名。其中,有高丽共产党正式党员1721名,候补党员827名。延边龙井还有共产青年会会员46名。南满总部设在吉林,领导六个郡会,有正式党员153名,候补党员65名。北满总部设在饶河,其管区内有七个区会,有正式党员275名,候补党员87名,还有20名共产青年会员。③1922年末,上海派在各地共有40个基层组织,4470名党员(包括候补党员)和2300名青年组织成员。④

1923年1月10日,高丽共产党上海派在共产国际东洋宣传部的指导下,于符拉迪沃斯托克新韩村组织了革命武装团体——赤旗团。其宣言书指出,为把"朝鲜独立运动转化为社会主义革命运动路线而组织动员群众,决定以社会主义革命促进朝鲜独立为总的方向",其"基本任务是实行作为朝鲜共产党的前卫队的义务,在广大的群众中宣传共产主义,介绍俄国十月革命胜利的经验,与日本帝国主义及其走狗、一切反革命分子进行猛烈的斗争,必要时执

---

① 韩国精神文化研究院编《韩国独立运动史资料集——洪范图编》,第126~138页。
② 〔韩〕辛珠柏:《满洲地域韩人民族运动史》,亚细亚文化社,1999,第69页。
③ 朴昌昱:《中国朝鲜族历史研究》,延边大学出版社,1995,第226~227页。
④ 〔美〕徐大肃:《韩国共产主义运动史研究》,第33页。

试论朝鲜民族早期共产主义运动和共产党的建立

行强力的破坏、虐杀和暗杀"。宣言书最后高呼:"朝鲜社会主义万岁!"他们认为,在远东地区已确立苏维埃政权的情况下,在俄朝鲜革命青年的当前任务是向朝鲜国内工厂、矿山派遣工作员,传播共产主义思想,动员和组织群众;在中国东北则与中国共产党取得联系,组织屯田式游击队,进行抗日武装斗争。他们选崔溪立、洪波(李民焕)为正、副团长,决定创办机关志《霹雳》。他们派张澈等秘密工作员4名去朝鲜工作,又在中国东北朝鲜族聚居地设立西满、北满和东南满三个司令部。前往朝鲜的工作员在咸兴市肥料工厂和各学校建立了共产青年会等地下革命组织,组织人员达40余人。1925年12月末,赤旗团团员发展到700人,其中屯兵式游击队员达60余名,他们与日本军警进行了武装斗争。①

值得一提的是,上海派高丽共产党在鲍罗廷等共产国际代表的指导和协助下,与中国共产主义者取得联系,联合进行了革命活动。1920年初,李东辉和朴镇淳等在北京和上海会见了中国共产主义运动创始人李大钊、陈独秀等人,同他们一起讨论了在东方各国传播共产主义思想,共同进行社会主义革命的问题。② 从此,中朝两国共产主义者并肩投入到反帝反封建的革命斗争中。1920年5月,中国著名的革命者王维舟在上海经金立和李某两人的介绍加入"朝鲜共产党"(韩人社会党)。③ 1921年7月中国共产党在上海正式成立后,朝鲜共产主义团体与之加强联系,紧密合作,共同发展

---

① 韩国精神文化研究院编《韩国独立运动史资料集——洪范图编》,第174~179页。
② 朴昌昱:《中国朝鲜族历史研究》,第222页。
③ 王维舟:《我的回忆》,载《中共党史资料》第一辑,1982,第65~81页。王维舟(1887~1970),四川省宣汉人,早年参加辛亥革命和护法斗争。1920年在上海加入"韩人社会党",经朝鲜党组织介绍去苏联留学。1925年春转入中国共产党,历任中共山东特委军委书记、游击纵队总司令、红三十三军军长、中央军委四局局长。抗日战争和解放战争时期任八路军一二九师三八五旅旅长兼政委、四川省省委副书记、西北军区副司令员等职。新中国成立后,历任中共中央西南局常委、西南军政委员会副主席兼西南民族事务委员会主任、中共第七届候补中央委员、第八届中央委员、第一至第三届全国人大常委会委员等职,1970年1月逝世。

了共产主义运动。例如，1922年元旦在上海的中共党员和"中国朝鲜社会主义青年团"团员100余人共同散发宣传共产主义思想和号召反帝反封建革命斗争的贺年帖6万张和传单2万张。① 在共同的共产主义理想和革命目标下进行共同斗争的过程中，有不少朝鲜共产主义者直接加入了中共党组织。1927年9月，在上海业已加入中共党组织的朝鲜民族共产主义者成立了"中共江苏省委员会法南区韩人支部"，其主要负责人是具然钦、曹奉岩、洪南构等人。并建立了"东方反帝上海韩人独立运动者同盟"、"青年反帝上海韩人青年同盟"、"青年反帝上海韩人女子俱乐部"等群众组织。②

1929年10月26日，上海的朝鲜共产主义者联合各界群众成立了"留沪韩国独立运动者同盟"，并创办其机关志《向前》。他们所提出的斗争纲领是：1.执行朝鲜民族解放革命运动的领导作用，积极开展当前的斗争；2.通过反帝斗争，扩大在沪韩人的统一战线；3.联合中国革命群众，反对一切帝国主义；4.全面促进战斗的反帝反封建统一战线。③ "留沪韩国独立运动者同盟"经常发表文章，并在三一运动、八二九国耻日等纪念日散发传单等，宣传了反帝反封建革命斗争。1930年8月，他们在中国革命互济会、左翼作家联盟、上海反帝同盟等革命进步团体的支持下，在南京路召开了1000余人参加的群众大会，声讨日本帝国主义的侵略罪行，号召反帝革命斗争。④

四 朝鲜国内共产主义思想运动的兴起

与苏联和中国境内朝鲜民族共产主义运动相呼应，朝鲜国内也

---

① 中央档案馆编《中共中央文件选集》第一册，中共中央党校出版社，1992，第48页。
② 〔韩〕金喜坤：《中国关内韩国独立运动团体研究》，知识产业社，1995，第280~290页。
③ 〔韩〕金喜坤：《中国关内韩国独立运动团体研究》，第272~277页。
④ 〔韩〕金喜坤：《中国关内韩国独立运动团体研究》，第297页。

试论朝鲜民族早期共产主义运动和共产党的建立

逐渐开始了共产主义思想运动。马列主义革命思想传播到朝鲜国内，主要有以下三个渠道。

第一，通过苏俄远东西伯利亚地区。首先，朝鲜与苏俄远东地区是国土相连的近邻，远东地区又有20余万朝鲜移民，朝俄之间人员来往十分频繁。俄国十月革命爆发1个月后，其"惊人的消息"已开始传播到朝鲜，使人民群众感到"十分兴奋"。① 1921年6~8月，朝鲜《东亚日报》以《列宁为何许人也》为题，连载60余篇文章，较为详细地介绍了列宁和俄国十月革命。② 其次，远东地区朝鲜侨民中不少人原是反日革命志士，他们是为了进行反日独立运动而来到俄国的。不管是民族主义者还是早期共产主义者，他们都至死不忘祖国独立和民族解放，其斗争从来就是与朝鲜国内斗争紧密相连的。不可否认，当时国外的朝鲜民族主义者和共产主义者都把反日民族解放作为最主要的奋斗目标。

第二，通过日本的朝鲜留学生。当时，日本社会思想界较为活跃，公开出版了不少社会主义文选，而在日朝鲜人所刊行的《大众新闻》、《现阶段》和《新兴科学》杂志等社会主义刊物对朝鲜国内有了广泛的影响。③

第三，通过中国上海。如前所述，上海大韩民国临时政府内有李东辉等社会主义者，也有高丽共产党等的组织活动，他们都把朝鲜国内工作放在主要地位。

尤其重要的是，1924年4月，共产国际虽然解散了高丽共产党总局，但于1923年在朝鲜国内秘密成立的"高丽共产党总局国内部"和原高丽共产党伊派领导的"共产青年会中央总局"仍然在国内继续坚持着地下革命活动。④ 1924年5月，"高丽共产党创立代表会议准备委员会"在朝鲜秘密组织其国内"组织局"（又名

---

① 水村朴永锡教授华甲纪念，《韩民族独立运动史论丛》，第1215页。
② 水村朴永锡教授华甲纪念，《韩民族独立运动史论丛》，第1220页。
③ 姜在彦：《日帝统治下的40年史》，一志社，1984，第83页。
④ 〔韩〕成大庆：《韩国现代史与社会主义》，第25页。

"13人会"），积极推动了"工农总同盟"、"青年总同盟"等群众组织工作。这一"组织局"是由汉城派、火曜会派、北风会派、上海派和朝鲜劳动党派等5个派别的13名代表所组成的，他们迫切希望联合国内的众多共产主义思想团体，创立一个统一的朝鲜共产党组织。①

朝鲜国内的先进知识分子阶层较为敏感而热情地接受了马列主义思想。他们在传播马列主义革命思想，揭露批判朝鲜殖民地现状，唤起民众的民族意识和阶级觉悟方面作了积极的努力。

三一运动以后，随着马列主义思想的传播，朝鲜国内的学生运动有了很大发展（参见表1）。

表1 1920～1922年间朝鲜各地青年学生团体统计

道别＼年度	1920	1921	1922
京畿道	2	22	14
忠清北道	10	10	12
忠清南道	13	17	22
全罗北道	24	30	13
全罗南道	28	44	84
庆尚北道	20	49	54
庆尚南道	29	58	66
黄海道	44	78	91
江原道	15	15	24
平安北道	21	14	13
平安南道	28	33	39
咸镜北道	11	57	28
咸镜南道	6	19	28
合计	251	446	488

资料来源：〔韩〕李贤周：《论国内临时政府树立运动与社会主义势力的形成》（仁荷大学博士论文），1999，第175页。

---

① 〔韩〕成大庆：《韩国现代史与社会主义》，第24～25页。

试论朝鲜民族早期共产主义运动和共产党的建立

在各类青年学生组织极为活跃的基础上，先进青年为了组织全国性的统一团体，开展更大规模的民族运动，于1920年6月28日在汉城成立了"朝鲜青年联合会期成会"。当年秋天，张德秀、金锱秀、尹滋英、洪涛、崔八镛等11人"为了赶走日本帝国主义，建立社会主义国家"，秘密成立了朝鲜国内最初的社会主义思想团体"社会革命党"。① 他们一开始就得到了上海韩人社会党的指导和支援。②

1921年1月27日，金思国、李英、张德秀等先进青年在汉城组织了"汉城青年会"。汉城青年会在上海高丽共产党的指导和支援下，从1922年开始逐渐发展为共产主义青年团体。他们深入包括工农团体在内的各种社会团体，积极开展社会主义思想启蒙教育和反日民族运动。③

1922年1月19日，尹德炳、李㷀鲁、金达铉等19人秘密组织了社会主义思想团体"无产者同志会"。他们以"确立无产者的生存权"、"无产者解放"为目标，旗帜鲜明地主张社会主义革命。他们决定刊行其机关志《无产者》，宣传社会主义思想。截至1922年4月，上海派在朝鲜国内建立了20余个基层组织，正、候补党员多达2000人。④

1923年10月23日，在日朝鲜留学生的社会主义思想团体"北星会"在朝鲜国内组织了"建设社"。1924年11月，他们在建设社的基础上扩大组织了"北风会"，并自称是朝鲜唯一的社会主义团体。北风会主张以工农群众为自己的阶级基础，同时进行社会阶级革命和反日民族革命，强调与日本社会主义团体的国际联合。⑤

---

① 〔韩〕李贤周：《汉城青年会的初期组织与活动》，第13页。
② 〔韩〕慎镛厦：《日帝强占时期韩国民族史》（中），第350~351页。
③ 〔韩〕慎镛厦：《日帝强占时期韩国民族史》（中），第357页。
④ 〔韩〕李贤周：《论国内临时政府树立运动与社会主义势力的形成》（仁荷大学博士论文），第157页。
⑤ 〔韩〕慎镛厦：《日帝强占时期韩国民族史》（中），第354~355页。

1924年7月7日，洪命憙、金灿等人在汉城组织了社会主义思想团体"新思想研究会"，次年11月19日改名为"火曜会"。① 他们与共产国际高丽局取得联系，请求成为其朝鲜支部。其后，金在凤、权五卨、安基成等人和来自中国上海的曹奉岩、赵东祐、朴宪永、金丹冶等人也陆续加入了火曜会。这些人后来成为创建朝鲜共产党和高丽共产青年会的主要力量。② 同一时期，朝鲜各地先后出现了"土曜会"（1923年5月）、"革青团"（1923年12月）、"新兴青年同盟"（1924年2月）、"朝鲜劳动党"（1924年8月）、"社会主义者同盟"（1924年12月）等社会主义性质的思想团体。其中，朝鲜劳动党以"谋求无产劳动者的团结，谋求建设共产主义的新社会"为组织纲领，不幸于同年11月暴露，遭到了日帝殖民当局彻底的镇压。③

1925年2月17日，火曜会联合北风会组织"全朝鲜民众运动者大会准备会"，又于3月15日联合"京城青年会"等20多个团体组织了"全朝鲜民众运动者大会应援会"，积极推进建立全国性民族组织。4月20日，火曜会决定在汉城召开"朝鲜民众运动者大会"，全国有263个工农团体、100个青年团体、18个衡平团体和44个思想团体等共425个团体的508名代表将要参加大会。日帝殖民当局十分警觉朝鲜全国性民族组织的建立，严禁大会召开。20日晚，200多名代表高举5面红旗，在汉城主要街道举行示威游行，高呼"全朝鲜民众运动者大会万岁"、"无产者万岁"等口号，几千名市民群众也主动参加了示威。在此次赤旗事件中，大邱青年会的申哲洙和麻山工农同友会的金尚珠等14人被日帝警察逮捕。火曜会向共产国际报告称，赤旗事件是"在共产党的影响下所发生的朝鲜革命运动历史上的最初的事件。这一运动是朝鲜共产主义

---

① 一说是他们为了保密和表明信仰马列主义，特以马克思的诞辰日星期二为组织名称。
② 〔韩〕慎镛厦：《日帝强占时期韩国民族史》（中），第355~356页。
③ 〔韩〕慎镛厦：《日帝强占时期韩国民族史》（中），第358~361页。

者动员人民群众进行反日斗争的首次实践,广泛地传播了社会主义思想"。① 对于当时朝鲜社会的革命潮流,有些日帝殖民官吏惊呼,"事实上朝鲜人几乎都是共产主义者",② 这未免有不少夸张的成分,但足以反映当时马列主义思想在朝鲜的广泛传播和日帝殖民统治者的恐慌心理。

1920年4月11日,朝鲜工人阶级和先进的知识分子在汉城联合成立了最初的全国性工人群众团体——"朝鲜劳动共济会"。成立宣言揭露了朝鲜人民悲惨的奴隶生活,批判资本主义剥削制度,反对"西洋式殖民地政策",主张"民族和阶级的解放"。其组织纲领明确主张废止民族差别,要求人权之自由平等和"解放各种奴隶",号召提高工人阶级的觉悟,加强其内部的相互扶助与团结。③ 共济会选举产生议事会,在全国各大城市设立3个分会和15个支部,创办机关志《共济》和《劳动会报》,创办劳动讲习所和劳动夜校,深入进行组织宣传工作和思想启蒙运动,大力提高其民族觉悟和阶级觉悟。④

1922年10月18日,朝鲜劳动联盟会公开发表其"宣言"与"纲领",揭露批判"资本主义以汪洋澎湃之势,毒害着世界各地,视具有生产权威的工人及其劳动力为机械和商品"的不合理性和"工人处于苦闷惨痛而忍无可忍之绝境"的现状,宣言"朝鲜工人也为自由、平等和和平,要与世界工人团结奋斗",并提出了"根据社会历史必然的进化理法,希望建设新社会"和"要依靠现代社会的阶级意识,加强团结一致"等的行动纲领。⑤

三一运动以后,特别是在马列主义革命理论传播以来,朝鲜社

---

① 〔韩〕成大庆:《韩国现代史与社会主义》,第27~31页。
② 水村朴永锡教授华甲纪念,《韩民族独立运动史论丛》,第1220页。
③ 〔韩〕慎镛厦:《韩国近代社会史研究》,一志社,1987,第363~364页。
④ 朝鲜社会科学院历史研究所:《朝鲜全史》(15),1980,第226页。
⑤ 〔韩〕权泰亿(音译)等:《资料集,近现代韩国探查》,历史批评社,1995,第210~211页。

会思想界发生了深刻的变化。如果说，以前的资产阶级反日民族运动主要是以社会上层少数人的言论活动和文化运动为中心的话，那么，此时是共产主义思想与青年学生运动、工农运动和文化艺术运动等群众运动相结合，初步形成了群众性的共产主义思想文化运动，标志着朝鲜反侵略、反封建的民族民主运动将要发展到新的阶段。

五 朝鲜共产党的建立

1925年4月17日，朝鲜共产党成立会议在汉城黄金町（现在的乙支路）中国人饭店雅叙园二楼召开。出席会议的有共产国际高丽共产党总局和准备委员会先后派来的金在凤、金灿2人及朝鲜国内代表金若水、赵东祐、曹奉岩、朴宪永、朱钟建、崔元泽、郑云海等共19人。他们分别代表着"火曜会"（13人）、"北风会"（3人）和"上海派"（3人）。会议讨论决定把党的名称定为"朝鲜共产党"，成立共产国际朝鲜支部；其奋斗目标是以暴力革命打倒日本帝国主义，在朝鲜实现共产主义社会。此时，朝共党员共120名。① 会议选出了中央执委会委员金在凤、金灿、金若水、赵东祐、俞镇熙、朱钟建、郑云海等7人和中央检查委员曹奉岩、尹德炳、宋奉瑀等3人。为了安全保密，会议只进行了3个小时，没能讨论决定党的章程和纲领等。在次日的第一次中央执委会议上，决定设立书记部、政治经济部、组织部、调查部、宣传部和劳动部等中央领导机构，任命责任书记金在凤、组织部长赵东祐、宣传部长金灿、人事部长金若水、劳动部长郑云海、政治经济部长俞镇熙、调查部长朱钟建，并提出了如下斗争口号。②

1. 彻底打倒日本帝国主义统治，争取朝鲜的完全独立！

---

① 〔韩〕成大庆：《韩国现代史与社会主义》，第33~35页。
② 〔韩〕权泰亿（音译）等：《资料集，近现代韩国探查》，第194~195页。

2. 制定8小时劳动制（矿山6小时劳动），增加工资及最低工资制，实施失业救济和社会保险制度！

3. 实现妇女在政治、经济和社会上的一切平等权利，保障劳动妇女在产前产后的休息和工资待遇！

4. 以国家经费实施义务教育及职业教育！

5. 废除一切杂税，制定单一的累进所得税！

6. 实施言论、集会和结社的自由，消灭殖民地奴隶教育！

7. 暴露民族改良主义者和社会投机主义者的欺骗！

8. 变帝国主义掠夺战争为反帝国主义的革命战争！

9. 支持中国工农革命！拥护苏联！

10. 打倒日本帝国主义！打倒一切封建势力！朝鲜民族解放万岁！国际共产党万岁！

11. 朝鲜是朝鲜人的朝鲜！

12. 摆脱横暴的总督府政治的束缚！

13. 以义务教育实施普通教育！以朝鲜语作为普通学校的用语！任用朝鲜人为普通学校校长！允许中学以上学生的集会自由！大学应以朝鲜人为中心！

14. 撤销东洋拓殖会社！废除日本移民制度！废除郡农会！

15. 排斥日本物货！朝鲜人官吏应全部退职！日本人工厂的职工举行总罢工！

16. 不要向日本人地主缴纳租税！不要听日本人教员的讲课！断绝与日本人商人的买卖！

17. 释放狱中的革命者！撤离军队和宪兵！

截至1926年5月，朝鲜共产党根据朝鲜社会实际情况和革命斗争需要，并参照苏联共产党党章制定了《朝鲜共产党党则》，共12章95条。其"党则"规定，当前朝鲜革命的性质是争取民族独立解放的反帝斗争，以打倒日帝殖民统治、争取朝鲜完全独立解放为斗争目标，并强调了朝共党员在斗争中的领导地位和先锋模范作用。同年7月，朝共党在中国上海发行的其机关志《火花》上，以中央执行委员会的名义公开发表《朝鲜共产党宣言》，公开宣告了朝共党的诞生。①

朝共党成立的第二天，即4月18日在汉城薰井洞四番地的朴宪永（《东亚日报》记者）家里，由朝共党代表金灿，朝鲜各地10个道28个基层组织的代表朴宪永、曹奉岩、林元根（《东亚日报》记者）、权五卨（朝鲜工农总同盟代表）、张水山（仁川青年会代表）、金丹冶（《朝鲜日报》记者）、金灿、洪增植（《时代日报》记者）、林亨宽（新义州青年会）、曹利焕（《时代日报》记者）、金东明（新兴青年同盟代表）、申哲洙（大邱青年会代表）、金尚洙（麻山青年会代表）、朴吉阳（江华青年会代表）、安相勋（安东青年会代表）、朱世竹（女，女性同友会代表）等20人，秘密成立了朝共党领导下的青年组织"高丽共产青年会"。会议通过了国际共青东洋部委员会制定的纲领和大会准备委员会制定的规约，决定"打破现代资本主义，颠覆现代帝国主义国家，以我们的主义树立共产政府。为此，在全国各地组织青年联盟，一旦革命爆发，就以组织的直接行动颠覆政府"，并选出了中央执委会委员朴宪永、曹奉岩、林元根、权五卨、金丹冶、金灿、洪增植等7人和检查委员林亨宽、曹利焕、金东明等3人。其组织分工是，责任书记朴宪永，组织部长权五卨，宣传部长林元根，政治部长金灿，联络部长金丹冶，调查部长洪增植，国际部长曹奉岩。②

新生的朝共党和共青会组织在日帝残暴的殖民统治下，进行地下革命斗争，努力发展组织力量。他们通过巡回讲演的方式，在全国各地进行宣传工作。他们主要以各类青年学生团体为中心，在全国各类群众团体中进行社会主义启蒙宣传教育和组织工作，努力把单纯的民族主义运动转变为共产主义运动。朝共党和共青会分别通

---

① 〔韩〕成大庆：《韩国现代史与社会主义》，第37~38页。
② 〔韩〕成大庆：《韩国现代史与社会主义》，第39~40页；〔韩〕慎镛厦：《日帝强占时期韩国民族史》（中），第365~366页。

过其机关志《朝鲜之光》和《新兴青年》，以合法的形式和巧妙的方法，宣传共产主义思想和理论。朝共党在主要的日刊报纸《朝鲜日报》、《东亚日报》和《时代日报》内也安排党员在其内部秘密从事党的宣传工作。①

建党之后，不到三个月的时间，朝共党组织发展了40多名新党员。② 至当年11月末，共青会在全国27个郡建立了基层组织。与此同时，朝共党领导各行各业的工人都建立其工人组合，于8月11日组织汉城市内的印刷工人组合、铁匠组合、皮鞋工人组合、袜子工人组合以及卖水工人组合等联合召开全体大会，成立组合联盟。8月13日，朝共党在汉城成立了学生联盟组织，③ 又积极准备设立"共产青年学校"，进行共产主义教育和训练。

朝共党又决定在中国东北和日本的朝鲜民族社会建立其总局（又名联络部）。当年11月秘密建立了朝共党日本总局，④ 1926年4月任命金正奎为日本总局责任书记；1926年5月，朝共党在中国东北黑龙江省珠河县（现尚志市）一面坡河东村秘密组织其"满洲总局"，任命曹奉岩为责任书记。又任命金丹冶和金灿等人在中国上海建立联络部，主要负责朝共党和共产国际的联络工作。⑤

1925年8月22日，朝共党中央执行委员赵东祐在中国上海向共产国际执委会联络部报告了朝共党的建立及活动情况，并申请加入共产国际组织。一个月后，共产国际执委会第一次给朝共党中央发送《共产国际执行委员会的1925年9月15日决定》文件，提出了首先要树立团结包括中小民族资产阶级在内的广大人民群众而进行民族解放斗争的政治方向和策略等问题。⑥ 1926年3月31日，

---

① 〔韩〕成大庆：《韩国现代史与社会主义》，第46页。
② 〔韩〕成大庆：《韩国现代史与社会主义》，第45页。
③ 〔韩〕成大庆：《韩国现代史与社会主义》，第46页。
④ 〔韩〕慎镛厦：《日帝强占时期韩国民族史》（中），第367~372页。
⑤ 〔韩〕慎镛厦：《日帝强占时期韩国民族史》（中），第370~372页。
⑥ 〔韩〕成大庆：《韩国现代史与社会主义》，第46~48页。

共产国际执委会以《关于朝鲜问题的决定》文件,正式接受朝鲜共产党和高丽共产青年会为其支部,同时承认汉城青年会、北风会和朝鲜劳动党等三个派系为"共产团体"。①

朝鲜共产党是以火曜会为主导,联合北风会组成的,而高丽共产青年会则是以火曜会为中心建立的,他们大都是初具共产主义思想而热烈向往共产主义理想和新社会的先进知识分子。由于朝鲜社会的贫穷落后和日帝殖民统治的野蛮残暴性,作为无产阶级政党的朝鲜共产党在其社会阶级基础、思想基础和组织建设上显得很不成熟,诞生伊始就带有一些不可避免的先天不足性、软弱性及各种派性因素,如完全排除"汉城青年会派"在组织之外等。

尽管如此,朝鲜共产党和高丽共产青年会的成立,是朝鲜社会发展的必然结果,在朝鲜历史上具有划时代的重要意义。它的诞生突出地表明朝鲜社会先进人物开始踏上寻求救国救民的道路并历经千辛万苦所取得的新成果,开创了接受和消化外来的马列主义革命思想,努力赶上时代发展新潮流的崭新局面。朝鲜共产党是马列主义与朝鲜民族革命运动初步相结合的产物,标志着朝鲜人民反帝反封建的民族民主革命进入了一个新的历史发展阶段。

On the Early Korean Communist Movement and the Foundation of the Korean Communist Party

Jin Chenggao

Abstract The victory of Russian October socialist revolution inspired the Korean people who were ruled by the Japan and pointed out the right direction of the national liberation. Korean communist

---

① 〔韩〕成大庆:《韩国现代史与社会主义》,第51页。

movement was first rising in the Korean expatriates who residented in the far east of Russia and then expanded to the Korean peninsula gradually. Inevitably the early Korean communist movement had many limitations and defects in its objective environment and subjective conditions, but followed the trend of the times, widely spreaded the Marxism-Leninism revolutionary ideas and pushed forward to the anti-Japanese national liberation movement to a new historical stage.

Key Words　Korean Communist Movement; Korean Socialist Party; Korean Communist Party

【审读：石源华】

光复以来韩国学术界对大韩民国临时政府研究述论*

魏志江

【内容提要】本文对韩国光复后学术界对大韩民国临时政府及其对华关系的研究成果和动态进行学术史的整理和综述,并对韩国学术界的有关研究成果进行总结和评价,分析了韩国学术界对大韩民国临时政府及其对华关系研究的新动向及其发展趋势。

【关键词】韩国学术界　大韩民国临时政府　研究动态

【作者简介】魏志江,中山大学亚太研究院国际关系学系教授兼韩国研究所所长。

1945年8月,随着日本宣布战败投降,韩国实现了国家光复。然而,由于美、苏两国介入,1948年8月,在朝鲜半岛南部宣布成立大韩民国,同年9月,在半岛北部宣布成立朝鲜民主主义人民

---

* 承蒙韩国安东大学史学科教授金喜坤先生和建国大学史学科教授韩相祷先生、西江大学史学科崔启荣教授等提供大量研究资料,本文即在此基础上编译和整理而成,谨特致谢忱!

共和国,朝鲜半岛出现分裂局面。大韩民国成立前,美国在半岛南部建立军政统治,强迫在中国进行独立运动的大韩民国临时政府的要员只能以个人身份归国。李承晚在美国军政府的支持下,虽然成立了大韩民国,并且通过宪法明确规定:1919 年 4 月成立于中国上海的大韩民国临时政府为大韩民国的法统渊源。但是,由于遭到李承晚的排斥,临时政府的要员在国内难以取得政治地位,学术界对临时政府的研究也无法进行。这一局面,一直到 20 世纪 60 年代中期以后才有所改变。随着韩国"4·19"革命的爆发,李承晚政权下台,学术界对韩国临时政府的研究,也得以正式展开。本文主要从韩国学术界对临时政府的资料收集和整理以及研究成果的进展状况等方面,对韩国临时政府的研究动态进行评析。

一 资料的整理与研究

韩国学术界对于临时政府资料的收集整理与研究,是从 20 世纪 60 年代开始的。承担资料收集整理工作的机构,主要是韩国国史编纂委员会、韩国国会图书馆、韩国国家报勋处以及韩国国家记录院、韩国精神文化研究院(现已改名为韩国学中央研究院,下同)等,到 21 世纪初期,上述机构已经基本上完成了韩国临时政府在中国、美国以及俄领地区的资料发掘与整理工作。

1. 20 世纪 60~70 年代的资料整理与研究

此一时期,韩国学术界开始注重对韩国临时政府资料的收集和整理,尤其是 70 年代初,朴正熙政权成立后,以国家名义,对日据时代在中国和美洲等地参加独立运动的人士予以表彰,从而推动了学术界关于韩国临时政府的资料发掘和整理研究工作。较早从事韩国临时政府资料整理和研究的是金承学编纂的《韩国独立史》[①]。国史编纂委员会和国家报勋处的前身独立运动史编纂委员会先后出

---

① 金承学:《韩国独立史》,独立文化社,1970。

版了《韩国独立运动史资料》（1~4册）① 和《独立运动史资料集》（7~9册，其中别集2册）②。国会图书馆则收集整理了临时政府议政院的资料，编纂出版了《大韩民国临时政府议政院文书》和临时政府在中国活动的史料《韩国民族运动史料》（中国篇）③。这数部由韩国政府机构编纂的史料集，基本奠定了此一时期韩国学术界关于临时政府研究的基本史料规模。

除政府机构以外，韩国民间也展开了对临时政府资料的收集和整理工作，其中较为著名的学者是秋宪树，他出版发行的5卷本《资料韩国独立运动》，大量收集在台湾发现的韩国临时政府的各种文献、主要人物以及政党团体活动的资料，成为20世纪80年代韩国临时政府研究的重要资料来源。以个人之力，搜寻海外文献，对临时政府资料收集整理作出了重大的贡献。此外，还有旅日侨胞金正明编纂的《朝鲜独立运动》④ 和金正柱编纂的《朝鲜统治史料》⑤，集中收集了日据时代韩国独立运动与日本的关系等资料，也是研究临时政府的珍贵资料。此外，该时期还出版了临时政府重要人物的回忆录和文集等资料。其中，最著名的是曾经长期担任韩国临时政府主席的金九先生的回忆录《白凡逸志》的出版，该回忆录对金九先生在中国进行的独立运动的情况做了系统的整理，是研究韩国临时政府和金九先生的第一手宝贵资料。

2. 20世纪80~90年代的资料整理与研究

从20世纪80年代开始，对韩国临时政府资料的整理研究取得了重大进展，研究环境也得到大大改善。韩国政府大力支持对韩国临时政府的研究，各种研究团体如雨后春笋般涌现。韩国独立运动

---

① 韩国国史编纂委员会编《韩国独立运动史资料》（1~4册），1973~1976。
② 韩国国家报勋处编《独立运动史资料集》（7~9册，其中别集2册），1973~1976。
③ 韩国国会图书馆编《大韩民国临时政府议政院文书》，1974；韩国国会图书馆编《韩国民族运动史料》（中国篇），1976。
④ 金正明编《朝鲜独立运动》（1~5册），东京：原书房，1967。
⑤ 金正柱编《朝鲜统治史料》（7~10册），东京：韩国史料研究所，1970~1975。

史的研究成为韩国学术界史学研究的专门领域，1984年，成立了韩国独立运动史研究会；1987年，韩国政府拨出巨资完成了韩国独立纪念馆的营造，作为其附属机构，韩国独立运动史研究所也宣告成立。韩国独立纪念馆建立促进委员会于1985年在延世大学图书馆举办了馆藏韩国临时政府《独立新闻》的刊行仪式，整理出版了韩国临时政府在不同时期刊行的全套《独立新闻》资料，对韩国临时政府的研究起到极大的促进作用。此外，韩国独立运动史研究所还通过月例发表会的形式，进行资料收集、分类整理以及发表出版的工作，特别是研究所出版的论文集中相当的篇幅是对新资料的介绍和研究，迄2006年已经出版了18集。另外，还出版了一批国内外极其珍贵的资料单行本和资料丛书，尤其是在中国收藏的有关韩国独立运动的新资料，《光复》和《震光》、《朝鲜民族战线》、《朝鲜义勇队通讯》、《义勇报》等资料的出版，为研究者提供了相当大的帮助。以资料整理为基础，韩国独立运动史研究所还出版了一系列以《大韩民国临时政府史》为代表的丛书和临时政府要人列传。[1]

作为临时政府的资料搜集和研究机构的韩国国家报勋处，也于1988年出版5卷本的《独立有功者功勋录》[2]，收录整理了与临时政府有关的有功者名单及其资料索引，研究者可以通过资料索引查找有关人物的研究资料。此外，韩国精神文化研究院于1983年和1986年先后出版了《韩国独立运动史资料集》[3]和《韩国独立运动史证言资料集》[4]，前者主要收录了在中国的独立运动有关人士的证言，后者则主要是韩国光复军出身人士的证言。

在民间，韩国学术界和舆论界也进行了大量的资料搜集和整理出版工作。其中主要有韩弘九和李在花主编的《韩国民族解放运

---

[1] 《大韩民国临时政府史》，韩国秋宪树出版社，1989。
[2] 《独立有功者功勋录》，韩国国家报勋处，1988。
[3] 《韩国独立运动史资料集》，韩国精神文化研究院，1983。
[4] 《韩国独立运动史证言资料集》，韩国精神文化研究院，1986。

动史资料丛书》(1~6卷)①和韩国日报社《再发掘韩国独立运动史》(2、3卷)②,以及运用日本外务省资料文献整理出版的《朝鲜民族运动史》③等。此外,80年代,在资料搜集和整理研究方面一个重大的进展是各种传记、回忆录以及证言资料的刊行。仅传记类资料单行本就达10部,主要是临时政府金九、朴殷植、金奎植、赵素昂等要人传记,还有安炳武等人的回忆录。以这些资料为基础,学术界对于临时政府的研究不论是深度还是广度都有了拓展。

20世纪90年代,韩国临时政府的资料整理和研究工作,一方面以80年代为基础进一步发展,在1990年韩国国史编纂委员会出版的《韩民族独立运动史》中,其第七卷《临时政府篇》④,将80年代为止的相关研究成果加以整理,单独出版。另一方面,由于中韩建交等因素,中国学术界也加强了与韩国学术界的资料交流,因而向韩国学术界提供了大量有关中韩关系的资料。韩国国史编纂委员会出版的《韩国独立运动史资料》第20~31卷⑤,主要收录了20世纪40年代初期,韩国临时政府及其光复军在重庆与中国国民政府以及美国战略情报局和在美韩人的关联资料。在已经公开的资料中,韩国学术界集中对中国地区的韩国临时政府的资料进行整理研究,编纂了《中国关内韩国近现代关系资料》⑥,其中发掘的较为珍贵的资料主要是以《我们通信》杂志为代表的上海暂编支队和中央大学韩人大学生以及临时政府与中国国民政府军事委员会关系的资料。而韩国独立运动史研究所则编纂出版了《岛山安昌浩资料集》⑦和《诚斋李东辉全书》⑧两部临时政府重要人物的资

---

① 韩弘九、李在花主编《韩国民族解放运动史资料丛书》(1~6卷),1988。
② 韩国日报社:《再发掘韩国独立运动史》(2、3卷),1988~1989。
③ 《朝鲜民族运动史》,高丽书林,1989。
④ 《韩民族独立运动史》(七)《临时政府篇》,韩国国史编纂委员会,1990。
⑤ 《韩国独立运动史资料》(20~31卷),韩国国史编纂委员会,1993~1995。
⑥ 韩诗俊、韩相祷、崔起荣、金喜坤编《中国关内韩国近现代关系资料》,1998。
⑦ 《岛山安昌浩资料集》(1~3卷),韩国独立运动史研究所,1990~1992。
⑧ 尹炳锡编《诚斋李东辉全书》(上、下),1999。

料。另一方面，韩国国家报勋处在90年代共编辑出版了6种11卷资料，其中，《海外韩国独立运动史料》① 主要是对中国和美国的实地资料进行调查收集编纂而成。《大韩民国独立有功者人物录》② 则是对1949～1997年的受政府表彰的独立运动有功人员的名单加以介绍；另外，还发掘整理了《大韩民国临时政府关联视察人名簿》和《排日鲜人有力者名簿》③ 两部日帝统治时期的警察资料。由韩诗俊先生主编的《大韩民国临时政府法令集》④，则是80年来整理收集的临时政府成立以来颁布的法令汇编。《韩国独立运动史料》（杨宇朝篇）⑤，则收录了杨宇朝的主要著作及与其有关的《韩民》、《独立新闻》等新闻和杂志，尤其是其中收录的车锡利的回忆录，对于考证韩国临时政府与广东护法政府的关系至为重要。

此外，韩国精神文化研究院也先后编辑出版了《韩国独立运动史资料集》（中国篇）⑥，主要根据韩国光复军和中国国民党政府的往返文件整理而成，具有极高的史料价值。而《韩国独立运动史资料集》（左右合作篇）⑦，则是根据国内外的左右合作理论整理而成，这是研究临时政府关于左右派合作理论的权威资料。《韩国独立运动史资料集》（赵素昂篇）⑧，则是根据赵素昂后人收藏的文献资料整理编辑而成，对于研究赵素昂及其有关临时政府的指导理念具有重大意义。此外，国会图书馆也编纂出版了《岛山安昌浩资料集》（1～2卷）⑨，其与韩国独立运动史研究所编纂出版的

---

① 韩国国家报勋处编《海外韩国独立运动史料》（中国篇1～4卷），1993；（美洲卷），1994。
② 《大韩民国独立有功者人物录》，1992～1997。
③ 《大韩民国临时政府关联视察人名簿》和《排日鲜人有力者名簿》，先后编纂于1996年和1997年。
④ 韩诗俊编《大韩民国临时政府法令集》，1999。
⑤ 《韩国独立运动史料》（杨宇朝篇），1999。
⑥ 尹炳锡编《韩国独立运动史资料集》（中国篇），1993。
⑦ 权熙永、朴成修编《韩国独立运动史资料集》（左右合作篇），1994。
⑧ 《韩国独立运动史资料集》（赵素昂篇），1995～1997。
⑨ 韩国国会图书馆编《岛山安昌浩资料集》（1～2卷），1997～1998。

《岛山安昌浩资料集》相比，更为全面，对于研究岛山安昌浩的事迹及其思想是必不可少的资料。1999年，由白凡金九先生全集编纂委员会出版的《白凡金九全集》（1~12册），不仅收录了金九先生的《白凡逸志》和《屠倭实记》以及临时政府与中国的关系等资料，还全面收录了金九先生的相关照片和手书，对于研究金九先生的生涯和业绩以及临时政府与中国的关系是必备的参考资料，颇为珍贵。

二 主要研究成果与研究动向

20世纪50年代以来，韩国学术界关于临时政府与中国关系的研究成果主要集中体现在以下几个方面。

1. 在韩国临时政府成立和组织运作以及独立理念的研究方面，取得了重大的进展

最初的研究主要集中在史料上厘清临时政府最初的创立过程及其早期的主要活动。80年代以来，开始对临时政府创立的基地——1910年代中国上海地区的韩国独立运动团体进行研究。在关于临时政府组织运作和各地临时政府机构统一过程的研究方面，一方面有学者主张通过对俄罗斯的大韩国民议会和上海临时政府以及汉城临时政府的统一过程的研究，以确立汉城韩国临时政府的正统性。另一方面，也有学者指出大韩国民议会与上海韩国临时政府完全没有实现统合，其根据是：第一，虽然大韩国民议会通过发布宣言的方式宣布解散，并统一于上海韩国临时政府，但不过是不完全的统合；第二，围绕上海临时政府的正统性以及组织改组等问题，国民议会与临时政府之间仍然纷争不断；第三，由于大韩国民议会与上海临时政府的矛盾不断，结果导致大韩国民议会的重建。

不过，到90年代前半期，研究情形发生了变化，主要是由俄罗斯、上海和汉城的国民议会以及临时政府统合过程的研究演变为国民议会以及上海、汉城临时政府的实体性问题以及临时政府体制改组问题的探讨，归纳起来，就是和上海临时政府统合的组织体不是汉城政府，而是被称为"传单政府"的、以"新韩民国政府"为组织主体的京城独立党。而且，促进上海临时政府与大韩国民议会统合的安昌浩和李承晚，虽然在统合过程中矛盾不断，但是彼此都认为汉城临时政府才具有统合的名分和实体性。这些学者否认上海临时政府与韩国国民议会统合的传统见解，认为所谓统合实际上是临时政府体制改组问题的破裂。此外，关于临时政府建立时期安昌浩、李承晚与临时政府关系的研究也取得了进展。有学者指出，上海临时政府成立初期的运作体制构想，实际上是安昌浩、李承晚和李东辉的"三驾马车"式的寡头政治。这一时期，临时政府分别推行李东辉的"亲苏战争独立论"和李承晚的"亲美外交独立论"，将其作为临时政府的独立战略。研究者指出，临时政府成立初期，政权体制不安定的原因就在于李承晚的专横作风，李承晚主要通过在美国的秘密渠道遥控临时政府，因而造成临时政府政局的不稳定和混乱。

90年代后半期，研究成果主要集中在临时政府在上海成立的背景以及韩人社会的研究。概括起来主要有以下几个方面。第一，辛亥革命以后，流亡中国的韩国人已经组成正规化的支援辛亥革命的连带团体，并积极为辛亥革命筹措资金和直接参加辛亥革命，期待着韩国独立运动和韩国革命，也能像中国革命一样取得成功。第二，20世纪20年代初期在上海形成的韩人社会，是支持临时政府的主要社会势力。第三，与其他地区相比，上海地区的韩人社会身份较高，并享有较好的教育条件，因而支持韩国独立运动的态度也较为强烈。然而，在尹奉吉虹口义举后，由于临时政府撤离上海，韩人社会部分显示出亲日倾向，并在日帝的保护下谋求经济发展，使韩人社会呈现出两重性的特征。此外，对于临时政府宪政体制和政府形态的研究，也出现了若干重要成果，主要是厘清了直到五次改宪为止临时政府改宪与政府体制的关系。具体地说，一次改宪即制定临时宪政与实施总统制；二次改宪与国务领制；三次改宪与国务委员制；四次改宪与主席制；五次改宪与主席、副主席制。对临时政府形态的研究，则明确划分为 1919~1925 年的总统中心制、1925~1927 年的内阁责任制、1927~1941 年的管理政府制、1941~1945 年的折中内阁制等四种基本形态。

关于临时政府独立理念的研究，主要是对临时政府独立运动的代表性人物赵素昂的三均主义、申采浩的民族主义和无政府主义以及安昌浩的大公主义的研究。此外，90 年代后半期以来，也展开了对临时政府的建国纲领，金九的独立运动路线，临时政府左、右派对民族主义的认识，尤其是对临时政府内无政府主义理念的研究，并越来越引起研究者的兴趣。其研究结论大体体现在以下几个方面。第一，临时政府成立初期所主张的虽然是自由民主主义路线，但政府初期的独立运动战略仍旧是复辟意识的残存。第二，从 20 世纪 30 年代开始，临时政府形成单一形态的韩国独立党，其纲领要旨就是安昌浩的大公主义和赵素昂的三均主义，而赵素昂的三均主义成为临时政府后来各主要政党的基本理念，安昌浩的大公主义与赵素昂的三均主义相比，其内容并无大的差别。第三，临时政府的基本理念是以三均主义为基础的、政治上的自由民主主义和经济上的社会民主主义，这也是以临时政府为中心的各种政治势力能够合流的理论基础。最后，临时政府在 1941 年中期发表了将三均主义具体化的《大韩民国建国纲领》，一方面将其作为韩国独立运动的方略，另一方面也是为了韩国光复后与美国和苏联在政治理念上相区别，以实现临时政府奉行修正资本主义或者民主社会主义的建国理念。这部建国纲领的核心内容相当程度地影响了 1948 年大韩民国成立时制宪宪法的制定。

2. 韩国临时政府在华的外围团体和政党组织以及左、右合作运动的研究

对韩国独立运动团体的研究以 20 世纪 90 年代为限大体分为前后两个时期，前期主要研究临时政府成立前在上海地区成立的韩人政党团体和二三十年代的义烈斗争团体，主要包括同济社、新韩革命党、新韩青年党以及义烈团和韩人爱国团的研究。随着唯一党运动研究的展开，临时政府关于左、右合作运动的研究，也提上了日程。进入 90 年代以后，学术界出现了以大型的政党团体为对象进行的研究。首先，对临时政府在上海时期的基层组织上海大韩人民团以及其外围团体韩国劳兵会、丙寅义勇队、韩人爱国团、兴士团、义烈团、左右合作政党高丽共产党、留沪韩国独立运动者同盟、无政府组织南华韩人青年联盟等团体的研究，取得了一系列成果；其次，90 年代，研究者也倾注于对韩国独立运动政党的研究。主要成果集中体现在对上海和重庆韩国独立党、朝鲜民族革命党、朝鲜革命者联盟、韩国国民党、朝鲜革命党、新韩民主党、朝鲜无政府主义者联盟、朝鲜民族解放斗争联盟及其联合团体——韩国光复运动团体联合会、朝鲜民族战线联盟等研究成果的发表。

通过上述研究，可以得出如下基本结论。一是上海地区韩人独立运动团体的活动是三一运动的导火线，并奠定了上海韩国临时政府成立的基础。二是上海地区的独立运动团体实际上具备了临时政府直辖的基层组织行政和议会的职能，并成为地方自治机构，由此影响了在海外其他地区成立的独立团体的性格。三是以临时政府的立场展开独立运动是十分困难的。所以，独立运动初期主要以韩国劳兵会、丙寅义勇队、韩人爱国团等名义展开活动的情形较多。四是独立运动团体的发展，经过 20 世纪 20 年代后半期的唯一党运动，到 30 年代形成韩国独立党和朝鲜民族革命党等政党组织，临时政府以这些政党组织为中心运作，实行所谓"以党治国"的体制，而且，通过政党的成立，可以克服临时政府缺少政治理念的状况。最后，随着唯一党运动的展开，其中的左派结成留沪韩国独立运动者同盟，并与中国共产党合作，从事反帝斗争。但是，1933～1934 年，该同盟主要人物受到日帝的缉捕，因而力量大大地弱化。而 30 年代中后期，以临时政府为中心的独立运动团体，全部组织成政党，并以政党的组织形式开展独立运动和促进左、右合作运动。

20世纪90年代以来,学术界对独立运动政党以临时政府为中心开展的左、右合作运动的研究日益关注,这主要是因为,随着韩国的民主化运动取得进展,南北合作与民族和平统一成为学术界追求的目标,所以,对于历史上临时政府的左、右派合作加以关注研究。此一方面的成果,特别体现在对独立运动中左派组织,尤其是朝鲜民族革命党和临时政府的合作以及以此为中心的朝鲜民族战线联盟等的研究。此外,临时政府与华北朝鲜独立同盟关系的研究,也取得了许多成果。

上述研究的基本内容主要是以下几方面。第一,必须从左、右合作的立场来理解临时政府成立初期的统合运动和1923年的国民代表会议,国民代表会议是临时政府法统论的渊源。第二,唯一党运动是以民族革命论为媒介,及时排除主张无产阶级革命的"一种革命论"或者"改良主义"的左右联合论,即便后来在会议上发生左、右派的对立和民族主义与国际主义的对立而分成两条不同的道路,但是至少到1930年7月,左、右合作仍然具有一定的影响。第三,唯一党运动与30年代对日战线统一同盟相连接,最终结成了朝鲜民族革命党,但是却没有完全参加金九派的临时政府体系。第四,左、右合作运动是经过韩国国民党和朝鲜民族革命党两党两条路线形成和中日战争爆发以后,韩国光复运动团体联合会和朝鲜民族战线联盟的两大联合体,并以此促进了全国联合战线协会的出现。第五,左、右派合作的协议,实际上是在临时政府进入重庆以前有关政党通过会议达成的结论,真正实行只有右派的韩国独立党,而且重庆时代一结束,左、右合作很快出现了分裂。此外,为了相互进行合作,韩国临时政府还与在延安的朝鲜独立同盟彼此派遣代表或留出代表席位,以促进左、右独立势力的联合。

3. 对在华的韩国独立运动方略的研究

长期以来,韩国独立运动方略的研究,仅仅局限于外交方略。但是,20世纪80年代以后,随着韩国光复军研究的深入,军事方略的研究日益受到重视。围绕着临时政府成立初期的独立战争论和外交论以及促进论和准备论之间的优先顺序的论争，临时政府最终决定采取安昌浩的以实力养成为基础的外交论和战争准备论的统一，以作为临时政府初期的独立方略。但是，活动在东北一带的独立运动团体多主张战争论，并不轻易听从临时政府的指挥。此外，学术界还出现了对义烈斗争和无政府主义的斗争方略的研究以及教育、文化活动和《独立新闻》与韩国独立运动方略相关的研究。外交活动和军事活动的研究，仍然是韩国独立运动方略研究的两大主流。

（1）关于外交方略的研究。

对临时政府外交方略的研究，初期主要集中于临时政府成立初期的外交活动的研究，进入20世纪90年代以后，以第二次世界大战为中心，主要探讨临时政府与列强的外交活动。其主要研究成果体现在如下几个方面。一是临时政府的军事方略与外交方略不是对立的，而是相辅相成的，即使外交活动对最后韩国光复没有起到实际作用，但是临时政府通过外交活动及时了解国际形势的变化，并加以正确应对，其积极作用不应被抹杀。二是对临时政府所设置的欧美委员部的深入研究。研究者对欧美委员部的组织、地位、外交宣传活动以及和临时政府的纠葛、和国内组织的联系等进行了详细的阐述，认为在殖民地、弱小民族的外交活动受到诸多限制，通过欧美委员部，确立亲美外交路线，使外交活动与独立准备论互相补充，这是李承晚与国内改良主义者的主要独立构想。三是近年来对外交方略的研究，集中探讨二战时期临时政府通过中国国民政府与联合国的关系；欧美外交委员部的活动；通过与美国OSS合作，研究临时政府与美国的关系；与英国军队的联络等。而且对学术界所谓临时政府在外交上没有取得特别重大的成果这样传统的负面评价予以纠正，指出临时政府初期通过中国国民政府在有关列强会议上阐述韩民族的主张；在重庆时期，通过与驻重庆的世界各国通讯社与各国驻华外交官的交往，终于使列强在开罗会议上确认韩国独立，并且使韩国成为唯一由列强在国际会议上保障独立的国家。

(2) 关于军事方略的研究。

对于临时政府初期军事方略的研究，也取得了重大的进展。研究者特别指出，20世纪20年代，临时政府将独立战争作为独立运动的主要方针，但由于内部准备不足和独立方略理解的差异，军事战争一直未能实施。尽管如此，临时政府还是制定了《大韩民国陆军临时军制》等军事法规。此外，还创立了陆军武官学校，以培养军事人才，并努力使西路军政署和北路军政署以及大韩光复军总营等在满独立军编制化，从而取得了一定的成果。20世纪30年代，临时政府委托中国军官学校培养韩人青年，以培养韩国军事人才的历史也得到重视和系统研究，尤其是关于中国各地的军官学校如何对韩人青年加以军事训练等研究，学者发表了一系列论文。其中，在临时政府外围进行活动的朝鲜民族革命党的军事政策和朝鲜义勇队的研究，特别令人瞩目。抗日战争爆发后，临时政府的军事政策，也是学者研究的重点内容，其成果主要体现在对作为临时政府军事政策具体环节的军事组织——韩国光复阵线青年工作队和韩国青年战地工作队的考察和研究。

近年来，对临时政府军事活动的研究，还注重对20世纪40年代作为临时政府国军的韩国光复军的成立过程及其抗日活动进行具体阐述。特别是针对韩国光复军如何克服中国军事委员会和朝鲜民族革命党的牵制，以作为国军的创设目标，并确认临时政府保有对韩国光复军的主体性和独立性展开研究。具体研究内容包括光复军各支队的编制变化和战地工作状况分析；出身第2支队和第3支队的主要人物由于政治倾向不同而发生激烈争议乃至分裂；美军OSS作战内容和光复军有关军事训练；在与中国军事委员会交涉过程中，临时政府的对华政策和有关军事交涉等，这些问题都得到了进一步的阐述。关于光复军问题的研究，可以说是近年来韩国学术界取得的重大成果。尤其是最近，研究者还提出了韩国光复军正统性的问题，学者指出韩国光复军与韩末义兵和大韩帝国时期的国军以及与韩国光复后大韩民国国军具有一脉相承性。因此，韩国光复军具有作为大韩民国国军的正统性。

此外,对朝鲜义勇队的研究,近年来也取得了重大的进展。1938年10月在武汉成立的朝鲜义勇队,虽然一开始与临时政府并无任何关系,但是,1942年编入韩国光复军,成为临时政府军事武装的一部分。研究者对朝鲜义勇队加入光复军以及朝鲜义勇军分化的过程,均展开了细致的考证和研究。对朝鲜义勇军创立和抗日活动的研究,也是韩国独立运动武装斗争史研究的重要内容,因而具有重大的意义。

总之,对临时政府关于独立运动方略的研究,大体可以划分为以下几个阶段:第一,临时政府成立初期,是主要实行外交方略的时期;第二,20世纪20年代初、中期,是独立战争准备方略时期;第三,20世纪20年代后期至30年代初期,是临时政府进行义烈斗争时期;第四,20世纪30年代中、后期,是军事组织准备方略时期;最后,20世纪40年代至韩国光复,是进行独立战争军事方略和外交方略并行时期。

4. 关于独立运动主要人物的研究和临时政府的评价问题

从韩国光复以来至20世纪80年代,韩国学术界对临时政府有关人物的研究,一直围绕着独立运动主要人物,如朴殷植、申采浩、安昌浩、金九、赵素昂、吕运亨、李承晚、金奎植等重要人物进行研究。近年来,此种研究状况得以改变,人物研究的对象不再仅仅局限于这些人物,对独立运动有重要关系的人物,如申圭植、李东宁、金枓奉、金元凤、梁起铎、金东三、洪震、朴赞翊、金星淑、张建相、张德秀、郑华岩、李康勋、赵擎韩、柳林、金秉祚、闵弼镐、黄学秀、张俊河、玄楯、申翼熙、李东辉等均有专著、论文或回忆录问世。尤其是进入80年代以后,我们可以看到人物研究的对象和内容均发生了重大的变化,主要表现就是由研究右派人物为主转变为不再根据人物的左、右理念来进行选择性研究,如近来韩国独立运动史研究所刊行的《岛山安昌浩资料集》等,尤其是《雩南李承晚全集》、《白凡金九全集》、《诚斋李东辉全书》的刊行，均表明人物研究不仅不再根据左、右理念加以选择，而且，学术界展开了对人物生平以及其思想的全方位研究。

另外，人物研究方面值得重视的是，20世纪40年代参加独立运动的人物回忆录作为新的资料陆续出版发行，但是，这些回忆录也存在史实上的错误，因而需要加以考证研究。概括学术界关于人物研究的成果，可以得出如下一些结论。一是临时政府成立时期主要人物所进行的独立启蒙运动。二是20年代前半期高丽共产党和受共产国际影响的左派，由于左、右统合的分裂开始离开临时政府。但是，在临时政府残存的人物中，也有改良社会主义者，他们直到30年代前半期归国以前，一直主张改良社会主义的纲领。三是转向延安的人物，即以金元凤为中心的左派势力，他们一方面与临时政府维持一定的关系，另一方面试图与临时政府进行合作，并于40年代参加临时政府和光复军。四是无政府主义者，一面展开义烈斗争，另一面也与临时政府维持密切的关系，40年代也参加了临时政府。五是30年代，在满洲活跃的韩国独立党和朝鲜革命党主要军事指导者在东北地区的独立活动，为韩国光复军的成立准备了主要人才。最后是40年代日本在韩国国内的征兵和征用政策，导致大量韩国青年流亡中国，从而为临时政府和韩国光复军的扩大提供了大量新进人才，但其规模似乎也不能估计过高。

5. 关于临时政府的评价问题

自20世纪80年代后半期到90年代前半期，对临时政府的评价经历了两次重大的变化。一次是自韩国光复以来，临时政府的研究者基本上是从极端右翼的立场出发，全面肯定临时政府的法统性，以为维新政权的军事独裁统治制造合法性。但是，随着80年代韩国民主化过程的完成，一部分学者由批判军事独裁政权转而开始全盘否定临时政府，以此动摇军事政权的所谓法统基础。这部分研究者不仅否定临时政府的合法性，而且将右翼学者也批判为是支持军事政权的极端保守势力。此一状况的形成，不仅是因为半岛的南北分裂局面，而且也是韩国本身政治上从军事独裁到民主化转型过程在学术领域的反映。到 90 年代中后期，对临时政府的评价再一次发生变化，主要是一批年轻学者开始打破在研究领域长期左右对峙的局面，从实事求是的立场，从纯学术立场客观地研究评价临时政府。

近年来，关于临时政府的评价问题，虽然克服了极端化的倾向，但大体上仍然是对临时政府采取肯定态度，其程度甚至超过了 80 年代，尤其是对临时政府的成立和作用的历史价值的研究，学者认为以往的评价过于偏低，而且不能以临时政府若干要人在独立活动中的问题指责为是临时政府的本质缺陷。之所以能够克服 80 年代末和 90 年代初研究极端化的倾向，其原因主要是国际局势的变化和中韩建交，通过对中国的访问研究和文献资料的收集与整理，尤其是与社会主义国家学者在理念和历史观上的交流，有助于韩国学术界客观评价临时政府的要人所进行的活动。以这样的研究为基础，临时政府史在世界史上的意义也开始受到关注，临时政府作为政府组织形态，在 26 年的艰苦生涯中克服重重困难，从事独立运动，终于使列强在开罗国际会议上明确宣示保障韩国战后独立。近年来，韩国学术界逐渐以全新的国际视角研究临时政府在世界史上的价值，并提出临时政府的存在对于韩国独立和世界反法西斯斗争的胜利具有重大意义。

三 今后关于临时政府研究值得关注的主要课题

进入 21 世纪，关于临时政府的研究无疑已经进入了一个新的发展阶段。与韩国近、现代史研究一样，对临时政府的研究，韩国学术界也表现出与国家将来的统一相一致的倾向。因此，必须克服临时政府研究的极端性，必须超出南北分裂的现实，从南北一体化的角度来把握整个韩民族民族运动史的研究。以这样的视角审视，对临时政府的法统性问题重新加以思考是必要的。除了临时政府的正统性问题研究，今后韩国学术界在关于临时政府的研究中，还存在着以下若干问题值得加以关注。

第一,由于对南北统一可能性的执著信念,学术界将进一步关注临时政府左、右合作问题的研究。伴随着左、右合作的课题,学者主张必须深入研究韩国光复前所展开的临时政府与延安朝鲜独立同盟和国内建国同盟的关系,包括合作理念以及合作的展开过程。关于临时政府与中国共产党的关系,是临时政府与中国关系研究的重要方面。此外,以左派理念为指导的"统一战线"和欧洲的"人民战线"以及独立运动史上所标榜的"民族战线",其究竟具有怎样各自的性格也必须明确地加以论证。

第二,以往学术界对临时政府性质的研究,也有欠妥之处。有的学者将临时政府等同于欧洲的流亡政府,实际上这两者之间存在很大的差异。但是,如何比较韩国临时政府与欧洲流亡政府的区别,这又是学术界必须面对的重要课题。应该说临时政府在概念上是作为正式政府成立前,为了实行某种特殊使命而存在的一种带有暂时性和特殊性的政府形态,其机能和作用与欧洲的流亡政府有着很大的差异。

第三,对临时政府财政的研究尚处于起步阶段,尤其是1937年中日战争爆发以后,临时政府为了配合中国的全面抗战,正式对日本宣战,中国国民政府也正式对临时政府展开财政支援,但是,支援金的规模有多大,援助计划的内容如何,迄今仍然没有进行公开的调查。尤其是在重庆时代,与光复军有关的财政运作方式,随着重庆地区有关档案资料的发掘,也应该加以深入调查和研究。

第四,临时政府的外交活动虽然一直是研究的重点,但是,如何揭示临时政府近代外交的性格,即摆脱以中国为中心的传统外交模式而围绕着世界局势的变化,迈向近代外交的门槛,这样的研究并不多见。因此,如何从临时政府外交的立场出发,对欧洲流亡政府和韩国临时政府的外交性格加以比较和分析,值得进一步关注和研究。此外,对归国后临时政府历程的研究也非常不足。应该对归国前后临时政府对列强的政策加以考察。具体来说，临时政府对中国国民党政府和中国共产党以及美国、苏联、英国等的政策，特别是对美国和美军政府的政策有必要加以阐明。对于光复军的下落，也应该从临时政府的立场加以阐明。

最后，从世界史的视角进一步加强临时政府史的研究，有待进一步加强。19世纪末20世纪初是帝国主义和殖民地国家并存的时代，韩国独立运动以及临时政府史的研究，应该与亚洲、非洲国家的殖民地和独立运动形态加以对比研究，才能揭示临时政府进行独立运动的普遍性和特殊性。只有如此，才能真正找到临时政府在世界史上的地位，并赋予临时政府世界性的意义。

四 结论

韩国学术界关于临时政府的研究，从20世纪50年代至80年代初期，学术界的主流为右翼学者所把持。由于李承晚政权明确宣示其法统渊源于大韩民国临时政府，而后来通过的大韩民国维新宪法也明确将此列入宪法条文，因此，右翼学者极力主张和强化所谓临时政府的法统性，为维新政权和军事独裁统治制造历史依据。但是，随着90年代初世界格局的变化，尤其是冷战的结束和中韩建交以及韩国国内政治民主化的完成，又出现了一批左派学者否定和贬低临时政府历史地位和作用的倾向，尤其是对临时政府的外交与军事战略颇多诟病。因此，左、右翼学者在临时政府的研究中均存在着泛政治化的倾向。直到90年代中期以后，韩国学术界关于临时政府的研究，才开始走上较为客观和理性化的轨道，学者主要依据临时政府本身的历史活动来评价其是非功过以及历史作用。尽管如此，由于学者对韩半岛南北关系缓和乃至统一的期待，在临时政府的研究中，更多地关注于左、右合作以及临时政府与左翼政党、团体关系的研究。而对于临时政府的法统性问题，虽然开始秉持审慎对待的立场，但临时政府作为大韩民国政权法统渊源的历史地位丝毫没有动摇。对韩国临时政府在世界史上的地位和作用的研究，也日益引起学术界的关注与重视，并开始赋予临时政府以韩民族独立和统一象征的政治意涵。因此，韩国临时政府的研究，将仍然受到韩国政府的支持和重视。

The Overview of the Research on the Korean Provisional Government in Korean Academia since Liberation from the Japanese Colonial Rule

Wei Zhijiang

Abstract The article conducts an overview by sorting out the South Korean researches about Korean Provisional Government and its relationship with China under the Japanese colonial rule. By evaluating and commenting on the research achievements done by these South Korean counterparts, this article expects to contribute to a deeper understanding and a potential estimation of relevant researches in the future.

Key Words South Korean Academia; the Korean Provisional Government; Research Situation

【审读：石源华】

中国在朝核问题上的有限作用

蔡 建

【内容提要】20世纪90年代初,朝鲜核问题引起了国际社会的关注,第一次核危机爆发。危机在1994年朝美签订《核框架协议》后得到缓和。2002年底,核危机再次爆发。为了解决核危机,有重大安全关切的中国积极推动相关六方举行了数轮六方会谈,为危机的和平解决作出了很大的贡献。但是,笔者认为,中国在朝鲜核问题上的作用是有限的,原因有两个:一是中国的外交战略限制了中国在朝鲜危机中的作用,二是中国用来影响朝鲜的手段是有限的。解决朝核危机的钥匙掌握在美国手里。

【关键词】朝核危机　有限作用　中国

【作者简介】蔡建,复旦大学韩国研究中心副教授。

一 朝鲜核问题与六方会谈

1. 第一次朝鲜核危机

20世纪50年代末,朝鲜就已开始了核技术的研究工作。经过30多年的努力,朝鲜相继建成了6个核研究中心、2座研究堆、6座铀矿、3座二氧化铀转化厂、1座天然铀燃料元件制造厂、1座核电试验堆和1个核废物贮存场,国内已探明可开采的铀储量达400万吨,基本建成了从铀矿开采到核废物处理的核燃料循环体系。[①] 1985年12月,朝鲜加入《不扩散核武器条约》。按照该条约规定,成员国必须接受国际原子能机构(IAEA)对其核设施的检查,朝鲜却一直拒绝,朝鲜的核问题当时并没有引起国际社会的关注。

一直到20世纪90年代初,美国根据卫星照片,怀疑朝鲜有用于研制核武器的设施,提出要对朝鲜的核设施实行检查,朝鲜核问题才开始成为世人关注的问题。在美国和韩国的压力下,朝鲜同意就此问题进行谈判。经过曲折反复的艰难谈判之后,1991年12月31日,朝鲜同韩国在板门店签署了《关于朝鲜半岛无核化共同宣言》。接着,1992年1月,朝鲜又与国际原子能机构签署了《核安全协定》,并同意该机构对其核设施进行检查,朝鲜半岛的紧张气氛有所缓和。

从1992年5月开始,IAEA先后对朝鲜进行了6次核调查,并没有发现朝鲜制造核武器的证据。但是,IAEA根据美国提供的情报,怀疑朝鲜已经从燃料棒中分离出至少148克钚。日本外务省的一则消息更是称朝鲜已获取16~24公斤的钚,[②] 这与朝鲜向IAEA

[①] http://news.xinhuanet.com/ziliao/2003-01/08/content_683434.htm.
[②] 沈丁立:《朝鲜的核计划与东北亚安全》,载复旦大学韩国研究中心编《韩国研究论丛》(第一辑),上海人民出版社,1995,第16页。

申报的90克钚相差甚远。据此，IAEA于1993年2月26日要求对朝鲜宁边附近两处存放生产核武器原料的场所进行特别检查。朝鲜认为IAEA的要求是听命于美国，拒绝接受进一步的检查。同时，下令全国进入"准战时军事状态"，并于3月12日正式宣布退出《不扩散核武器条约》（三个月后生效），①第一次朝鲜核危机由此爆发。

朝鲜的这一行为在西方世界引起了强烈反响，美国更是称其"是孤注一掷的行为，是疯狂、自我毁灭和鲁莽的举动"，②美国一方面通过北京会谈劝说朝鲜撤销其退约决定，另一方面向朝鲜频频发出警告，扬言要通过联合国对平壤实行经济制裁。朝鲜则声称自己"受到驻韩美军的核威胁"，核问题实质上并不是朝鲜同国际原子能机构之间而是同美国之间的问题。如果联合国安理会对平壤实行制裁，朝鲜将视其为"宣战书"。③

尽管美国和朝鲜相互进行威慑，但并不想就此迎头相撞，为了解决问题，美朝两国于1993年6～10月下旬在纽约举行了多轮对话。1993年11月11日，朝鲜副外长姜锡柱就朝核问题发表长篇讲话，提出解决核问题必须先解决政治问题而不是技术实务问题，并提出了一个"一揽子解决方案"，即美国采取实际行动放弃对朝的"核威胁"和"敌视政策"，朝则继续留在条约内，并全面履行核安全协定。美国对此作出了积极反应，经过讨价还价，双方基本达成一致。朝鲜核危机再次缓解。

但是，朝鲜于1994年5月14日开始自行更换燃料棒，使得局势再次紧张起来。美国认为朝鲜更换了在宁边反应堆的几乎所有

---

① 朝鲜发表声明，称退出条约是为了维护国家的最高利益，是对美国针对朝鲜的核战争活动和国际原子能机构秘书处内某些人处事不当的应有的自卫措施。朝鲜的这一声明使其成为退出该条约的第一个国家。声明全文见新华社1993年3月12日电。
② David E. Sanger, "North Korea, Fighting Inspection, Renounces Nuclear Arms Treaty", *New York Times*, Mar. 12, 1993, A1, 2.
③ 新华社平壤1993年5月12日电。

8000个燃料棒,"越过了无法挽回的界限"。美国常驻联合国代表奥尔布赖特宣布了美国拟对朝鲜实行两个阶段制裁的决议,美国国防部长佩里也威胁说进行先发制人的打击仍是一种选择。对此,朝鲜作出了强烈的反应,再次宣称将视一切制裁为宣战,并警告说,如果国际社会逼朝鲜的话,它将采取"果断的报复措施"。为了表示其决心,平壤向日本海方向发射了一枚反舰艇导弹。朝鲜半岛一时战云密布。就在此时,美国前总统吉米·卡特宣布,应金日成主席之邀将对朝鲜进行私人访问。由于卡特的成功协调,美朝两国又重新坐到了日内瓦的谈判桌上,经过数轮艰苦的谈判,美朝终于在1994年10月21日在日内瓦签署了《朝美核框架协议》。一场危机缓和了下来。

根据协议,朝鲜同意冻结现有的核计划,即同意不再对一座5兆瓦的核反应堆重新添加核燃料,停止两座石墨减速反应堆的建设,封闭其核燃料后处理厂,并最终拆除这些核设施。朝鲜当年早些时候更换5兆瓦核反应堆燃料棒时取出的8000根核燃料棒暂时留存在朝鲜,朝方负责对其进行安全储存。此外,朝鲜还同意将来接受对其所有核设施的检查。按协议规定,美国将负责在2003年底前,为朝鲜建造一座2000兆瓦或两座1000兆瓦的轻水反应堆。反应堆建成前,美国同其他国家将向朝鲜提供重油,作为能源补偿。美朝两国签署的《朝美核框架协议》为长达两年多的争端暂时画上了句号。

2. 第二次朝核危机

朝鲜和美国在日内瓦签署《朝美核框架协议》后,双方在一些具体问题上仍然各持己见、互不让步。首先,在向朝提供何种型号的轻水反应堆问题上争执不下。其次,由于朝鲜半岛能源开发组织成员国之间迟迟没有就经费分担问题达成协议,阻碍了《朝美核框架协议》的履行。在这些问题解决后不久,朝美在朝鲜的"可疑地下核设施"问题上又发生争执。

在《朝美核框架协议》执行过程中,美国仍怀疑朝鲜还在继续从事核武器的开发。从1997年底起,美国国防情报局开始注意宁边以北40公里处金昌里的地下设施以及其他十多个设施,并怀疑朝鲜在此地从事核武器的研究。因此,1998年11月,美国要求无条件视察朝鲜宁边地区的"地下核设施",以证明朝鲜没有违反1994年的《朝美核框架协议》,但朝鲜要求在允许美方视察前,美方必须给予3亿美元的补偿。在遭到美国拒绝后,朝鲜不再坚持要现金补偿,表示可以用3亿美元的粮食补偿来代替,但这些要求都遭到了美国的拒绝。直到1999年3月中旬,美朝才就检查事项达成协议。5月中旬,美国的专家小组对朝鲜的"可疑地下核设施"进行核查,但是并没有发现朝鲜违反《朝美核框架协议》的证据。2002年1月以来,美国情报部门发现更多疑点,于是主管亚太事务的助理国务卿凯利在10月访朝期间,拿出了朝鲜进口用于铀浓缩的离心机的证据。朝鲜先是否认,然后又改口承认"确有此事",并表示"正在研发更具威力的武器",承认其推进浓缩铀开发计划。美国声称,朝鲜承认有浓缩铀计划,严重违反了此前的一系列协议。[1] 11月13日,美国总统布什决定停止向朝鲜继续运送作为燃料用的重油。朝核问题再次成为国际社会关注的焦点。

在美国停止向朝鲜提供重油后,朝鲜于2002年12月22日宣布解除核冻结,拆除IAEA在其核设施安装的监控设备,重新启动用于电力生产的核设施,并于2003年1月10日发表声明,宣布正式退出《不扩散核武器条约》,11日起生效。朝核危机再次爆发。

3. 朝核危机与六方会谈

朝核危机的爆发,严重威胁了东北亚地区的和平和安全,引起了周边相关国家的高度重视,尤其是引起与朝鲜有着密切关系的中国的关注。朝核危机发生后,中国政府非常关注朝鲜半岛形势的发展,并在相关各国之间展开了积极的外交活动。在中国的努力推动

---

[1] Richard Boucher, State Departments Spokesman, "North Korean Nuclear Program", October 16, 2002.

下,2003年4月23~25日,中、朝、美在北京举行了三方会谈。同年8月27~29日,由中国、朝鲜、美国、韩国、俄罗斯和日本参加的关于朝核问题的六方会谈在北京举行。虽然会谈没有取得任何积极的成果,但是这次会谈为朝核危机的解决提供了一个新的舞台。

2004年2月25~28日,在各方多次穿梭斡旋与协调下,第二次六方会谈再次在北京举行。本次会谈推进了实质性问题的讨论;明确了采取协调一致步骤解决问题的方式;发表了启动和谈进程以来的首份文件;确定了第三次会谈的地点和时间;同意建立工作组推进会谈机制化。① 会谈中,凯利告诫朝鲜也应像利比亚那样作出放弃核计划的决定。朝鲜则主张把武器用核开发同和平利用的核开发区分开来,并彻底否认铀浓缩计划的存在。为缩小分歧,六国还在北京举行了首次六方工作组会议,达成了继续会谈的协议。

2004年6月23~26日,朝核问题第三轮六方会谈在北京钓鱼台国宾馆举行。会后公布的《主席声明》称,各方授权工作组尽早开会,具体确定以无核化为目标的第一阶段措施的范围、期限、核查以及对应措施,并以适当的方式向第四轮六方会谈提出建议。

2005年5月,朝鲜宣布从核反应堆内取出8000根废燃料棒,并称,由于美国布什政府2002年12月撕毁了以提供轻水反应堆为核心内容的《朝美核框架协议》,并以核武器对朝鲜进行威胁,朝鲜重新启动了根据框架协议冻结的5兆瓦核反应堆,并恢复了5万千瓦和20万千瓦核反应堆的建设工作。

9月13~19日,第四轮朝核问题六方会谈第二阶段会议在北京举行。19日,与会各方一致通过《第四轮六方会谈共同声明》,就解决朝核问题达成六大共识。朝方承诺,放弃一切核武器及现有核计划,早日重返《不扩散核武器条约》,并回到国际原子能机构的保障监督下。美方确认,美国在朝鲜半岛没有核武器,无意以核

---

① 《王毅谈第二轮北京六方会谈:三个特点,五项进展》,人民网2004年2月29日。

武器或常规武器攻击或入侵朝鲜。这一共同声明标志着解决朝核问题迈出了重要一步,朝核问题已被纳入和平解决的轨道。

2005年11月11日,朝核问题第五轮六方会谈第一阶段会议在北京闭幕。会议发表了《主席声明》。声明重申,将根据"承诺对承诺、行动对行动"原则全面履行《共同声明》,早日可核查地实现朝鲜半岛无核化的目标,维护朝鲜半岛及东北亚地区的持久和平与稳定。同时,六方也一致强调,愿在增信释疑的基础上,整体落实《共同声明》,分类实施各项承诺,自始至终及时行动,协调一致,实现利益均衡,达到合作共赢。①

从2002年10月朝核问题再次凸显以来,为了朝核问题的和平解决,中国政府经过多方斡旋,最终促成朝鲜、美国、中国、韩国、俄罗斯、日本六国同意就政治解决朝核问题举行会谈,为朝核问题的和平解决作出了应有的贡献。中国的外交努力也获得了国际上的一致赞赏,有关各方纷纷赞扬中国在推动六方会谈中所起的积极作用。

但是,在整个朝核危机中,中国的作用其实是有限的。中国只是起了一种穿针引线、劝和促谈的作用,只是劝使利益相关各方坐下来进行谈判,而对于朝核危机的解决并不能起到一种关键性的作用。因为,解决危机的钥匙并不在中国手里。

二 中国在朝核危机上的有限作用

1. 中国的外交战略限制了中国在朝核危机中的作用

中国在朝核问题上的有限作用,首先是由其外交战略决定的。改革开放之后,中国确立了以经济建设为中心的发展战略,根据外交为内政服务的原则,20余年来,中国在国际上一直坚持独立自主的和平外交政策,努力为国内的经济改革营造一个良好的外部政治环境。中国不仅仅关注和重视与欧美等大国的关系,尤其重视与

---

① http://news.sina.com.cn/w/2005-11-11/14387414659s.shtml.

其周边国家的关系，重视其周边地区的和平与安全，因为这直接关系到中国国内的经济建设和发展。

朝核危机发生后，中国政府给予高度的关注，并在各种场合表明了自己在朝核问题上的立场，即保持朝鲜半岛的和平与稳定；保持朝鲜半岛无核化；通过和平的外交手段解决核危机；强调朝鲜的合理的安全关切。这些立场反映了中国在朝鲜半岛问题上的利益所在。

中国在朝鲜半岛问题上，首先关注的是避免战争，保持朝鲜半岛的稳定。其次是半岛的无核化，中国并不希望朝鲜成为拥有核武器的国家，中国对半岛政策的核心是提高地区稳定，促进在半岛的影响力，中国寻求维护它的国家安全，获取更有利的政治地位，创造更好的经济机会。[①] 但是一个有核的朝鲜却会增加战争的可能性，增加地区的不稳定。不仅如此，朝鲜研制核武器有可能导致核扩散和地区军备竞赛，从而破坏《不扩散核武器条约》，对国际社会的稳定构成严重的威胁。同时，朝核危机有可能引发的战争会造成严重的难民问题。朝核危机也使得中国的外交面临困难的选择，既增加了在朝美两国间保持平衡的难度，也增加了处理与朝韩两国关系的难度。因此，中国的外交战略和现实利益限制了中国在朝鲜核问题上所能发挥的作用。

2. 中国影响朝鲜核危机的手段是有限的

在朝鲜核危机中，西方国家对中国抱有很大的幻想，认为中国可以对朝鲜施加很大的影响。用韩国报界的话说：中国掌握着和平解决朝鲜核问题的钥匙。在第一次核危机的解决过程中，美、日、韩三国外长官员与中国领导人一直保持着密切的联系，在危机最关键的时候，中国甚至成为核外交的中心。[②] 以至于金大中后来表

---

① Jia Hao and Zhuang Qubing, "China's Policy toward the Korean Peninsula", Asia Survey, December 1992, Vol. 32, Issue12, p. 142.
② 1994 年 2 月，美国国务卿克里斯托弗和日本首相细川护熙相继访问北京；3 月 28 日，中韩两国在北京举行首脑会谈，同一天，江泽民总书记在北京同朝鲜军队总参谋长崔光举行会谈。在 6 月份核问题最紧张的时候，崔光元帅于 6 日再次访华，而韩国外长韩升洲 8 日访问北京，日本外相柿泽也于 12 日访华。

示:"解决朝鲜的核问题,中国的作用至关重大。如果没有中国的一贯而又成功的努力,朝鲜的核问题是难以像现在这样圆满而又成功地得到解决的。"① 时任美国国防部助理国防部长的约瑟夫·奈后来也说,中国掌握着解决东亚地区内各种冲突的关键,中国在《朝美核框架协议》谈判的幕后起着决定性的重要作用。②

他们之所以这样认为,是因为中国手里掌握着两个重要的对朝鲜施加影响的杠杆。

第一个杠杆是政治杠杆,即中国与朝鲜是传统的盟国。人们常用"鲜血凝成的友谊"来形容中国与朝鲜的友好关系。在1950~1953年的朝鲜战争中,为了支持朝鲜,中国有将近40万志愿军伤亡。1961年,中国与朝鲜又签订了无限期的《中朝友好同盟互助条约》,结成了稳固的政治军事同盟。

第二个杠杆是经济杠杆。中国不仅是朝鲜最大的贸易伙伴,而且是朝鲜最大的援助者。据一些统计资料,中国大概提供朝鲜所需能源的70%,粮食的40%。因此,中国可以对朝鲜的经济施加强大的影响。

在朝核危机中,美国一直试图使用制裁这一手段来迫使朝鲜让步,但它知道,制裁朝鲜需要中国的配合。可是,中国坚决反对制裁。在食品及原油贸易方面,不能说中国对朝鲜没有影响力,但中国显然不愿意通过施压的方式解决问题。③ 美国多次抱怨中国没有采取有效措施,以缓解朝鲜的核危机。但是事实上,中国对平壤的影响是有限的。中国相信,解决核危机的关键是美国,而不是中国。

---

① 〔韩〕金大中:《韩半岛的统一和中国——1994年11月9日在复旦大学的演讲》,载复旦大学韩国研究中心编《韩国研究论丛》(第一辑),第9页。
② 《约瑟夫·奈论述日美同盟及美在东亚采取接触政策的重要性》,《参考资料》1996年6月22日,第56页。
③ 沈丁立:《朝鲜的核计划与东北亚安全》,载复旦大学韩国研究中心编《韩国研究论丛》(第一辑),第18页。实际上,卢泰愚总统首次访华时,中国国家主席杨尚昆就曾明确表示,中国不赞成用施压的办法解决问题。

中国向来反对使用强制战略,而且中国认为经济制裁是无法奏效的,只能恶化局势,会造成社会不稳定及更多的难民等社会和经济问题。同时,同意制裁也会使得朝鲜远离中国,从而会连其有限的施加影响的杠杆也一起失去。制裁也可能使得朝鲜采取极端的行动增加区域紧张,甚至诉诸战争。在朝鲜核危机中,每当美国宣称要对朝鲜进行制裁时,朝鲜就强硬地回应"制裁就意味着战争"。因此,中国不会轻易地使用经济杠杆来对朝鲜施加压力,而是寄希望于劝说朝鲜进行类似中国的经济改革。

除了经济杠杆之外,中国认为政治军事杠杆更加不能使用。

用军事手段解决朝鲜问题,作为一个不得已而为之的预案是一直存在的。1993年夏季朝鲜核危机高潮时,克林顿就曾扬言,如果朝鲜对美国的盟国使用核武器,他就要把朝鲜从地图上抹掉。当年底,美军制定了"朝鲜半岛战争方案"。[1] 但是中国一向反对使用武力解决这个问题。因为任何军事打击都有可能导致一场全面的朝鲜战争,导致地区动荡,从而严重影响到中国的经济建设事业。不仅如此,朝鲜半岛如果再次发生战争,根据1961年签订的《中朝友好同盟互助条约》,中国将面临非常困难的选择。爆发战争,将会带来严重的后果。第一,由于中国与韩国、日本和美国有着非常密切的经济联系,战争的爆发将会破坏中国的经济发展前景。第二,战争的爆发有可能危及朝鲜政权的生存。朝鲜政权一旦崩溃,不仅将会给中国造成巨大的经济、安全后果,同时,也将会导致朝鲜半岛的迅速统一,朝鲜半岛的未来将变得不确定,比如美军在统一后的朝鲜半岛的部署问题等。因此,中国希望一种渐进的、逐步的整合来完成半岛的统一,而不希望出现这种由于战争而突然出现的统一,也不愿意看见朝鲜政治体制的崩溃,在中国看来,保持朝鲜现有体制并促进其改革是最好的选择。

由此可见,由于受制于中国在朝鲜核问题上的主要目标——保

---

[1] 新华社平壤1993年5月12日电。

持朝鲜半岛的稳定,和平的外交谈判的方式就成为中国解决朝鲜核危机的唯一可行的办法。

三　解决朝核问题的关键在于美国

1. 解决朝鲜半岛核危机的钥匙掌握在美国手里

朝鲜半岛是冷战结束以来唯一残存着冷战机制的地方,朝鲜半岛一直存在着军事对峙,朝核问题实际上是冷战对抗的一种自然延续。正如朝鲜所认为的那样,其追求核武器的行为完全是由于美国的军事威胁所致。

(1) 历史根源——冷战。

在 1950~1953 年的朝鲜战争中,美国曾经数次威胁使用核武器。战争结束后,战争双方并没有签订和平条约,而只是签订了一个停战协定,美国军队长期驻扎在韩国境内,并给韩国提供核保护伞。从 1976 年至 20 世纪 90 年代,美国和韩国每年都要举行"协作精神"联合军事演习。除此之外,1958~1992 年,美国在韩国境内先后部署过几种核武器。正是美国的核威胁促使朝鲜从 60 年代开始寻求自己的核计划,1986 年开始运作 5 兆瓦的反应堆,虽然在 1985 年加入了《不扩散核武器条约》,但是直到 1992 年美国将核武器撤出韩国之后,朝鲜才同意接受 IAEA 的核查。

(2) 冷战的结束没有改变朝鲜的安全关切。

苏联的解体以及中国与韩国关系的正常化等使得朝鲜更加孤立,就在朝鲜几乎完全失去了军事同盟的同时,美国在东北亚地区的军事同盟则得到了进一步的巩固和发展,这使得朝鲜觉得比以前更不安全。第一次朝鲜核危机和 1994 年的《朝美核框架协议》揭示了朝鲜的主要目标不仅仅是两座轻水反应堆,而且还有安全保证和朝美关系的正常化。然而,美国拖延反应堆的建设及国内对核框架协议的反对使得朝鲜难以实现它的目标。

（3）布什政府对朝鲜的敌视政策加重了朝鲜的安全关切。

布什上台后，受新保守主义思潮的影响，在国际政治舞台上奉行单边主义，因此，布什政府的很多官员对1994年的《朝美核框架协议》以及克林顿政府的接触政策都持否定性的态度，主张采取强硬的遏制政策。

对美国的这种敌视政策，朝鲜的回应就是在2005年2月10日正式公开宣布其拥有"核武器"。正是美国的这种敌视政策对朝鲜安全的威胁，使得朝鲜无法放弃对核威慑能力的追求。

2. 朝鲜的真实意图

鉴于历史和现实的原因，朝鲜最想得到的东西都掌握在美国手中。朝鲜最主要的目标是体制保全、主权认可和不侵犯条约，也就是说结束美国的敌视政策并从美国那里得到可靠的安全保证。而美国手中正掌握着所有这些关键因素，只有美国可以解除朝鲜深切的安全忧虑。在整个核危机过程中，朝鲜在各种场合反复表示，只要布什政府放弃对朝鲜的敌视政策，朝鲜就愿意放弃它的核计划。朝鲜认为，朝鲜核问题是由美国敌视朝鲜的政策造成的，要解决核问题首先美国需转变对朝政策。朝鲜重申，只要美国不放弃敌视朝鲜的政策，朝鲜也就不能放弃核遏制力。

为解决问题，朝鲜一直要求与美国进行直接对话，并多次提议与美国签订互不侵犯条约。美国则要求朝鲜先行放弃核计划，并坚持认为处理朝核问题的恰当方式是多边对话。朝鲜之所以愿意在得到可靠的安全保证和经济政治利益之后放弃它的核计划，是因为一个拥有核武器的朝鲜并不能达成它的主要目标——体制保全、主权认可和不侵犯条约。相反，这会招致更多的国际压力，在国际政治外交舞台上将更加孤立，乃至招致联合国的制裁，这会使得其经济状况更加恶化甚至停滞，从而威胁其体制的生存。而更有可能的是招致与美国的军事冲突。因此，如果朝鲜想不惜一切代价获得核武器，它就不会在1994年的《朝美核框架协议》中承诺放弃它的钚计划。如果不是在 1994 年冻结了它的钚计划，朝鲜现在就已经拥有钚弹了。

由此可见，核危机只是朝鲜的一种手段，目的在于"采取边缘政策将美国拉到谈判桌上并使其让步"。

四 结论

综上所述，我们不难得出这样的结论：尽管中国在两次核危机中为推动和平解决朝鲜半岛核问题作出了巨大的努力，但是由于受其外交战略以及对相关各国施加影响的手段的限制，中国在解决朝核危机中的作用是有限的。要在东北亚地区建立和平，还需要相关各国摆脱传统的冷战思维，结束持续了数十年的冷战机制，构建一种建设性的和平机制，只有这样，该地区的国家和人民才能长享和平和安宁。

China's Limited Role in the DPRK Nuclear Issue

Cai Jian

Abstract In 1990s, DPRK's nuclear issue caught the eyes of the international community. Crisis had been eased after the United States and DPRK signed the nuclear framework agreement in 1994. But at the end of 2002, the nuclear crisis again broke out. In order to solve the nuclear crisis, China, which has a major security concern in the peninsula, pushed related six parties to hold a few rounds six party talks, and made a great contribution for a peaceful solution to the crisis. But in my point of view, China's role in solving the Korean nuclear crisis is limited for two reasons: one reason is that China's diplomatic strategy restricted its role in the crisis, the second one is that China's leverages which can be used to influence the DPRK is also limited. The key to resolve the nuclear crisis is in the United States' hand.

Key Words　the Nuclear Crisis; Limited Role; China

【审读：石源华】

朝鲜与东北亚区域合作

——从区域公共产品理论角度剖析

傅 干

【内容提要】 区域一体化和区域多边治理的兴起，不可避免地提出了区域公共产品的需求与供给问题。国际合作问题被简化为如何保证国际公共产品的有效供给。朝鲜安全和经济的负外部性给东北亚造成极大影响，区域各国如能共同提供针对性的区域公共产品，对消除朝鲜问题的负外部性和实现东北亚的和平、稳定、繁荣，将不失为一种有益的尝试。

【关键词】 朝鲜 东北亚 公共产品

【作者简介】 傅干，复旦大学国际问题研究院外交学专业博士研究生。

源于经济学的区域公共产品理论是国际关系理论研究中的新概念，是国际关系系统微观层次的分析工具。朝核问题等对东北亚稳定和合作具有极大的负外部性，随着东北亚一体化和多边治理的兴起，不可避免地提出了针对朝鲜的东北亚区域公共产品的需求与供给问题。

一 区域公共产品理论

"国际公共产品"是来源于经济学的公共产品概念。按照萨缪尔森的看法,"公共产品"就是指那些"每个人都能够消费而不会减少其功用的东西"①,非竞争性与非排他性是其最主要的特征。非竞争性是指一个人在消费某物品的同时,并不妨碍另一个人消费。非排他性是指每个人对这种物品的消费都不会排除其他人消费此种物品的资格,即不需要支付成本也能够从某种物品的消费中得到好处,或者要让某个不付费者不消费某物品是困难的。

20世纪60年代,美国学者查尔斯·P.金德尔伯格在《1929～1939年世界经济萧条》中提出国际经济体系的稳定运转需要某个国家来承担"公共成本",②将公共产品理论引入了国际关系学领域。罗伯特·吉尔平将其观点发展成"霸权稳定论",即在政治、经济、军事和科技等各方面占据绝对优势的霸权国家,通过为国际社会提供稳定的国际金融体制、开放的贸易体制、可靠的安全体制和有效的国际援助体系等国际公共产品,来获得其他国家对由霸权国所建立的国际秩序的认同,从而实现体系内的稳定和繁荣。③ 20世纪70年代,罗伯特·基欧汉和约瑟夫·奈进一步提出,国际制度和霸权都能够促进国际合作,通过少数大国间的合作也能承担起提供国际公共产品的任务。④

"区域国际公共产品"是相对全球国际公共产品的概念,即一

---

① Paul Sanmuelson, "The Pure Theory of Public Expenditure", *Review of Economics and Statistics* XXXVI (1954), pp. 387–389.
② 〔美〕查尔斯·P. 金德尔伯格:《1929～1939年世界经济萧条》,宋承先、洪文达译,上海译文出版社,1986,第348页。
③ 樊勇明:《区域性国际公共产品——解析区域合作的另一个理论视点》,《世界经济与政治》2008年第1期,第7~9页。
④ 罗伯特·基欧汉:《权力与相互依赖》,门洪华译,北京大学出版社,2002,第20~32页。

种国际公共产品的消费范围在地理上只满足一个区域的部分或全部国家。从欧盟、东盟、上海合作组织、六方会谈等实践中可以清楚地看到：在多个国家共存的区域中存在着共同的需求和共同的利益，虽然这不一定与全球需求和全球利益相悖，但却是有个性的。在全球性国际公共产品供应严重不足或者无法满足其个性化需求的情况下，共同的需求和共同的利益将会驱使区域内国家或国家集团联合起来，共同设计出一套安排、机制或制度，并为之分摊成本。①

这些只服务于本地区，只适用于本地区，其成本又是由域内国家共同分担的安排、机制或制度统称为"区域国际公共产品"。它包括：以区域一体化为宗旨的区域制度，以及由区域制度产生的区域组织、团体和定期的协商、会谈等有效的沟通协调方式。

与霸权国提供的全球性国际公共产品相比，区域性国际公共产品具有如下优势。第一，在全球化时代霸权出现衰落的背景下，可以通过集体供给避免公共产品供应中领导者的缺失问题。第二，区域性国际公共产品由于地域限制和参与者的有限性，其成本通过协商来分摊，从而能够比较有效地防止和排除该产品被"私物化"。②第三，由于区域性国际公共产品的涵盖范围较小，各国从中得到的收益和必须付出的成本比较清晰，从而能避免全球性国际公共产品中普遍存在的"搭便车"现象。③第四，区域性国际公共产品能更直接地反映该地区不同类型国家的需求，其机制和制度更切合该地区稳定和发展的需要，更有针对性。④这也很好地解释了为什么霸

---

① 樊勇明：《区域性国际公共产品——解析区域合作的另一个理论视点》，《世界经济与政治》2008年第1期，第7～9页。
② 樊勇明：《区域性国际公共产品——解析区域合作的另一个理论视点》，《世界经济与政治》2008年第1期，第7～9页。
③ 樊勇明：《区域性国际公共产品——解析区域合作的另一个理论视点》，《世界经济与政治》2008年第1期，第7～9页。
④ 樊勇明：《区域性国际公共产品——解析区域合作的另一个理论视点》，《世界经济与政治》2008年第1期，第7～9页。

权国所青睐的全球一体化步履缓慢，而地区一体化却在许多领域取得进展。

二 朝鲜的负外部性及对东北亚区域的影响

外部性是行为主体的活动对他人和社会造成的非市场化的影响，分为正外部性和负外部性。正外部性是行为主体的活动使他人或社会受益，而受益者无须花费代价，负外部性是行为主体的活动使他人或社会受损，且成本由他人而不是行动者本人承担。

朝鲜半岛本是一个统一的整体，由于日本帝国主义对朝鲜的占领和殖民统治、二战后美苏托管以及朝鲜战争后社会主义阵营与资本主义阵营的对立，朝鲜半岛一步步走向分裂，极大地影响了战后东北亚的国际环境。

冷战期间，苏联、中国与朝鲜属于实质上的盟国，是朝鲜的安全、经济和精神的主要后盾，在维持南北分治、保持半岛的"冷和平"方面起到了很大作用。冷战结束后，苏联的主要继承者俄罗斯采取了亲西方的政策，与朝鲜的外交关系迅速冷淡疏远，中国在1992年与韩国建交之后，对南北双方采取了等距离外交政策，这使得朝鲜在国际社会中感觉到分外孤立，陷入安全和经济困境。

1. 动荡不安的朝鲜半岛安全局势

冷战时期，朝鲜半岛处于"北三角"与"南三角"的两极均势结构下，半岛局势处于相对稳定状态。冷战结束后，由于苏联、中国、朝鲜"北三角"的解体，原有的均势结构不复存在，而"南三角"的美国、日本、韩国继续加强军事同盟，对朝鲜采取敌视态度，再加上该地区安全机制的严重缺失，朝鲜未经任何过渡和缓冲就直接面临前所未有的严峻威胁，开始独立承担来自美日韩三方军事同盟的压力，半岛局势呈现严重的不确定性。

在这一困境下，朝鲜产生了强烈的不安全感，生存和独立成为其优先考虑的利益。朝鲜为了确保政权稳定和体制延续，采取

"先军政治"成为必然，而发展核武器，既可以获得安全与权力，也可以弥补朝鲜发展常规军备的经济压力，自然也就成为朝鲜的理性选择。

虽然朝鲜发展核武器是一个主权国家的自主选择，但在半岛如此狭小且人口稠密区域发展核武器，对本国及邻国人民来说，都不啻为灾难，其严重的负外部性不言而喻。

2. 日趋严峻的朝鲜国内经济形势

朝鲜建国后，采取各种措施发展经济，并且取得了显著的成效。虽然1950～1953年的朝鲜战争使朝鲜遭受了巨大破坏，但是在战争结束后通过大规模动员以及获得中国和苏联的援助，朝鲜经济迅速恢复。到20世纪70年代末，朝鲜已经具有比较完整的工业体系和比较发达的农业生产。

考虑到当时的国内外环境，朝鲜为了巩固政权、稳定社会和发展经济，采取了优先发展重工业的经济发展战略，结果导致其经济结构的严重失衡和产业不均衡，轻工业和农业极其落后，居民生活用品极度短缺。80年代中期以来，朝鲜经济出现停滞局面，第三个七年计划（1987～1993年）的各项指标均未能实现。

进入90年代，朝鲜用于国防、行政、修筑纪念性建筑物等非生产性公共开支巨大，工厂企业和基础设施的设备陈旧老化，连续遭遇特大洪水、高温、海啸等自然灾害，在东欧剧变和苏联解体后，朝鲜与这些国家传统贸易中断，经济援助停止。在国内外各种不利因素的综合作用下，朝鲜经济进一步恶化，国民收入从1990年起连续9年负增长，年均下滑幅度达到4.3%，经济陷入严重困境，粮食与轻工业品短缺现象日趋恶化。

进入21世纪以来，朝鲜虽然不断强调经济建设的重要性，但是由于半岛目前不战不和的对峙状态，朝鲜不可能把全部精力用于经济建设。在今后一个时期内，朝鲜只能继续采取"先军政治"，沉重的军费负担必将继续拖累国民经济发展，经济危机也必然将加剧安全危机。

3. 上述问题的负外部性

国内层面的公共管理失效很可能带来区域公害产品，一个区域内某国的不稳定通常会迅速传播给邻国。我们假设一下，如果朝鲜因国内外矛盾无法解决而发动战争，或者现政权无法维持最终崩溃垮台，这都将给东北亚区域带来直接的重大冲击。

对于中国和俄罗斯来说，半岛安全均势被打破，面临丧失战略缓冲区、直接面临战略对手的军事压力，同时大量的朝鲜难民将涌入与朝鲜接壤的边境地区，带来巨大的经济和安全负担。还会面临东北亚的核开发连锁反应，加剧周边战略环境的恶化。

对于韩国和日本来说，由于朝鲜强大的武装力量直指韩国，并且朝鲜核武器、导弹将日本作为袭击的首选目标之一，韩国和日本将直接面临朝鲜局势失控的冲击，重要都市圈将瞬间毁灭，基础设施遭到极大破坏，对两国经济产生巨大的负面影响。渡过阵痛期后恢复元气的朝鲜半岛也将成为日本的一个新的强大对手。

虽然美国在地理上远离朝鲜，但是朝鲜必将竭尽其能地攻击美国，而且朝鲜核武器如果流入恐怖分子手中，美国面临的全球反恐形势将更加复杂，这也是美国极其担心的。同时如果美国不能有效控制日本、韩国甚至中国台湾借此进行核开发，必将动摇其在亚太地区的领导地位。

为供应特定国际公共产品或治理特定的国际公害而依其外部性划定一个功能区域，并设计一个相应的区域性管理框架，这就是区域公共产品的功能所在。根据奥尔森的"集体行动的困境"，国家数目与信息沟通费用和"搭便车"方便程度成正比，比起全球范围，区域内临近的几个国家能够减少国家协调的交易费用，更容易达成一致协议，合作提供本区域所需的公共产品。

从以上的简单分析来看，如果朝鲜半岛局势出现极端化，中、日、韩、俄、美等相关国家都将受到直接的重大影响。受影响的各方为维护朝鲜政权不至崩溃或失控，提供相应的区域公共产品，从而实现朝鲜半岛和平稳定，有着巨大的现实利益。特别是对朝鲜心存疑虑以及缺乏有效沟通渠道和制裁手段，使美国、韩国、日本等国清醒地认识到自己的单边作用有限，更加深刻认识到区域内集体互助努力的必要性和紧迫性。

考虑到朝鲜负外部性的外溢范围，东北亚区域合作不仅是一个地理范围的合作概念，也是一个功能领域的合作概念。朝鲜、中国、韩国、俄罗斯、日本五国是东北亚地区地理相邻的国家，对东北亚地区的安全治理有着共同的需求。美国虽然不位于东北亚地区，但从安全的功能视角考虑，东北亚安全治理必须包括美国。即，地理意义上的东北亚必须包括朝鲜、韩国、中国、俄罗斯、日本，功能意义上的东北亚还应包括美国这个域外大国。

三 围绕朝鲜负外部性的区域公共产品供给

围绕着朝鲜负外部性的区域公共产品供给有以下一些内容。

①《停战协定》。1953年朝鲜战争结束时，交战双方——以美国为首的联合国军一方和以朝鲜人民军、中国人民志愿军为另一方签署的《停战协定》维系着半岛不战不和的军事对峙局面。1994年，朝鲜撤回了驻板门店的军事停战委员会的朝鲜代表团，中国也应朝鲜方面的要求，撤回军事停战委员会的中方代表团。因此，依据协定设立的半岛军事监督管理机制早已处于非运转状态。

②《中朝友好合作互助条约》。1961年签订的《中朝友好合作互助条约》虽然明确了双方军事、经济、文化、科技等领域的合作和互助，但是随着冷战后东北亚区域国际形势的变化，中国追求与朝鲜成为正常国家的政策，导致对朝军事、经济合作已经发生了很大的变化。即使条约的存在对维护东北亚地区的安全和稳定具有价值，但是考虑到冷战时期结盟性质的军事、经济合作会损害中国的基本安全和经济利益，条约已经处于存废两难的境地。

③《苏朝友好互助条约》。1961年签订的《苏朝友好互助条约》明确了双方军事、经济、文化、科技等领域的合作和互助。

但是苏联解体后,俄朝关系冷淡,俄罗斯一度视朝鲜为包袱,1993年更是修改了条约中最有实际意义的"战争自动介入条款"。虽然俄罗斯于 2000 年与朝鲜重新签订了友好睦邻条约,力图恢复俄朝关系,但是由于俄罗斯经济能力有限,无法提供朝鲜急需的大量经济援助,俄罗斯在朝鲜半岛事务中发挥的影响力将十分有限。

④美日、美韩同盟。冷战结束后,虽然东北亚的局势大大缓和,但是美国仍然从其东北亚乃至全球安全战略出发,通过《美日安全保障条约》和《美韩相互防卫条约》,在东亚继续驻军以及保持对日、韩军队的控制,从而带来了巨大的负外部性,使得东北亚地区多边安全公共产品供应更加困难。

⑤四方会谈。随着世界以及东北亚格局的变迁,冷战年代的朝鲜半岛停战机制已经越来越难以适应时代要求和半岛局势的发展。1997 年,朝、韩、美、中首次举行朝鲜半岛问题四方会谈,讨论建立朝鲜半岛新的和平机制以取代停战机制,进而实现半岛和平。谈判断断续续进行了两年多,未能取得实质性进展,于 1999 年不得不中断。

⑥朝鲜半岛能源开发组织(KEDO)。为解决第一次朝核危机,朝美经过谈判于 1994 年签署了《朝美核框架协议》。美国于 1995 年牵头成立了朝鲜半岛能源开发组织,成员包括韩国、日本、加拿大、澳大利亚、新西兰、芬兰、阿根廷、智利和部分欧盟成员国,负责为朝鲜建造轻水反应堆并提供重油,以弥补朝鲜停止核能计划造成的电力损失。但历史证明,在美朝双方极度互不信任的情况下,双边达成的任何协议都难免成为一纸空文。2002 年第二次朝核危机爆发后,《朝美核框架协议》被宣布作废。

⑦图们江区域合作。图们江区域合作,是联合国开发计划署推动的地区性合作,成员包括中国、朝鲜、蒙古、韩国和俄罗斯。虽然早在 1991 年联合国开发计划署就宣布筹建图们江区域合作开发项目,但由于相关国家的利益交错,至今该开发计划一直没有大的进展。有报道称,在联合国安理会对朝鲜进行第二次核试验通过制

裁决议后,朝鲜便报复性地宣布退出了联合国主导的图们江流域开发项目。

⑧韩朝区域合作。朝鲜战争停战后,半岛长期处于政治对立、军事对峙、经济隔绝的冷战状态。由于金大中、卢武铉政府奉行对朝和解合作政策,朝韩关系取得较大进展,开展了金刚山旅游、开城工业园区以及南北铁路、公路连接等合作事项。但是由于李明博总统调整对朝政策,提出"无核、开放、3000"政策,主张对朝强硬政策,将弃核与经济援助挂钩,导致朝鲜非常不满,并宣布与韩国进入"全面对抗"状态,单方面废除朝韩间签订的停止政治和军事对抗的全部协议。近期的天安舰事件和延坪岛炮击事件更是加剧了双方的紧张关系,朝韩关系陷于停滞。

⑨中朝区域合作。中朝建交60多年来,中国在粮食、化肥、石油方面对朝进行了大量的援助。1991年,中国取代苏联成为对朝原油供应的唯一支柱。2005年,中国援朝粮食53.1万吨,占当年国际对朝粮援的92%。中国还帮助朝鲜改善道路、港湾、电信等基础设施。朝鲜之所以能渡过艰苦岁月,中国的无私援助起到了巨大作用。但是中国作为一个发展中国家,几乎独自承担朝鲜半岛和平稳定的公共产品,这超出了中国的实际能力,具有不可持续性。

⑩六方会谈。2003年启动的六方会谈是美、中、朝、韩、俄、日六国共同解决朝鲜半岛核问题、维护东北亚稳定和繁荣的多边政治协商对话机制,也是目前东北亚区域唯一的多边政治协商对话机制。2005年的《9·19共同声明》和2007年的《2·13共同文件》,标志着会谈进程取得重要阶段性成果。六方除了表示全面落实共同声明内容之外,还同意设立朝鲜半岛无核化工作组、朝美关系正常化工作组、朝日关系正常化工作组、经济与能源合作工作组、东北亚和平与安全机制工作组,讨论制定各自领域落实共同声明的具体方案。六方会谈不仅维系了东北亚的和平,而且在推进朝鲜半岛无核化进程中,向有关国家提供了沟通和信任的平台,也为今后东北亚和平安全机制的设立奠定了良好的基础。

四 六方会谈是目前最有生命力的区域公共产品

六方会谈机制统筹了以上各种旨在消除朝鲜问题负外部性的区域公共产品,是目前东北亚地区唯一的旨在通过对话和平解决东北亚区域安全发展问题的有效机制,体现了区域公共产品众多的优势和时代的生命力。

①集体性。六方会谈机制是在多种双边机制难以奏效后,东北亚有关国家自愿采取的集体行动,能够有效体现集体行动和区域公共产品的优势。

②灵活性。六方会谈机制所形成的多边架构包含双边直接对话的方式,弥合了美国坚持多边会谈、朝鲜坚持双边会谈之间的差异,能够提高机制的灵活性。

③成本—收益清晰。六方会谈机制由于涵盖范围较小,各国的收益和成本比较清晰,能够合理缓解"搭便车"难题,进一步增强东北亚区域公共产品的生产供应。

④平等性。六方会谈机制的和平对话方式以及成本协商分摊方式,避免了美国的单独领导,能够有效防止机制被大国私物化的可能性。

⑤针对性。朝鲜负外部性有深刻的历史原因和复杂的现实背景,牵涉众多的地缘、政治和经济因素,六方会谈机制能够更切实统筹各国关切,更有针对性地提供地区稳定和发展所需的公共产品。

⑥公正性。作为与区域内各国都有着切身利益的中国,一边安抚朝鲜和表明无核化的立场,一边向美国陈述朝鲜的安全诉求,彰显了中国负责任的大国形象,逐渐形成以"中国为主导方向"的问题解决模式,能够更加公正、妥善地处理对朝鲜问题。

尽管六方会谈机制作为区域性公共产品,在解决朝鲜负外部性方面具有理论优势和合理性,并且已经取得了阶段性成果,但是如果能在以下方面进行一定的制度设计和策略调整,六方会谈机制将会更加完善。

①制度化水平。理论意义上的多边机制要有一定的普遍行为原则，具有共同的规范，对违反规范的行为体也要有一定的惩罚约束措施。而六方会谈机制目前还没有对行为主体进行限制和规范的适当措施，所达成的协议只有靠各方的诚信，这也是《9·19共同声明》和《2·13共同文件》未能得到有效落实的原因所在。随着六方会谈机制化程度的逐步提高，地区公共产品的供应势必相应地扩大，公共产品的管理模式也应相应发生变化，这要求我们提前设计六方会谈机制的管理模式。

②非政治性合作。从区域公共产品角度来看，不同参与者的互动形成一个以问题为导向的网络，当区域合作网络呈现逐渐增加趋势时，能够获得互利互惠的部门是最有效的。区域公共产品的这种观点与经典的功能主义理论主张类似：一体化的道路可以从功能性领域入手，从一个领域外溢到另一个领域。随着功能性合作的不断增加，有关各方在这种合作中不断获益，合作的领域和方式不断扩大，分歧和矛盾将缓和直至消失，通过合作形成的新的共同利益甚至超越国家主权观念导致的政治争执，实现从非政治性合作向政治性合作的过渡和提升。在东北亚各国，特别是在朝美缺乏信任的背景下，六方会谈设定的区域合作议题应多从技术性、不涉及国家主权的领域开始，加大非政治性公共产品的供给，这一点非常重要。相信随着各方在这种合作中不断获益，合作的领域和方式自然会不断扩大，合作也自然会从经济社会领域向政治安全领域延伸，从个别、自发的领域向全面和有规划的方向发展。

五 结语

复旦大学樊勇明教授认为，冷战结束后国际公共产品供应严重不足，在此背景下，有关国家为了本地区的稳定和繁荣而联合起来共同生产和维护区域性国际公共产品是必然趋势，也必将成为今后一段时间内国际关系的基本特点。

朝鲜问题凸显的负外部性反映了东北亚区域安全和经济领域公共产品供应的严重不足，影响着东北亚区域的和平稳定和区域合作。在如何更加有效地反映这种现实，如何更加有效地生产针对性的公共产品消除这种负外部性，如何进一步构筑东北亚安全机制和迈向区域一体化等问题上，具有区域公共产品众多优势的六方会谈机制显示了一定的现实性和合理性。相信随着六方会谈机制的进一步调整和完善，必将成为解决朝核危机和实现东北亚和平稳定的最合理方式。

DPRK and the Regional Cooperation of North-esat Asia

Fu Gan

Abstract   Inevitably the rise of the regional integration and the regional multilateral governance put forward the demand and supply of regional public goods. International cooperation is always simplified as how to ensure the effective supply of public goods. The paper pointed out that North Korea's security and the negative aspect of its economy had made a great impact to northeast Asia. If the regional countries can provide relative public goods, it's no doubt that it will help to eliminate the negative aspect of DPRK's economy and to maintain the peace, stability and prosperity of Northeast Asia.

Key Words   DPRK; Northeast Asia; Public Goods

【审读：蔡建】

朝鲜半岛问题与中美关系

崔志鹰

【内容提要】 现阶段中美关系是一个正在崛起的大国与一个已确立地位的大国之间的关系,中美关系呈现出既合作又竞争的态势。中美在朝鲜半岛问题上合作的基础,取决于两国在维护朝鲜半岛和平与稳定方面的态度。中美在朝鲜半岛问题上存在着共同利益和分歧。关于中美如何在朝鲜半岛问题上开展合作的建议如下:推动朝韩对话和六方会谈;推动朝鲜逐步开放,振兴朝鲜经济,使其融入国际社会;建立危机应对机制;将朝鲜半岛停战机制转换成和平机制;积极推进东北亚区域的经济合作。

【关键词】 中美关系　朝鲜半岛　共同利益　分歧

【作者简介】 崔志鹰,同济大学亚太研究中心副教授。

作为世界上最大的发展中国家和最大的发达国家,中美关系是当今世界最重要的双边关系之一,它对维护、促进地区和世界的和平稳定与发展繁荣至关重要。进入21世纪以后，随着经济全球化的推进，一方面中美合作的空间不断扩大，比如，促进地区和全球的经济增长；维护亚太地区和世界局势的稳定；反对国际恐怖主义和宗教极端势力；防止大规模杀伤性武器的扩散；以及环境保护、打击贩毒、防治艾滋病等。但另一方面，中美在一些重要问题上又存在着分歧。尤其是，美国作为唯一的超级大国对正在崛起的中国表现出担忧和不安。具体表现在：当伊拉克、阿富汗战事稍许平息时，美国开始将战略重心移向亚太地区，加大了围堵中国的力度。中美关系正面临着考验。奥巴马政府刚上台时，曾试图与中国建立所谓的"G2"（两国集团），以共同应对地区和全球性的挑战，但如今奥巴马政府似乎抛弃了这一战略，正联合亚洲一些中小国家企图来遏制中国的崛起。中美关系的现状和未来前景堪忧。

在朝鲜半岛问题上，中美两国既有利益的交汇和合作的空间，也有利益的矛盾和冲突。中美两个大国在朝鲜半岛问题上的战略思考及政策取向，将直接影响朝鲜半岛未来局势的发展。

一 现阶段中美之间是怎样一种关系

当前，从东亚地区大的战略格局上说，中国（正在）崛起和美国战略重点重返亚洲是两个不争的事实，也是（中美）双方所共同面临的挑战。[1] 中国正在崛起的现实使美国有些人认为，要在东亚地区维持美国的主导地位，就要加强美日、美韩等同盟关系以及美国在东亚的军事存在。而这反过来又容易被中国理解为美国企图遏制中国的崛起并削弱中国在东亚的发言权。根据国际关系理论中的"权力转换论"来分析，处于上升中的大国要争取在权力分配结构中更大的影响力，而处于下降中的大国要维持原有的影响力，并且要阻止上升中的大国对自己的既得利益构成挑战，这两者

---

[1] 邱震海：《2010：中国外交盘整年》，《参考消息》2010年12月30日。

之间难免会发生利益摩擦。美国前国家安全顾问布热津斯基在一篇题为《如何与中国为友》的文章中指出:"对亚洲的长期稳定和美中关系来说,最糟糕的情况将是两国进入一种不断变本加厉地互相妖魔化的状态。而未能巩固并扩大(美中)两国之间的合作将不仅有损于两国自己,而且有损于整个世界。"①

在今天的世界事务中,没有比中美关系更为重要的两国关系。② 虽然历史上不乏正在崛起的大国与已确立地位的大国之间发生冲突的事例,但时移世易,在如今全球化不断推进的新形势下,"你输我赢"、"你衰我兴"的"零和"对抗式思维显然已经不能适应当前各国利益彼此交会、荣辱与共的世界新格局。如何智慧、理性、建设性地处理中美关系,追求和实现合作与共赢,已成为中美两个大国间新的课题。

现阶段中美之间需要一个适应期,但中美双方既合作又竞争的态势将使这个适应期不会显得很轻松,一方面双方合作所产生的共同利益将制约彼此竞争关系的恶化;而另一方面双方竞争和牵制的战略也容易形成相互合作的裂缝。

以往的经验表明,当正在崛起中的大国认为它的崛起不会受到阻碍,而现在已确立地位的大国也认为它在世界上的主导地位不会受到威胁时,两者之间可以和平相处。据美国有线电视新闻国际公司网站2010年11月11日报道,中国外交部副部长崔天凯对美国有线电视新闻国际公司(CNN)记者说:"我认为美国必须坚信,中国永远不会对其世界地位进行挑战,我们永远不会这样做,因为在世界上扮演领导角色需要付出很大代价。我们付不起这种代价。"③ 中国无意去挑战美国在世界上的主导地位并改变现存的国际秩序,中国还要花很大的精力去关注其国内的经济建设和社会

---

① 美国《纽约时报》网站2011年1月2日文章。
② 〔美〕沈大伟:《稳定不稳的美中关系》,美国布鲁金斯学会网站2011年1月12日文章。
③ 《参考消息》2010年11月13日头版。

发展。至少在可预见的未来，美国仍将是世界上最强大的国家。而中国要在经济、军事和软实力等方面赶上美国仍有很长的路要走。

但是，从美国方面讲，它是否无意遏制中国的崛起，还是个未知数。近年来，美国在东亚的外交策略越来越咄咄逼人。尽管中国极力避免与美国"正面碰撞"，但美国仍步步紧逼。在2010年不到一年的时间里，美国已经联同中国的周边国家，完成了对中国前所未有的海陆"C型"大包围，并且通过大量军售、演习等向中国耀武扬威。[1] 美国始终担心中国的进一步发展态势将对其构成威胁。美国国防部仍将中国锁定为亚太地区最大的潜在威胁，认为中国处于"不稳定的弧形地带"的中心，是"最有可能成为美国对手的新兴大国"。[2] 在美国看来，中国作为新兴大国的最重要的代表，它的持续崛起不仅影响着世界的未来走向，更是对美国世界领导地位的一种考验。[3] 中国则一直对美国在东亚军事力量的不断增强以及美国与东亚地区传统盟友军事关系的升级感到担忧，而美国也的确不愿意看到自己作为世界超级大国的地位发生动摇。随着中国的持续崛起，中美关系发展日益受到"零和思维"和"遏制思维"的干扰和制约。[4] 尤其在军事安全领域，由于中美两国的战略互信缺失较为严重，因而中美之间仍然存在着出现对抗和敌对的可能性。虽然中美两国的军事力量都力图避免与对方发生冲突，但是都相互将对方视为最大的潜在威胁，两国的军事力量建设和部署调整都会引发对方的猜疑。[5] 中美关系现在实际上处于一种非敌非

---

[1] 刘迺强：《中美较量的风眼狂飙》，《中国评论》2011年2月号，第60页。
[2] 刘友法：《美国大选后中美关系趋势》，《国际战略纵横》第五辑，时事出版社，2009，第83页。
[3] 刘飞涛：《美国亚太新战略与中美关系》，《中国评论》2011年2月号，第52页。
[4] 刘飞涛：《美国亚太新战略与中美关系》，《中国评论》2011年2月号，第52页。
[5] 任品品：《建立和培育中美战略互信的"破冰之旅"》，《中国报道》2011年第2期，第2页。

友、似敌似友与可敌可友的不确定地位。[①] 如果中美之间都将对方视为不可调和的"竞争对手"或"敌人",那么未来中美出现对抗或冲突的悲剧将难以避免。但另一方面,如果中美双方都克服和超越自身狭隘的安全观,运用智慧,变"对抗"思维为"融合"思维,共同创建一种更为建设性的、互利共赢的战略合作模式,那么不仅中美关系的发展将有更广阔的空间,而且对东亚地区、整个世界及人类的和平与繁荣都是一种福音。

应当指出,今天的美国已不可能真正遏制中国和孤立中国。不仅美国在经济和金融领域需要中国的合作,而且世界经济的发展也离不开中国。缺少了中国的合作,美国根本无法单独处理和解决国际上的许多重大问题。中国与世界、中国与美国已经形成"一荣俱荣、一衰俱衰"的相互依存的关系。

中美之间有很多共同利益,它们都欢迎全球化和开放市场,开放市场可以使它们进口原材料和出口产品;它们都希望世界和平,不希望核武器扩散。而且,中美在维护金融安全、防止网络犯罪和核扩散以及应对气候变化等方面都面临着共同的挑战。中美在维持现行的全球体系方面有共同的需求。中国希望维持现行全球体系的稳定,以便能够继续把主要精力放在经济发展上。而美国则希望把一个正在崛起的中国纳入当前的全球架构。因此,加强合作不仅对中美双边关系而且对东亚地区及世界的和平与发展都是利益重大。中美如能建立起双方的战略互信,消除相互的猜忌,调整各自的外交政策,避免碰撞,加强地区及国际问题上的合作,那么中美关系就有可能拥有一个非常积极的未来。

二 中美在朝鲜半岛问题上是否有合作的基础

中美在朝鲜半岛问题上合作的基础,取决于两国在维护朝鲜半

---

① 新加坡《联合早报》2005年2月17日。

岛和平与稳定方面的态度。从中国方面讲，中国要实现现代化，无疑希望中国的周边地区，包括朝鲜半岛地区保持和平与稳定。维护朝鲜半岛和平与稳定，是中国对朝鲜半岛政策的出发点。

但是，美国在维护朝鲜半岛和平与稳定方面的态度就不是那么坚决。第一，从地理位置上看，美国与朝鲜半岛相隔甚远，如果朝鲜半岛局势发生动荡，其对美国本土的影响较小。第二，尽管美国也希望朝鲜半岛和东北亚地区保持稳定，因为美国不仅在这一地区有驻军，而且有重要的经济利益，但是，美国又在一定程度上希望朝鲜半岛局势保持适度紧张，以维护其在这一地区继续驻军的理由。第三，美国从意识形态价值观出发，希望朝鲜政权发生变革，以将朝鲜纳入美国所设计的"发展轨道"。美国有些人甚至希望朝鲜政权解体。这三个因素决定了美国在维护朝鲜半岛和平与稳定方面的态度是"忽冷忽热"、"左右摇摆"。当局势过分紧张，乃至出现严重危机时，美国往往会强调维护稳定；而当局势相对平稳时，美国又往往会"出招"，促使"热点问题升温"。

美国既不希望朝韩关系直接发生对抗和冲突，从而使美国被迫卷入；同时也不希望朝韩关系真正实现和解，乃至走向统一，从而使美国在韩国和东亚驻军的理由发生动摇。美国希望朝韩关系保持"不战"、"不和"、"不统"的局面。"战"会把美国卷进去；"和"意味着美韩日一再鼓吹的"朝鲜威胁"不复存在，使美国在韩国、日本及东北亚的军事部署失去理由；"统"会增强朝鲜半岛朝韩双方的民族独立自主意识，不会再以美国"马首是瞻"。[①] 这一点从前些年金大中、卢武铉时期韩国对朝实行"阳光政策"，朝韩双方实现两次"首脑会晤"，朝韩民族自主心以及韩国内反美情绪上升，而当时美国则处于有可能"被排挤出局"的较尴尬境地中可以看出。当时的美国担忧朝韩关系发展过快，而美国在朝韩关系中

[①] 陈池：《美朝关系正常化任重道远》，载复旦大学《韩国研究中心通讯》2001年第1期，第5页。

的作用下降,从而使美国在朝鲜半岛的战略利益受损。近些年随着韩国保守阵营的李明博政府上台,美国则利用了朝鲜半岛的危机,重新巩固和加强了前些年已出现松散的美韩同盟,并扩大了其在朝鲜半岛问题上的发言权。

美国在维护朝鲜半岛和平与稳定方面的暧昧态度,使中美在朝鲜半岛问题上合作的基础不是那么牢固,这直接影响到朝鲜半岛未来局势的发展。如果美国在朝鲜半岛问题上强调和平稳定这一面,则中美两国在缓和该地区紧张局势、防止危机升级、推动重启对话等方面可以有广泛的合作空间。但如果美国为谋求其在朝鲜半岛与东北亚地区的主导权,想继续维持该地区局势"适度紧张",以巩固它与韩、日两个同盟的关系并遏制中国的话,则中美两国不仅将无法进行有效的合作,而且未来中美之间在朝鲜半岛问题上有可能走向对抗和冲突。例如,2010年朝鲜半岛西部海域发生天安舰事件和延坪岛炮击事件后,美国与韩国多次在黄海举行联合军事演习,美国的核动力航母不顾中国的反对毅然开进黄海,大有"项庄舞剑、意在沛公"之意,这极大地加剧了朝鲜半岛地区的紧张局势。又如,2011年2月8日,美军最高机构参谋长联席会议发表了新的美国国家军事战略报告,该报告分析,朝鲜核武器开发的进展和金正日权力交接问题导致局势不稳,可能引发核扩散。中国人民解放军军扩的战略意图也不甚透明。基于这些分析,新的美国国家军事战略报告明确指出,美军"将在今后数十年(继续)维持在东北亚地区的军事力量",① 表明了美国借"朝鲜半岛局势不稳"为名,强化其在东北亚的军事存在,以遏制中国军力的意图。另外,美国战略司令部制定了用核武器和常规武器对朝鲜的大规模杀伤性武器进行打击的"作战计划8010-08"。据美国科学家联合会透露,该计划把中国等国也列为将用核武器和常规武器进行打击的

---

① 共同社华盛顿2011年2月9日电,转引自《参考消息》2011年2月10日头版。

潜在敌国。[①] 倘若未来中美双方各自对对方的意图产生战略误解或误判并导致决策性错误的话，中美之间很可能会发生"擦枪走火"式的摩擦和冲突，这将给朝鲜半岛与东北亚地区带来严重的灾难。

不过，在朝鲜半岛危机上升、局势出现"过分紧张"时，美国也担忧被卷入新的一场战火。据美国《华盛顿邮报》网络版2010年12月28日报道，随着近年来韩国总统李明博转向强硬的对朝政策，美国政府内部的忧虑在增加。美国的部分官员担心李明博的反应是否过激。该媒体还预测说，美国有可能向李明博施加压力，促使他与朝鲜进行外交对话。[②] 当前，从美国的国家利益来看，美国的首要任务还是要克服金融危机，尽快振兴美国经济。美国刚从伊拉克、阿富汗的战争泥潭中逐渐脱身，在它"元气尚未恢复"之前，它并不希望在朝鲜半岛地区再爆发一场让美国有可能卷入的战争。因此，美国担忧韩国的对朝强硬政策有可能"失控"，因而对李明博政府有所限制。

美国对朝鲜半岛的政策始终在保持"适度紧张"与防止"过分紧张"之间徘徊，这就使这一地区的局势时常动荡不安。从某种意义上说，未来朝鲜半岛地区的战争既可能发生，也可以避免，这相当程度上取决于中美两个大国在朝鲜半岛问题上合作的基础是否牢固。如果中美都有维护朝鲜半岛和平稳定的意愿，两国积极合作，密切配合，共同对朝韩双方的相互"攻击性行为"有所限制，那么这一地区的局势就会朝缓和的方向发展。反之，这一地区如同"火药桶"，随时都可能爆炸，并酿成各方都不愿意见到的后果。

三 中美在朝鲜半岛问题上的共同利益和分歧

虽然中美在朝鲜半岛问题上各有其不同的战略考虑，但是在防

---

① 韩国《中央日报》2011年2月19日报道，转引自《参考消息》2011年2月20日头版。
② 韩国《朝鲜日报》2010年12月30日。

止核扩散、实现朝鲜半岛无核化方面，中美仍有较明显的共同利益。朝鲜的两次核试验实际上也对中国产生了影响。朝核问题在相当程度上也涉及中国的安全，无论是朝核问题愈演愈烈并由此引发核污染及核扩散，还是未来由此问题可能引发战火及地区局势动荡，都将给中国的国家利益带来严重损害。因此，中国并不希望朝鲜成为拥有核武器的国家。中国支持朝鲜半岛的无核化，半岛无核化符合中国的国家利益。而美国也历来将防止大规模杀伤性武器扩散列为极端重要的议程，认为这是维护美国安全及盟国生存的首要任务。应当说，阻止核试验，防止核污染和核扩散，维护世界核不扩散体制是人类社会共同的目标，各国都应努力。中美两国都是联合国安理会常任理事国，理应在解决朝核问题、维护世界核不扩散体制方面共同合作。

当然，在如何解决朝核问题方面，中美之间也有分歧，主要表现在：中国主张和平解决朝核问题，反对对朝鲜实行经济制裁和施加军事压力，要给予朝鲜以安全保证。在半岛和平稳定与半岛无核化之间，中国将和平稳定放在第一位，在保持半岛和平稳定的前提下努力推进半岛的无核化。虽然美国也主张通过对话来解决朝核问题，但是，美国时常表现出来的对朝高压、制裁、举行联合军事演习等强硬态度，使处于弱小地位的朝鲜时刻对美国保持着高度的警惕，从而难以在"弃核"方面积极配合。此外，美国也希望中国对朝鲜施加压力，特别是利用援朝的粮食和原油的杠杆，让朝鲜"弃核"。但中国则担忧对朝过分的压力很可能将引发朝鲜国内局势的不稳定和更大的灾难，因此中国在严厉批评朝鲜搞核试验并劝导朝鲜"弃核"的同时，仍然保持与朝鲜正常的经贸往来，不给朝鲜过分的压力。冷战后世界格局的变化以及东北亚国际关系的重组，使朝鲜处于外交上相对孤立、经济上比较困难的特殊境地。在此情况下，国际社会应当理解朝鲜对自身国家安全的担忧及相关的外交诉求，各国应平等地对待朝鲜，而不应歧视或鄙视朝鲜，应真诚地设法帮助朝鲜摆脱困境，以客观和现实的态度看待朝鲜的生存要求。朝鲜之所以在核问题上采取坚决不妥协的立场，其深刻根源还在于对自身安全的深度关切与担忧。因此，只有给朝鲜创造良好的外部安全环境，解除其对自身安全的担忧，朝鲜才有可能走上无核化的道路。

另外，在对朝鲜体制的态度方面，中美也有分歧。众所周知，中国与朝鲜有着历史悠久的传统友谊，中国支持朝鲜政权的稳定。朝鲜政权的稳定，不仅有利于朝鲜国内局势的稳定和经济发展，而且有利于整个朝鲜半岛乃至东北亚地区的和平与稳定。倘若朝鲜国内经济出现严重困难并影响其体制稳定及局势发生混乱，那么，作为朝鲜邻国的中国势将受到大量难民涌入的严重困扰。因此，中国一贯坚定不移地支持朝鲜体制的稳定。然而，美国对朝鲜政权的心态则比较复杂。小布什政府时期，美国因忙于"反恐"及应对伊拉克和阿富汗的战争，无暇顾及朝鲜问题，因而小布什政府曾明确宣布"不寻求颠覆朝鲜现体制"，表示愿意与朝鲜现体制共处。但奥巴马政府则似乎不太愿意与朝鲜现政权打交道，而是采取等待和拖延的战术，一方面等待朝鲜的内外政策发生变化，以迫使朝鲜按美国的要求"就范"；另一方面似乎也在等待朝鲜体制走向衰弱和崩溃，以实现韩美为主导的朝鲜半岛统一。美国对朝鲜政权的复杂心态，导致了美国的对朝政策时而缓和，时而强硬，即一手拿着"胡萝卜"，一手挥舞"大棒"，用"软"、"硬"两手来对付在美国眼里是"桀骜不驯"的朝鲜政权。同时，美国也希望中国参与对朝鲜的"高压"和"制裁"，力图将朝鲜逼入困境。然而，中国从自身的国家利益和维护地区和平的长远目标考虑，不可能这样做。

在构筑多边安全合作机制、维护朝鲜半岛和东北亚地区稳定的问题上，中美之间既有共同点和合作的空间，也有利益的摩擦和分歧。中美两国都主张通过六方会谈来解决朝核问题，并通过六方会谈的形式逐步形成多边安全合作机制，以维护朝鲜半岛和东北亚地区的和平与稳定。实践证明，六方会谈机制对缓和朝鲜半岛紧张局势、防止核危机升级是有利的。尽管目前六方会谈出现了中断，但经过各方的努力，六方会谈在不远的未来仍有希望重启，因为各方还是要回到谈判桌旁来解决彼此间的问题。除了朝核问题,如何将朝鲜半岛停战机制转换成和平机制、如何推动东北亚区域合作等问题,也是六方会谈需要进一步讨论的问题。中国积极地参与了与朝鲜半岛和东北亚有关的制度或机制建设的谈判、协商和沟通。中国主张先易后难,逐步推进。小布什政府时期,美国对六方会谈的态度较为积极,并试图与朝鲜在某种程度上达成妥协。但目前的奥巴马政府则对六方会谈的态度较为消极,美国似乎在考虑:是否还需要在推动六方会谈及构筑东北亚多边安全合作机制方面与中国开展合作?奥巴马政府已显示了重返亚洲的姿态,但其依然强化了与韩国、日本等盟国的体制,凸显了冷战的阴影在东亚尚未根本消除。

四 中美在朝鲜半岛问题上如何开展合作

现代国际关系的实践证明,"和则两利,斗则两败"。美国前国务卿基辛格也指出:"美中关系的最重要现实是,这两个国家谁都主宰不了对方,它们之间的冲突会让两国社会均疲惫不堪。"[①]因此,中美之间唯有合作,别无选择,双方应从战略高度和长远角度来把握中美关系的大方向,并在相互尊重与合作的基础上建立一种协商机制来寻求共识和协调两国的立场。中美双方都需要让自己的思想超越狭隘的国家利益,认识到中美关系在东亚和全球的意义。尤其是中国在东亚及全球的影响力不断扩大,并日益与美国在东亚和全球的存在及利益发生碰撞之际,中美双方就地区和世界事务进行对话(并形成机制化),包括在朝鲜半岛问题上开展定期对话是很有必要的。

虽然中美在朝鲜半岛问题上有分歧,但两国在防止核扩散、维护地区局势稳定方面还是有一些共同利益的。中美两国如果能在朝

---

① 〔美〕基辛格:《应避免美中冷战》,《华盛顿邮报》网站 2011 年 1 月 15 日文章。

鲜半岛问题上进一步加强合作和协调，就能推动朝鲜半岛局势朝和平、稳定、无核化乃至繁荣的方向发展；反之，中美利益摩擦加剧，相互争斗，那么朝鲜半岛很可能会出现中美两国都不愿意见到的混乱局面，直至对东北亚各国的国家利益都带来损害。中美如发生对抗，对东北亚地区的任何国家都没有好处，因为它们将被迫在北京与华盛顿之间作出选择。

笔者仅就中美如何在朝鲜半岛问题上进行合作，提些初步设想。

1. 推动朝韩对话和六方会谈

朝韩双方是朝鲜半岛事务的直接当事人。朝韩双方长期处在严重互不信任、军事对峙和对抗的状态是极不利于朝鲜半岛和平与稳定的，因此朝鲜半岛问题应由朝韩双方通过对话协商解决。中美两国应当支持朝韩双方通过对话，加强沟通、建立互信、解决分歧，逐步改善关系。同时，应将朝韩对话纳入六方会谈的框架内，以使朝韩双方通过对话达成的协议在六方会谈其他方的促进和监督下能更好地履行。近年来的实践表明，维护六方会谈机制是缓和朝鲜半岛紧张局势、保持东北亚地区和平与稳定的最好办法。尽管六方会谈已中断了两年多，重启六方会谈仍有阻力，但六方会谈仍是现阶段相关各方进行对话、沟通和协商的理想平台。根据朝鲜半岛局势的现状，中国提出了按"美朝会谈—六方会谈非正式会议—六方会谈正式会议"三步走的方案，这是一个比较现实的推动六方会谈重启的方案。中国正在为维护朝鲜半岛的和平与稳定在各方之间积极奔走，为重启六方会谈作出不懈努力。重启六方会谈，一方面可以通过各方之间的对话，消除彼此的分歧，增加共识；另一方面，当未来危机再次出现时，各方也能及时沟通，加强合作，稳定局势，化解危机。因此，美国方面如果想稳定朝鲜半岛局势，就应当对六方会谈重启的重要性重新认识，积极配合。

2. 推动朝鲜逐步开放，振兴经济和融入国际社会

实际上，朝鲜也想通过引进外资和技术来改善它的经济状况，实现其建立"强盛国家"的目标。但目前朝鲜存在的问题是外部的环境仍不安全，尤其是美国对朝的压力仍较大。因此，朝鲜要走上开放道路，必须要改善外部的安全环境，尤其是在对美外交中要有所突破，以取得美国对朝的安全保障。对此，中美两国都可积极创造条件，帮助改善朝鲜的外部安全环境，为朝鲜逐步走上改革开放道路奠定基础。在这方面，中国可促进朝美关系的改善，同时中国改革开放的经验也可提供给朝鲜借鉴；而美国也应积极主动地改善与朝鲜的关系，给朝鲜提供相应的安全保障和经济援助。朝鲜实现经济改革和对外开放所需要的国际环境和巨额的外来投资都受制于朝鲜与美国的关系。[1] 一旦朝美关系实现了正常化，朝韩关系、朝日关系以及朝鲜和欧盟等西方国家的关系都将大大改善。实践将证明，朝鲜的外部安全环境越宽松，越稳定，它越能走上经济复兴和开放的道路；反之，它将更加封闭，更加保守，更难以融入国际社会。

3. 建立危机应对机制

危机应对机制应包括预警防范机制、快速反应机制和危机控制机制等。中美两国应联合与朝鲜半岛有关的东北亚国家加强信息和情报方面的合作，密切监控可能导致危机爆发的因素和活动，互通信息和情报，以使各国对危机的发生能早做防范，并尽可能采取措施阻止危机的发生。倘若突发事件造成的危机发生，那么中美两国应该尽快发挥各自的影响力，对冲突各方进行疏导，避免危机进一步升级，将突发事件的不利影响控制在最低限度。

4. 将朝鲜半岛停战机制转换成和平机制

朝鲜半岛要建立一种有效的、持久的和平机制，除了朝韩双方通过对话和交流，消除紧张状态、建立互信关系以外，中美两个大国也应积极作出努力。中美可以在促进朝鲜半岛南北军事信任、监督朝韩双方军力削减、促进朝鲜半岛无核化等诸方面进行合作。朝鲜半岛和平机制的问题可以先由朝鲜半岛的当事方——朝韩双方进

---

[1] 郑成宏：《中美关系对朝鲜半岛局势的影响》，载《第五届韩国传统文化国际学术研讨会论文集》，华夏文化艺术出版社，2005，第184页。

行讨论，达成共识与和解，并签署和平协议。中美两个大国可以对朝韩双方的和平协议起到一个监督和保障的作用。

5. 积极推进东北亚区域的经济合作

与世界其他地区相比，东北亚区域的经济合作明显落后。东北亚区域还存在着历史恩怨、现实矛盾、冷战思维以及非传统安全等政治难题和安全隐患，这些都影响了东北亚区域经济合作的开展。走区域合作化道路不仅是经济全球化发展的需要，而且也是抓住机遇、以经济合作为区域各国积累共同利益基础、促进朝鲜半岛和东北亚区域安全与稳定的现实选择。东北亚区域的经济合作具有良好的前景。自然条件好，幅员辽阔，各种资源比较丰富，劳动力充裕，市场广阔。各国商品和产业结构具有较强的互补性，各国间经济日趋紧密，相互依存与融合不断加深。各国之间存在众多的合作机遇，如商品贸易机遇、相互投资机遇、技术合作机遇、金融合作机遇、劳务合作机遇、旅游观光机遇等。"东亚的经济合作以及相应的政治和安全合作在可以预见的将来根本无法把美国排除在外。"[①] 对于美国在东亚的存在和利益，中国和东亚国家不会去刻意排挤。因此，东北亚区域经济合作不仅应由区域内的国家参加，还应吸收区域外的国家，如美国和欧盟等国参与，共同来营造一个"多赢"和"共赢"的局面。

The Issues on the Korean Peninsula and China-US Relationship

Cui Zhiying

Abstract First, this paper points out that the China-US relationship

---

① 宋国友：《美国重返东亚方式不合时宜》，《文汇报》2010 年 10 月 31 日专稿。

is a relationship between the biggest developing country and the biggest developed country. China-US relationship is cooperative and competitive. Secondly, the paper points out that China-US cooperation on the issues of the Korean peninsula is based on the attitude of two countries in maintaining peace and stability in Korean peninsula. In addition, this paper lists China-US common interests and differences on the issues of Korean peninsula. Finally, this paper puts forward several suggestions about China-US cooperation on issues of Korean peninsula. 1. Move forward Pyongyang - Seoul dialogue and the six-party talks. 2. Promote the gradual opening up of North Korea, develop economy and integrate into the international community. 3. Establish crisis response mechanism. 4. Convert Korean peninsula truce mechanism to peace mechanism. 5. Actively promote the economic cooperation in Northeast Asia.

Key Words China-US Relationship; Korean Peninsula; Common Interests; Differences

【审读: 蔡建】

朝鲜战争与中美的相互认识

祝曙光

【内容提要】 美国认知上的误区，导致朝鲜战争由国内战争演变为国际战争，交战双方都付出了惨痛的代价。朝鲜战争充分展示了交战双方的政策底线和斗争意志，对中美关系乃至整个东北亚格局造成了深远的影响。

【关键词】 朝鲜战争　中国　美国

【作者简介】 祝曙光，苏州科技大学人文学院院长、教授。

60年前发生的朝鲜战争是冷战中第一场特殊的局部热战，战争历时3年，人员、物资损失巨大，对中美关系乃至整个东北亚格局造成了深远的影响。

一

朝鲜战争首先影响到共产党中国和美国的关系，这场战争实际上也是世界上最大的发展中国家与最大的发达国家之间的一场战争。国共内战爆发后,美国一直扶持国民党政府,向其提供大量的军事援助和财政援助,把美国在东亚的利益与国民党政府捆绑在一起。可是在国民党政府面临深重危机、美国有可能失去中国时,美国政府却无意出兵干涉,听任国民党政权崩溃。而朝鲜战争爆发后,本来不在美国西太平洋防卫圈中的朝鲜半岛却引起了美国的高度重视,迅速进行军事干预,结果引发了中美之间的直接军事对抗。

美国并不是一个东亚国家,但美国从没有放弃它对东亚的利益追求。由于美国与东亚相距遥远,所以美国决策层早在19世纪末就提出了它的东亚政策——门户开放政策。与美国在拉美推行的"门罗主义"相比,门户开放政策是一个弹性和伸缩性较大的政策。为了维持门户开放政策,美国不是凭借一己之力,而是倾向于借助东亚国家来反对或压制东亚国家。美国历史学家约翰·道尔曾言,美国人在某一个时间所怨恨的亚洲国家倾向于一个。中国、美国和日本之间的三边关系似乎证实了这一点。它常常像一条三条腿的凳子。美国试图在亚洲保持一种平衡以确保中国和日本这两条腿都不至于太高因而破坏凳子的平衡,当中国或日本威胁到将会搅乱它所认为的适当平衡时,美国就会着手削短一条腿或者提升另一条腿。这在20世纪40年代和70年代导致了两次戏剧性的政策逆转。① 第二次世界大战期间,美国与中国结盟共同抵抗日本,中美关系极为密切,以至于当抗战结束、国共两党矛盾尖锐化时,美国国务卿马歇尔还亲自来华调停。战时来到中国的美国年轻外交官,如谢伟思(John S. Service)、戴维斯(John P. Davis)、范宣德(John Carter Vincent)等人对中共充满了好感,认为腐败专制的国民党政权难以指望,而中共却生机勃勃。特别是当他们看到了延安的新民主主义体制的成功尝试,发现中共与苏联几乎没有多少联系

---

① 任晓、胡泳浩:《中美日三边关系》,浙江人民出版社,2002,第90~91页。

之后，自然而然将抵制苏联向东亚扩张的希望寄托到加强美国与中共关系的前景上来。他们大声疾呼："把共产党人拉到我们一边而不是把他们投入俄国人的怀抱。"美国人不相信延安窑洞里会产生正统的马克思主义。1941年皖南事变之后，罗斯福委托特使居里（Lauchlin Currie）和联邦储备银行调查统计部主任戴普莱（Despres）向蒋介石转达了他的口信："予自万里之外观察中国之共产党员，似与我等所称之社会党员，无甚差别。彼等对于农民、妇女以及日本之态度，足值吾人之赞许。故中国共产党与国民政府相类者多，相异者少。"戴普莱对此更进一步解释称："罗斯福之意见以为中国之有共产党，并不能认为中国有共产主义之实行，只能视作民主政治之实习。"谢伟思在报告中兴奋地指出："中国共产党的政策，在可以预见的将来，将不会违反美国在中国的利益，共产党应该尽可能受到我们的同情和友好对待。"戴维斯更是直截了当地说："中共只是号称信奉马克思主义罢了，他们其实与英国工党领袖麦克唐纳一样，不过是一些主张渐进的社会民主主义者。""中国共产主义的圣徒和先知们住在黄土坡挖出的窑洞里，过着俭朴的生活，幻想着奇怪的阶级妥协和政党联合之神降临，面带羞色地拜倒在外国投资的金犊之下，并且渴望自己能按世界标准受到尊重。"① 因此从美国总统到普通外交官，根据对中国共产党性质和未来发展前景的判断，作出了加强与中共联系来抗拒苏联的想法。美国决策者认为，"毛泽东与那些他最亲近的人都有着强烈的民族主义情感"。日本人也有类似的想法。1954年，日本外务省整理了一份《吉田首相外游资料》，对中苏关系进行了全面分析。尽管中国在苏联的支援下已经与美国在朝鲜半岛发生了直接的军事对抗，但日本外务省仍然认为："中苏关系并不密切。苏联曾向国民政府要求对满洲、新疆、外蒙的主权，苏联也会同样向中华人民

---

① 杨奎松主编《冷战时期的中国对外关系》，北京大学出版社，2006，第12~16页。

共和国政府提出同样的要求，中共从建党阶段开始就没有接受过苏联的任何积极的武力援助。苏联给中共的唯一间接援助是出兵东北的苏联红军把缴获的日本关东军的武器给了共产党（但是，当时苏联为了获得国民政府支持其占领北海道，承认国民政府为中国的正统政府，与国民政府缔结了《中苏友好同盟条约》，在国民政府败走广州时，仍然让其大使馆跟随到广州）。后来，在朝鲜战争中也没有情报证实苏联给予中共大量的武器援助。""毛泽东是个野心家，他决不会在苏联人面前低着头做人，他必定要与苏联人争取'平等'地位。这是中共自身力量的问题，即中共的经济实力达到与苏联平起平坐之时就是中共脱离苏联之时。"① 朝鲜战争前，美国从未放弃与中共政权接触的政策。在国共内战后期，美国实际上已决心抛弃蒋介石政权，寻求与中共政权建立密切的关系。1948年3月，国家安全委员会 NSC6 文件指出，美国对华长期目标"是推动建立一个稳定的代议制政府，以领导一个独立和统一的、对美友好的，并能够作为有效防止苏联在远东侵略的中国"。1948年9月7日，国务院政策设计委员会主任凯南提出了全面转变对华政策的文件——《重新审查和制定美国对华政策》，指出：中国目前局势的产生是其内部因素使然。如果全面支持蒋介石，美国在政治、经济、军事上都要付出难以承受的巨大代价，美国不应该以自己的信誉和资源去赌博。国际调停也无济于事。由于民族主义力量的作用，中共内部会出现"铁托主义"倾向，中共可能同南斯拉夫一样对待苏联。因此，美国的政策应该是"尽可能防止中国变成苏联这个政治、军事大国的附庸"。② 当美国从朝鲜半岛南部撤军后，杜鲁门总统向国会提出了向韩国、伊朗、希腊、土耳其等国提供3亿美元的援助案。为此，杜鲁门受到了共和党议员的反对，认为中

---

① 廉德瑰：《美国与中日关系的演变》，世界知识出版社，2006，第 113~114 页。
② 崔丕：《美国冷战战略与巴黎统筹委员会、中国委员会 (1945~1994)》，中华书局，2005，第 190~191 页。

国与韩国一样，同样是亚洲民主主义的象征，但杜鲁门政府没有为制止共产主义在中国的胜利而作出过什么。美国国务卿艾奇逊在回答共和党议员的提问时称，对国民党政府实行军事援助不切实际，也不一定有效。[1] 艾奇逊曾在1949年2月就中国局势发表评论说："森林里一棵大树倒下，需等尘埃落定，才能看清其造成的后果。"为了表示对新中国的友好，艾奇逊还表示台湾和朝鲜不在美国的西太平洋防卫圈内。

中国共产党人也不是一开始就敌视美国的。早在1940年，即国共合作时期，周恩来曾经对马歇尔说："从意识形态上说，我们当然要采取接近苏联的政策，但是接近的程度要取决于你们。"1949年4月，毛泽东在一份内部电报中指出："如果美国及英国能断绝和国民党政府的关系，我们可以考虑和他们建立外交关系的问题。"[2] 但是世界范围内的冷战局面已逐渐形成，社会主义和资本主义两大阵营的对立及冲突越来越激烈，在这种形势下，美国没有放弃扶蒋抑共的政策，迫使中共在外交上对苏"一边倒"。1949年12月，毛泽东的莫斯科之行以及《中苏友好同盟互助条约》的签订，使美国拉拢共产党中国的企图遭遇了严重挫折。中苏结盟标志着社会主义阵营在欧亚大陆连成一片，冷战已从欧洲延伸到亚洲东部。

二

1945年8月9日，苏联军队向朝鲜半岛北部发动进攻，推进非常迅速，并越过"三八线"，当美军抵达朝鲜后，按照美苏两国达成的协议，苏军立即撤离到"三八线"以北。朝鲜半岛出现了两个性质不同、完全对立的政权。当美苏军队撤出朝鲜半岛后，南北两个政权为了谋求国家统一，展开了激烈的斗争，当不能以和平

---

[1] 金景一：《浅论朝鲜战争前美国关于援韩与援蒋的争论》，载复旦大学韩国研究中心编《韩国研究论丛》（第二十辑），世界知识出版社，2009。
[2] 《毛泽东文集》（第5卷），人民出版社，1996，第285页。

方式统一国家时,行使武力就成为唯一的选择。从 1948 年开始,朝鲜半岛南北双方开始发生武装冲突,从局部性的、间断性的冲突发展为全局性的、经常性的武装冲突,到 1949 年夏天,双方卷入军事冲突(包括海上军事冲突)的人员达数千人,其中数百人死亡,最终导致了内战的全面爆发。①

北方对南方的攻击,得到了苏联的支持。中国革命的胜利给了苏联极大的鼓舞,以为可以在朝鲜复制中国革命,而且不会遭遇美国的军事干预,因为美国就没有直接用武力干预中国内战。"斯大林及其顾问得出了也许是相当有理性的结论:美国并不关心朝鲜内战的后果。斯大林曾要求中国共产党人谨慎行事,对美国干涉中国内战心怀恐惧。中国人没理他的茬,他的担心也未变成现实。与中国相比,朝鲜对美国就更不重要了,美国干预的威胁几乎已消耗殆尽。"②

中苏结盟以后,美国的亚太战略发生了很大变化,把台湾和朝鲜作为遏止共产主义势力的重要阵地。朝鲜战争爆发后,美国政府认定,这场战争是由"苏联发动、支持和怂恿的,非用武力不能加以制止。如果韩国军队担当不了这个任务——这点看来十分可能——只有美国军事干预才能做到";"这是一次公开的、赤裸裸地对我们国际公认的韩国保护者的地位的挑战","回避这一挑战,将使美国在台湾、日本、东南亚、西欧乃至西德的威信受到极大损害"。③ 原本被认为无足轻重的朝鲜半岛,突然间成为美国必须承担防务义务的最重要地区之一。1950 年 7 月 1 日,美军地面部队在釜山登陆,9 月 25 日,联合国军在仁川登陆,并迅速向"三八线"以北推进,把战火烧向中朝边境。本来美军可以停留在"三八线"附近,见好就收,但美国政府"向任何胜利者都要面对的

---

① 约翰·弗费尔:《美国的对北朝鲜、韩国战略——煽动威胁论的外交政策》,明石书店,2004,第 37 页。
② 孔华润主编《剑桥美国对外关系史》,新华出版社,2004,第 286 页。
③ 崔丕:《美国冷战战略与巴黎统筹委员会、中国委员会(1945~1994)》,第 228 页。

最危险的诱惑之——扩大战争目标的诱惑——低下了头"。

面对斯大林和朝鲜劳动党要求中国出兵援助朝鲜革命的请求，中国共产党决策层克服新中国建立才一年、百废待兴的困难处境，毅然决定出兵朝鲜，使朝鲜内战演变为中美两国的直接军事对抗。

美国出兵朝鲜的前提是中国不会对朝鲜实施军事干预或即使进行军事干预，美国也能轻易加以应对，参与朝鲜战争的成本是有限的，美国能够承受。美国决策层的这一认识有它的逻辑道理。按照美国决策层的思维定式，中国是一个弱国，"它的一些地区自1931年以来就一直战乱不断，它急需时间和所有的资源用于重建，然后使这个国家现代化。它几乎不能指望能赢得一场反对世人曾经知道的最强大国家的战争"。[1] 正如美国决策者所预料的那样，中国领导人确实不希望打仗。但苏联共产党和朝鲜劳动党却希望凭借武力统一朝鲜半岛，进一步驱逐美国在亚洲的势力，扩大社会主义阵营的影响，认为美国对共产党人的行动除了发表一个外交声明外，不会有什么作为。"因此，朝鲜战争可以说是在两重误解之下爆发的：共产党方面以美国在亚洲地区的利益为分析出发点，认为大部分的亚洲大陆被共产党占了，美方都默不作声，不会在朝鲜半岛一隅有所举措；美国方面，则以原则问题来看待这件事，它比较不关切韩国地缘政治的重要性，也已公开作出表示，却十分重视听任共产党侵略行径不加阻挡的象征意义。"[2] 早在丘吉尔铁幕演说的第二年，即1947年3月12日，杜鲁门在国会发表演说，抛出了"杜鲁门主义"，形容目前世界上存在着两种生活方式之间的斗争："第一种生活方式的基础是多数人的意志，特征是自由体制、代议政府、自由选举、保障个人自由、言论与信仰自由，而且有免于政治压迫的自由。第二种生活方式的基础却是以少数人的意志强加在

---

[1] 孔华润主编《剑桥美国对外关系史》，第282页。
[2] 基辛格：《大外交》，海南出版社，1998，第451页。

多数人身上。它依恃的是恐怖和压制，控制着报章和电台，操控选举，并且压制人身自由。"至此，美国把自己看作是民主和自由的代表，"杜鲁门主义象征着一个分水岭，因为美国一旦打出了道德大旗，斯大林熟谙的现实政治就永远终结，讨价还价争取互惠让步已经不复可能"①。美国决策者把朝鲜战争的爆发解读为：充分证明了共产主义毫无餍足，得寸进尺，必须基于原则大义予以遏止。"对韩国的攻击已经不容置疑，这表现出共产主义已超越用颠覆手法以征服独立国家，今后将运用武装侵略和战争的手段，它违背了联合国安全理事会为保护国际和平与安全而颁布的命令。"也就是说，美国决策者不是以地缘政治为基础，而是以美国的价值观为基础去诉求参与朝鲜战争，声称美国的介入是为了保卫普遍原则，而不是为了美国的国家利益。②

中国决策层也曾从大义名分的角度看待美国对朝鲜战争的干预。1950年10月24日，周恩来在全国政协常务委员会上的报告中指出："美帝国主义用武力压迫别国人民，我们要使它压不下来，给它以挫折，让它知难而退，然后可以解决问题。……必须由朝鲜人民自己解决自己的问题，外国军队必须退出朝鲜，如果解决得好，美帝国主义受到挫折，也可以改变台湾海峡的形势和东方的形势。我们力争这种可能，使国内外人民一致起来，动员起来。还有一种可能，敌人愈打愈眼红，打入大陆，战争扩大。敌人孤注一掷的可能性是存在的，因为美帝有疯狂的一面，我们应该做这方面的准备。我们并不愿意战争扩大，它要扩大，也没有办法。我们这一代如果遇着第三次世界大战，为了我们的子孙，只好承担下来，让子孙永享和平。"③ 也就是说，为了国际和平和社会主义阵营，中国愿意承担参与朝鲜战争所引发的第三次世界大战的风险，同美

---

① 基辛格：《大外交》，第428页。
② 基辛格：《大外交》，第451~453页。
③ 《周恩来选集》（下卷），人民出版社，1984，第51~54页。

国一样，中国也认为自己介入朝鲜战争是为了支持朝鲜革命，援助朝鲜共产党人，不是为了本国的狭隘利益。毛泽东认为出兵参战是必要的，"因为如果让整个朝鲜被美国人占去了，朝鲜革命力量受到根本的失败，则美国侵略者将更为猖獗，于整个东方都是不利的"。志愿军入朝参战，"对中国、对朝鲜、对东方、对世界都极为有利；而我们不出兵，让敌人压至鸭绿江边，国内国际反动气焰增高，则对各方都不利"，"总之，我们认为应当参战，必须参战，参战利益极大，不参战损害极大"。① 这样双方都强调干预朝鲜战争是为了保卫原则而非利益，"一旦议题被提升到超越权力政治之外，就难以界定战争的实际目标是什么"。美国参战的目的是为了惩罚共产党人，"要让北朝鲜付出代价，却又不至于触发战事扩大"，让苏联和中国相信美国只有有限的目标。"但是，美国的保证在北京缺乏信用。美国人曾经说过，朝鲜在他们的防御圈之外，但他们仍然派军队来保卫它。他们还说，他们希望击退侵略，把北朝鲜人赶过三八线，而今却又挥师挺进鸭绿江，假如不加以阻止，他们会在那儿罢手吗？"② 毛泽东把美国的一系列行动解读为：美国开始想采取行动，扭转共产主义在中国内战得胜的局面。于是北京采取了美国最不愿意见到的措施：如果北京不在朝鲜阻挡美国，或许将会在中国领土上和美国交战。③ 周恩来指出："中朝是唇齿之邦，唇亡则齿寒。朝鲜如果被美帝国主义压倒，我国东北就无法安定。我国的重工业半数在东北，东北的工业半数在南部，都在敌人轰炸威胁的范围之内。从八月二十七日到昨天这两个月间，美帝国主义的飞机已侵入我国十二次。最近不仅在鸭绿江，而且已飞到宽甸来示威、侦察、扫射和轰炸。如果美帝打到鸭绿江边，我们怎么能安心生产？""鸭绿江一千多里的防线，需要多少部队！而且年

---

① 《毛泽东军事文集》（第6卷），军事科学出版社、中央文献出版社，1993，第106~117页。
② 基辛格：《大外交》，第454页。
③ 基辛格：《大外交》，第455页。

复一年,不知它哪一天打进来。这样下去怎么能安心生产建设?况且敌人如果将朝鲜侵占了,也不会就此罢手。所以,从朝鲜在东方的地位和前途的展望来说,我们不能不援助;从唇齿相依的关系来说,我们也不能不援助。这是敌人把火烧到了我们的大门口,并非我们惹火烧身。""朝鲜问题对于我们来说,不单是朝鲜问题,连带的是台湾问题。美帝国主义与我们为敌,它的国防线放到了台湾海峡,嘴里还说不侵略不干涉。它出兵朝鲜,我们出兵去管,从我国安全来看,从和平阵营的安全来看,我们是有理的,它是无理的。"①

三

中国武力介入朝鲜战争极大地震惊了美国人。1950年12月6日,中朝军队收复了平壤,翌年1月4日,占领汉城,把战线向南推进。战争失利和战争目标模糊,一度导致了杜鲁门政府的政治危机,使"杜鲁门政府失去对政治目标的掌控"。随着战争的起伏,"美方的政治目标先后被宣示为:制止侵略、统一韩国、维持联合国部队的安全、保证沿着三十八度线的停火,以及不使战火蔓延"。② 而以上政治目标的内涵和外延都含糊不清。当朝鲜战争处于僵持状态时,许多美国人感觉迷茫,不知道朝鲜战争何时结束,也不明白美国在朝鲜半岛的目标是什么。罗斯福总统承诺:二战结束后"把子弟带回国",可是,却有33000多名美国青年死在朝鲜。中国介入朝鲜战争的政治目标也不明确,正如美国前国务卿基辛格所说,在初战告捷的情况下,中国重蹈了麦克阿瑟的错误覆辙。"如果他们此时提议双方沿北纬三十八度线和解,华府一定乐于接受;中共也可以赢得'在国共内战得胜之后一年,又击败美

---

① 《周恩来选集》(下卷),第51~54页。
② 基辛格:《大外交》,第458页。

军'的声誉。"① 但是，战争是政治的最终程序，当交战双方激烈地纠缠在一起时，政治领导人的判断往往受战场形势的左右。中国参与朝鲜战争的政治目标随战争的暂时胜利被修改为彻底打败美军、将美军赶出朝鲜半岛、统一全朝鲜。显然，以中国当时的实力是难以完成这样的政治目标的。结果，双方不得不进行谈判，恢复了朝鲜战争前南北政权的分治局面。

朝鲜战争的直接后果就是导致了中美之间的长期敌视和对抗。美国人完全改变了对中国人的看法。"中国人的虚弱和温顺、对美国乐善好施的感激和渴望基督教、民主制度和自由企业制度的形象一去不复返了。在美国人看来，数以亿计的中国人现在已经成为国际共产主义阴谋的工具，正在遵照斯大林的指令攻击美国人。"② 1951 年，美国对华政策发生了巨大变化，助理国务卿腊斯克把毛泽东的中国谴责为一个巨大的"斯拉夫人的满洲国"，"由于它是苏联的一个傀儡而非一个独立的中国人的国家，所以断不能予以承认。这种杜撰毒害中美关系长达数十年之久，甚至在中国和苏联自相残杀时仍未有些许改变"。③ 美国采取了孤立、包围中国的政策，即不承认中华人民共和国、反对中华人民共和国加入联合国、继续对新中国实行封锁和贸易禁运。美国著名中国问题专家鲍大可指出："朝鲜战争产生了互相疑惧，这种疑惧在 50 年代和 60 年代的大部分时间毒化了中美关系，开始了长达 20 年的公开敌对。从某种意义上说，这两个国家在这 20 年中没有任何关系。不存在正式的外交关系，没有贸易关系，没有合法的人员往来。……或许现时代从未有两个大国在和平时期如此长时间地相互隔绝——如果冷战可以被看作是和平的话。"④ 美国决策层把朝鲜战争解读为苏联代

---

① 基辛格：《大外交》，第 458~465 页。
② 孔华润主编《剑桥美国对外关系史》，第 298 页。
③ 孔华润主编《剑桥美国对外关系史》，第 298 页。
④ 赵学功：《巨大的转变：战后美国对东亚的政策》，天津人民出版社，2002，第 98 页。

理人的战争。朝鲜战争期间,美国国内出现了歇斯底里的反共产主义运动,即麦卡锡主义的泛滥。任何人只要与左翼组织有联系,任何人只要与社会上非主流观念有染,任何人只要是蒋介石的批评者或者被视为中共行为的辩护者,"他就可能被指控为共产党。而这种指控和调查足以毁掉一个人的前程。证据并非必不可少"。① 麦卡锡主义所造成的气氛使得中美紧张关系的缓解变得异常困难。

中国则在朝鲜战争之后把美国视为头号敌人,这一外交政策一直延续到1969年中苏发生边界冲突为止。

朝鲜战争充分展示了中美双方的政策底线和斗争意志,战争造成的损失使交战双方都意识到战争成本的巨大和昂贵,特别是美国,在与中国人的战争中居然接连失利,损兵折将,迫使其重新思考自己的力量界限。布雷德利在1951年5月15日的远东军事形势听证会上明确指出:"与红色中国打有限战争,将会使我们投入过多的力量,增加我们的风险。"即使把战争扩大到中国,也并不能保证朝鲜战争的结束,使中国屈服,相反有可能重蹈日本侵华的覆辙。助理国务卿腊斯克更是直截了当地说:"在中国打仗是无法想象的。虽然美国及其盟国可以动用几十万军队,但至多占领一些沿海城市,却不能把我们的意志强加给那个人口众多的国家。"② 既然不能取得朝鲜战争的胜利,那么停战就成为美国的唯一选择并促使美国人掂量与红色中国打仗的巨大风险。朝鲜战争和以后被称为美国历史上最漫长的越南战争对美国的伤害是很深的。美国著名东亚问题专家费正清指出:"1945年日本战败后,我们拒不承认中国共产党人在中国内战中的胜利。1950年6月,我们在联合国的旗子下,为保卫南朝鲜反对北朝鲜的侵略而进行了侵略。每次我们都认为自己是反对专横的自由保护者。然而朝鲜战争变成了中美战争,并且终于僵持不下。在1953年缔结了至今仍然有效的《朝鲜

---

① 孔华润主编《剑桥美国对外关系史》,第297页。
② 赵学功:《巨大的转变:战后美国对东亚的政策》,第68~69页。

停战协定》后,我们在1954年同台湾结盟,并支持法国在印度支那的行动。从1960年起,我们给予南越以越来越多的援助,并从1965年起调遣50万大军对北越进行了干预。"现在,任何美国有识之士想起朝鲜战争和越南战争就会感到羞愧,"我们就必须设法了解在那里进行干涉的主要原因是什么"。"首先,从历史背景来看,我们不愿让一个敌对的强国主宰东亚,不管它是40年代的军国主义日本,还是冷战时代所谓'铁板一块'的国际共产主义。这种情绪也是19世纪英国情绪的回音,当时它作为海上贸易强国,反对俄国巨人在欧洲大陆的扩张。""我们……认为新的中共独裁政权并不代表中国人民相当大的一部分人的利益,认为它只是靠武力和操纵手段才能维持下去。总之,我们认为它太坏,不能持久。根据欧洲在极权主义统治下的痛苦经验,这种冷战的意识形态立场似乎完全是合理的。""奇怪的是,事实证明毛泽东领导的人民共和国并不是扩张成性的。它把部队从朝鲜撤走,容忍国民党在金门设置的'前线',在1962年与印军作战只是为了维护边界的权利,而且并没有出兵干涉越南来反对我们。"费正清发出了这样的疑问:"也可能是我们并不真正理解我们同什么样的对象打交道?""如果要在今天和平共处并继续生存下去,我们就必须设法重新理解亚洲的现实和我们自己的侵略性。"①

综上所述,由于中美之间缺乏了解和沟通,双方在朝鲜半岛发生了直接的军事冲突,导致巨大的人员伤亡和物资损失,给双方留下了深刻的教训。正如美国著名专栏作家李普曼所说的那样,朝鲜战争教会我们:"大战什么也决定不了,什么恩惠也带不来,什么意义也没有。"② 尽管美国不是一个亚洲国家,但它在亚洲有着巨大的投资和贸易利益,它在亚洲的驻军以及对亚洲盟国安全的持久承诺,都使其成为一个亚洲国家。中国作为亚洲最大、发展最快的

---

① 廉德瑰:《美国与中日关系的演变》,第277~278页。
② 入江昭:《20世纪的战争与和平》,世界知识出版社,2005,第140页。

国家，使美国及其亚洲盟国感到了一种潜在的压力，中国与朝鲜签订了安全条约，而台湾问题会进一步加剧中美之间的紧张关系，增加双方发生严重冲突的可能性。为此中美必须加强了解和沟通，理解对方的文化、传统、核心利益与思维方式，只有这样才能减少矛盾和冲突，切实担负起维护亚太乃至世界和平的责任。

The Korean War and US-China's Mutual Understanding

Zhu Shuguang

Abstract Because of the misunderstanding of the Korean War by the United States, the Korean War became an international war at last and both sides have paid a lot of prices. The Korean War fully showed the will and bottom line of each other and had a far-reaching influence to the Sino-American relationship and even to the structure of Northeast Asia.

Key Words Korean War; China; United States

【审读：石源华】

进退失据：检视李明博的内外政策*

汪伟民

【内容提要】 自李明博政府执政以来，韩国国内外政策起初设定的目标几乎全面落空。由于牛肉风波及接踵而至的全球金融风暴，韩国经济大有陷入第二次金融危机之虞，不仅所谓的"747计划"很可能成为空中楼阁，而且李明博政府目前根本无力在国内达成应对危机所必需的政治共识。对外政策方面，韩美同盟修复与扩展的议程众多却无实质性举措，美国对朝政策的急剧变化更使韩国手足无措；韩中双边关系虽有提升之名却无突破之实，南北关系在朝方的步步紧逼之下更是走到了全面断绝的边缘。深陷内外危机，却处处应对失策，李明博政府的执政能力正经受严峻的考验。

【关键词】 李明博 对外政策 韩美同盟 韩中关系

【作者简介】 汪伟民，复旦大学国际问题研究院韩国研究中心副教授，国际政治学博士。

---

* 本项目研究得到韩国学中央研究院（AKS）的资助，项目批准号：AKS-2011-R-46。

自李明博 2008 年初执政以来，韩国对外政策几乎乏善可陈，而且风波连连。牛肉风波使刚刚预热的韩美关系迅速降温，美韩间一系列的经济和安全议程陷入停顿状态。李明博政府起初对朝采取的强硬政策最终遭到朝鲜方面超强硬的反击，南北关系已经走到全面中断的边缘。韩中关系、韩日关系、韩俄关系也没有因为李明博的出访出现重大起色，韩中战略伙伴关系不仅需要实质性内容的充实，而且两国民众负面认知的上升正在销蚀两国的友好基础，韩日之间的独岛主权争端也在拷问着李明博的对日新思考。

与此同时，韩国国内经济每况愈下。历时约 4 个月的牛肉风波尚未平息，源自美国的金融风暴却以更猛烈的形式直接冲击了韩国的实体经济，韩国大有成为"亚洲冰岛"之势。尽管韩国政府拼命谴责盛传的"韩国沉没论"，并斥之为国际阴谋，然而韩国经济已挣扎于危机的边缘却是不争的事实。目前来看，上台伊始，雄心勃勃的李明博并没有像一位成功的 CEO 那样给韩国衰退的经济找到良方，所谓的外交新思维也几乎颗粒无收。在国内外政策两方面都进退失据的形势下，应对无方的李明博政府，其执政能力正备受质疑。

一 陷入困顿的韩美同盟

李明博政府尚未正式执政时，其外交团队便迫不及待地宣称对美外交将占韩国外交的 50%，可见韩美关系决定着韩国整体对外政策的方向。2008 年 4 月李明博访美时，韩美关系升级和深化的前景似乎一片美好。当时酝酿的对美政策调整内容主要有四：一是修复和巩固韩美同盟，响应美方要求，重新恢复美韩日三边安全协调机制，将朝核问题上中韩密切合作的模式转变为"美主韩辅"的路线，以瓦解朝方"通美封南"的楔子战略；二是将韩美同盟的功能从朝鲜半岛向东北亚乃至全世界进行扩展，并逐步上升到美英同盟、美澳同盟的档次；三是与美重开军队战时指挥权问题的谈判,并对美国提出的加入导弹防御系统和反扩散倡议(PSI)的要求作出有效回应;四是尽快争取韩国国会和美国国会批准韩美自由贸易协议。

然而,李明博不与国民磋商,便批准美国牛肉不加限制地准入韩国市场的政策,迅速在韩国国内引起强烈反弹。一场意想不到的、历时数月的大规模的国内烛光游行使李明博提升韩美同盟的政策刚起步便遭到严重挫折。由于李明博过高估计了国内的亲美力量,过高估计了自己的执政基础,加上对示威游行的不当处理,使政府的威信扫地。不仅韩美自由贸易协议的批准遥遥无期,李明博也同时失去了推动韩美一系列安全议程的能力与国内政治基础。

2008年8月初布什的首尔之行非常短暂。面对民主党占据主导地位的美国国会,布什对于双边自由贸易协议根本无法给出积极的信号,韩美两国在联合声明中达成的唯一的共识是敦促朝鲜改善其人权状况。在提升同盟关系方面,只取得了两项微小的进展:一是9月份,美韩就互免签证问题达成了协议,从2009年1月起,韩国人短期进出美国可以免签;二是美韩达成了所谓WEST(Work, English Study and Travel)项目协议,允许5000名以学习和工作为目的入境的韩国学生在美停留18个月时间。也许让韩国人真正感到宽慰的是,共和党总统候选人麦凯恩积极支持美韩自由贸易协议,新当选的美国总统奥巴马现在也改了调。不过据说韩国已经着手与欧洲进行艰难的自由贸易协议谈判。[1]

然而,在有关韩美同盟的一些核心问题上,要么陷入政治困境,要么陷入停顿状态。首先是两国首脑对两国关系的定位,不再是什么动听的"面向全球的同盟关系",而是声调明显降低的"健康和互利的关系"(healthy and mutually beneficial relations)。[2] 韩国

---

[1] Victor Cha, "U. S. – Korea Relations: Déjà vu All Over Again?", *Comparative Connections*, October 2008.

[2] Choi Kang, "The Korea-U. S. Alliance and Its Future Tasks", *Korea Focus*, September 2008.

国内不少专家指出，李明博政府必须尽快设计出新的韩美联盟前景，而不再是空洞的辞藻；政府必须在2009年与新的美国政府发表一份有实质意义的公报，其中包括联盟战略，两国军队的角色、任务和能力，合作体制及为达成上述任务双方所具有的手段与工具。其次，在一直以来国内外高度关注的美军基地后续安排和军队指挥权重开谈判的问题上，本次首脑会谈也基本没有涉及，而且双方分歧明显。美方希望尽快完成基地调整计划，指责韩方因为政府回购基地、负担分摊和场地清理而拖延了这一计划的实施。而韩方却抱怨说，这主要是由于安全环境的变化、恶化的经济环境、紧缩的财政支出及国内反美主义的制约，韩政府非不为也，而是不能也。然而，如果这一问题久拖不决，韩美间势必将会产生新的不满与疑虑。有关军队指挥权交接问题，美方坚持要按原计划在2012年4月17日交接，然而韩方却认为交接的前提是韩国自身的国防能力要有显著提升。虽然韩国国防力量依照2020军力提升计划（2020 PLAN）有所加强，但由于不利的经济与财政状况，现在的执行情况却是大打折扣。事实上，由于预算问题，韩国国防部早先拟定的军力提升计划必须进行修改。此外，在韩国军队扩大的军事职能和两军的协同问题上，两国也存在不同认知。虽然双方都认为应设计出一种新的军队合作体制，以服务于韩美战略同盟关系，然而未来的韩国军队到底要在美国领导的全球和地区军事行动中扮演一种什么角色，双方莫衷一是。如果韩美两国都不能首先解决双方军队的指挥体系整合问题，又何来韩军走出国门、走出朝鲜半岛？本来美韩曾磋商建立一个"联盟军事协调中心"（Alliance Military Coordination Center），但后来由于韩国不同意，2007年12月美方也放弃了这一提议。

当然，对韩美同盟关系最能造成冲击的还是对朝政策与朝核问题。最近，由于美方急于在最后一刻试图在朝核问题上取得突破，韩美关系再次笼上阴影。为了换取朝鲜停止修复核设施，美方再次作出重大妥协。2008年10月11日，美国宣布将朝鲜从支恐名单中除名。不少韩国人觉得美国此举是背信弃义。① 他们认为,"最不能理解的是美国以没有任何实际内容的协议为根据,将北韩从支恐国名单中除名。因为金正日健康出现异常的传闻,朝鲜目前在政治上面临着极其敏感的状况。在这种时刻,布什政府却向金正日政权发出了某种鼓励式的积极信号,这让期待朝鲜变化和改革的人和势力莫名其妙。既然如此,当初不如不要说什么'邪恶轴心',一度好像站在'朝鲜民主化'冲锋队中吹响号角,但现在却在距离卸任没有多久的时候对金正日送去笑容,无论怎么看,这种行为都让我们生气"。② 尽管此次美国对朝政策的重大转折,目前还没有导致韩国国内的广泛抗议,但相信要不了多久,其后果就会出来,甚至不排除在韩国国内会出现大规模的示威。从深层次看,此举也必然影响到韩国国内对韩美同盟的重新思考,除非朝鲜此次真的完全弃核,或者韩国已准备与一个拥核的朝鲜共处。

二 濒临断绝的南北关系

李明博政府的对朝政策,总体表现为先强硬后妥协的趋向,可谓应对无方的典型。上台伊始,李明博表示要坚决摒弃前两位总统以和平、和解、接触为主旨的"阳光政策"和"和平繁荣政策",拒绝承认前两任总统与朝鲜达成的"6·15"和"10·4"共同宣言,要求对朝援助与去核化进程相挂钩,强调相互性,并提出了"无核、开放、3000"的对朝新方针。与此同时,韩方还一再在不同场合下对朝方的人权状况进行指责,在对朝人道主义援助方面也表示,"只有北方主动向韩方提出这类申请,否则韩方不采取主动性行动"。这种对朝政策实质上反映了李明博的过于自信及对南北

---

① 金大中:《布什似乎无视韩国人对朝鲜的担忧》,韩国《朝鲜日报》2008年10月20日。
② 金大中:《布什似乎无视韩国人对朝鲜的担忧》,韩国《朝鲜日报》2008年10月20日。

关系的简单理解。

事隔不久,由于朝鲜的强硬反击及国内牛肉风波的冲击,李明博很快改变了这种对朝的进攻性政策姿态。2008年7月11日,就在李明博刚刚得知金刚山韩国游客被枪杀的事件后,他在好不容易得以召开的新一届国会第一次会议上明确表示,"南北的全面对话必须恢复",并主动提出将继续向朝鲜提供人道主义援助。① 7月31日,李明博又借韩国统一部之口正式对外宣布,新政府将推行"共存共荣"(coexistence and co-prosperity)的对朝新政策。然而,这一新政策并没有引起外界多大的积极评价,朝方认为没有任何新内容,韩国和其他国家的媒体也认为这一新政策缺乏"实质性的内容"(a lack of hard detail)。在8月举行的北京奥运会上,南北没有像前两届奥运会那样共同组队。据说李明博在开幕式上与朝鲜的第二号领导人金永南握了手,但没有任何对话。②

对于枪杀事件,韩方除了暂时中止所有金刚山旅游项目外,并没有进一步的事件调查等举措。10月7日,韩国统一部长官金夏中表示,将尽快恢复金刚山旅游项目,可能时间为该项目的10周年纪念日,即11月8日。从目前来看,如期恢复的乐观预期已经完全落空。11月15日,朝鲜周刊《统一新报》表示,履行《6·15共同宣言》和《10·4宣言》是重新开展金刚山观光的先决条件,强调观光的中断责任在于韩国政府,并明确表示"重新开展观光是比较遥远的事情"。

近期,由于朝鲜领导人金正日的健康问题,尤其是韩国一些非政府组织和脱北人士大规模向北投放反朝传单,导致南北关系高度紧张。10月28日,朝鲜军方威胁说,如果首尔不阻止韩国民间组织向朝鲜散发反朝传单,朝鲜将使用一切可用的武器,把韩国夷为

---

① Aidan Foster, "North Korea-South Korea Relations: Still Stalemated", *Comparative Connections*, October 2008.

② Aidan Foster, "North Korea-South Korea Relations: Still Stalemated", *Comparative Connections*, October 2008.

瓦砾。① 朝方还要求韩国政府对《6·15共同宣言》等具有历史意义的南北宣言及所有南北协议采取"实质性的实践行动","如果言行不一,朝方将作出重大决断,全面中断南北关系"。② 11月24日,朝鲜方面宣布将驱逐在开城工业园区的部分韩国人,并中断跨国界货运服务。26日,韩方被迫撤出设在园区内的朝韩联合办事处的所有韩方人员。11月30日,朝方发布禁止南北陆路通行的"12·1"措施,规定"自12月1日起,将禁止携带动机不纯的宣传物、出版物、电子媒体、违禁品以及违反通行及通关秩序的人员和车辆出入"。与此同时,朝方还中断了过境的铁路列车,并向开城工业园区管理委员会通报要求,园区内的韩方常驻人员不得超过1000人。

  针对朝方的步步紧逼,韩方根本没有采取任何有效的应对。12月1日,韩国统一部发言人金浩庸只是很软弱地表示,"朝鲜今天采取的过境限制非常令人遗憾,因为此举可能影响到韩国公司在开城的生产活动,削弱市场的信心"。2天后,韩国国防部的反应略显强硬,一方面指责朝鲜违反了两国间现存的一切军事协议,另一方面表示韩国将加强监控行动,以应对海上袭击和劫持渔船的企图。目前来看,李明博政府对于朝方的超强硬政策尚处于观察和被动应对的阶段,虽然对北政策已从原先的强硬立场上一步步后退,但迄今仍没有对是否接受"6·15"和"10·4"共同宣言这一核心问题,作出正面和积极的回应,因此,不排除朝鲜方面还会对韩方采取进一步的高压措施。问题在于:朝方的这一系列举动到底是出于国内因素考虑,还是为了彻底压服李明博政府?而李明博政府在朝方的逼迫下,是向美国学习,很快向朝方送去大批的粮食、种子和能源以助其渡过严冬和春耕,还是暂行韬晦之计,使其原先的对北方针获得更广泛的国内政治共识?

---

① 路透社首尔2008年10月28日电,转引自《朝威胁发动比核武器更厉害的反击》,《参考消息》2008年10月29日第2版。
② 韩联社首尔2008年10月28日电。

三 难以乐观的中韩关系

李明博政府上台后,其以美为中心的外交格局及其保守主义的外交理念,使得中韩关系的整体范式已发生重大变化。早些年韩国在重大地区问题上注重与中国协调的政策让位于以美为中心的追随外交,对华外交只是其总体外交中并非核心的一环。韩国过去倾向于在地区安全问题上充当"东北亚平衡者"的角色,居间平衡美日和中朝,使东北亚地区的陆海力量基本处于稳定状态,同时也减轻了中国在该地区安全问题上的孤立感。如今,李明博的亲美取向及他在对朝政策上注重与美、日协调的政策,使中韩关系处于一个非常敏感的阶段。近年来,由于一系列问题的出现,韩国国内亲北、亲中、反美的趋向已发生重大转折。亲中或知中的代表人物则基本被清除出现政府的决策班子,亲美、亲日派把持了韩国对外关系的主导权。自2003~2004年高句丽问题出现后,韩国的精英知识分子便对中国的崛起抱有强烈的戒备心理,因此中韩双边关系的管理稍有不慎,便可能导致难以预料的后果。这也是近期中国领导人高度重视中韩关系的原因。

2008年5月27日,中韩两国首脑会晤,一致同意将两国关系从"全面合作伙伴关系"提升为"战略合作伙伴关系",中韩双边关系在相互交流的内容、磋商的范围及机制建设方面都有所突破,特别是量的扩展,但在对战略合作伙伴关系的理解上,中韩有明显位差。韩国第一大报《朝鲜日报》在其社论中明确表示,"就韩国而言,加强韩中关系的最高、最大目标就是营造一种国际环境,以便在南北韩实现统一的时刻,让中国尊重或不得不尊重我们民族自己的决定。让中国尊重韩民族对统一问题的自决权的途径就是进一步拓宽并深入发展韩中友好合作关系。让中国不得不支持韩半岛统一的途径就是建立一种国际关系,即适当保持与美国、日本等友邦国家之间的关系,让中国自己承认尊重韩民族的统一自决权会有助于中国的国家利益"。① 从韩方的战略思考来看，显然韩国对中韩战略合作伙伴关系有着明确和长远的国家利益思考，对中国因素的战略利用最终主要服务于韩国的统一事业，而且在面临中美只能择其一的情况下，中韩之间的共享战略空间将是有限的，并且以不直接损害韩美同盟关系为前提。

2008年8月25日，中国国家主席胡锦涛在奥运会刚刚闭幕之时，对韩国进行了回访。这一重要时间节点的选择，显示了中国对于韩国独立的战略作用的高度关注。这既是为了纪念两国关系正常化16周年，也是针对两国民间的一些负面认知的上升而采取的重新确认两国战略合作伙伴关系的举动。在本次奥运会上，两国民众间的敌对情绪进一步上升，由骂成仇的趋势越来越影响到两国友好关系的基础。反观几年前汹涌的"韩流"、"汉风"，人们有理由担心中韩两国的战略基础并没有想象的那么坚实，而国家领导人的政策取向又对双边关系的方向产生着极其重大的影响。

在本次中韩首脑会议上，两国元首共同签署了一份内容多达34点的共同声明，如此多的条目，无非试图对5月份刚刚建立的战略合作伙伴关系进行重新确认。该声明中主要有两点特别引人关注：一是两国关系将不仅包括经济关系，还将扩展到政治、外交、防务和环境领域；二是两国商定将在年内尽快建立军事热线，实现两国军事设施的互访和军事训练的相互观摩。② 过去，两国军事防务关系由于中国对朝鲜因素的考虑，一直没有任何进展，因此，此次防务合作，表明了中国政府的主动行动和对中韩关系的高度重视，而非李明博之功也。

---

① 《中国必须尊重韩国的决定》，《朝鲜日报》社论，参见强国网，http://www.chnqiang.com/article/2008/0529/article_16955.shtml，2008年5月29日。

② Editorial, "Pledge for Closer Seoul-Beijing Cooperation on World Stage", *The Hankook Ilbo*, August 26, 2008.

另外，中韩关系中除了民众的情感对立、历史问题外，现在又多了一个敏感的苏岩礁主权争议问题，这一新的问题将使两国关系的提升更加困难。

四 正在沉没的韩国？

2008年10月9日，美国《华尔街日报》率先在其网络版上刊登了题为《韩国是亚洲的冰岛？》的报道，认为在经常项目收支逆差和金融体系薄弱方面，"韩国面临的危险居亚洲第一位"。美国道琼斯通讯社8日进一步报道说："惠誉国际信用评级公司表示，韩国银行出现无力兑付的迹象。"《国际先驱论坛报》也在同日报道中称："韩国银行借美元再提供韩元贷款，因此面临危机。"更令人震惊的是10月14日英国《金融时报》的报道，在其题为《沉没的感觉》（Sinking Feeling）的特别报道中，认为韩国正处于经济危机的边缘，因为"韩国消费者和企业背负着过度的债务，因此和美国的情况类似。韩国的问题和美国一样令人胆战心惊（scarily）"。该报还称："韩国银行和美国、英国银行一样因全球资金短缺而面临着无可奈何的处境，明年6月末到期的短期外债达1750亿美元，因此，决策者们深更半夜都在流冷汗"，"国民不相信政府的政策管理能力，从而使情况变得更加艰难"。

一时间，"韩国经济沉没论"在韩国国内和世界甚嚣尘上，引起极大恐慌。愤怒的韩国政府迅速进行了反驳，国际金融局长崔钟球说："（《金融时报》）没有新的新闻内容，把以前写过的内容再搜刮出来写"；"如果韩国被写成这样，那么比我们国家更需要调查的国家就比比皆是了"。针对1750亿美元的外债，他表示，"有600亿～700亿美元是不用偿还的，即到了偿还期就自动消失的期货债。银行方面也没到需要担忧的地步"。然而，一波未平，一波又起。23日，欧洲瑞士瑞信银行（Credit Suisse）的一份报告分析，韩国和哈萨克斯坦、罗马尼亚等国面临着严重危险。这份报告令汝矣岛证券街翻江倒海。也就是说，韩国被等同于因金融危机而要求俄罗斯提出紧急援助的哈萨克斯坦以及银行间贷款利率在一天之内飙升50%的罗马尼亚等国。24日，美国《纽约时报》又用两个版面报道了题为《就韩国而言，危险无国境》的文章。

虽然全球性金融危机确实对韩国经济造成了巨大冲击，但部分海外方面的看法已经超越了理性的分析，过度消极。来自海外的这种消极看法促使外国投资者撤离韩国股市的现象进一步加剧，而且致使韩国国内投资者感到恐慌，引发了恶性连锁反应。不少专家认为，当前韩国经济的真正问题是对政府不信任加上实体经济低迷，导致韩国所受世界金融危机的打击正慢慢扩大。渣打银行亚洲研究所所长 Nikelers Kuan 说："韩国经济之所以受到如此剧烈的影响，不是经济基础有问题，也不是企业、银行内部有问题，而是因为信任问题。虽说其中有很多原因，但首先是沟通不够，其次是政策不够具体。"①

事实上，目前韩国的经济情况不同于过去，国际货币基金组织、国际信贷评价机构以及国际金融专家均认为，韩国已具备克服金融危机的足够力量。首先，目前韩国拥有2400亿美元的外汇储备，具有足够的偿还外债的能力。国际货币基金组织认为，目前韩国的情况和10年前截然不同，并且韩国拥有足够的外汇，几乎没有可能出现危机情况。德国《金融时报》强调说，韩国最大的问题是银行的贷款，但在韩国各大银行的贷款当中，仅12%是从外国引进的，韩国足以承担银行的外债。韩国能够克服危机情况的另一个依据是企业和金融机构的健全度。10年前，也就是1997年韩国发生金融危机时期，韩国企业的欠债比率达425%，稍微调高利率，企业就难以维持下去，如今韩国上市企业的欠债率仅

---

① 《针对韩国经济现状各国专家意见纷纷》，韩国《中央日报》2008年10月28日社论。

90%，大幅度得到改善。此外，各大银行不良贷款的比率不超过1%，并没有太大的负担。尤其是韩国家庭的金融资产是以存款和现金等流动性资产为主，偿还债务较为容易。国际货币基金组织亚太地区副局长杰罗德·舒富认为，韩国对企业进行了结构调整，并改善了对金融机构的监督机制，与10年前相比，韩国经济基础相当稳固，因此不足为虑。应当看出，韩国经济仍然坚挺，只要民众恢复对经济的信心和对政府政策的信任，不难渡过目前的危机情况。

因此，韩国此次能否克服当前危机主要取决于执政者的能力和政治选择。围绕市场和国家间均衡关系的争论在韩国，尤其是对于应对危机的李明博政府成了尖锐的政治性课题。李明博总统一直标榜自己的自由主义经济学的理念，并指责卢武铉政府的统治哲学和政策根本上是反市场的。对于李明博来说，能否在维持市场经济的基本原则下，取得市场与管制之间的平衡，既能说服国民接受政府的介入，又不被反对党所指责，实在是一个不小的挑战。正如韩国的一篇社论所指出的那样，"只有在总统为了消除市场万能主义的误解或者阴谋而进行跨党对话和拓宽灵活的政治立场时，才能为成功应对经济危机和政治危机奠定政治基础"。[①]

从李明博政府目前的危机应对来看，似乎并不成功。首先，从对国外媒体报道的应对方式来看，韩国政府虽然对外国媒体的过分报道感到十分不满，但却总是懒于对外正确告知韩国经济的实际情况。韩国经济对外依存度很大，但政府一直没有针对性地举行新闻发布会，也很少向国民介绍国内外的经济背景。由于政府没有告知正确的信息，所以才会出现夸大性的报道，这种报道再被其他媒体引用，从而使放大现象反复出现。英国《金融时报》的那篇报道第二天就被香港报纸转载，从而使韩国经济出现危机的传闻再次向世界传播。其次，韩国国内，尤其是执政党和在野党之间并没有形

---

① 《金融危机即政治危机》，韩国《中央日报》2008年10月27日。

成举国迎接挑战所必需的政治和解与团结精神。9月,在野党在政党领袖会议中曾承诺"应对经济危机需要跨党派的合作"。10月21日,执政党和在野党的政策委员会议长再次达成协议,希望早日处理政府为银行外汇借贷提供担保的同意案。但是在野党内部产生了矛盾,统合民主党内的强硬派对党内的合作派提出强烈批判,并由此在党内引发混乱。在野党与李明博的积怨主要来自于他对前任政府经济政策的彻底否定,而且在野党认为,李明博本人"从来没有诚实地对其前期政策的失误表示过道歉"。即使在执政的大国家党内,朴槿惠一派与李明博政府合作的热情也不高,大多采取观望和被动合作的态度。

五 结论

目前,韩国举国上下都处于应对危机的关键时刻,这种严峻的形势显然也不适用于通常的政治形态。韩国许多的对外政治、外交和安全议程都已陷入停顿,也许李明博政府眼下真正关注的只有两件事:一是如何避免国内经济进一步恶化;二是如何避免南北紧张关系升级并为可能的朝鲜局势突变作好预先准备。

据悉,自2008年9月以来,美国相关的政府部门会同一些智囊机构和朝鲜半岛专家一直在研讨朝鲜领导人金正日的身体状况及朝鲜国内体制急变的可能性,并制定应对的方案。美方不少专家指出,应在美韩紧密磋商的基础上,取得中方的合作,以应对可能的朝鲜局势剧变。韩国的媒体报道称,美国国防部负责韩美同盟和对朝政策相关工作的迈克尔·芬尼根(Finnegan)于10月16日指出,"即使金正日恢复健康,也总有一天要让出权力。韩美同盟应该与中国合作,以免两国的应对策略出现问题"。[1] 然而,从目前

---

[1] 李河远:《美专家主张应与中国合作应对"后金正日时代"》,韩国《朝鲜日报》2008年9月20日。

李明博政府的对外活动来看，韩方好像既没有与美方进行过有关"5029作战计划"的商谈，也没有派出任何重要人士与中方进行过有关朝鲜体制可能突变的磋商。即使是在韩国国内经济形势恶化的当口，李明博尽管说要和日、中一起尽快启动 800 亿美元的亚洲货币基金，但在这次北京举行的亚欧峰会上，人们也没有看到两国领导人就韩国的经济问题进行过单独磋商，倒是李明博专门会见了欧盟委员会主席巴罗佐和日本首相麻生太郎。个中原委，着实引人琢磨。

Standing at a Nonplus: Comments on Domestic and Foreign Policies of Lee Myung-bak Administration

Wang Weimin

Abstract Since Lee Myung-bak taking office, almost none of the initial set targets for South Korean domestic and foreign policies have been met. Due to the beef turmoil and the following global financial crisis, South Korea is predicted to be facing second round financial crisis, thus not only the so-called "747 Conception" most probably turns to be an illusion but it is also difficult for the administration to establish the political solidarity most needed to tackle the crises. In the field of foreign policy, there are many discussions on the fixing and expanding of South Korea-U. S. relations whereas no practical measures are taken and the US radical policy change towards DPRK made South Korea lose its head; South Korea-China bilateral relationship has not achieved any breakthrough despite of expectations for promotion of the relations; the South-North relations are on the verge of complete isolation under the increasing pressure from the North. Deeply involved in domestic and foreign crises while presenting none solution to the situation, Lee Myung-bak administration's capability is undergoing grave examination.

Key Words　Lee Myung-bak; Foreign Policy; Korea-US Alliance; Korea-China Relations

【审读：蔡建】

李明博政府安保外交的演变

郑义炜

【内容提要】 韩国的安全保障外交由于其国家所处的特殊形势,一直在韩国外交政策中占据极为重要的位置。李明博政府时期,朝韩对抗升级,对韩国的安保外交提出了重大挑战,政府在朝鲜的攻势战略面前,加强了韩美军事同盟与韩美日三方协调,然而其安保外交目标的实现势必不能脱离与朝鲜接触、地区利益攸关方的协调以及联合国安理会三条路径。随着李明博政府所受到的安全压力的减小,安保外交将迎来一次转向与调整。

【关键词】 李明博政府　安全保障外交　朝鲜半岛　绩效分析

【作者简介】 郑义炜,复旦大学国际关系与公共事务学院外交学专业博士生。

国家贯彻外交政策的目标,是为了维护和扩展本国的国家利益,而国家利益涉及的范围非常广泛,但最核心、最基本的是国家的安全利益。尽管韩国经济取得了举世瞩目的成就,不输于西欧的发达国家,但冷战体系、意识形态的对立、南北分裂的现实、周边大国的崛起等因素对韩国外交政策的最大考验一直在安全领域。自从 1948 年建国以来，安全保障问题一直是韩国外交政策优先考虑的目标。而到了李明博政府时期，由于朝韩对抗的升级，其安保外交面临的严峻形势促使其强化对朝强硬以及与美国抱团的政策。而安保外交目标实现的三条路径——与朝接触，地区利益攸关协调，联合国安理会——在李明博时期变化幅度较大。

一 李明博上台后韩国安保外交面临的形势及其政策演变

李明博在 2008 年 2 月正式出任韩国总统之前就批评金大中与卢武铉的"阳光政策"，指出对朝鲜单方面友好的"阳光政策"不仅没能引导朝鲜经济开放与政治民主化，反而是朝鲜发展出了核武器，严重威胁了韩国的国家安全。上任后，李明博加强了韩美同盟关系，与美国在韩国周边海域进行了大规模的军事演习，驻韩美军的 1.2 万人与太平洋美军基地的 6000 多人参加，并有"尼米兹"号核动力航母战斗群参加此次演习。相比起前任卢武铉所言"即使朝鲜发展了核武器也要继续援助朝鲜"，李明博对朝鲜的援助要求更加苛刻，以朝鲜的实际行动衡量对朝鲜援助的标准恶化了南北关系。朝鲜相继在金刚山旅游、南北铁路项目、开城工业园等方面对韩国摆出强硬态度，而 2009 年 5 月 25 日，朝鲜再次进行地下核试验后，韩朝关系降到了冰点。李明博于 25 日中午紧急召集相关各部长官召开国家安全保障会议讨论应对措施，当日的青瓦台发言人发表声明称，朝鲜核试验"严重威胁地区安全"，"是对朝鲜半岛和东北亚地区和平稳定的严重威胁，也是对国际核不扩散体系的严重挑战"，同时呼吁"联合国安理会采取相应措施"。①

---

① 新华社首尔 2009 年 5 月 25 日电。

李明博政府安保外交的演变

由于之前朝鲜已经声明永远退出六方会谈，实际上，东北亚安全核心问题的一个多方协调平台已不复存在，李明博政府的安全保障外交实质上暂时不能与朝鲜理性对话，而唯有通过两条途径完成安保外交的目标：一是地区内利益攸关方，主要是美、中、日、俄对韩国面临的安全问题的理解与支持，并期望有关大国发挥实际影响力；二是联合国安全理事会，以此得到对朝鲜进行相应的谴责与制裁的合法性，并争取国际社会的同情。① 而这两条途径的交叉点都在朝鲜。李明博的安全保障外交正是沿着这两条路迈进。朝鲜二次核试后李明博与麻生太郎互通电话，双方一致认为国际社会和联合国安理会应采取严厉措施，且同意与美国紧密合作共同应对朝鲜核试验问题。联合国安理会与韩朝两国代表围绕朝鲜举行二次核试进行讨论，6月12日，联合国安理会一致通过第1874决议，对朝鲜5月25日进行核试验表示"强烈反对和谴责"，并作出限制朝鲜进出口武器、防止外部资金流入朝鲜等制裁措施。

2010年3月26日，在西海白翎岛西南方1.8公里海域，韩国海军第二舰队司令部所属的1200吨级的反潜护卫舰"天安号"发生爆炸沉没。围绕天安舰沉没的原因一时众说纷纭，韩国军舰弹药仓爆炸，朝鲜鱼雷攻击，触发水雷沉没，甚至朝鲜社科院金明哲博士在香港报刊上发文指出是美军潜艇击沉了"天安号"。最初的混乱之后，韩国"天安号"军民联合调查团于5月20日公布了正式的调查结果，指出"天安号"是遭受朝鲜小型潜艇发射的鱼雷攻击而导致沉没的，并向国内外公布了有关证据。② 在"天安号"沉没海域搜集到的螺旋桨等鱼雷的零部件与朝鲜产 CHT-02D 鱼雷设

---

① 李明博政府由于与朝鲜关系的僵化，其安全保障政策的基调是借由地区利益攸关方特别是中国与俄罗斯的支持以及联合国安理会的决议来作为其支撑点。李明博初期的安保外交主要借外力来制衡朝鲜进一步发展核武器，并获得了相当的支持。值得注意的是，当朝鲜并没有在核武器上做文章时，朝鲜与韩国的军事摩擦爆发后，中、俄与国际社会并没有明显地谴责任何一方。
② 《美英澳瑞专家加入天安舰事故调查组》，《朝鲜日报》2010年4月13日。

计完全一致，在鱼雷碎片上发现的朝鲜文"1号"字体也与朝鲜其他鱼雷使用的字体相同，朝鲜在西部海域海军基地的部分小型潜艇在事发两三天前离开基地，并在"天安号"遭受攻击两三天后才返回。综合这些"决定性"证据表明，韩国认为"天安号"受到了朝鲜小型潜艇的鱼雷攻击而沉没。

在韩国明确了"天安号"是由朝鲜击沉后，与之相应的安保外交随即展开，韩国沿袭地区内利益攸关方、联合国安理会这两大突破方向，要求有关各方就此事件表态承认韩国的调查结果并谴责朝鲜对韩国的无端攻击，然而韩国的外交行动却没有取得预期的成效。一方面，韩国的军民联合调查团由韩国、美国、英国、澳大利亚等国组成，虽然是多国联合取证调查，但没有俄罗斯与中国等利益攸关方参与。即便后来韩国邀请俄罗斯专家团对所有的证物进行分析研究，但那已经是天安号事件两个多月之后。实际上，韩国的调查团组成与证物的展示并没能取信于国际社会，甚至在韩国国内也有一部分人不相信"天安号"是朝鲜击沉的调查结果。① 另一方面，基于对韩国调查结果持有诸多模糊疑点，地区内大国中国与俄罗斯的表态仅仅是谴责任何破坏朝鲜半岛和平的行为，而没有明确指出朝鲜是事件的肇事方。事件的直接相关方朝鲜在韩国的调查结果面世后针锋相对地逐一批驳，并要求派遣检查团前往韩国核实物证。6月4日，韩国将此事件提交联合国安理会讨论，而7月9日安理会发表的主席声明只是对韩国政府、人民、该事件遇难者及其家人表示深切同情和慰问，并且希望半岛维持和平稳定，鼓励半岛北南双方恢复直接对话和协商。②

天安号事件后，地区内大国并不认同朝鲜是此次安全问题的肇事方，而是仅针对天安号沉没的事件反对任何破坏东北亚和平的行

---

① 《韩民间团体质疑朝鲜攻击致天安号沉没结论》，新华社首尔 2010 年 6 月 19 日电。
② 《安理会通过关于天安号事件主席声明》，人民网，http：//paper.people.com.cn/rmrb/html/2010 - 07/10/nw.D110000renmrb_ 20100710_ 4 - 02.htm。

为。国际社会也没有给予韩国预期的支持,甚至韩日国内还有人指责李明博政府单方面对朝鲜的强硬政策。而韩国在认定朝鲜发动攻击威胁其国家安全的前提下,其国家安全保障外交开始强化韩美军事同盟,主动延后了战时指挥权的交接,并与美日保持密切的联系,协调地区安全问题的立场与措施,由此韩美开始陆续制定针对朝鲜军事挑衅、进行军事示威的大规模军事演习。天安号事件对韩国安保外交的影响还在于,对中国、俄罗斯的客观立场表示怀疑,在朝鲜对韩国国家安全的威胁持续升级的情况下,对与朝鲜保持友好关系的中国与俄罗斯产生了强烈的不信任感。

韩国的天安舰沉没调查结果没能得到国际社会的广泛采信。即便如此,韩国也不能仅公布一个调查结果而毫无作为,因此韩国与美国制定了一系列在朝鲜周边海域举行大规模军事演习的计划。其中就有包括在南北双方有争议的"北方界线"(NLL)海域内的演习。11月23日,韩军按照"护国"军演的计划开始在争议海域演习,演习进行至一半突然遭遇朝鲜方面炮击,韩国随即反击,朝鲜发射的200余发炮弹造成韩国一侧的延坪岛军民4死20伤,并有多幢建筑被毁。延坪岛炮击震动了整个国际社会。朝鲜直接向韩国的领土进行军事打击,并造成了平民的伤亡。①

虽然韩国军队立即进行了反击,但在一系列朝鲜主动性的诱动下,韩国的表现事事都显得被动。延坪岛炮击事件后,李明博政府压力极大,国防部长金泰荣被指应对朝鲜挑衅不力而引咎辞职,而韩国决定于12月再次在延坪岛附近举行海上射击演习。延坪岛炮击事件后,东北亚各利益攸关方积极介入朝韩的螺旋冲突,中国与俄罗斯力促双方保持克制,防止局势的恶性升级,而美日支持韩国对朝鲜的军事挑衅实行强硬应对。中国方面认为,朝鲜半岛局势高

---

① 延坪岛炮击事件是朝鲜直接军事打击韩国领土并且还造成了平民的伤亡,不管哪一方先行挑衅,此事件标志着朝韩对抗进入了正面冲突的危机顶峰,韩国的安保外交由此也面临着极大的国际与国内压力。

度复杂敏感，呼吁六方团长举行紧急磋商。中国国务委员戴秉国 11 月 27 日访问韩国，先后与韩国外交通商部长金星焕、总统李明博就朝鲜半岛局势交换了意见。李明博在会谈中指出，"希望中国以公正负责任的态度处理朝鲜半岛问题"，而实际上，韩国是联合美国、日本举行了磋商会，并没有响应中国的六方团长紧急磋商的倡议。李明博政府因天安号事件对中国产生了一定程度的不信任，实际的安保外交重点转向支持己方的美国与日本。

李明博上任虽然只有三年时间，但这三年是朝鲜半岛安全局势最为动荡的三年，韩国与朝鲜在安全领域逐步升级的对抗，也极大地影响了整个东北亚的安全态势与有关各方分别对韩国与朝鲜的外交政策。对于韩国而言，随着安全形势的恶化，其安全保障外交在其外交政策中占有的位置越发重要。特别是从 2009 年朝鲜进行二次核试到延坪岛的炮击，韩国开始加大力度从国际层面争取支持，意图联合东北亚各利益攸关方共同应对朝鲜对韩国以至东北亚整体安全稳定的冲击，延坪岛炮击事件后其安保外交实际重点转向了与美日的联合。由于近年来韩国的国家安全接连受到威胁，对于韩国的国家利益而言，其安全保障利益的维护已与国家的经济发展、社会对政府的信任、国际形象与影响力更深地结合起来。2011 年 1 月 3 日，李明博发表了"新年特别演说"，明确把安保与经济发展作为国政运营的两大主轴。① 由此可见，安全保障问题将是李明博政府新一年中最主要任务之一。

二 李明博时期朝韩双方对抗升级的动因分析

韩国不同于其他国家，必须在"内"（朝鲜与韩国）与"外"（东北亚各利益攸关方）的互动沟通中制定、执行其外交政策，这就是朝鲜半岛的分裂状态对韩国外交所带来的最大影响，更是其安

---

① 《李明博新年演说：安全保障与经济发展》，《参考消息》2011 年 1 月 4 日。

保外交政策的出发点。自从日本战败撤出朝鲜半岛，美国和苏联以北纬38°线为界分割占领了朝鲜半岛。1948年朝鲜半岛正式产生了南北对立的两个政权，北方的朝鲜民主主义人民共和国与南方的大韩民国均声称是代表整个朝鲜半岛的唯一合法政权，南北分裂的格局就此形成。而朝韩对立的小格局，实际上又从属于以苏中朝组成的"北方三角"与美日韩组成的"南方三角"对峙的大格局。① 朝韩在冷战时期均将安全的保障视为首要任务，而朝韩国家安全的保障又是以背后的大国为主要依托，"北方三角"和"南方三角"的态势实际上维系了朝鲜半岛的平衡与稳定。

然而冷战结束，"北方三角"瓦解后，朝鲜半岛分裂的现实犹在，朝韩相互对立的态势犹在，其国家安全保障仍然遭受对方威胁的生存发展环境犹在。韩国今天最大的国家安全威胁仍然是朝鲜带来的，正是因为美日韩的"南方三角"占据的绝对优势，与朝鲜相对孤立的形势作用于朝鲜半岛南北分裂的现实，才造成朝鲜对朝鲜半岛安全环境不断冲击所带来的持续不断的动荡与危机。这当然有关整个东北亚的大局，然而韩国首当其冲，所受朝鲜的影响最大。当韩国不能很好地单独应对朝鲜的冲击时，为了保障自身安全，其安全保障外交势必拉拢东北亚各利益攸关方以共同应对朝鲜，甚至在冷战后，韩国还可以拉拢中国与俄罗斯这样的原"北方三角"的决定性大国一同对朝鲜施压，向有利于韩国的方面发展。

李明博2008年2月上台后，用实际行动全盘否定了金大中、卢武铉时期所奉行的"阳光政策"，宣称过去的十年是"失去的十年"、"十年的徘徊和挫折"，而李明博要以实用主义为中心推行对朝鲜的外交政策，抛出了"无核、开放、3000"② 的对朝政策构想。李明博这种有先决条件的对朝政策，事实证明完全是一厢情愿，这在朝

---

① 朱锋：《国际关系理论与东亚安全》，中国人民大学出版社，2007，第95~97页。
② 即是以朝鲜放弃核武器的研发并在国内实行开放的前提下，韩国将对朝鲜进行援助，帮助朝鲜在10年内人均国民收入提高到3000美元的程度。

鲜看来与"和平演变"无异,是以一种以上凌下的姿态对待朝韩关系,引起了朝鲜的强烈不满与警惕。而其后韩国参谋长联席会议主席金泰荣在国会听证会上声称,如果确认朝鲜具有用核武器攻击韩国的迹象,那么韩国军队将首先摧毁朝鲜的核基地,进行先发制人的军事打击。韩国军方最高层的这番言论更是严重刺激了朝鲜,被朝鲜认为是一种好战的宣言,是对朝鲜的战争叫嚣。

李明博对朝鲜进行的以诸多条件为前提展开的南北安全、经贸、社会交流的合作关系,遭到了朝鲜以更强硬的实际行动回应的结果。从双方的外交抨击到关闭金刚山旅游区,从驱逐韩方人员到西海的交战,最后直接发展成韩国在与朝鲜的争议海域进行军事演习,朝鲜对韩国本土与平民进行军事打击。相比李明博所批评的金大中与卢武铉的"阳光政策"时期,朝韩关系在近三年是的的确确迅速下跌到了冷战结束以来的最低点。金大中与卢武铉是把朝鲜当作兄弟国家对待,卢武铉在任时认为朝鲜发展核武器只是为了自卫,甚至说过"即使朝鲜发展核武器,我们也要继续援助她"。[①]那是出于对韩国国家安全与最后的民族和平统一的一种率先让利、宽容以逐渐消除朝韩之间不信任的安全困境的一种路径尝试。而李明博对于韩国国家安全保护的政策实践是另一种尝试,朝鲜半岛持续的紧张动荡,甚至走到大规模战争的边缘,朝鲜与韩国互为原因与担责方。虽然朝鲜是近年来一系列事态的主动方,但李明博三年来推行的安全保障外交是直接诱因,朝韩关系陷入了一个恶性循环。

美国自从朝鲜战争后就深深介入东北亚地区的安全博弈,双边同盟和前沿军事存在是美国在冷战期间形成的东北亚地区安全政策的支柱。冷战结束后,华盛顿并没有因为冷战的终结而放弃这些重要的安全资产,而是对其作出重要调整以适应新的安全形势,服务于美国在本地区的新的安全战略目标。从结构层面看,美国在本地区的利益是通过保持美国对地区事务的主导权来实现的,而美国的

---

① 《卢武铉称朝鲜发展核武器是用于防卫目的》,《东亚日报》2006年5月31日。

主导地位又是通过特定的地区安排而赖以保证的。① 美国长期保持在东北亚地区的双边安全同盟,并在冷战结束后对一些同盟关系进行了调整和强化。

李明博对朝鲜实行的强硬的安全保障外交与美国完全合并进了一个轨道。金大中与卢武铉时期的韩国外交是重点放在中、美、俄、日四国,并在中国与美国之间做等距离外交,扮演一个"地区均衡者"的角色。"阳光政策"保证对朝鲜多渠道、长时期地援助,从这样的外交方针我们可以清楚解读到金大中与卢武铉政府的外交目标是竭力与东北亚利益攸关方都保持良好的平衡关系,为其和平发展创造稳定的国际环境,淡化朝韩之间的对峙气氛,改善朝鲜对韩国的印象,从而保障自身的安全并向民族和平统一迈进。但韩国这一自主性的外交政策不可避免地与美国拉开了距离,与美国在东北亚地区的安排与外交政策产生了冲突。事实上,克林顿政府是消极回应,布什政府是事实上的反对,奥巴马政府更是把朝鲜问题冷淡在了一边。正是在李明博上任后主张加强韩美同盟的背景下,美国终于态度转变,积极支持李明博的对朝政策,一再重申《韩美相互防卫条约》对韩国的保卫义务。在韩国对朝鲜二次核试验后要求联合国安理会谴责、制裁朝鲜方面,在天安舰事件的调查中,美国对李明博政府都毫无保留地大力支持。延坪岛炮击事件后,美国更是支持李明博政府的如再遭受朝鲜军事挑衅可以空袭朝鲜军事设施的应对措施,并于2010年12月末在西太平洋集结了三艘航空母舰。

三 李明博政府安保外交的绩效分析与对半岛局势的影响

韩国与朝鲜的紧张关系是长期存在的,历史原因、意识形态对立、大国对朝鲜半岛的干预都使韩国与朝鲜的双边关系面临诸多变

---

① 吴心伯:《美国与东亚一体化》,《国际问题研究》2007年第5期,第47页。

数。李明博改变对朝鲜政策的国内层面因素，其主要执词就是金大中与卢武铉的"阳光政策"非但没有使朝鲜在阳光抚照下"脱掉外衣"，反而发展出了核武器。加上六方会谈取得的成果有限和朝鲜退出会谈，可以说，李明博的安保外交面临着必然要与前任发生不同变化的情况。

李明博的安保外交其焦点在于朝鲜，韩国的安全问题主要是与朝鲜的敌对造成的。而朝鲜则几乎从来不把韩国当作一个最主要的外交谈判对象，因为对于朝鲜而言，不光是安全利益方面，甚至国家的生死存亡与日后发展个中关系最大的还是美国。美国有能力在国际上对朝鲜形成一个技术与资金封锁的态势，与美国的敌对关系也使朝鲜在国际社会中的国家形象大为受损，在朝鲜眼中，朝美关系才是解决一切朝鲜半岛问题的最关键钥匙。李明博的安保外交似乎是想找一种收益与支出的模式，但它并没有取得预想的成效。因为在朝鲜眼中，韩国不管是在安全上还是在经济上对朝鲜都没有决定性的影响力。李明博安保外交的新尝试，受制于其自身能力的定位与对象国战略的落差，并没有引起韩国与朝鲜在安全领域以及其他领域的良性互动。

由于六方会谈这样一个多边谈判协商机制的消失，韩国安全问题的外交施展舞台缩小。地区内的利益攸关方中国与俄罗斯并没有在天安号事件中采信朝鲜是肇事方的观点。对于延坪岛炮击事件，中俄两国只是要求双方克制，联合国安理会也只发表了一个含糊其辞并表达愿朝鲜半岛和平稳定的声明。对于自认为是受害者的韩国，国际社会的反馈与其预期是有较大差距的。

鉴于上述情形，作为韩国安全核心支柱的韩美军事同盟的作用就显得特别重大，尤其是在与朝鲜高度敌对的时期，牢牢捉住美国是对朝鲜下一步可能的军事挑衅最有力的遏制手段。实际上，对于天安号事件与延坪岛炮击事件，美国对韩国的观点与后续行动都是持完全支持的态度。由之展开的一系列军事演习与将原本在2012年转交韩军的军事指挥权延迟到2015年的决定也见证了韩美军事同盟的加强,而这一趋势将持续一个较长的时期。此时的李明博政府已经将韩美军事同盟视为解决其安全问题的核心支撑。

李明博的安保外交在穿梭于美、中、俄、日等国的过程中,由于在两次危机后加强了韩美军事同盟与韩、美、日在安全领域上的三边一致,实际上一定程度上破坏了东北亚的平衡关系,从而影响了地区内国家间关系的再调整。

在李明博上任后朝韩对抗加剧的后期,特别是两次危机之后,中国一方面根据事件本身的是非曲直来实行相关外交政策的考量,一方面出于为了保持朝鲜半岛南北双方的相对平衡的考量来应对两次危机,其目标是保持朝鲜半岛的和平与稳定,为自身的发展创造一个良好的周边环境。但韩国与美国军事同盟的强化,其针对朝鲜的压力逐渐加大则不是中国所希望见到的。而且李明博的安保外交已不知不觉中融入美国在东亚的外交战略的一环,其主要表现是韩美的大规模军事演习。延坪岛炮击事件后,韩美军事演习的规格提升而且在朝鲜与中国的周边海域黄海近距离进行,这就必然刺激中国在安全利益的关切,中国外交部发言人数度明确表示反对韩美在中国周边海域进行军事演习,认为这加剧了地区安全的不稳定局势,危害到了第三方的安全利益。[①] 中国希望朝鲜半岛双方问题的解决是一种协商与共赢的和平模式,而不是某一方不关切与照顾另一方利益的单边行为。李明博在主要针对朝鲜的安保外交及其行动中间接损害了中国在该地区的利益,反而使中朝关系有了进一步协调与加深的趋势。

韩国与朝鲜在 2008 年后关系恶化,并在 2010 年两次危机后到达一个爆发战争的临界点。在延坪岛炮击事件之后,韩方对朝鲜的态度更加强硬,韩方在针对朝鲜的大规模韩美军演前声称,如若遭到朝鲜的军事挑衅必将反击,并运用空军摧毁朝鲜发动打击的军事

---

① 《外交部发言人洪磊答记者问》,中华人民共和国外交部,http://www.fmprc.gov.cn/chn/gxh/tyb/fyrbt/t772435.htm。

基地。而朝鲜方面声言，美帝及其韩国政权的军事挑衅必将遭到无情打击，并再次威胁"将首尔变成一片火海"。朝鲜半岛的安全局势一度到达高度紧张的正面冲撞临界点。然而就在各方威吓与猜测，呼吁冷静与表达关切的背后，事实上都有一个共同的利益所在，那就是朝鲜半岛如若爆发战争势必对朝、韩、中、美、俄、日六方的利益造成极大的损害。保持朝鲜半岛的和平稳定是各方的利益所在。诚然美国与日本有保持朝鲜半岛维持现状的利益所在。但是如若朝鲜半岛局势真的失控，各大国必将无法置身事外。且不说中、日、韩、美经济链条的息息相关，如若真的爆发战争，各大国还必将有一个站队的问题，应该说，支持韩国还是朝鲜，在战争状态下各国的态度与做法是非常明确的。

李明博的安保外交虽然是一国的外交政策，然而受朝鲜半岛特殊情况的制约，它并不能完全按照韩国的预想图那样取得进展。以其事态的最新进展来看，在李明博的强硬态度与美国的军事同盟的作用下，朝鲜没有再进一步地军事挑衅，对于韩美的军事演习也停留在外交抗议这一层面。从中应该可以分析得出，李明博的安保外交现处于一个无法前进与取得更大成效的阶段。韩朝关系已恶化到一个顶点，是冷战结束以来最坏的时期。在李明博政府时期，韩朝关系螺旋上升到军事实际对抗与相互直接威胁的临界点，然而在最危险的时刻，双方还是避免了正面的大规模军事冲突。此后朝鲜半岛的安全局面就将呈螺旋下降的趋势，双方都将调整自身的战略，归根结底，朝鲜半岛局面是要缓和下来的。朝鲜方面在韩美军演后不久即要求朝韩对话协商解决有关问题。李明博政府虽然态度仍然强硬，但我们完全可以看出这是在两次危机后李明博政府安保外交强硬的惯性。这一势头必将随着朝鲜的平静与各方的安抚而放松下来，上紧的发条也总有松开的时候。李明博要保证韩国的安全，其安保外交发挥功效的三条路径，朝鲜—地区利益攸关方—联合国安理会缺一不可。而局势的螺旋下降有利于各方都致力朝鲜半岛的和平稳定，也有助于韩国安保外交得以更好地施展。朝鲜半岛安全态势恶化的螺旋下降不是以往韩朝关系的简单重复,危机过后的平静也有很多与以往不一样的新情况,势必会对各方的朝鲜半岛安全政策产生深远的影响。

四 结语

韩国外交具有不同于其他亚太国家的情况。朝鲜半岛南北分裂的现实、意识形态的对立、朝鲜核武器发展与越发主动的军事挑衅行为等因素都是对韩国外交政策的最大考验。[①] 2008年李明博上台后,朝韩关系急速恶化给韩国的安全带来极大的挑战,面对其最大的现实威胁——朝鲜的各种策略性行为,李明博政府的安保外交施展的方向在实际操作中发生了偏移。其应对朝鲜的安全挑战寻求的解决路径偏向保持强硬的对朝政策,加强韩美军事同盟与韩美日三方协同。然而,在东北亚错综复杂而又变化莫测的安全形势中,李明博的安保外交势必要向对朝接触—地区内利益攸关方协调—联合国安理会三条路径回归。在渡过了韩朝双方最艰难的对抗时期,韩国的安保外交向三条路径加大力度与速度的转轨才是韩国安全问题最有利的解决方式。

The Evolution of the Lee Myung-bak Government's Security and Foreign Policy

Zheng Yiwei

Abstract The security diplomacy has always occupied the center of ROK government's policy. To Lee Myung-bak administration, the most

---

① 沈定昌:《韩国外交与美国》,社会科学文献出版社,2008,第206页。

serious challenge is the deteriorated relations with DPRK. To protect the security of ROK, Lee Myung-bak government should have to negotiate with DPRK, cooperate with Northeast Asian countries and with the United Nations Security Council.

Key Words Lee Myung-bak Administration; Foreign Policy; Evolution

【审读:蔡建】

韩国发展大洋海军态势评估*

胡良孟　刘鸣

【内容提要】近年来，韩国在"自主国防"思想的指导下，加大了海军现代化建设，采取了一系列措施，不断朝"大洋海军"的发展目标迈进。2010年，天安舰沉没事件及延坪岛炮击事件发生后，韩国国内对"大洋海军"的质疑加大，李明博政府有意不再提"大洋海军"的远期发展目标，而加大以应对朝鲜挑衅为主的近海海上力量建设，同时加强韩美同盟，与美国举行了一系列的海上军事演习，加剧了东北亚地区的紧张局势，韩国海军发展态势再次引起世人的关注。从韩国海军发展的长远目标来看，韩国不会放弃"大洋海军"建设的长远目标。

【关键词】韩国　大洋海军　评估

【作者简介】胡良孟，复旦大学国际关系与公共事务学院硕士研究生；刘鸣，上海社会科学院亚太研究所常务副所长，朝鲜半岛研究中心主任、研究员、博士生导师。

---

* 中国海洋发展中心重点项目"韩国海洋战略的实施及对我利益的影响"（AOCZD2010）。

海军指的是一个国家对海上军事和防御的全部军事组织，包括船只、人员和海军机构，通常由水面舰艇、潜艇、海军航空兵、海军陆战队等兵种及各专业部队组成。海军根据发展水平不同，一般分为沿岸海军（coastal navy）、地区海军（regional navy）和大洋海军（ocean-going navy）或称蓝水海军（blue water navy）三种，目前韩国正处于从地区海军向大洋海军积极迈进阶段。韩国的大洋海军建设概念是由时任总统金大中于 2001 年 3 月 19 日在韩国海军士官学校毕业仪式的致词中首次提出的，[①] 在卢武铉政府时期得到了较快发展。

一 韩国海军概况

韩国海军前身是 1945 年在首尔创建的海防兵团，该兵团于 1946 年更名为海岸警备队，随着 1948 年大韩民国的建立，韩国海军正式组建。在 20 世纪 50 年代和 60 年代，韩国的国力一直比较薄弱，海军力量的发展相对比较缓慢。与韩国陆军、空军相比，海军起步晚，且长期依赖美国驻韩国海军协助实施海上防卫，海上总体作战能力受到很大限制。直到 20 世纪 70 年代，随着经济的发展，同时为了摆脱对美军的过度依赖，韩国提出了"自主防卫"建军思想，加快了包括海军在内的建军步伐，海军力量逐步加强。在此过程中，逐步形成了海军作战、教育、训练、后勤等体系。目前，韩国海军兵力共 6.8 万名，[②] 约占总兵力的 10%。

如图 1 所示，韩国海军由作战司令部、陆战队司令部、军需司令部、教育司令部、海军士官学校等组成，现任参谋总长为金盛赞海军上将。海军作战司令部成立于 1986 年 2 月，现任司令官为黄基哲中将，海军的作战指挥权实质上属于作战司令部，指挥下属三

---

① 《战略机动舰队计划公布》，韩国《国民日报》2001 年 3 月 19 日。
② 韩国国防部：《2010 国防白皮书》，第 3 章。

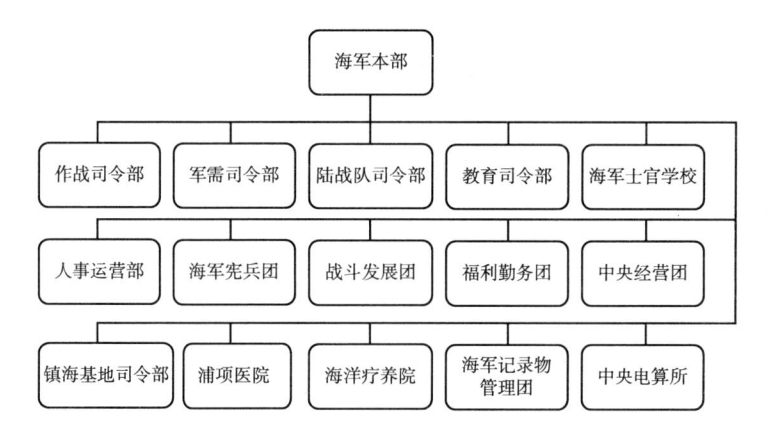

```
                        ┌─────────┐
                        │ 海军本部 │
                        └─────────┘
   ┌──────────┬──────────┼──────────┬──────────┐
┌────────┐┌────────┐┌──────────┐┌────────┐┌──────────┐
│作战司令部││军需司令部││陆战队司令部││教育司令部││海军士官学校│
└────────┘└────────┘└──────────┘└────────┘└──────────┘
   ┌──────────┬──────────┼──────────┬──────────┐
┌────────┐┌────────┐┌────────┐┌────────┐┌────────┐
│人事运营部││海军宪兵团││战斗发展团││福利勤务团││中央经营团│
└────────┘└────────┘└────────┘└────────┘└────────┘
   ┌──────────┬──────────┼──────────┬──────────┐
┌──────────┐┌────────┐┌────────┐┌────────────┐┌────────┐
│镇海基地司令部││浦项医院││海洋疗养院││海军记录物管理团││中央电算所│
└──────────┘└────────┘└────────┘└────────────┘└────────┘
```

图1　韩国海军组织结构

个舰队及直属部队。驻地原长期在镇海市，2007年12月，作战司驻地从镇海迁往釜山。①

1. 第1舰队司令部

位于东海市，1986年2月创立。现任舰队司令官为金光硕少将。主要任务是守护东海NLL及包括郁陵岛、独岛在内的排他性经济水域，其主要特长是反潜作战。下辖第11驱逐舰/护卫舰战队、第12巡逻舰战队、第13高速艇战队等部队。

2. 第2舰队司令部

位于平泽市，1946年成立。1999年11月，为实现纵深防御战略部署，驻地由仁川市迁往平泽市，现任司令官为严宪成少将。第2舰队主要任务是负责西海作战警备区的巡逻警戒和防御作战任务，守护西海NLL，是韩国海军任务最艰巨的舰队。1999年的延坪海战、2002年的西海交战、2010年的天安舰沉没事件和延坪岛炮击事件均发生在第2舰队辖区。下辖第21驱逐舰/护卫舰战队、第22巡逻舰战队、第23和第25高速艇战队、仁川防御司令部等部队。

---

① 《镇海海军作战司今年末迁往釜山》，《釜山日报》2010年7月19日。

3. 第 3 舰队司令部

位于木浦市，1946 年成立于釜山。2007 年 11 月迁往木浦市，现任司令官为文炳旭少将。第 3 舰队承担了包括济州岛在内的韩国海军 44% 的作战海域，不仅包括釜山、蔚山、光阳、木浦等韩国主要港口，而且还守护韩国南方核心海域的海上交通安全。与我国有领土争议的苏岩礁（韩称离於岛）即在韩国第 3 舰队负责海域。下辖第 31 驱逐舰/护卫舰战队、第 32 巡逻舰战队以及第 33、35、36 高速艇战队和济州防御司令部等。

4. 作战司令部直属战团及部队

作战司令部直属部队主要包括第 5 混编战团、第 6 航空战团、第 8 战备战团、第 9 潜艇战团、特殊战战团和海洋战术情报团等。

第 5 混编战团驻地镇海，直属海军作战司令部指挥，主要任务是协助第 3 舰队负责韩国南海海区的作战警戒任务，同时负责对 3 大舰队及沿海岛屿实施机动支援、补给运输，并对东、西海域进行战时机动作战支援。第 6 航空战团驻地浦项，直属海军作战司令部，是韩国海军唯一的航空兵部队，其主要任务是实施反潜作战、对舰攻击和海上反渗透作战。第 9 潜艇战团驻地镇海，主要用于潜艇战。

二 韩国扩大海上实力与发展大洋海军的动因分析

近年来韩国扩大海上实力与发展大洋海军主要基于以下动因。

（一）是"自主国防"的必由之路

冷战后，随着两极体制的解体，韩国面临的国际和周边环境发生了重大变化，特别是"9·11"事件发生后，美国调整了国家对外战略，把国家的对外战略重点调整到国际反恐上来，把驻韩美军的作用和地位从单纯协助韩国应对朝鲜的挑战转移到应对亚太地区的威胁上来。同时韩国随着综合国力提升、国际影响力不断提高，为应对不断变化的国际和周边安全环境，依托韩美同盟，不断调整军事战略，加强军队现代化建设，强化"自主国防"建设，明确提出了"全方位防御战略"。在应对朝鲜可能的军事挑衅的同时，强化应对周边和非传统安全威胁的能力，除朝鲜的传统威胁外，把中国和日本作为其最大的潜在安全威胁。

1988年，卢泰愚总统积极推进"北方外交"，提出了"韩国防卫的韩国化"，并通过818计划（"长期国防发展方向"计划）积极推进；金泳三执政时期，1994年12月，韩军收回平时作战指挥权；卢武铉总统持续了金大中政府的"阳光政策"，半岛南北关系相对缓和。卢在外交上提出了做"东北亚均衡者"，在此背景下提出了"自主国防"战略，并提出了"国防改革2020"等具体的"自主国防"实施战略。

韩国是三面临海的半岛国家，作为"自主国防"的重要一环，大力发展海上实力，发展大洋海军就显得尤为必要。

（二）是保护海上贸易交通线畅通和海洋专属经济区及争议领土、海域的需要

韩国三面环水，而北面又被军事分界线分隔，可以说韩国经济的发展、国家安全与海上交通线的安全密不可分。同时韩国资源匮乏，以贸易立国，对外依存度非常高，特别是石油等战略物资几乎全部依赖进口，其物流的96%以上都是通过海上运输。因此，海洋及其运输线是韩国的生命线，同时也是与周边国家最容易产生冲突的区域，保护好海上贸易交通线对确保韩国的国家安全非常重要。

韩国资源贫乏，石油等工业原料和粮食大多需要从国外进口。表1为韩国战略物资海上依存度现状。为了减少对外依存度，韩国大力开发海洋资源，除在其专属经济区作业外，韩国多次宣布将与中国、日本、朝鲜存在争议的海域（参见表2）作为其专属经济区并着手开采海底资源。如，1999年，韩国与日本签

订《日韩新渔业协定》，将中国黄海大陆架近 10 万平方公里的海域划为所谓日韩共管的"暂定水域"。2006 年 7 月，韩国宣布韩国石油开发公社与韩国地质资源研究院合作，在西海（中国黄海）大陆架勘探石油。同时为了扩大专属经济区，韩国通常控制一些有争议（或他国）的岛屿，如控制独岛（日本称竹岛），占领中国东海苏岩礁，将其命名为"离於岛"，并通过海军保卫实际控制的岛屿，韩国将其第一艘轻型航母、亚洲最大的两栖登陆舰命名为"独岛"号，即是向世界表明其誓死保卫领土的能力和决心。

表 1 韩国战略物资海上依存度现状（2007 年）

单位：%

品　种	海上依存度	品　种	海上依存度
原　油	100	铁矿石	100
铜矿石	100	烟　煤	100
铝	100	轻　油	45
电解铜	40	厚　板	38

资料来源：韩国知识经济部报道资料，http://www.mke.go.kr.，2009 年 1 月 9 日。

表 2 韩国与周边国家可能的海洋纷争

区分	纷争原因	纷争形式
韩—朝	• EEZ 设定,渔业及资源开发 • NLL 海上分界线争议	• 使用先进海军力量控制纷争地区
韩—日	• EEZ 设定,渔业及资源开发 • 独岛主权争议 • 海上交通线	• 试图控制朝鲜半岛东南海域,占领特定地域、岛屿 • 切断或威胁主要海上交通线
韩—中	• EEZ 设定,渔业及资源开发 • 苏岩礁主权争议 • 海上交通线	• 主张大陆架开发权 • 切断或威胁主要海上交通线
韩—俄	• EEZ 设定,渔业及资源开发 • 弃物投入海洋引起的环境问题 • 海上交通线	• 使用先进海军力量控制纷争地区

(三) 是应对朝鲜半岛局势变化和朝鲜海上威胁的需要

朝鲜半岛形势复杂多变，韩国与朝鲜在黄海海域的分界线存在争议，该海域及所属岛屿地区成为朝韩冲突的最前线，两国常因渔船捕鱼等事件引发海军相互炮击，而且还造成双方军事人员的伤亡，引起朝鲜半岛甚至东北亚的紧张局势。对韩国海军来说，与朝鲜存在争议的海域成为"最危险的海域"，如 2003 年的延坪海战、2010 年的天安舰沉没事件和延坪岛炮击事件都发生在该争议海域。韩国不断加强海军现代化，扩大海上力量，就是要确保海上对朝鲜的绝对优势，应对朝鲜来自海上的威胁和挑衅。

(四) 是抗衡日、中等周边国家不断加强海军建设的需要

日本为追求与其经济相适应的政治大国地位，不断加强海上自卫队的现代化建设，开始实施自主和攻势战略。而韩国历史上曾多次被日本侵略，日本发展海军力量必然会引起韩国的警惕。同时韩国政府认为，随着中国的崛起，中国不断发展海上力量，促进海军现代化建设。为了抗衡日、中等周边国家不断增强的海军力量，在中韩、日韩领土和海域纠纷中保持军事上的均势，韩国必然大力发展海军力量，如韩国计划中建造的 6 艘"宙斯盾"级驱逐舰，显然是针对目前拥有 6 艘"宙斯盾"驱逐舰的日本。[①]

(五) 是应对全球潜在非传统安全威胁的需要

随着全球化日益深化，特别是"9·11"事件以后，全球面临的海上恐怖主义、海盗、毒品走私及环境纷争等非传统安全威胁不断加剧，特别是 20 世纪后半期以后，在南中国海、东中国海及马六甲海峡一带，上述威胁时有发生，并有向东北亚海域扩散

---

① 程群：《韩国海军现代化刍议》，《军事历史研究》2008 年第 1 期，第 123 页。

的趋势,而上述海域正是韩国的海上交通线。据统计,2003 年共发生海盗事件 445 起,其中马六甲海峡发生 156 起,占总数的 35%。① 李明博总统表示,"顺应国家日益加强的国际地位,韩国海军应当进一步巩固和加强其在消除世界共同威胁的事务中扮演的角色"。②

三 韩国发展大洋海军的主要措施

卢武铉政府以来,韩国加快了"自主国防"建设,制订了"国防改革 2020"国防改革计划,并在此国防改革计划的指导下采取了一系列扩大海上实力、发展大洋海军的措施。

(一)调整军事指挥体系,提高部队的指挥和运行效率

2007 年 3 月,韩国将原位于韩国东海和西海的第 1、第 2 战斗战团解散,将原来由编队(少校级)→战队(上校级)→战团(准将级)→舰队司令部(少将级)构成的军事指挥体系中的战团级取消,原由战团长指挥的护卫舰战队、巡逻舰战队、高速艇战队等由舰队司令官直接指挥,提高了部队的指挥和运行效率。

(二)加强机动战团建设,提高海军机动作战和快速反应能力

为提高海军机动作战和快速反应能力,韩国海军加强了机动战团建设。2010 年 2 月,韩国海军成立了第 7 机动战团,③ 目前主要由宙斯盾级世宗大王舰(7600 吨级 KDX-Ⅲ)、文武大王舰、忠

---

① 〔韩〕宋成浩:《韩国的海洋力量》,首尔:朝鲜日报社,2004,第 158 页。
② 子山木、宋磊:《韩国扩展其海洋作战能力》,http://www.dsti.net/Information/News/51055。
③ 《海军最早机动战团第 7 机动战团创设》,韩国纽西斯通讯社,2010 年 2 月 1 日。

武公李舜臣舰、大祚荣舰、王建舰、姜邯赞舰等 6 艘驱逐舰构成，第 7 战团下属两个战队，71 战队驻地釜山，以"世宗大王"号驱逐舰为旗舰，72 战队驻地镇海，以"栗谷李珥"号驱逐舰为旗舰。2014 年前后韩国济州海军基地建成后，将以第 3 艘宙斯盾级"西厓柳成龙"号驱逐舰为旗舰成立第 73 战队。第 7 机动战团的成立，大大提高了韩国海军的机动性和快速反应能力，为韩国大洋海军建设打下了坚实的基础。

（三）加大经费投入，加强新型舰船及装备的研发与引进

2003 年以来，韩国不断加大海军经费投入（参见表 3），加快了新型舰艇的研发、引进和装配部队的速度。韩国海军第 3 艘 7600 吨 KDX-Ⅲ级宙斯盾驱逐舰"西厓柳成龙"号于 2011 年 3 月 24 日下水，① 该舰目前正在现代重工的船厂进行舾装，预计将于 2012 年 3 月服役。

表 3 韩国海军近年的预算情况（2000~2007 年）

年度	经常性运营费用（亿韩元）	战力投资费用（亿韩元）	总额（亿韩元）	增长幅度（%）
2000	12054	11275	23329	—
2001	13261	11360	24621	—
2002	14806	11997	26803	19.2
2003	16039	12744	28783	7.4
2004	16882	13093	29975	4.1
2005	17823	15851	33674	12.3
2006	22380	14623	37003	9.8
2007	23684	16575	40259	8.7

资料来源：根据韩国海军本部公开资料整理。

---

① 《第三艘宙斯盾驱逐舰"西厓柳成龙"号 24 日下水》，韩国《国防日报》2011 年 3 月 25 日。

（四）创立"西北岛屿防御司令部"，提高应对朝鲜挑战的能力

天安舰沉没事件及延坪岛炮击事件发生后，韩国为加强白翎岛、延坪岛等西海海域的防御力量，提高应对朝鲜挑衅和威胁的能力，于 2011 年 6 月 15 日成立了"西北岛屿防御司令部"。[①] 该防御司令部司令官由韩国海军陆战队司令兼任，平时作战部队由白翎部队和延坪部队构成，有突发状况时可调集指挥海空军、陆军的战力。该司令部的成立将大大提高韩国海军应对韩国西海来自朝鲜威胁的能力。

（五）积极推进济州岛海军基地建设，确保韩国南方海上交通线安全

济州岛南部海域海底资源非常丰富，中国大陆架延伸处有丰富的石油和天然气等地下资源，与中国有主权争议的苏岩礁也位于该海域。同时韩国石油运输等全部进出口货物量的 99.8% 是通过济州岛—苏岩礁—台湾东侧的济州南方水路运输的。而该海域是中、日、韩三国排他性经济水域（EEZ）和大陆架重叠的区域，也是韩国政府评估认为容易发生冲突的区域之一，同时济州岛也是韩国海军走向大洋最便利的海军基地。因此，从 1993 年起，韩国海军即开始推进济州岛海军基地建设，但因遭到济州市民团体的反对，一直进展不大。目前该海域主要由第 3 舰队司令部及济州海域防御司令部承担警戒和巡逻任务。

近年来，韩国大力炒作中国航空母舰下水等周边威胁，济州海军基地建设明显加速，预计将于 2014 年正式建成。

（六）立足实战，加强韩美海上军事演习和独立演习

韩国每年都会举行几次重要军事演习，主要有 3 月份举行的

[①] 《西北岛屿防御司令部创立》，韩国《朝鲜日报》2011 年 6 月 16 日。

"关键决心"韩美联合军事演习及 11 月份的"护国演习"等。2010 年,由于天安舰沉没事件发生,韩国海军单独或与美国举行了多次针对朝鲜的大规模军事演习,主要目的是对朝鲜进行军事威慑,同时提高韩国海军的实战能力。表 4 是 2010 年韩国海军主要军事演习情况。

表 4　2010 年韩国海军主要军事演习情况

演习名称	时间	地点(海域)	形式	参演兵力	备注
关键决心	3 月 8 ~ 18 日	—	韩美联合	3.8 万人	—
韩美联合军演	3 月 25 ~ 28 日	泰安半岛附近西部海域	韩美联合		因 26 日天安舰沉没事件中止
反潜训练	5 月 27 ~ 28 日	西部海域	韩国单独	—	—
不屈意志	7 月 25 ~ 28 日	日本海	韩美联合	美国"乔治·华盛顿"号航空母舰、韩国"文武大王"号驱逐舰等 20 多艘舰艇,美韩 200 多架飞机,共 8000 多人	—
反潜演习	8 月 5 ~ 9 日	韩西部海域	韩国陆海空	—	—
反潜联合演习	9 月 27 日至 10 月 1 日	韩西部海域	—		
防扩散演习	10 月 13 ~ 14 日	釜山附近海域	—	韩、美、日、澳联合	
护国军演	11 月 22 ~ 30 日	韩西部海域			23 日延坪岛炮击事件后中止
韩美联合军演	11 月 28 日至 12 月 1 日	韩西部海域	韩美联合	美国"乔治·华盛顿"号航空母舰、韩国"世宗大王"号宙斯盾驱逐舰等舰艇和反潜飞机参加	—

续表

演习名称	时间	地点（海域）	形式	参演兵力	备注
海上射击训练	12月6~12日	韩西部、东部、南部海域29个地点	韩国单独	—	—
射击训练	12月20日	延坪岛附近海域	韩国单独	—	—
机动演习	12月22~24日	韩东部海域	韩国单独	—	—

资料来源：根据韩国《国防日报》等相关媒体报道整理。

（七）重视潜艇战，拟创立韩国"潜艇司令部"

潜艇一直是韩国海军的弱项，也是韩国海军重点发展方向之一。根据韩国"国防改革2020"规划，韩国将于2015年创立"潜艇司令部"，加强海军潜艇部队的建设力度。此前韩国潜艇部队由韩国第9潜艇战团指挥，韩国的潜艇技术主要是从德国引进的，目前韩国的潜艇主要是由1艘KSS-Ⅲ型SSX潜艇，3艘"孙元一"级潜艇——"孙元一"号、"郑地"号和"安重根"号潜艇，9艘"张保皋"级常规动力攻击潜艇组成。

（八）立足"大洋海军"，加强人力培养

韩国海军军官主要由韩国海军士官学校培养，海军士官学校成立于1949年，隶属于海军本部，学生由普通高中直接录取后通过四年的学习后分配到海军部队服役，授予少尉军衔。为加强学员的实战能力，海军士官学校每年都会组织学生进行环球巡航训练。2001年10月，韩国海军军舰第一次访华即是对韩国海军学员环球巡航训练的一环。

为了加强海军的教育训练，促进教育发展，韩国海军于1987年7月成立了海军教育司令部，主要承担海军军官、士官、士兵的基础军事训练、军事技能培养、海军士兵的征募、考试管理及分配

等业务。下辖海军大学、海军基础军事教育团、海军战斗兵科学校、海军技术行政学校、海军情报通信学校、忠武公领导力研究中心、海军实习战队等。

四 积极参与维和及打击海盗行动，提高韩国海军的国际影响力和远洋作战能力

韩国于1991年加入联合国后积极参与联合国的维和行动，1993年应联合国之邀，韩国首次向索马里派遣了250人的工兵部队，1994年向西部撒哈拉派遣了医疗队，直至2006年为联合国维和人员和当地居民开展医院救助。1995年10月至1996年12月向安哥拉派出200名工兵部队。

2001年美国"9·11"事件发生后，韩国立即向阿富汗派出了海军和空军运输支援团（登陆舰1艘171人，C-130运输机2架76人），此后于2002年2月派出医疗部队"东医部队"（60~100人），2003年2月派出工兵部队"茶山部队"（150人），直至2007年12月完成相关任务。2004年7月向伊拉克派兵300人，至2008年12月共进行了4年3个月的和平重建任务，得到了韩国同盟国的好评。① 2010年2月向海地派出由250人组成的灾后重建部队。

目前，韩国军队向全世界14个国家的17个地区共派出了1400多人，为维护世界和平作出了积极贡献。

（一）成立海外派兵常设部队，提高派兵效率

韩国国防部为扩大联合国维和行动的参与力度、加快海外派兵的速度，创设了"海外派兵常设部队"，其规模为3000人左右。其中陆军特殊战司令部下属部队900~1000人，陆海空三军预备部

---

① 《走向韩国派兵部队》，韩国《亚洲经济》2011年5月1日。

队官兵1800~2000人，共计3000人左右。①

随着韩国海外派兵常设部队的创立，今后如有海外派兵任务，将再不用像以前临时组建派兵部队、训练后等待国会批准至少需要3个月以上，海外派兵的速度将大大加快。韩国政府计划到2012年进入各国参与联合国维和行动的前10位。

（二）组建韩国海军青海部队，参与打击索马里海盗行动

近年来，索马里海盗日益猖獗，严重影响了各国商船的安全，联合国安理会于2008年通过1816号决议，允许对索马里海域的海盗使用武力。2008年10月，联合国安理会通过决议，强调加强国际合作击退索马里海盗，并呼吁所有当事国派遣军舰和军机共同打击海盗。② 韩国政府为保护索马里海上的韩国船舶不受海盗的袭击，积极响应联合国号召，2009年3月2日，韩国国会通过"向索马里海域派遣国军部队的动议案"。2009年3月13日，韩国海军创建"青海部队"，并派向索马里亚丁湾海域，③ 积极参与各国打击索马里海盗行动，确保船舶的安全活动。同时积极参与联合海军司令部的海洋安保作战并取得了较好的成绩，提高了韩国海军的国际影响力和远洋作战能力。

截至目前，韩国海军共派遣八批军舰赴亚丁湾护航，其主要情况如表5所示。

2011年1月21日，韩国军方派出"青海部队"，成功将15日被索马里海盗劫持的韩国三湖海运化学品运输船的船员救出。韩国联合参谋本部表示，此次行动共击毙8名海盗，抓获5名，而韩军无一死伤，大大提高了韩国海军部队的士气和其在韩国国内外的威信。

---

① 《创立承担海外派出任务常设部队》，韩国《东亚日报》2009年6月26日。
② 《青海部队为什么被派往亚丁湾》，韩国《国防日报》2011年2月7日。
③ 《青海部队被派往索马里海域》，韩国《世界日报》2011年2月7日。

另据韩国《中央日报》2月25日报道,韩国国防部24日派遣"青海部队"前往利比亚,营救仍然滞留在利比亚境内的韩国侨民,取得了良好的国内外声誉。

表5 韩国海军向亚丁湾派遣护航编队的情况

批次	舰名	出港日期	任务开始	任务结束	归港	舰长
1	DDH-976 文武大王号	2009年3月13日	2009年4月16日	2009年8月19日	2009年9月14日	张成雨大校
2	DDH-977 大祚荣号	2009年7月16日	2009年8月22日	2009年12月21日	2010年1月18日	金成雨大校
3	DDH-975 忠武公李舜臣号	2009年11月20日	2009年12月23日		2010年5月20日	金明成大校
4	DDH-979 姜邯赞号	2010年4月2日		2010年9月	2010年10月5日	朴世吉大校
5	DDH-978 王建号	2010年8月9日	2010年9月13日	2010年12月29日	2011年1月20日	傅硕宗大校
6	DDH-981 崔莹号	2010年12月8日	2010年12月29日		2011年5月27日	赵勇柱大校
7	DDH-975 忠武公李舜臣号	2011年4月5日	2011年5月	2011年9月12日	2011年10月4日	韩东振大校
8	DDH-976 文武大王号	2011年8月12日	2011年9月13日			郑在万大校

资料来源:根据《国防日报》等相关媒体报道资料整理。

(三) 加强了与美、中、日等国的海军合作交流

韩国海军力量虽有较快发展,但仍相对较弱,主要海域由美国协防,因此与美国、日本等同盟国的海军合作交流非常密切,相关情况可从2010年韩美多次联合军事演习中看出。

中韩海军的交流始于中韩建交后,前期主要是韩国海军士官学校学生代表团访华等低级别的访问交流。1998年,韩国海军巡航训练舰队访问香港,2000年4月,韩国海军参谋总长李秀勇访华

开启了韩中海军高层交流,此后韩国海军参谋总长于 2004 年和 2009 年两次访华。2001 年 10 月,韩国军舰首访中国,2002 年 5 月,中国军舰对韩国进行了回访,实现了两国军舰的互访。此后,2009 年 4 月,韩国军舰访问青岛,参加了中国海军成立 60 周年海上阅兵式。通过舰艇与人员的互访,加深了两国、两军之间的相互了解,加强了双方的友谊和互信。

为加强两国海上合作,防止不必要的海上冲突,中韩建立了海军热线。2008 年 11 月 24 日,中韩海军开通了海上军事热线,海军热线设在韩国海军平泽第 2 舰队司令部指挥控制室和位于青岛的中国北海舰队司令部作战处之间。根据协议,这条热线在进行常规通话时,将以英语为主,以汉语和韩语为辅。遇到紧急情况时,通话可以汉语为主,韩方在通话时配中文翻译。中韩军事热线虽不像韩美、韩日军事热线涉及军事情报的共享,但对防止海上突发性危机的处理有积极的预防作用,同时也是两国军事互信的重要标志。

五 韩国海军主要海上力量及其发展

韩国现阶段韩国海军装备情况如下。

(1) 驱逐舰:现役驱逐舰共 11 艘,包括:2 艘 KDX - Ⅲ 级宙斯盾导弹驱逐舰"世宗大王"号(DDG - 991)、"栗谷李珥"号(DDG - 992)(2010 年 8 月装备部队,2011 年 6 月 1 日开始用于实战),① 韩国海军第 3 艘宙斯盾驱逐舰(KDX - Ⅲ)"西厓柳成龙"舰(7600 吨级)2011 年 3 月 24 日下水,拟于 2012 年服役;6 艘 KDX - Ⅱ 级增强型防空驱逐舰,名称分别为"忠武公李舜臣"号、"文武大王"号、"大祚荣"号、"王建"号、"姜邯赞"号、"崔莹"号;3 艘 KDX - Ⅰ 级驱逐舰,分别为"广开土大王"号、"乙

---

① 《第二艘宙斯盾舰"栗谷李珥"用于实战》,韩国《联合新闻》2011 年 6 月 3 日。

韩国发展大洋海军态势评估

支文德"号、"杨万春"号。

（2）潜艇：1艘KSS-Ⅲ型SSX潜艇，3艘孙元一级潜艇："孙元一"号、"郑地"号和"安重根"号潜艇，9艘"张保皋"级常规动力攻击潜艇等。

（3）其他水面舰艇：9艘"蔚山"级护卫舰，26艘轻型护卫舰（22艘"浦项"级和4艘"东海"级），80~81艘高速巡逻艇（PSMM-5和PKM系列），18艘扫雷舰艇（6艘"坎空"级沿岸猎雷艇，3艘"永南"级沿岸猎雷艇，5艘289型沿岸扫雷艇，3艘269型沿岸扫雷艇，1艘"元山"级布雷舰）。

（4）两栖作战力量：1艘独岛级"独岛"号两栖攻击舰，4艘"短吻鳄"级坦克登陆舰，4艘美制LST-501/511坦克登陆舰，2艘LSM-1级中型登陆舰。

根据韩国"国防改革2020"规划，2020年的韩国海军将由以下舰艇组成。[①]

（1）驱逐舰：6艘KDX-Ⅲ级导弹驱逐舰，6艘KDX-Ⅱ级（计划共建造9艘），3艘KDX-Ⅰ级。

（2）潜艇：3艘KSS-Ⅲ级，6艘KSS-Ⅱ级（214型），3艘KSS-Ⅰ级（209型）常规动力攻击潜艇。

（3）其他水面舰艇：17艘FFX级护卫舰，40艘PKX-A大型导弹巡逻艇，12艘扫雷舰艇以及1艘布雷舰艇，8艘主要的两栖作战舰艇（包括2艘"独岛"级两栖攻击舰）。

KDX-Ⅲ导弹驱逐舰是目前韩国最先进的舰艇，第一艘为"世宗大王"号（DDG-991），2007年5月25日正式下水，是韩国海军一个重要的里程碑。因为该级舰艇首次装备了宙斯盾系统，韩国称其服役"意味着韩国海军正式进入'大洋海军'时代"。[②]

---

① 〔美〕基斯·雅可布：《韩国海军：向区域性海军力量前进》，〔德〕《海军》第4期。
② 〔韩〕庚龙源：《国产宙斯盾驱逐舰世宗大王舰今日下水》，韩国《朝鲜日报》2007年5月25日。

KDX-Ⅲ级的全部6艘舰艇将以每艘8.25亿~8.5亿美元的价格建造。KDX-Ⅲ级驱逐舰的装备包括：洛克希德·马丁公司的宙斯盾作战管理系统（CMS）；128单元MK41垂直发射系统，用于发射SM-2 MK.ⅢA型舰空导弹（共80枚）、SSM-700K（共32枚）、K-ASROC（共16枚）（上述数据来自韩国消息，部分美国媒体报道，MK41其中96个发射单元是为SM-2准备的，而NEX1 Future公司生产的32个单元是为SSM-700K和K-ASROC准备的）；两个用于发射K745"青鲛"反潜鱼雷的324毫米反潜鱼雷发射管；127毫米口径的MK.45 Mod.4主炮独立的21单元Mk31滚动弹体导弹（RAM）发射装置；法国泰利斯海军系统公司的"守门员"近战武器系统（CIWS）；雷声公司的MK99照射雷达；雷声公司的SPG-62连续波照射雷达（MFCR）和MK160火炮射击控制系统（GFCS）；对空搜索雷达包括STX雷达公司的SPS-95K、诺斯罗普·格鲁门公司SPW-9B、荷兰电信公司的MW08；声纳包括德国STN阿特拉斯公司和STX雷达系统公司联合开发的DSQS-21BZ舰壳声纳、MTeW公司的拖曳式线列阵系统。另外，在船尾还有为一架"超级山猫"反潜直升机起降使用的飞行甲板。

KDX-Ⅲ级第3艘已经下水，预计2012年开始服役。根据计划，KDX-Ⅲ级第4~6艘以每两年1艘的速度进行建造。但天安舰沉没事件发生后，韩国国防部表示不再提"大洋海军"建设目标，KDX-Ⅲ级驱逐舰后三艘建设可能会推迟。

LPX"独岛"级两栖攻击舰。韩国海军两栖攻击舰的首艘"独岛"于2005年7月正式下水，于2007年年底正式服役，是目前亚洲最大的两栖攻击舰，又被称为轻型航母。第二艘两栖攻击舰已经开始建造，该舰命名为"马罗岛"号，于2006年上半年在韩进重工公司（HHIC）动工。LPX两栖攻击舰每艘平均造价4亿美元左右。

LPX两栖攻击舰和所有该级的两栖攻击舰技术指标如下：满载排水量18860吨；舰长200米、最大舰宽32米、高6.5米；动力装置采用斗山重工业公司（DHICO）和 MAN 公司联合开发的 16 组 PC2.5STC 柴油机（总功率 32000 马力），航程 10000 海里/12 节，最大航速 22 节，定员 448 人，另外可以装载 720 名作战人员。

LPX 两栖攻击舰的井型甲板区域可容纳 2 辆 LSF-2 型气垫登陆艇或者 6 辆 LCM-8 登陆车；直升机机库可存放 10 架中等大小的直升机，甲板上一次可停放 5 架。

LPX 两栖攻击舰的电子装备包括：三星公司和法国泰利斯海军系统公司联合开发的作战管理系统（CMS），该系统基于已经得到验证的 TACTICOS 作战管理系统；L-3MAPPS 公司和三星公司联合开发的 IBS；Inimo 公司的综合通信套件；法国泰利斯海军系统公司的"SMART-L"雷达，但是目前该系统还未安装在"独岛"号上，桅杆上仅使用一个塑料结构代替；NEX1 Future 公司的 SLQ-200（V）"奏鸣曲"；EADS 公司和 Lacroix 公司联合开发的"达盖"MK2 干扰弹发射装置；STX 雷达系统公司的 SLQ-260K 鱼雷对抗系统。

六 浅析天安舰、延坪岛事件对韩国大洋海军建设的影响

随着半岛南北关系缓和，从 2004 年起，韩国《国防白皮书》不再使用朝鲜为"主敌"的用词，而是改为"直接的军事威胁"、"来自朝鲜的现有军事威胁"。2008 年白皮书还写入"朝鲜增强传统军事力量、发展核武和导弹等大规模杀伤性武器、将兵力部署在前线等行为，对我国安全带来直接而严重的威胁"。

在此背景下，韩国卢武铉政府提出了"全方位防御"概念，加强了"自主国防"建设，提出了建设"大洋海军"的目标。此后大洋海军建设不断推进，并于 2011 年 2 月在韩国历史上最早建立了具有远洋全天候作战能力的第 7 机动战团，韩国"大洋海军"建设进入了实质性阶段。根据韩国"国防改革 2020"规划，韩国

将于 2014 年前建立另外两个机动战团。

韩国天安舰沉没事件和延坪岛炮击事件的发生，暴露出韩国国防特别是海军建设的一系列问题，应对"朝鲜威胁"再次被提上韩国国防和海军建设的首要任务。2010 年的《国防白皮书》虽然没有直接使用朝鲜为"主敌"用词，但韩国国内就海军的发展方向争论较大，部分媒体和韩国政府官员批评海军只追求建设"大洋海军"而忽视了沿岸防御。韩国李明博政府及军方借机对卢武铉政府提出的"国防改革 2020"进行了较大的修正，提出了"国防改革 307 计划"，决定改编部队的上部构造，加强陆海空军的协调性，加大对朝遏制，而不再提应对"未来战"，"大洋海军"的提法将被抛弃。① 在此背景下，包括宙斯盾舰在内的大型舰艇的追加建造可能会被取消或推迟。而济州岛海军基地作为"大洋海军"建设的重要一环，随着"大洋海军"提法被抛弃，当地居民要求中断济州岛海军基地建设的呼声也越来越高。尽管包括韩国海军前参谋总长南海日等人力挺"大洋海军"建设，但不可否认曾经风靡一时的韩国"大洋海军"建设因天安舰沉没事件和延坪岛炮击事件陷入了低谷。

天安舰沉没事件和延坪岛炮击事件带来的直接后果是韩美同盟进一步加强，韩国沿岸防御力量将进一步加强，明显的例证即是西北岛屿防御司令部的成立和对朝遏制力量的强化。但随着对朝遏制力量的不断增强和时间的推移，韩国"大洋海军"建设必将会再次成为海军建设的重点，这是由韩国面临的国内外环境及其国情所决定的。

七　结论

卢武铉政府上台后，韩国加强"自主国防"建设，在此思想

---

① 《大洋海军事实上被抛弃》，韩国《朝鲜日报》2011 年 4 月 30 日。

指导下，韩国不断通过调整军事指挥体系、加强机动战团建设提高海军机动作战和快速反应能力、加大经费投入提高海军战力等方式，加大海军现代化建设，不断朝"大洋海军"的发展目标前进。这是建设韩国"自主国防"的需要，是保护海上贸易交通线畅通和海洋专属经济区及争议领土、海域的需要，是应对朝鲜半岛局势变化和朝鲜海上威胁的需要，是抗衡日、中等周边国家不断加强海军建设的需要，也是应对全球潜在非传统安全威胁的需要。经过多年建设，韩国海军已形成了包括 KDX-Ⅲ 宙斯盾级导弹驱逐舰、亚洲最大的 LPX 两栖攻击舰"独岛"号在内的世界先进的武器装备和拥有机动舰队的现代化海军力量，"大洋海军"建设已初具规模。

2010 年以来，韩国天安舰沉没事件及延坪岛炮击事件发生后，韩国国内对"大洋海军"的质疑加大，李明博政府有意不再提"大洋海军"的远期发展目标，而加大以应对朝鲜挑衅为主的近海海上力量建设，同时加强韩美同盟，韩国"大洋海军"建设受到了一定的挫折。但从韩国海军面临的国内外环境及其国情来看，韩国不会也不可能放弃"大洋海军"建设的长远目标。

Assessment on South Korea's Expanding Maritime Strength and Developing Ocean Navy

Hu Liangmeng   Liu Ming

Abstract In recent years, South Korea made a series of measures to increase the Navy's modernization drove by the ideal of "self-defense", so as to continue to approach towards the development goal of "Ocean navy". Since 2010, after the sinking of Korea's "Cheonan warship" and the shelling incident at Yan Ping island, Korea's society starts to raise questions about "Ocean Navy", Lee Myung-bak's Government intends to no longer mention the "Ocean Navy" long-term development goals and shifts its focus on the development of costal sea forces in response to North Korean provocations, while strengthening the ROK-US alliance, South Korea held a series of navy military exercises with United States, adding to already series tensions in the Northeast Asia area, the trend of South Korean navy development has again attracted worldwide attention. However, considering the development of South Korea navy's long term goal, it is highly likely that South Korea will not give up on its long term goal of "Ocean Navy" development.

Key Words South Korea; Navy; Assessment

【审读: 郑继永】

试析韩国的政治粉丝社团现象*

郑继永

【内容提要】以特定政治人为核心聚合起来的粉丝社团是韩国政党政治的新现象，在近十年的发展中对推动韩国政党政治发展发挥了重要作用。政治粉丝社团中，文化共享型与个人追随型社团政治色彩相对淡薄，而政党支援型、运动支援型等政治倾向型社团有着强烈的政治色彩，发挥着类政党的作用。年轻人的政治心理、政党有意推动、轰动效应、政治偏好、市民社会的发展是政治粉丝社团的成因。在政治生活中，这些社团发挥着宣传工具、党内制衡、代言工具和政治后备军的作用。另外，粉丝社团在发挥着政治"造星"功用的同时，也因过度竞争和论功行赏等试图影响制度政治的消极面而备受质疑。

【关键词】政党政治　粉丝社团　互联网政治　政治明星　政治社团　类政党

【作者简介】郑继永，复旦大学国际问题研究院韩国研究中心助理研究员。

---

* 本文为"2011年上海市浦江人才计划"项目"韩国选举政治与我国对韩政治游说"课题阶段性成果。

韩国政党政治中有一个奇特的现象，即政治活动中有大量的政党之外的社团参与，这些社团就是以政治人为核心形成的各类政治粉丝社团，其所发挥的作用并不亚于政党本身。2003年"草根"律师卢武铉当选总统，其个人粉丝社团"爱卢会"发挥了更大作用，而非卢武铉所在的党。在看到这种推手效应之后，韩国政治人更是在学习效应的催动下纷纷效仿，一时间各种以政治人为核心的政治社团纷纷出现，几乎每一位核心政治人都有自己的粉丝社团。粉丝社团也由单向的附属物不断积累起政治资本，与政治人、政党形成了良性互动，成为政治人人气的风向标。

政治粉丝社团这一政治现象已经成为韩国国内新的话题与潮流，以下就通过对其出现背景、作用及动因的分析，来考察韩国政党政治发展的新趋势。为叙述方便，本文将各种以政治人为中心的粉丝俱乐部、网上组合体、以政治人为核心的各种团体（政治人所在的政党除外）统称为"政治粉丝社团"。

一 韩国的政治粉丝社团

政治粉丝社团是韩国政治人演艺化、明星化的结果。有据可查的、最早的政治粉丝社团是"爱卢会"，它是卢武铉2000年4月国会选举落败后其支持者在互联网上组织起来的。在大约两年的时间内，以"爱卢会"为核心的亲卢势力形成了新的"亲卢集团"，各个组织的成员迅速激增，成为形式不同、政见各异、有多种特色的多种政治势力，经过2002年的民主党总统候选人竞选与总统选举，最终将卢武铉推上了总统宝座。[①] 由于完全开放、普及性强、

---

① 在2002年大选之前，"亲卢势力"主要以"爱卢会"、"改革国民政党"、互联网政治杂志"SEOPRISE"（www.seoprise.com）为主，大选之后又增加了"国民的力量"、"国民参与1219"、"百事通21"（www.knowhow21.com，后来改变了法人，改名为"moveon21"，www.moveon21.com）、"参与政治实践连带"等组织。

匿名、沟通方便、成本低、决策迅速，加之这种"造星"政治效果的推动，韩国的政治粉丝社团加入者甚众。

韩国的政治粉丝社团十分多样化，在人员组成、存在形式、沟通手段、形成时间上各有不同。在人员组成上，社团成员大多是青中年，有些成员对政治十分敏感，而有些人对政治漠不关心，或连被支持者是谁都不清楚，只是追逐潮流，追随互联网、新闻媒体而加入。就存在形式来讲，主要有在线与离线两种，网上组织负责联络，网下负责具体的拉票和交往活动。[①] 在沟通手段上，政治粉丝社团更大程度上借力于日益发达的通信与网络手段，因此大多存在于网络中，其行动的召集与展开也多借助手机与网络。从建立时间来看，政治粉丝社团大规模出现是在2001年"爱卢会"之后，尤其是在2002年"爱卢会"强大政治活动能力的推动下，许多政治人也纷纷效仿，各种同好会和粉丝社团不断出现。尤其是在总统大选或国会选举、地方选举等选季前后，各种政治粉丝社团如雨后春笋般纷纷出现，更凸显了政治粉丝社团的政治特征（见表1）。

这些政治社团不同于一般的社团，是在政治人的人气感召下聚集起来的，目的是成员之间日常生活的沟通与共享，而非仅仅为了政治人的政治活动，以特定趣味与议题为中心、服务组织活动活跃是这种社团的最主要特征。此外，社团的组成较为自由与松散，成员资格也各有千秋，既有严格要求入会资格的，也有注册就可以成为会员的。平时这些社团并没有什么特别的活动，只是偶尔开展一些诸如植树、登山等活动。然而，这些看起来较为松散的组织，在选举或政治活动时却能迅速变身为选举工具，开展对特定政治人的支持、反对另外的候选人、发表政治声明、发布政治广告、募集选举资金等政治活动。"爱朴会"、"爱卢会"、"爱昌会"的活动与历史变迁充分证实了这一点。

---

① 《转型中的政治粉丝社团》，http://blog.naver.com/lionrise/36380901，检索日期：2011年8月13日。

表1 韩国政治粉丝社团（部分）

政治人	名称	发起时间	数量（名）	备注	对应选季
卢武铉	爱卢会	2000年5月	12万	—	2002年第16届总统大选、第3届地方选举
李会昌	爱昌会	2000年11月	7.8万	—	
金槿泰	金槿泰与朋友	2001年11月	500	—	
千正培	希望天使	2001年5月	1000	—	
鲁会灿	幸鲁	2004年3月	5000	原意为"传递幸福的鲁会灿与朋友"	2004年第17届国会选举
李在吾	真爱在吾	2003年1月	1.4万	—	
朴槿惠	爱朴会	2004年3月	5.9万	—	
孙鹤圭	微笑&手	2005年1月	2800	"孙"与"手"同音	2006年第4届地方选举
李明博	MB连带	2006年6月	6.4万	李明博简称"MB"	
郑梦准	MJ21	2006年2月	1万	郑梦准简称"MJ"	
郑东泳	正统的人	2007年1月	1.4万	原意为"与郑东泳心意相通的人"，简称为"正统"	2007年第17届总统选举
柳时敏	市民广场	2007年6月	2.1万	"市民"与"时敏"同音	
韩明淑	为了你	2007年6月	3000	"为了"音同"韩"	
安熙正	知天下	2007年6月	3000	"知道"音同"安"	
文国现	文舰队	2007年10月	2万	原意为"与文国现一起的大韩人"，音同"舰队"	
朴成浩	爱挑战	2008年7月	6500	"挑战"尾音同"朴"	2008年第18届国会选举
廉弘哲	祈愿2020	2008年7月	9000	"祈愿"头音同"廉"	
李莞九	爱莞会	2009年1月	1.8万	—	2010年第5届地方选举
任泰熙	爱石会	2009年4月	8000	—	
李海瓒	猫头鹰大将	2009年6月	9500	李海瓒相貌与猫头鹰相似	

资料来源：韩国中央选举管理委员会数据；〔韩〕全由利：《政治粉丝社团的政治组织特征研究》，2010年韩国高丽大学硕士论文，第62页。

二 政治粉丝社团的结构特征

如果以政治相关性的远近进行分类的话,这些政治粉丝社团总体上可以分为文化共享型、个人追随型、政治倾向型等三类。

(一) 文化共享型

文化共享型社团有"爱石会"(任泰熙)、"猫头鹰大将"(李海瓒)等。这些社团虽然也是由学校同门或人脉为中心集结起来的,但政治色彩相对淡薄,而多为一些日常生活的经验或兴趣交流,社团页面上日常生活讨论、音乐鉴赏、笑料、汽车等占据了多数版面。换言之,这种社团虽然是以对特定政治人政治信念的认同而组织起来的,但发起之后的主旨背离了政治,因此在组织上也相对松散得多。如"猫头鹰大将"最初就是以前总理李海瓒为中心发起的、以女性为主的粉丝社团,但除了《媒体法》、《临时劳工法》等时事性讨论之外,更多地集中于美容、读书等方面,在选举时也没有成为选举工具。总体上讲,这种社团更多地倾向于文化的共享与交流,政治色彩相对淡薄。①

(二) 个人追随型

顾名思义,个人追随型粉丝社团虽然也倾向于某个特定的政党或政治人,在选举时也参加游说活动,但其目标并非成为或加入某个政党,主要是对某一特定政治人的追随与偏好。如"真爱在吾"、"MJ21"都属于这样的社团。这种社团对特定政治人的政治能力具有好感,强烈支持其活动,但社团本身并无意进入该政治人所在的政党。就"真爱在吾"而言,由于在2008年时与"爱朴会"在公荐过

---

① 参见"爱石会"(http://cafe.daum.net/bigstonelove)、"猫头鹰大将"(http://cafe.daum.net/coolowl)网站,检索日期:2011年7月13日。

程问题上出现严重冲突而受到极大关注，有人甚至断言该社团会展开正式的政治活动反击"爱朴会"。但"真爱在吾"只是在网上发起了"网帖战"支持李在吾和批评朴槿惠，并在地方分会的活动上稍有提及，并无过多的政治动作。在平时，该社团也只是介绍李在吾个人的行踪、爱好、观点而已。换言之，该类社团只是对于某特定政治人的偏好或感情因素而集结起来的，政治色彩不太浓厚。①

（三）政治倾向型

政治倾向型粉丝社团可谓韩国政治社会的一大特色。这些社团又可以分为政党支援型和运动支援型两大类。这两类社团在理念价值观、活动方式与组织联系上有着明显的差异。

1. 政党支援型社团

政党支援型社团是指拥护、支持政治人所在政党标榜的价值，活动范围不脱离政党的社团组织。代表性社团如"爱昌会"（李会昌）、"爱朴会"（朴槿惠）、"MB 连带"（李明博）、"正统的人"（郑东泳）等。政党支援型社团所支持大都是政党内有执政目标的政治人，发挥着选战中心的作用。这些社团的代表成员大都是在党内受到公荐宣布参选的人，这类社团不仅仅是对某个政治人单纯的支持，更是这些成员进入政党的"敲门砖"或"桥头堡"。因此，这些社团的组织架构、政治理念更像是政党，不过比政党稍稍开放，组织架构呈现垂直性特征，理念上更为封闭。在选举时，这些社团会迅速转变为选举体制，不但参与候选人的公荐过程，还提供大量物力、人力支持，成为从事动员、选战的专门组织，在一定程度上起到着地区党的作用。②

---

① 见"真爱在吾"（http：//cafe. daum. net/ljo3527922）、"MJ21"（www. mj21. org）、"爱朴会"（http：//cafe. daum. net/parkgunhye）网站，检索日期：2011 年 8 月 11 日。
② 见"爱昌会"（http：//www. changsarang. com/）、"爱朴会"（http：//cafe. daum. net/parkgunhye）、"MB 连带"（www. mbf. com）、"正统的人"（www. dy1219. net）网站，检索日期：2011 年 8 月 13 日。

政党支援型社团如同政党一样也有左右之分，在价值观上分为保守右派与进步改革两种类型。事实上，这种社团内保守者、成年人更多，反映了韩国的政治社会现实。而进步改革势力年轻人更多，在阶级、地域和传统上更为自由。因此，相对而言，保守的组织以当选和发挥影响力为目的，因此组织更为严密，理念更清晰，目标更明确，体系更封闭。

在活动方式上，政党支援型社团在选举时成为专门选举组织，为选战服务。临近选举，各地分支机构就会与中央党加强联系，设立选举事务室，制定游说战略，在体系上和组织上转入对选举的支援，同时其成员也会转变为该党的党员，在网上和现实中制造舆论，宣传并在公荐中支持其核心政治人，并采取负面战略，批评、抹黑对手。

从组织联系性来看，政党支持型社团由于明确规定要支付代表办公费、职员交通费和其他设备费用，同时还规定各市、道分会长有接受中央组织指示与决定，并向中央组织汇报的义务,[①] 因此职业性更强。在费用运营上，除规定的一定数额会费外，还可以将其他收入纳入，因此，在组织形态上更像某种官僚化、职业化的组织。

此类社团与特定政党有密切的联系，有进入政治活动的愿望，和政党保持着密切的关系，其核心政治人大都是传统上代表某种理念的象征性人物。因此，组织的理念也与该政治人所在政党保持着高度一致，唯一的区别就是在于对特定政治人的认同与实践上的支持。因此，如果核心政治人在政党中失势，社团就会对政党表现出强烈的不满情绪，进而对政党持批判态度。事实上，粉丝社团的目的并非是为了批评政党，而是试图使核心政治人在其中发挥更大的作用，最终实现其执政目标。

在选举时，社团的目标与年龄特征在活动方式上会明显显现出

---

① 韩国中央选举管理委员会。

来，从候选人公荐过程到选举游说都表现为以特定政治人为中心的特征，与政党更为相像，甚至有人将之称为"类政党"，在一定程度上替代了逐渐解体的地区党。

2. 运动支援型社团

运动支援型粉丝社团是指以特定政治人为中心，不与政党合流，而是保持一定距离来发挥对政党影响力，或者表示创党的立场来批评某个政党的社团，代表性组织有"爱卢会"（卢武铉）、"市民广场"（柳时敏）、"文舰队"（文国现）。这些组织在理念与价值取向的一致性、活动方式的相似性上虽然与政党支援型相近，但政治倾向更强烈。运动支援型社团在选举时也展开专门的选战活动，但更注重游说与劝导民众参与，通过启发民众参与选举、资金募集战略的实施、民众建议提案化、政党资金募集、政策讨论、决策等，政治活动更广泛，"类政党"的特征更明显。[①]

整体上看，运动支援型社团的理念与价值观大体有着中间改革的特征，这些特征源于对现在政党的不信任与不满，希望通过新变革性人物的出现和政治潮流的变化来改变现状。这种社团更大程度上依附于改革型的人物，而非政党。[②] 在实际的政治生活中，这些社团更大程度上依附于成员之间共同信奉的公共舆论。

与其他社团相比，运动支援型社团在活动方式上有着更加强烈的运动型特点。与政党支援型一样，运动支援型社团虽然也在选举时会转变为专门的选举组织，但在联络方式和由二三十岁的年轻人自发组成上有着极大不同。同时，这类组织行动能力极强，试图通过"影响力政治"来对制度政治提出不断的改革要求。如"爱卢

---

① 参见"爱卢会"（www.nosamo.org）、"市民广场"（www.usimin.co.kr）、"文舰队"（http://cafe.daum.net/kookhmoon），检索日期：2011年8月13日。
② 《大选潜龙们的外围组织"斗气"气氛正浓》，《新闻邮报》2011年3月7日，http://www.newspost.kr/news/articleView.html?idxno=5501，检索日期：2011年8月10日。

会"开展的"清算历史运动"、"民主化烈士纪念运动","正统的人"开展的"赞成改宪百万网民联合运动"等,"正统的人"甚至发起了声势浩大的"撤销媒体法恶法"的街头示威活动。① 可以说,组织理念与追求价值观的一致性推动了组织的认同,这种认同反过来使运动的参与度与势力扩张成为可能。运动支援型社团的能量更大程度上源自于参与选举时的自发性与倾力而为,所采取的选举战略也较为新颖。正是这种特性直接将当时默默无闻的卢武铉一举推上了总统宝座。

从组织联系性来看,运动支援型社团对于平常能够参与政治和公共舆论存在着较大的满意度,这种满意度并非是进入制度内部或被其吸收,而是每个人都能够参与政治改革过程的自豪感与尊严感。② 因此,其成员能够与政治色彩浓厚的政治团体开展活跃的交流,不同团体之间以及成员之间无论是线上还是线下的相互交流都很频繁。除了这种目的在于影响力政治的非制度性活动或线上线下的有机活动之外,运动支援型社团虽然也有一些类似于政党支援型的活动,但其成员的主要目的并非将社团本身作为桥头堡而进入政党,而是为了通过参与创党过程希望组织的本身力量能够成为一种单独的政治势力。如"爱卢会"的诸多核心人物分化为"生活政治网络国民力量"后,又将"国民参与连带"发展成为一个政党,而这些分化出来的政党和组织又先后与"爱卢会"出现诸多矛盾。诸多"爱卢会"成员虽然都参与了创党过程,如金元雄与柳时敏的"改革国民政党",但在选举战略、政策与承诺、候选人单一化问题上矛盾重重。总之,运动支援型社团更希望回到日常的政治中来,对制度政治发挥外部影响和监督

---

① 《政治粉丝社团的后进性研究》,http://blog.naver.com/fire2007/698008,检索日期:2011 年 8 月 13 日。
② 《推特力量势正盛》,《世界日报》2010 年 10 月 11 日,http://www.segye.com/Articles/NEWS/ECONOMY/Article.asp?aid = 20101011003592&subctg1 = &subctg2 = ,检索日期:2011 年 8 月 13 日。

作用。

事实上，运动政治支援型社团源于对现在政党的不满和不信任，希望通过新的变革型人物及其发起的政治模式变革来改变这一现状，因此具有强烈的运动政治特征。运动政治支援型团体依附于改革型的人物，但更大程度上是成员之间形成的相互信任与舆论，尤其是重视参与和沟通，认为这种社团更大程度上是一种讨论场所，因此在差异和区别基础上的认同共享更为重要。因此，运动支援型团体大都通过对现实政治施压的活动，如发表声明或发布广告对舆论施压、街头示威等形式来行使"影响力政治"，也会通过对政党保持攻势，支持并推动特定政治人创立新党等形式。由这些特点也可以看出，这种团体的构造更多的是一种水平型和参与式的，反过来又推动了这种社团的扩大，在行动上也是自发性的，如在网上回帖、开通微博和个人网页等。

三 政治粉丝社团出现的原因

政治粉丝社团的出现，与韩国的政治、经济与社会发展有着密切关系。政治粉丝社团的出现与韩国青年人的"追星心理"、互联网政治的推动、政党外延的扩大、政治人的推波助澜，以及韩国特有的政治分裂有较大联系。总体来讲，韩国政治粉丝社团的形成与以下几个方面有着密切的联系。

第一，韩国年轻人的政治心理。韩国政党政治经过多年的发展后，带来了诸多后遗症，诸如选举过程中的腐败，在政治日益失去人气的情况下，人们开始寻求一种新的政治参与途径。韩国有着比较发达的娱乐与"造星"文化，加上迅速而又频繁的"快餐式"选举政治影响，政治从严肃的政治社会现象也成为娱乐对象之一，各种对于政治人的"追星"与"造星"运动迅速得以启动。在新媒体的冲击下，韩国青年一代中这种娱乐方式也得以迅速流行，在互联网影响下，尤其是参与成本的大大降低使这种新的政治参与形式成为时代的新宠。①

第二，政党培养接班人的有意推动。由于对于政党的不信任与失望，韩国政党的发展也遭遇到人才困境，愿意从事政治的人没有强大的政治与经济背景，而有政治才能的人却不愿意参与政治，韩国的几大政党都出现了人才断档现象，② 除了屈指可数的几个政治名人外，每个政党都找不出能够领导政党适应社会发展的人来。不少政治人都慨叹"三金之后，韩国只有政治人，没有政治家"。③ 因此，为培养下一代政治领导人，各大政党也有意从一些积极投身政治运动的青年人中选拔一些优秀人才进入到政党内部。不少粉丝社团的粉丝也由此正式进入政治圈，开始其政治活动。如"爱卢会"出身的柳时敏，"爱朴会"、"爱昌会"等的不少选战委员会事务局长等都出自这些团体。

第三，政治人试图造成轰动效应的产物。政治粉丝社团的出现，在一定程度上是政治人利用这种社会潮流推波助澜的结果，目的正是在于政治人对自己政治主张和个人的炒作，试图在短暂的时间内造成轰动效应，达到宣传政治人及其主张的最大效果。这一方式常见于新出道的政治人，其政治粉丝社团的成员利用一些演艺明星的炒作方法，不断制造政治人的负面或花边新闻，然后由政治人本人出面否认或提起诉讼，以搭上"免费"宣传的便车，扩大影响面和政治主张。④

第四，政治偏好与感情纽带的作用。在韩国的政治过程中，

---

① 《政治粉丝社团乘互联网新风扩散》，2008 年 11 月 16 日，http://blog.daum.net/hanjeonman/11299198，检索日期：2011 年 8 月 13 日。
② 《大权潜龙势力竞争正式开幕》，《首尔经济》2011 年 5 月 30 日，http://economy.hankooki.com/lpage/politics/201105/e20110530172938 96380.html，检索日期：2011 年 6 月 13 日。
③ 《政治粉丝社团的过激、盲目支持问题》，《京乡新闻》2006 年 5 月 4 日，检索日期：2011 年 6 月 13 日。
④ 《选举管理委员会对某政治粉丝社团负责人发出"严重警告"》，2011 年 4 月 7 日，http://www.ytn.co.kr/_ln/0103_ 201104071732160490，检索日期：2011 年 6 月 13 日。

有相当多的政治粉丝社团并非出于对某种政治主张的支持，而是对于某个政治人的喜爱或偏好，甚至是对于政治人地区出身背景的感情因素所致。事实上，由于韩国特殊的政治风土与地域分裂的政治社会现实，人们往往只看重地缘、学缘、血缘等非理性的感情要素，而非政党或政治人的政治主张或立场等理性要素。① 这种政治风气体现在政治粉丝社团的组成上，尤其是在网络空间内更不必受到约束，就更强烈地表现出政治偏好或感情纽带的作用。

第五，韩国市民社会发展的结果。由于受"87体制"和政党政治低发展的影响，韩国的政党政治面临着严重的"政治迟滞"，相反，韩国市民社会的发展却迎来了发展的高潮，不断走向制度化和规范化，并逐渐在政治社会中发挥着越来越重要的作用。为解决新的政治问题与现象，这些市民团体为能在政治中发挥作用也开始走向"影响力政治"、"自下而上的政治"道路。②

四 粉丝社团的作用

政治粉丝社团是韩国政治社会中一个相对新颖的事物，从近十年的发展来看，它所发挥的政治作用无疑是巨大的，对于韩国政治产生了较大影响。大体上讲，政治粉丝团体所发挥的作用有以下几个方面。

第一，个人或政党的宣传工具。在韩国，从事政治是一种"高风险"投资，有人甚至戏称，"韩国一夜暴富或成为穷光蛋的捷径就是从政"，各类政治腐败也由此而生。因此，如何降低政治

---

① 《在野党反省、执政党攻击的怪异再补选》，《时事 INLive》2009年4月23日，http://newslink.media.daum.net/news/20090423095408636，检索日期：2011年6月15日。
② 赵大业将之称为"政治的文化化"现象，参见〔韩〕赵大业著《韩国的社会运动与 NGO——新运动周期的到来》，Arche Publishing House，2007。

成本，尤其是选举宣传成本就成为政治人最为重要的考虑。政治粉丝社团大多以网络与通信工具为媒介进行交流活动，成本低，时间快，成效大，范围广，因而最大的功用之一就是对于核心政治人或特定的宣传。由于"候鸟政党"与"野合政党"的不断出现，政党的代表性与合法性逐渐弱化，近年来韩国政治的人气度不断下滑，参加总统大选与国会议员选举投票者的比例分别由近90%（1987年）和近80%（1988年）跌至60%（2007年）和不足50%（2008年）。① 为确保票源，韩国各个政党与政治人不得不使出各种手段，如激化地域情绪，利用政治人的出身背景等。② 而网络与通信手段的便捷也成为宣传手段的首选，各类政治人粉丝社团纷纷出现。通过这些形形色色的粉丝社团，网帖、微博、个人网页、短信、手机报等网络与通信平台以及线下活动的聚会、同好会活动等将政治人个人的宣传达到了最优效果。

第二，党内制衡的政治工具。此类政治粉丝社团同样也是很好的制衡工具。韩国政党内部存在着各种各样的派系，其相互斗争十分激烈。由于党内竞选中民众支持率与舆论调查是重要的参考指标，因此讨好和争取民众就成为各位核心政治人的首选项。一旦有了大量的粉丝支持和群众基础，政治人就可以获得政治资源或自立门户的能力，在内部竞选或选举时取得最优效果。如在大国家党一直处于核心之外的李明博，以之为核心的粉丝社团多达50余个，粉丝人数在2007年时达到近35万人，结果在党内竞选时出人意料地直接击败朴槿惠，最终成为韩国总统候选人。③ 可以说，政治人粉丝数量的多寡，反映了核心政治人的权力大小，在一定程度上决

---

① 韩国中央选举管理委员会数据。
② 《政治粉丝社团与政治评论人时代》，http：//blog.chosun.com/blog.log.view.screen？blogId=76984&logId=4285794，检索日期：2011年6月13日。
③ 《卢武铉去世一年，组织的力量梦想何在》，NoCcutNews 2010年5月23日，http：//www.nocutnews.co.kr/show.asp？idx=1480496，检索日期：2011年6月13日。

定了其在党内的地位。

第三，政治人的代言工具。韩国的政治比较透明，对于政治活动的规定也十分严苛，如游行示威的人数、范围、时间、地点都有严格规定。同样，对于政治人本身的规定也有许多，如在选举前后一定时间内才允许进行选战宣传与游说，违反规定则会遭到中央选举管理委员会的处罚。① 如前段时间朴槿惠代言西江大学招生广告就引发了政治圈的强烈不满，受到中央选举管理委员会的调查。② 因此，政治人大都谨言慎行，小心对待各类事件。相对而言，政治粉丝社团形式自由，时间开放，更无场所限制，因此也成了各类政治人进行政治宣传的庇护所，既能高调宣传主张与政策而又能够免遭处罚。在各类选举之前，韩国的网络上就会出现一股成立各种政治粉丝社团与政治人开设微博和个人主页的潮流，其目的也正是在选举前抛出自己的主张与见解来吸引眼球，为政治人代言。同样，粉丝社团也是一个反对政敌的代言工具。韩国政治社会中，负面宣传曾经盛行一时，但后来因招致民众反感而逐渐减少，靠攻击对手已经无法引起共鸣。然而，政治粉丝社团则可以通过网络与手机散布核心政治人政敌的负面消息，达到攻击对手而不用负政治责任的目的。如在2008年国会大选时，"爱朴会"以亲朴系议员受排挤为由，开展了大规模的反对运动，最终使大国家党事务总长李方浩落选。③

第四，政党或政治人的后备力量库。政治粉丝社团还担负着政

---

① 韩国选举管理委员会：《选举管理委员会关于春节、正月十五期间政治关系法违反行为特别管理的预通知》，始兴市选举管理委员会，http://siheung.gemc.go.kr/menu4/board_view.asp?wr_id=79&page=1&code=board&area_code=sh，检索日期：2011年6月13日。

② 《广告模特朴槿惠》，《韩国日报》2010年10月8日，http://news.hankooki.com/lpage/politics/201010/h2010101821122621000.htm。另见《朴槿惠"头重身轻"》，《京乡新闻》2010年10月25日，http://news.khan.co.kr/kh_news/khan_art_view.html?artid=201010251410291&code=910402，检索日期：2011年6月13日。

③ 《从"爱卢会"到"爱朴会"——政治粉丝社团十年》，http://blog.daum.net/yiyagy，检索日期：2011年6月13日。

党或政治人后备库的作用。由于韩国民众对于政治的热情处于相对低潮，不少的政党和政治人面临着严重的"接班"问题，老龄化和固定化现象十分严重。这种现象在"三金时代"（金大中、金钟泌、金泳三）尤为严重，数十年间只是这有限的几个政治大佬代表着韩国政治，后继无人，"没有党员的政党"和不断产生、变化、幻灭的政党是韩国政党政治最为明显的特征，缺乏自发性的积极政治参与已经成为严重的内生性问题。这种现象严重阻滞了后进年轻政治人的发展，不少有潜力的政治人要么在政治大佬的阴影下延续政治生命，要么转行从事其他职业。政治粉丝社团的出现在一定程度上解决了这一问题，不但吸引了众多的民众参与政治，也使得年轻人从一开始即能了解政治的运作机制，从而进入政坛。实际上，政治粉丝社团中相当数量的"热性分子"由政治粉丝社团代表或积极分子成为政党的中坚力量或政治人的特保（或辅佐官、秘书等），从而进入国会或参与党内决策，有的甚至进入党的领导层。①

五　结论

政治粉丝社团作为韩国政治社会的新现象之一，在社会与政治生活中发挥着相当重要的作用，在选举和日常政治运作中承担起了政党的外围职责，在解决大众政治的参与问题上发挥着积极的作用，有过诸如将卢武铉推上总统席位的辉煌。以政治新秀或政治明星为核心的各类政治粉丝社团成功地制造出了李明博、朴槿惠、李在吾、孙鹤圭、柳时敏等新生代政治明星，这种边缘政治社团的外溢效应甚至已经超过了政党本身的作用。以特定政治人为拥戴对象

---

① 〔韩〕高东锡：《丁世均政治粉丝社团代表金仁锡问答》，《政治新闻月刊》2011年6月8日，http://www.polinews.co.kr/viewnews.html?PageKey=0101&num=130215。

的政治粉丝社团在韩国政治过程中发挥的作用，使韩国政治出现了新的动向：特定政治人的支持者聚集一起，在政治活动中表达集体性支持，这种新的政治参与模式已经成为韩国政党政治的新特征。

然而，在这一过程中，政治粉丝社团也表现出了严重消极的另一面。一是各社团间过度竞争的问题，不同政治人的粉丝社团，甚至同一政治人的不同社团间都会出现竞争。尤其是在党内竞选时，不同政治人的社团穷尽攻击之极致，利用游离于管理之外的特点而攻击对方，甚至出现过现场打斗的现象。二是社团与政党之间"论功行赏"的弊端。部分粉丝社团的核心人物在选举之后常常会以在选举过程中的功劳而排序，排定进入政党或政治人周围的次序，严重伤害到社团成员的积极性，许多社团因此而分裂。三是这些社团与政党之间关系的模糊性导致制度性规则的麻痹。一些势力较大的粉丝社团常常会利用自身力量试图影响政治的游戏规则，"绑架"政党或政治人，模糊了制度政治与民间政治的界限。

总的来讲，政治粉丝社团作为一个新生事物，在韩国不过10年左右的时间就能取得如此成就，显现出一定的生命力，确实是一个值得研究的政治现象，其未来的发展与变化也值得关注。

A Study on the Political Fans Clubs in South Korea

Zheng Jiyong

Abstract To gather for a particular people-centered community, which is called a political fans club, is a new phenomenon in South Korea's political parties. In the last decade, the political fans clubs have played an important role to promote the development of the South Korean party politics. In the political fans clubs, culture-shared clubs and personal-followed clubs have weak political color, and political-supported clubs, movement-supported clubs have a strong political orientation based political colors, which are playing roles like political parties. Young people's political psychology, political parties' promotion, sensationalism, political preferences, the development of civil society organizations are the causes of the political fans clubs. In political life, these political fans clubs are playing important roles, such as a propaganda tool, balances within the party, advocacy tool and political reserve roles, etc. Meanwhile, the political fans clubs are playing a "star-making" function, but also are questioned because of many negative aspects, such as excessive competition and trying to influence the political systems.

Key Words Political Party System; Political Fans Clubs; Cyber Politics; Political Stars; Political Community; Sub-political Party

【审读：蔡建】

周边大国在交叉承认韩朝问题上的博弈

朱 芹

【内容提要】冷战期间,为了实现朝鲜半岛的和平,美国提出了交叉承认议案,即中苏承认韩国,作为交换,美日同时承认朝鲜。起初美苏两大阵营对之态度严重对立、分歧甚大,后来随着世界局势的变革,各国的态度都不同程度地发生了变化,但仍难达成一致。本文根据各国政策的变化,以交叉承认问题的变迁为主线,理出三个时期,即南北三角对峙期、"北三角"分化期和后交叉承认时期。事实上,交叉承认是美国试图以六方参与下的"双边谈判"方式解决朝鲜半岛问题的一种提案,这一提案是一种试图以多边融合双边的多边主义机制的尝试,带有浓厚的捆绑外交、一揽子外交和国家集团外交的色彩。

【关键词】 交叉承认 南三角 北三角 国家集团外交

【作者简介】朱芹,复旦大学国际关系与公共事务学院博士生,复旦大学韩国研究中心助理研究员。

交叉承认是指二战后在商讨如何处理朝鲜半岛问题时,美国国务卿基辛格于 1975 年 9 月的第 30 届联合国大会上提出的一种方案。基辛格说:"韩美两国为使停战协定继续有效,希望举行包含韩国在内的停战协定当事国之间的会议,以缓和朝鲜半岛的紧急情势,并进一步促使南北朝鲜加入联合国。如果北部和它的盟国与韩国改善关系,美国也将会改善它与北韩的关系。"[1] 其具体步骤是,首先召开美、中、韩、朝四方会议,若取得积极成果,则进一步把苏日纳入会谈变成六方会议,最后达到中苏承认韩国,同时作为交换美日承认朝鲜,从而使南北朝鲜"和平共处"。[2] 起初,该方案得到美日韩大肆宣扬和吹捧,而中苏朝却一致谴责,认为交叉承认是美国企图使朝鲜分裂永久化的阴谋,将使南北分裂固定化、制度化,实质是制造"两个朝鲜"。美苏两大阵营之间意见分歧甚大,难以妥协。至冷战末期及后冷战时代,随着国际局势越来越有利于美日韩,"南三角"对该方案的态度变得甚是暧昧,而此时中苏朝的姿态也不同程度地发生了微妙的变化,但仍难达成一致。因此,这一外交事件经历了一个相当长的历史过程。本文将之分为三个时期,第一个时期是"南三角"与"北三角"的对峙时期(1975 年 9 月至 1989 年),第二个时期是"北三角"分化期(1989 年至 1992 年 8 月),第三个时期是后交叉承认时期(1992 年 9 月至今)。

一 交叉承认问题的三角对峙期

基辛格在 20 世纪 70 年代提出解决朝鲜半岛和平问题的交叉承

---

[1] Youngnok Koo and Dae-sook Suh, eds., *Korea and the United States: A Century of Cooperation*, Honolulu: University of Hawaii Press, 1984, p. 174.
[2] 石源华:《论中国对朝鲜半岛和平机制问题的基本立场》,国际冷战史研究中心,2007 年 3 月 10 日,http://www.coldwarchina.com/zgyj/zcgx/002087.html;胡福明主编《政治学词典》,浙江教育出版社,1989,第 344 页,此书中称 1976 年 9 月提出交叉承认;王传剑:《双重规制:冷战后美国的朝鲜半岛政策》,世界知识出版社,2003,第 46 页,此书称基辛格 1975 年 9 月提出交叉承认。经考证,交叉承认是基辛格在第 30 届联合国大会上提出的,因此应该是 1975 年 9 月。

认方案，有着深刻的国际背景和国内因素。

进入 20 世纪 70 年代，冷战呈苏攻美守之势，两大对峙阵营坚冰的表面出现了缓和暖流，尽管两大阵营内部的摩擦与分歧日益表面化、尖锐化，貌似坚若磐石的阵营出现裂痕，如中苏冲突水火不容，美国盟友日韩高呼自主，各国自主外交大有与国家集团外交并驾齐驱之势，但事实上国家集团外交仍占据优势。本文将对国家集团外交做一简单界定。二战后世界裂变为两大对峙阵营，各国对外政策都必须考虑集团利益，有时甚至牺牲本国自身利益来兼顾集团利益，也即将集团利益内化为自身利益，将集团的文明体系内化为自身的文明体系，在对外关系中集团利益高于本国自身的国家利益，这种阵营与阵营之间的外交即为国家集团外交。在东北亚这一地域，鲜明地存在着"南三角"（美日韩）与"北三角"（中苏朝）之间的国家集团外交。交叉承认的提出就是属于国家集团外交的范畴，它其实是一种捆绑外交或一揽子外交。

对美国来说，20 世纪 60 年代末 70 年代初，内外交困，深陷经济危机和越南战争的泥潭，尼克松推出以"伙伴关系、实力和谈判"为三大原则的"尼克松主义"，开始在全球进行战略收缩。在东北亚区域，"尼克松主义"的表现就是从朝鲜半岛脱身，如何体面而又利益不受损失，不至于像从越南脱身那么狼狈。美国炮制了交叉承认方案，美国称"希望改善与所有国家的关系，其中包括北朝鲜"，甚至宣称"即使韩国遭到侵略，美国也不自动介入"，[①] 并制订撤军计划。交叉承认方案可谓一箭双雕，既可以效法东西德促成"两个朝鲜"，使朝鲜半岛分裂制度化，为韩国营造一个平和的周边环境，又可以体面地从朝鲜半岛脱身，通过美韩同盟实现自身在东北亚的利益。正如基辛格对尼克松的评价，"尼克松是西奥多·罗斯福以来，第一位以国家利益为号召执行外交政策的美国总统"，[②] 交

---

① 曹中屏、张琏瑰：《当代韩国史》，南开大学出版社，2005，第 296 页。
② 基辛格：《大外交》，海南出版社，1998，第 706 页。

叉承认是尼克松追求自身国际利益的一个鲜明的表现。

对日本来说，赞成交叉承认有两个原因：一是，日本以美日同盟为外交基轴，在阵营与阵营之间的外交中，追随美国是其一贯外交；二是，朝鲜半岛是日本传统的地缘战略要地，同南北双方建立外交关系，可使日本不被排斥在朝鲜半岛之外。而且早在1971年9月，金日成曾对日本《朝日新闻》记者表示："我期待着与日本建立外交关系。"① 只是日本当时顾忌与美韩的关系，执行"亲韩反朝"的一边倒政策，对朝鲜的建交信号置之不理。这一提案对日本来说，时机正好，正中下怀。

对韩国来说，交叉承认是新概念旧内容。韩国也以美韩同盟为外交基轴，基辛格和尼克松的相继访华以及中日关系的正常化，使韩国捕获到了国际大变动的信号，紧跟美后向中苏伸出橄榄枝。1971年8月7日，韩国外务部长官金溶植说，韩国已在考虑同中苏的建交问题。1972年8月10日，韩国总理金钟泌正式表示："韩国愿意同北京、莫斯科建立关系，如果中国、苏联不敌视韩国并且承认韩国主权的话。"② 1973年，朴正熙发表《6·23宣言》，宣布对社会主义国家实行"门户开放"政策，希望他们也向韩国开放门户，并且第一次提出南北分别加入联合国的主张。③ 可见，跟中苏建交也是韩国所希望的，另外，跟中苏建交还可以实现以下需求：第一，通过同中、苏等国家的接触，可向朝鲜施压，昭示它在朝鲜半岛的正统性；第二，可在其"多边化贸易方针"下扩大同中苏等国的贸易，发展经济。④

与美日韩极力倡导交叉承认方案形成鲜明对比的就是中苏朝的

---

① Masao oknogi, "Japan's Policy Toward North Korea: Developments in the Korean Peninsula, the United States and Japan", *THE JCIEPAPERS*, No. 25, 转引自林晓光《战后日朝关系的发展和演变》，《日本研究》2006年第2期，第63页。
② 陶常梅：《"一条线"外交政策下的中朝关系》，《安徽教育学院学报》第24卷第5期，2006年9月，第32页。
③ 曹中屏、张琏瑰：《当代韩国史》，第428页。
④ 杨永骝、沈圣英：《南朝鲜》，世界知识出版社，1985，第260~261页。

坚决抵制和谴责。

对朝鲜来说，虽然南北关系开始松动，相互抛出橄榄枝，并都放弃了武力统一对方的方式，提出和平统一的方案，如，1972年7月，南北双方发表了《七·四南北共同声明》，肯定了金日成提出的"自主、和平统一、民族大团结"的统一三原则。① 但南北在统一方案上意见相左，难以调和，而且对话不等于放弃敌视。在朝美关系上，尽管美朝在70年代都释放出希望建交的信号。如，1972年，时任美国国务卿的基辛格首次宣称，"美期待在未来数年内，能显著促进与中共及朝鲜关系"。② 朝鲜回应称，"朝鲜与美国及日本实现关系正常化的时机已经到来"。③ 1977年6月，卡特称，要建立与世界上"所有国家"的外交关系，包括那些"苏维埃集团"的成员。同时，金日成也说，"如果美国改变其敌视朝鲜的态度，两国将可以建立友好关系"，"我们已经做好准备与美国进行对话"，"只要美国愿意，任何时间都有可能"。④ 但二者对建交的前提存在严重分歧，美国是以交叉承认为建交前提的，如1977年9月卡特所说，"如果韩国能够参加"，他愿意会见朝鲜领导人。⑤ 国务卿万斯也称，如果苏联和中国改善与韩国的关系，美国也将改善与朝鲜的关系。⑥ 然而，这是金日成坚决反对的。金日成提出，与美日关系正常化不是以附加中苏承认韩国为条件的，完全是朝与美日之间的事情，跟美国提出的交叉承认有着本质的区别，二者对关系正常化的前提存在难以调和的矛盾。

朝鲜想跟美日建交有多方面的考量。一是为了平衡与中苏的关

---

① 《金日成关于建立高丽民主联邦共和国的方案》，平壤：朝鲜外文出版社，1990，第3~13页。
② 〔韩〕《东亚日报》1972年7月1日。
③ 虞少华：《朝美关系与朝核问题》，《国际问题研究》2006年第6期，第54页。
④ B. C. Koh, "North Korea in 1977", *Asian Survey*, No. 18, January 1978, p. 40.
⑤ Yur-Bok Lee and Wayne Patterson, eds., *Korean-American Relations (1866 - 1997)*, New York: State University of New York Press, 1999, p. 117.
⑥ Yur-Bok Lee and Wayne Patterson, eds., *Korean-American Relations (1866 - 1997)*, p. 116.

系，打"美国牌"和"日本牌"。当时正值中苏分裂之际，朝鲜试图保持中立，但没有牌不行。如，在中苏分裂初期朝鲜采取了偏向中国的立场，被视为"远东的阿尔巴尼亚"，[①] 招致苏联的不满，对之施压。在20世纪60年代中期到70年代初，朝鲜转而倾向苏联，中朝关系一度紧张，甚至到了互撤大使的地步，被视为"偏向莫斯科的中立"。[②] 1970年始，朝奉行对中苏"等距离"政策，中朝关系开始改善，但处在夹缝的感觉毕竟不爽，朝鲜为了不过于受制于中苏关系，因此，试图缓和与美日的关系。二是得到经济援助，发展经济。三是宣示在朝鲜半岛上的正统与合法地位，朝鲜一直宣称自己是朝鲜半岛唯一合法的政府，统一韩国是它的宿愿。

但金日成无法接受美日韩倡导的交叉承认和南北分别加入联合国的主张，而是提出实行以高丽联邦共和国为单一国号的南北联邦制和以单一的高丽联邦共和国国号加入联合国的主张，[③] 对美日韩提出的交叉承认大加谴责。金日成称，"所谓'交叉承认论'，是妄图使人承认专事出卖祖国、背叛民族和分裂国家的南朝鲜'政权'的阴谋诡计"，[④] 借此，"美帝国主义者企图继续维持其对南朝鲜的霸占和支配；日本反动派则企图在南朝鲜恢复殖民统治者的旧日地位；南朝鲜傀儡集团企图把南北分裂的现状固定下来，以求得自己一身的安逸和实现长期掌权的野心。我们绝不能容许分裂主义者企图制造'两个朝鲜'的任何阴谋活动，必须以全体朝鲜民族的团结的力量彻底粉碎这种阴谋"。[⑤] "为了防止敌人搞'交叉承认'，在我国统一之前我们不想同日本建立国家关系。如果我们同

---

① Kim Hak-joon, *Korea's Relations with Her Neighbors in a Changing World*, Seoul: Hollym International Corp, 1993, p. 494.
② Kim Hak-joon, *Korea's Relations with Her Neighbors in a Changing World*, p. 494.
③ 《金日成著作集》(6)，平壤：朝鲜外文出版社，1975，第367页。
④ 〔朝〕金汉吉：《朝鲜现代史》，朝鲜外文出版社，1980，第551页。
⑤ 《金日成主席在朝鲜民主主义人民共和国成立三十周年庆祝大会上的报告》，载中共中央对外联络部《朝鲜劳动党文件选集1978年》(中共对外劳动党文件选集)，1979，第279页。

日本建立国家关系，那么，实际上就上了美国企图制造'两个朝鲜'的当。这种有条件的承认，我们是不需要的。接受'交叉承认论'，就等于把祖国永久分割成两部分，在民族和后代面前犯下不可洗刷的罪恶。"① 进而称，"美帝把美国式的无耻性和强盗性同分而治之的惯用手法结合起来，企图在我国实现其制造'两个朝鲜'的罪恶阴谋"。②

对于中国，虽然跟朝鲜曾有分歧和不愉快，但冷战期间中朝同盟条约依然有效，而且，作为同一阵营中的盟友，在面对敌对阵营的攻击时，阵营内部的矛盾就会暂时退居二位，国家自主外交让位于国家集团外交。冷战期间，中国在朝鲜半岛问题上始终站在朝鲜一边，执行亲朝的一边倒政策。中国尊重朝鲜的意愿，对交叉承认持否定态度。20世纪90年代之前，中国的报纸、著作、文章以及国家领导人讲话等都一致批评"两个朝鲜"和"交叉承认"政策。1973年10月2日，乔冠华作为中国出席联合国大会代表团团长在28届联大中指出："朝鲜南北双方同时加入联合国的问题，这分明是要使朝鲜被分裂的状态合法化、永久化，是同朝鲜南北双方一致协议的'应当超越思想、信念和制度的不同，首先作为一个民族，促进民族大团结'的原则背道而驰的。"中国政府认为，"在朝鲜统一前要加入联合国，至少也应该在实现联邦制以后，以高丽联邦共和国的国号，作为一个国家参加"。③ 1978年华国锋访朝时称，"美国和朴正熙集团顽固地策划'交叉承认两个朝鲜'、'同时加入'或'单独加入'联合国的阴谋，妄图使朝鲜的分裂固定化、永久化。中国政府和中国人民谴责美国政府所推行的侵略政策和分

---

① 《同争取朝鲜的自主和平统一国际联络委员会代表团的谈话》，1978年6月15日，载《金日成著作集》（33），第240页。
② 《劳动新闻》编辑部文章：《帝国主义的豺狼本性不可能改变》，载中共中央对外联络部《朝鲜劳动党文件选集1978年》（中共对外劳动党文件选集），第90、91页。
③ 刘金质、杨淮生主编《中国对朝鲜和韩国政策文件汇编》，社会科学文献出版社，1994，第2067~2068页。

裂政策,谴责朴正熙集团背叛人民、分裂朝鲜的罪恶活动"。①《人民日报》也撰文称,"美国和朴正熙集团顽固推行'两个朝鲜'的民族分裂政策,鼓吹所谓'交叉承认'南北朝鲜,南北朝鲜'同时加入联合国'以及南北朝鲜'缔结互不侵犯条约'等谬论,妄图使朝鲜的分裂固定化、永久化。这是朝鲜人民绝对不答应的。中国政府和人民一贯坚决支持朝鲜人民争取祖国统一的神圣事业,强烈谴责美国和朴正熙集团的分裂政策"。② 邓小平在访日时也坦称,"中国对朝鲜问题的主张,正如大家知道的,我们一贯支持金日成主席和朝鲜民主主义人民共和国的自主和平统一朝鲜的主张,这点我也坦率地告诉了首相"。③

对于苏联,虽然跟中国关系恶化,但在对朝政策上,在戈尔巴乔夫上台前一直赞同朝鲜的对南政策。20世纪70年代之后,虽然苏韩之间开始了一些非政治性接触,这些接触使美日韩误以为已经出现交叉承认南北的"交叉接触动向",④ 但事实上,接触不等于化敌为友,就如美日跟朝鲜接触一样,苏韩之间的敌对状态依然严重。在当时情况下,中苏都不可能支持朝鲜坚决反对的"交叉承认"。

总之,20世纪70、80年代的交叉承认处于"南三角"与"北三角"的严重对峙时期,朝韩之间的矛盾不可调和,因此,交叉承认只能是美日韩一厢情愿的事情。尽管二战后对朝鲜半岛有直接影响力的美中苏大三角之间重新洗牌,国际大格局有所缓和,但是对峙的本质没有改变,世界各国领导人并没有跳出以社会制度和意识形态来划定国家间关系的冷战思维,而只是采取一种灵活的、务

---

① 《华国锋主席在平壤群众欢迎大会上的讲话》,1978年5月7日,载中共中央对外联络部编《中朝两党、两国领导人讲话汇编》,1981,第304页。
② 《光辉的战斗历程》,《人民日报》1978年9月9日。
③ 《邓小平副总理十月二十五日在东京记者招待会上答记者问》,载《人民日报》国际资料组编《1978年国际问题大事记》,1979,第7页。
④ 杨永骝、沈圣英:《南朝鲜》,第262页。

实的现实主义的外交,冷战思维仍然居于主导地位。就如周恩来所言,"两个超级大国有时口里讲缓和,但是骨子里还是剧烈地争夺,他们争夺的战略重点在欧洲,也在其他许多地方"。①

此时交叉承认的一个重大特点就是,它是阵营与阵营之间的集体行动,即相关六国一起坐下来协商承认问题,而不是国与国之间的单独行动。因此,交叉承认是美国试图以六方参与下的"双边谈判"方式解决朝鲜半岛问题的一种提案,这一提案是一种试图以多边融合双边的多边主义机制,是一种捆绑外交、一揽子外交或国家集团外交。这种国家集团外交的致命弱点就是,只要一方不合作,就很难取得成功,除非一方脱离国家集团外交,实行国家自主外交。

二 交叉承认问题的"北三角"分化期

交叉承认并没有因为中苏朝的坚决反对而被束之高阁,到了20世纪80年代末,交叉承认问题走到了"北三角"的分化期,这对交叉承认来说既是机遇又是挑战。分化的"北三角"成员对交叉承认的态度决定着交叉承认的走向。

80年代末期,国际格局出现剧变,两大阵营处于美攻苏守之势。苏联自戈尔巴乔夫上台后,对外政策发生180度大转弯,戈尔巴乔夫从1986年开始推行"新思维"战略,提出"全人类利益高于一切",实行国际关系"民主化"、"非军事化"和"人道化",以和平手段重塑国际形象,以"威胁与微笑"的双重外交手段努力瓦解亲美防卫体制,主张与美国及西欧改善关系,同时把改善与日本的关系作为其亚太外交的重要组成部分。② 在此背景下,苏联

---

① 舒扬:《中美建交前后的中美苏三角关系》,2009年1月13日,http://blog.cctv.com/html/19/806619-212733.html。
② 刘桂玲:《俄日关系的历史回顾》,《国际资料信息》2003年第4期,第15页;张慧智:《俄韩政治经济关系的演变及展望》,《俄罗斯研究》1999年第6期,第41页。

对美日韩主张的交叉承认构想颇感兴趣,认为这是国际政治经济"新思维"的一个方面。

苏联的"新思维"战略与1988年韩国倡导的"北方外交"一拍即合,韩国抓住苏联关于"外交要算经济账"的新口号,① 用经贸手段吊苏联的胃口,两国关系在各方面迅速靠近。让人始料不及的东欧剧变以及东西德的统一,使苏联自觉挽回颓废之态已无回天之力,在衰败之下选择了自保,迅速于1990年9月不顾朝鲜的强烈反对单独跟韩国建交。苏之所以急于与韩建交完全出于自身利益,在经济上,可以争取韩国的投资和经济援助,缓解国内的经济困境,在政治上,尽管会引起朝鲜的不满和谴责,损害了两国关系,但是朝鲜不敢与之决裂。同时,作为与朝鲜半岛南北双方同时建交的唯一大国,苏联增加了在东北亚的发言权,而且使日本在"北方四岛"的谈判上缺少了韩国的坚定支持。② 对韩国来说,不用将朝鲜捆绑在一起就可以实现与苏建交,已远远超出了韩国当初倡议的交叉承认的预期。再者,苏韩建交,为韩国打开了加入联合国的大门,使韩国的地位一下子彰显出来,迎合了韩国作为朝鲜半岛唯一合法政府的宣扬。

戈尔巴乔夫为了自身国家利益,牺牲了自己最忠实的盟友,抛弃了一直奉行的"向朝鲜一边倒"的外交政策,令朝鲜倍感愕然和愤怒。在苏韩建交前,金日成坚决反对苏韩建交,对赴朝解释的苏联外长谢瓦尔德纳泽说:"如果苏联同南朝鲜建立外交关系,意味着承认了朝鲜分裂的事实本身以及国际舞台上两个朝鲜的合法性存在。"③ 但苏联还是选择了国家利益而不是盟友,让朝鲜大受打击,

---

① 叶卫平:《东北亚经济圈与中国企业》,中国经济出版社,1996,第126页。
② 方秀玉:《略论东北亚区域相互依赖关系的政治因素》,载延边大学国际地域间交流中心合编《东北亚地域开发研究论文集》,延边大学出版社,1991,第118~119页;周煦主编《国际新秩序》,台湾政治大学外交系、外交研究所,1992,第40页。
③ Kim Hak-joon, *Korea's Relations with Her Neighbors in a Changing World*, p. 414.

公开指责苏联此举是为了 23 亿美元的"叛卖",① 抨击苏联为了自己的利益,不惜侵害其他国家、其他民族甚至是同盟国的利益,指责苏联不履行自己的诺言,抛弃了《友好互助合作条约》,走上了背信弃义、变节、非正义和专横的道路,谴责苏联采取了逆朝鲜统一的分裂主义行动,公然参与了美国对朝鲜的基本战略,即固定朝鲜的分裂,并在国际舞台上孤立朝鲜,诱导朝鲜走向所谓的"开放",以推翻朝鲜的社会主义制度。② 自此,苏朝关系降到冰点。

苏韩关系靠近之时,中韩关系也在拉近。20 世纪 80 年代,中国领导层的更替带来了外交思想的变革,邓小平认为世界的时代主题是和平与发展,摒弃了"一条线"外交政策,实施非结盟的独立自主外交政策,睦邻友好是中国周边外交的核心,利益因素也取代意识形态因素成为主导国家外交政策的基石,外交中经济因素的成分开始占据主要地位。1989 年 10 月邓小平会见尼克松时说:"考虑国与国之间的关系主要应该从国家自身的战略利益出发,着眼于自身长远的战略利益,同时也尊重对方的利益,而不去计较历史的恩怨,不去计较社会制度和意识形态的差别,并且不分国家大小强弱都互相尊重,平等相待,这样,什么问题都可以妥善解决。"③ 由此,中国着手改善与周边邻国的关系,化敌为友,搁置争端,中韩关系的改善自然也提上了日程。

1988 年上台的卢泰愚实施全方位的多元实利外交,继续推行"门户开放"和交叉承认政策,并推出希望实现与中苏及东欧国家关系正常化以及加速朝鲜半岛和平统一进程的"北方外交"。迅即,北方外交见了成效。10 月,韩国与匈牙利建立了外交关系,打开了同

---

① 曹丽琴:《朝鲜外交政策的变化及发展趋势》,《东北亚研究》1994 年第 3 期,第 31 页。
② 《以美元做交易的"外交关系"》,〔朝〕《劳动新闻》1990 年 10 月 5 日,转引自刘金质、张敏秋、张小明《当代中韩关系》,中国社会科学出版社,1998,第 90 页。
③ 《邓小平文选》第三卷,中共党史出版社,2004,第 330 页。

社会主义国家和解的突破口。特别是苏韩建交不仅对朝鲜是个冲击，对中国也是一种震撼和解脱。因为，在中韩交往中，中国"不得不顾及到避免伤害与朝鲜长久以来所保持的友好关系"，① 而苏韩建交让中国卸去了很大的道德包袱，为中韩建交扫除了一大障碍。

中韩建交步伐加快同时也基于朝韩关系的改善以及金日成对"南北分别加入联合国"提案看法的改变。进入20世纪90年代，朝鲜开始推行全方位外交，朝鲜对南北双方加入联合国的态度发生转变。起初朝鲜在半岛统一问题上仍坚持在实现"联邦制"后以一个国号加入联合国，而且重申了在一个国家、一个民族、两个体制、两个政府的前提下，实现联邦制的统一方式。② 但东欧剧变、东西德统一和苏韩建交使国际局势对朝鲜很不利，而韩国却在政治和经济上都占据了绝对优势，并把加入联合国问题同南北对话和统一问题分开，特别是苏韩建交扫除了韩国单独加入联合国的巨大障碍，因此，韩国加紧在国际上制造单独加入联合国的外交攻势。其实，早在1975年，韩国因南北双方分别加入联合国方案受挫时就提出了单独加入联合国的方案。此时，韩国手握两种方案，不管哪种，只要加入联合国就行，占尽了天时。而且，国际格局大变动下的中国对韩国加入联合国的提案已不再反对，1991年5月，中国向朝鲜表达了支持朝鲜以联邦制方式实现统一的主张，支持朝鲜加入联合国，但不否决韩国加入联合国的意向。③ 当中苏已不再阻止韩国加入联合国时，金日成感觉到一味的反对不是良策，如果韩国单独加入联合国会对朝鲜更加不利，因此修改自己的主张，同意南北同时加入联合国，9月17日，南北双方正式成为联合国成员。南北加

---

① 〔美〕詹姆斯·麦格戈、戴蒙·达林：《北京通往汉城的经济桥梁》，《编译参考》1992年第3期。
② 郭学堂：《东北亚战略四边形格局与朝鲜半岛统一问题》，载复旦大学韩国研究中心编《韩国研究论丛》（第三辑），上海人民出版社，1997，第63页。
③ 张树德著《红墙大事2：中国革命和建设过程中历史事件真相》（下册），中央文献出版社，2006，第746页。

入联合国已经坐实了"两个朝鲜"的存在,尽管朝鲜从没公开声称放弃"一个朝鲜"的原则,但已默许"两个朝鲜"的存在。同一时期,南北关系也得到进一步的缓和与改善,双方签订了和解协议书与无核化宣言。

中国同意韩国加入联合国,从事实上证实了中国已经接受交叉承认的议案。因此在中韩建交时,中国为了兼顾朝鲜,提出以交叉承认的方式推动朝美、朝日关系正常化,作为对朝鲜的补偿。但韩国态度发生转变,拒绝交叉承认的方案,称只有在朝鲜严格执行核核查的情况下,韩国才会同意交叉承认的有效性。而且韩国认为,韩苏建交时没有牵涉交叉承认问题,因此,韩中建交也应转化为两国双边问题,不应牵涉多国多边。① 中国因为韩国放弃韩台关系,就没有坚持此议案。事实上,韩国是追随美国否决了中国交叉承认的建议,一位韩国外交官后来说,美国坚持在朝鲜核问题得到解决以前,不会改善同朝鲜的关系。韩国采取了同步行动。② 在交叉承认问题上美韩之所以转变态度,主要是苏韩建交造成的后果。苏韩建交后,卢泰愚就称:"同苏联关系的发展给我们带来了经验,我们将以同样的方法改善同中国的关系,这将是外交日程上的重要步骤。"③ 苏韩建交让韩国受益匪浅,成为韩国外交史上的转折点。苏韩建交让美韩看到,不用交叉承认方案、不用付出代价就可以达到目的,何必还将朝鲜捆绑在一起呢。因此,苏韩建交使中国失去以交叉承认为砝码换取美日对朝鲜的承认和建交。在美日韩看来,此时交叉承认的交易已经因为苏联的倒戈而不合算了。而且此时俄朝关系恶化,若再实行交叉承认,反而会将中朝紧紧捆绑在一起,对本来已经千疮百孔的同盟关系不是落井下石,而是雪中送炭。因此,韩国秉承美国的意思拒绝了交叉承认,以此来离间中朝关系。

---

① 魏敬民:《中韩两国建交始末》,《党史天地》2002 年第 10 期,第 17 页。
② 友平等:《大幕前后的较量:敌对势力阴谋颠覆中国实录》,西南交通大学出版社,1993,第 423 页。
③ 魏敬民:《中韩两国建交始末》,第 16 页。

中国没有坚持交叉承认也有多方面的考虑。一是，韩国承诺放弃韩台关系。台湾问题是中国最敏感、最核心的问题，中国对台湾的立场跟朝鲜对韩国的立场一样，更难以容忍"两个中国"的分裂方案，因此，中国默许了以牺牲中朝关系换取韩台关系的断交。二是，中韩建交已是大势所趋，中国宣称的不结盟政策使中国难以以中朝同盟为理由拒绝跟韩国建交。三是，朝核问题凸显出来，美日与朝鲜建交的前提已不是交叉承认，而是朝鲜严格遵守无核化政策。中国在使美日与朝鲜建交上已经没有谈判的砝码，也无能为力。四是，中国认为中韩建交有利于改善朝韩关系，卢泰愚也曾一再强调，韩国必须打开中国的大门，才能打开朝鲜的大门。① 而且，韩国同意中国保留与朝鲜的盟约，如果以跟朝鲜断交换取跟韩国建交的话，中国肯定不会同意，因此，中韩建交并非对朝鲜的完全背叛。在此情况下，中国选择了与韩国建交，而没有选择跟盟友站在一起。

朝鲜对中韩建交虽然没有公开批评，但中国的举措仍使之有被抛弃、被孤立的感觉。事实上，金日成反对的并非是中韩建交本身，而是要求中国帮助调整朝美关系，希望以交叉承认为契机改善与美关系。但中国称，从长远看，中韩建交对于改善朝鲜和美国、日本的关系非常有利。② 中朝政策已难以实现同步，当朝鲜寻找不到可靠的盟友时，它选择了核武，核武不会背叛它。事实也证明，中韩建交再次失去了真正推行交叉承认的绝好机会。

中韩建交使美日韩没有付出承认朝鲜的代价就完成了自己所要的目标，可谓是实现了交叉承认的突破。但这种突破不是在"北三角"集体行动和达成共识下实现的，而是因为"北三角"的严重分裂造成的。当中苏分裂时，尚有朝鲜这个连接桥梁，不至于出

---

① Lee Hong Yung, "South Korea in 1992: A Turning Point in Democratization", *Asian Survey*, Vol. 33, No. 1, January 1993, p. 4.
② 钱其琛：《外交十记》，世界知识出版社，2003，第157~160页。

现整个集团的崩溃，而当苏联的倒戈使苏朝关系分裂时，再加上中韩建交，"北三角"完全失去可以跟"南三角"叫板的筹码。对"南三角"来说，似乎没有必要再提交叉承认问题了，中苏与韩国的建交已经令这一方案取得了出乎意料的成效，也失去了原来的意义。总之，苏联的解体成为压垮"北三角"阵营的最后一根稻草，"北三角"分崩离析，虽然"北三角"阵营中还有中朝延续着同盟关系，但同盟关系甚是脆弱，都已不敢轻易地信任对方了。

三　后交叉承认时期

自1992年9月始，朝鲜半岛问题跨入了后交叉承认时期。之所以称为后交叉承认时期，是因为交叉承认中提到的苏韩、中韩关系正常化已经实现，而美朝、朝日关系正常化尚未实现，那么，交叉承认议案是否还有效？对于这个问题，尚鲜有人讨论。

对美日韩来说，交叉承认问题终结似乎胜于延续。三国虽然没有明确表态交叉承认已经失效，但他们在韩国跟中苏建交中所表现出的态度已经昭示着交叉承认的无效。韩国跟中苏建交之后，美国不再提冷战期间历届政府一再宣示的"只要中苏跟韩国改善关系实现关系正常化，美日就会跟朝鲜改善关系实现关系正常化"的承诺。此时，美日所关注的已不再是中苏、中韩建交和韩国加入联合国的问题，而是朝核问题。自1992年出现朝鲜拒绝核查争端以来，美国极力挤压和孤立朝鲜，比冷战时期的言语更加恶劣和极尽丑化之能事，冷战思维一直根深蒂固地残留在美国的大脑里。而且，美国捆绑在美朝关系正常化列车上的东西已经变更为朝韩关系改善和朝鲜弃核。美国国务卿希拉里一面继续向朝鲜描绘美朝关系正常化的美好前景，一面安抚韩国美韩同盟"不可动摇"，强调在韩朝关系缓和前美朝关系"不会改变"，声称美朝双边关系正常化并签署永久和平条约的前提是朝鲜弃核。这种美朝韩关系"捆绑销售"的方式简直是交叉承认的翻版,① 不过,已不再具有交叉承认的实质。

但是,朝鲜会答应美国新的交换条件吗? 老实说,不会。因为这取决于朝鲜是否相信美国的承诺。美国曾宣称只要中苏跟韩国关系正常化,美日就会跟朝鲜关系正常化,美国没有兑现。美国曾宣称只要朝韩关系改善和朝鲜弃核了,美日就会跟朝鲜关系正常化,第一次朝核危机化解和南北和解之后,美国没有兑现。朝鲜连中国都不信任了,还会再信任开口头支票的美国吗? 之所以说朝鲜不再信任中国,是因为,经过背叛之后而修复的中朝关系无法完全和好如初,朝鲜已非昔日的朝鲜,中国也怕被同盟关系束缚手脚,极力淡化与朝鲜的同盟关系而转向实利关系,朝鲜虽不愿与中国过度恶化,但也在试图摆脱中国的影响,对华若即若离。正如有些学者分析,中朝关系的恢复不是因为理念及战略思想共鸣的扩散,而是基于当前的战术利益,而且这一特点将继续制约中国对朝鲜变化过程的影响。② 事实上,朝鲜对外关系的重点已转化为对美关系,美朝关系重于中朝关系,对华关系受制于对美关系,对华关系取决于在对美关系中对华的需要。

那么,美国为什么一再失信于朝鲜呢? 根源在于美国在东北亚的利益判断和定位。对美日韩来说,他们更愿看到的是朝鲜的崩溃而不是与之关系正常化。美国对朝鲜没有太多的利益需求与关注,更多地想借助朝鲜问题插手东北亚事务,遏制中国,实现在东北亚的利益。美国不过把朝鲜半岛作为寻求东北亚利益的平台与跳板,项庄舞剑,意在中国。美国不跟朝鲜实行关系正常化,正好可以给予其插手亚太、遏制中国的口实与工具。一旦美朝关系正常化,美国在韩国、日本驻军的基础就会消失,美韩、美日双边同盟体制存在的合理性也会受到质疑,如果美国驻军与同盟体系瓦解,等于美国亚太战略的重大收缩。美国留下朝鲜问题,也就给自己留了一条

---

① 吴铮:《美朝韩关系"捆绑销售"》,《南方都市报》2009 年 2 月 21 日。
② 李南周:《朝鲜的变化与中朝关系——从传统友好合作关系到实利关系》,《现代国际关系》2005 年第 9 期,第 53 页。

通向亚太的道路。美国拒绝交叉承认虽然失去了解决朝核问题的机会，但是攫取了插手东北亚事务的机会。由此可见，美国以朝核作为关系正常化的交换条件也是借口，朝鲜真正弃核之后，美国也不会轻易实现美朝关系正常化，这也正是朝鲜所担心的。

对中俄来说，将交叉承认问题重新提上日程，未尝不是解决朝核问题的一个有效方案。不管当初中苏是以什么方式跟韩国建交的，但中苏跟韩国建交了，从事实上履行了交叉承认的议案，美日也应该遵守承诺和推行自己一再宣扬的议案，实现与朝关系正常化，然后再来解决朝核问题。朝鲜与美日实现邦交正常化是实现周边四强对朝鲜半岛南北双方交叉承认，从而在全球范围内最后告别冷战格局在朝鲜半岛形成制度性安全保障的关键所在。① 正如朝鲜一再坚持的，弃核和关系正常化可以脱钩，关系正常化本身是为了朝鲜半岛的无核化，并不是说朝鲜弃核是为了跟美国关系正常化。② 重提交叉承认可以给美朝之间先弃核还是先关系正常化这一鸡生蛋还是蛋生鸡问题一个台阶下，也可促使美朝建立信任机制，消除朝鲜的疑虑，才能真正解决朝核问题，一味强权主义的逻辑是无法使弱国真正俯首帖耳的。尽管这一提案在现在看来是多么不具有现实性，但未尝不会迎来峰回路转。

总之，交叉承认是多边关系试图融合双边和三角关系的一种多边主义机制，这里面包括六对双边关系，三对三角关系，即美中苏大三角和中苏朝以及美日韩两个小三角，关系错综复杂，甚是微妙，三角关系是基辛格倡导的多级均势外交，它是一种不稳定的关系。③ 总体来说，冷战时期，两个小三角的关系服从美中苏大三角的变迁。在美中苏大三角关系的博弈中，中美、美苏双方和中有斗、斗

---

① 张玉山：《朝日关系的现实与未来》，《东北亚论坛》2001年第3期，第25页。
② 李玉珍：《朝鲜弃核与美朝关系正常化可以脱钩》，凤凰卫视2009年2月19日，http://phtv.ifeng.com/program/zhtfl/200902/0219_1687_1022930.shtml。
③ 詹姆斯·多尔蒂、小罗伯特·普法尔茨格拉夫：《争论中的国际关系理论》，世界知识出版社，1987，第180页。

而不破，但缓和并不代表着友好，在任何一方看来，任何其他两方关系的靠近，都被认为是在打牌，制约自己。中苏朝小三角是最不稳定和最具"家长作风"的一个三角关系，起初以苏联为轴心，但稍后，中国不服苏联的"家长式作风"，处处与之作对，致使中苏分裂，朝鲜夹在中苏之间左右为难，赖以维系这个三角关系的纽带就是跟美日韩小三角的敌对。相比而言，美日韩三角关系运转得最为良好。该三角以美国为轴心，以美韩同盟和美日同盟为基石，在许多重大外交问题上均唯美国马首是瞻，[1] 虽然内部有分歧，但在对付中苏朝小三角上步调完全一致。韩日不仅配合美在美中苏大三角中进行战略争夺，而且在跟中苏朝小三角的对峙中表现出顽强的团结和相互顾及。典型的一个事例就是20世纪90年代初日朝谈判建交时，日本严格遵循韩国提出的"日韩优先协商"的原则和美国提出的把朝鲜接受核查作为日朝邦交正常化先决条件的主张，[2] 美日韩三角同盟关系成为日朝关系正常化的严重阻碍。而且，无论韩日之间多么相互防备与遏制，只要美日、美韩同盟存在，韩日游离的缰索都不会被挣断。冷战后，东北亚国际社会重新洗牌，"北三角"几乎荡然无存，而"南三角"依然根深蒂固。交叉承认是否卷土重来，也将拭目以待。

Game of Boundary Powers on the Cross Recognition Issue of Two Koreas

Zhu Qin

Abstract During the Cold War, the United States addressed a

---

[1] 肖刚：《中美日三角关系的不对称性与应对之策》，《现代国际关系》2008年第8期，第34页。
[2] 〔日〕《朝日新闻》1990年11月4日。

proposal of cross recognition of two Koreas, that is, China and Soviet recognized South Korea as well as the United States and Japan gave a diplomatic recognition to North Korea. However, two different blocs of the United States and Soviet had the definitely oppositional difference on this proposal, and though every country had changed its postures with the ever-changing international situation, they still couldn't reach an agreement. This article is written on three periods of the cross recognition issue, which is the period of South Triangle Bloc confronting North Triangle Bloc, the period of North Triangle Bloc disuniting and the period of post-cross recognition issue. In fact, the cross recognition was a proposal which tried to settle the Korean Peninsula issue on the approach of bilateral negotiations under the six participators, which was an multilateralism attempt that tried to integrate the bilateralism with the multilateralism, and which had the rich colors of the binding diplomacy, the package diplomacy and the bloc diplomacy.

Key Words Cross Recognition; South Triangle Bloc; North Triangle Bloc; the Bloc Diplomacy

【审读：蔡建】

韩国外贸发展的经验及其对中国的启示

沈万根

【内容提要】 中韩两国之间毗邻的地理位置、相似的传统文化、不同的经济发展阶段以及互补资源禀赋的结构等因素,不仅使中韩两国经济贸易关系得到了迅速发展,而且使中韩两国都处于重要的经济发展时期。因此,客观分析韩国对外贸易发展过程,总结韩国对外贸易发展的经验教训,对促进中国对外贸易发展具有积极的借鉴和启示意义。

【关键词】 韩国　对外贸易　经验教训　借鉴与启示

【作者简介】 沈万根,博士,延边大学社会科学基础部教授,学科主任。

　　一国的生产和流通超出国家范围的限制时,往往通过参与国际分工和利用国际市场方式来解决问题,这时该国的生产与流通也就构成了世界各国再生产过程的一个组成部分。因此,国家之间的相互贸易对一国经济以及其他国家经济的发展具有十分重要的作用。韩国发展对外贸易同样对韩国国内社会经济发展等方面起着重要的推动作用。综合分析与客观评价韩国对外贸易发展的状况及其经验教训，对促进中国对外贸易发展具有积极的借鉴和启示意义。

一 韩国对外贸易发展的状况

从20世纪60年代中期到90年代中期的30年间，韩国保持了7%~9%的高经济增长率，这一时期，国民收入也增长了100倍。1995年韩国对外贸易额达到了2602亿美元，其中贸易出口额为1250亿美元，居世界第12位。进入21世纪以后，韩国对外贸易进一步得到发展，2000年贸易总额达到3327亿美元，2004年贸易额上升为4783亿美元，出口额突破了2000亿美元，实现了贸易顺差293亿美元（参见表1）。2009年贸易总额为6866亿美元，实现了贸易顺差404亿美元，居世界第9位。[①]

韩国对外贸易发展的历程，可大致分为以下四个阶段。

第一，经济恢复时期（1945~1961年）的对外贸易政策。光复以后到1961年期间，韩国经历了从摆脱日本帝国主义殖民统治到建立自主经济体制的过程，其中还因朝鲜战争而受到严重的破坏，战后又经历了一段恢复重建时期。这一时期，为了尽快恢复国民经济的发展，韩国政府以"进口替代战略"为依据先后实施了统制贸易、综合性计划贸易、出口振兴对外贸易等政策。由此，韩国经济得到了相当程度的恢复和发展。但是，这一时期韩国并没有形成自主贸易发展模式，而是主要依靠外援来求得生存和发展，这使韩国走上了一条"对外从属发展"之路。

[①] 韩国知识经济部：《2009年进出口动向及2010年进出口展望》，报道资料，2010年1月1日，第2页。

表1 韩国进出口贸易总额变化情况（通关为准）

单位：亿美元，%

年份	贸易总额	出口（增长率）	进口（增长率）	贸易收支（增减额）
1995	2602	1250（30.3）	1351（32.0）	-101（-37）
1996	2801	1297（3.7）	1503（11.3）	-206（-105）
1997	2808	1362（5.0）	1446（-3.8）	-84（122）
1998	2256	1323（-2.8）	933（-35.5）	390（474）
1999	2634	1437（8.6）	1198（28.4）	239（-151）
2000	3327	1723（19.9）	1605（34.0）	118（-121）
2001	2915	1504（-12.7）	1411（-12.1）	93（-25）
2002	3146	1625（8.0）	1521（7.8）	103（10）
2003	3726	1938（19.3）	1788（17.6）	150（47）
2004	4783	2538（31.0）	2245（25.5）	293（143）
2005	5457	2844（12.0）	2612（16.4）	232（-62）
2006	6348	3255（14.4）	3094（18.4）	161（-71）
2007	7283	3715（14.1）	3568（15.3）	146（-15）
2008	8573	4220（13.6）	4353（22.0）	-133（-279）
2009	6866	3635（-13.9）	3231（-25.8）	404（537）

资料来源：根据韩国贸易协会、国际贸易研究院资料整理。

第二，经济发展时期（1962～1979年）的对外贸易政策。为了发展国民经济，同时为实现经济现代化，这一时期，韩国政府在对外贸易政策上分别提出了"政府主导型战略"和"出口主导型战略"，采取出口贸易奖励和进口贸易限制政策，并追求贸易自由化政策和多样化出口贸易政策，从而实现了出口贸易额从1964年的1亿美元增长到1977年的100亿美元的目标。[①] 韩国不仅在外向型经济发展道路上实现了经济起飞，同时还取得了令人瞩目的经济高速增长的好成绩，并创造了"汉江奇迹"，从而使韩国步入了"新兴工业化国家"的行列，创造了韩国对外贸易史上的"出口立

---

① 韩国贸易协会、国际贸易研究院：《主要贸易动向指标》，韩国贸易协会，2008，第16页。

国"的神话。不过,这一时期韩国经济的对外依赖度也逐渐加深。1960年韩国对外贸易依存度仅为16.7%,但到1970年上升为42.7%,到1979年则上升为72.7%(参见表2),如此之高的贸易依存度,自然引发了贸易通商摩擦。

表2 韩国的贸易依存度(1962~1979年)

单位:%

年份	出口依存度	进口依存度	贸易依存度	年份	出口依存度	进口依存度	贸易依存度
1962	6.1	16.9	23.0	1975	31.4	42.6	74.0
1965	9.6	16.0	25.6	1977	37.2	37.8	75.0
1970	16.5	26.2	42.7	1978	36.2	39.5	75.7
1973	33.3	37.2	70.5	1979	32.5	40.2	72.7

资料来源:韩国贸易协会、国际贸易研究院:《主要贸易动向指标》,2008,第17页。

第三,经济稳定增长时期(1980~1996年)的韩国对外贸易。20世纪80年代初期,为了减少国际收支中的严重逆差,韩国政府把对外贸易的重点放在强化出口竞争力上,实施扩大出口产业化的贸易政策,到1986年韩国首次实现贸易顺差。但是,20世纪80年代后期,由于出口的急剧增长,导致通商摩擦频发,所以韩国政府把对外贸易的重点放在消除国际通商摩擦、实施促进进口自由化的贸易政策上。进入20世纪90年代以后,随着出口的停滞、劳动者福利要求的提高以及国际贸易新秩序的出现,韩国政府实施了加强产业竞争力、提供海外市场开发资金、设立出口保险公司、对联营大企业的贸易金融予以支持等促进出口增长的措施。到1995年,韩国出口额突破了1000亿美元大关,[①] 步入了"贸易大国"的行列,实现了人均GDP 1万美元的目标,进入了富国的行列,并在1996年加入了经济合作与发展组织(DECD)。

---

① 韩国贸易协会、国际贸易研究院:《主要贸易动向指标》,第9页。

第四,东南亚金融危机后(1997~2009年)的韩国对外贸易。为了克服东南亚金融危机,进一步发展对外贸易,韩国政府采取贸易自由化及贸易管理政策、力求保持顺差的贸易政策、积极参加多边贸易体系的通商贸易政策等一系列对外贸易政策。其结果:从1998年开始,韩国重新实现了贸易顺差,即当年实现了390亿美元的贸易顺差,[①] 结束了20世纪90年代前半期一直持续的贸易逆差的局面。韩国不仅克服了金融危机,还迅速实现了由IMF管理体制向FTA体制的转型。2008年,全球性危机再度爆发,韩国政府为了应对这次"百年不遇"的全球性金融危机,采取了各项积极的措施。不过,目前还没有摆脱全球经济大环境恶化的局面,韩国出口贸易还将面临诸多严峻的考验。

总之,半个多世纪以来,韩国对外贸易发展对国民经济发展有着积极的影响。韩国出口贸易不仅带动了经济的快速增长,而且出口对韩国经济增长的贡献率总体上占较高的比重。它不仅带动了纵横或者前后关联的产业,而且也带动了运输、保险等附属产业,不仅带动了许多相关产业的经济发展,增加了与此相关的家庭、企业、政府的收益,而且还解决了国内很多人的就业问题。与此同时,韩国进口贸易确保了国内生产所需的原材料,提高了国内产业的竞争力,改善了国内消费者的生活方式,在对国外新技术的引进等方面也有着积极的影响。

二 韩国对外贸易发展的经验

在实现工业化发展目标的过程中,韩国根据国内外社会经济发展的变化及时采取了有效的对外贸易发展战略,使其经济取得了举世瞩目的发展成果。在这一发展过程中韩国也积累了一些经

[①] 韩国贸易协会、国际贸易研究院:《主要贸易动向指标》,第9页。

验。

第一,韩国实施政府主导型出口贸易战略,以出口增长带动整个社会经济发展。韩国实施了以"出口至上"为基本的对外贸易导向的出口外销战略和市场多元化战略。同时,韩国为了壮大企业,制定了相应的国内产业保护法规、关税及进口限制、减免税制,极大地促进了国内资源集中于出口产业的发展。随着20世纪60年代韩国计划经济发展的实施,逐步实现了进口替代工业化到出口外向型工业化的转变,并以发展轻工业来实现劳动密集型生产的急剧增长,形成了出口的规模。到了20世纪70年代,韩国加大了对出口主导型重化学工业的建设,采取了产业结构高度化战略措施,重点发展了钢铁、石油化工、机械、造船等重化学工业。1998年金融危机以后,韩国为了克服IMF管制和经济危机,进行了结构调整。并采取积极措施发展韩国的对外贸易,极大地促进了韩国经济持续健康的发展。

第二,韩国在发展对外贸易中实施外向型贸易战略,实现了劳动密集型产业向资金、技术密集型产业的转变。自20世纪50年代后期开始,韩国的内需消费资料产业向进口替代产业转换,并大力发展劳动密集型产业。20世纪60年代后期,随着合成纤维、电子机械、石油化学等外向型产业政策的推进,纤维、假发、鞋类、造纸等劳动密集型出口实现了产业化,在强有力的政府主导下,实现了急剧的出口增长。到了20世纪70年代,韩国为了发展技术密集型产业,实施了出口主导型重化学工业建设和产业结构高度化战略,重点发展了钢铁、石油化学、机械、造船等重化学工业。20世纪80年代以后,韩国则立足于比较优势,集中培养了具有国际竞争力的技术密集型情报、技术产业,跨入了先进工业国的行列。1998年以后,韩国积极参加多边贸易体系,构筑了开放地域经济协作的基础。[1] 这种外向型战略,使资源、市场、资本、技术等许

---

[1] 〔韩〕李南九:《韩国贸易》,贸易经营社,2004,第244页。

多部门，形成了依靠海外市场发展壮大的局面。

第三，韩国在发展对外贸易中实施加工贸易战略，实现了高附加值产品的生产。20世纪60年代，韩国在可用资源和资金相对匮乏的条件下，经济增长主要是依靠教育水平相对较高的廉价劳动力大力发展劳动密集型加工业实现的。它的生产产品主要集中在胶合板、铁板、纺织品、服装、纤维等劳动密集型轻工业加工产品。劳动密集型出口加工业的迅速发展，使韩国的产业结构发生了重大变化。20世纪70年代后半期，韩国的产业结构为单纯的加工贸易产业结构，主要集中在消耗能源的石油化学、非铁金属、水泥等产业上。20世纪80~90年代，则转换为机械、电器、电子、汽车、精密机械等组装加工贸易型产业，这些产业既能节约资源，又能获得较高的附加值。1998年以后，以附加值额为标准，在韩国的制造业中，加工组装型贸易所占的比重呈现出持续增长的态势。

然而，韩国对外贸易在高速增长的同时，也不可避免地带来了许多弊端和难以解决的矛盾。主要表现在以下几个方面。

一是韩国对外贸易依存度现象越来越严重。韩国实施出口主导型经济发展战略之后，由于国内资源不足，不得不从海外进口大量的原材料和设施材料，使其贸易依存度越来越加深。例如，1962年贸易依存度为23%，1970年为42.7%，到1981年则为68.1%。进入20世纪90年代以后，韩国贸易依存度的比重降至50%。但是，到了1998年则增长到60%以上，2000年为65%，2004年为70.2%，2007年为75.1%，[1] 2008年韩国对外贸易依存度大幅上升，并首次突破90%，这意味着韩国经济更容易受到全球市场环境变化的影响。

二是韩国对外贸易中主要进出口商品的偏重现象严重。20世纪60~80年代，主要出口以纤维产品、胶合板、假发等轻工业产

---

[1] 韩国贸易协会、国际贸易研究院：《主要贸易动向指标》，第16页。

品为主，进口以原木、原油等商品为主。进入 2000 年以后，主要出口商品集中在半导体、汽车、无线电通信、电脑、船舶等产品上，而进口商品则集中在原油、半导体、天然气、石油产品、钢板等产品上。这不可避免地造成主要出口市场的贸易摩擦和出口的不稳定现象。

三是韩国对外贸易中出现了偏重于出口市场的现象。1962～2007 年期间，贸易对象国和地区由最初的 33 个增加到 227 个，[①]但仍偏重于美国、日本和中国。这种出口市场的偏重无疑使其相关商品的需求受美、日等国市场变化的影响。这自然导致韩国贸易不稳定的现象。

三 韩国对外贸易发展对中国的启示

中韩两国虽然实行的社会经济制度不同，但两国之间毗邻的地理位置、相似的传统文化、不同的经济发展阶段以及互补资源禀赋的结构等因素，促使中韩两国经济贸易关系得到了迅速发展。中韩两国不仅在经济发展模式上有许多相似之处，而且两国都处于重要的经济发展时期。因此，韩国对外贸易发展的经验教训，对我国对外贸易发展具有积极的启示。

1. 推进出口品牌战略，提高产品的国际竞争力

改革开放 30 多年来，我国的对外贸易额有了飞速发展，并在世界经济中占据着越来越重要的地位，但是我国的对外贸易大多集中在低附加值产品和产业上。在出口商品中，我国真正拥有的自主品牌产品并不多，即使在拥有自主品牌的产品中，我国出口的产品也往往是低端、低档产品。我国是一个贸易大国，也是一个制造业大国，但却是一个品牌小国、品牌弱国，与世界品牌相比有很大的差距。那么，我国目前应该怎样从贸易大国转变为贸易强国

---

① 韩国贸易协会、国际贸易研究院：《主要贸易动向指标》，第 17 页。

呢？韩国在这一方面所积累的一些经验，如为了进入贸易强国行列，韩国不断优化出口商品结构，积极推出研发国际品牌产品的战略，培育新的出口主打产品，提高出口产品的国际竞争力，努力实现品牌产品的多样化，并且对于已列入国际品牌行列的产品也进行系统、严格的管理等，为我国对外贸易发展提供了极其宝贵的经验。因此，我们必须做好以下几个方面的工作，以积极推进出口品牌战略。第一，结合我国对外贸易发展的实际情况，要建立实施出口品牌战略具体指标体系，即出口品牌战略的具体组织指标体系、出口品牌的具体评估指标体系、出口品牌的具体监督和淘汰指标体系等。第二，建立出口品牌战略的政策支持体系。即加大对实施出口品牌战略的资金投入，增强政策性金融手段的支持力度，促进电子信息、软件及生物医药等重点高新技术品牌产品的出口，提供便捷通关服务，促进高新技术产品出口等。第三，在实施出口品牌战略过程中，要建立出口品牌战略信息服务体系，为地方政府和企业提供产品出口的信息交流与服务平台，即积极探讨建立实施出口品牌战略的公共信息服务平台；建立完善品牌出口企业的信息联络和反馈制度，及时掌握企业创建品牌过程中的动态情况，为企业提供政策与市场需求信息，以指导全国的出口品牌建设工作以及引导各省出口品牌战略工作的顺利进行。第四，在实施出口品牌战略过程中，要以出口品牌为纽带组建企业集团，形成出口品牌的合力。在组建的过程中，要把一些企业处于低效益状态的资产转移到高效益状态，进而实现产品的结构调整，不断提高出口品牌产品在国际市场上的竞争力，培育出口品牌产品。

2. 应对贸易摩擦，实现对外贸易平衡发展

经过 30 多年的对外开放，中国已成为贸易大国，贸易顺差呈整体递增趋势。2003 年，中国的贸易顺差额为 255.4 亿美元；2005 年，贸易顺差额高达 1018.8 亿美元；2006 年达到 1774.7 亿美元，同比增长了 74.2%；2007 年为 2622 亿美元；2008 年实现贸易顺差额为 2954.59 亿美元。① 2009 年，中国受国际金融危机的影响，外贸进出口大幅下挫，实现贸易顺差额为 1690 亿美元。② 中国国际贸易地位的提高和对外出口的增加，特别是近期发达国家经济增速放缓，新的贸易保护主义有所抬头，我国面临的对外贸易摩擦越来越多。我们在对韩国对外贸易发展过程的研究中可以看出，在对外贸易收支中，对外贸易顺差的不断扩大和对外贸易依存度的持续偏高，容易产生对外贸易摩擦。韩国对外贸易顺差的主要对象国和地区是中国、美国以及欧盟。从 1986 年开始，韩国进入了贸易顺差时代，但对美国的贸易顺差是从 1982 年开始的，尤其是 1998 年以后，随着韩美贸易的持续增长，两国之间的贸易摩擦时有发生。中韩两国建交以后的第二年，韩国对中国的贸易出现了顺差，尤其是 2003 年出现了很大的贸易顺差额，中韩之间的贸易摩擦也在增加。③ 韩国一直处于贸易逆差的国家是日本。韩国对日本进口依存度的深化也带来了韩日之间的贸易摩擦。这些贸易摩擦也影响了韩国对外贸易的正常发展。因此，我国要借鉴韩国对外贸易发展的经验教训，应对贸易发展中存在的摩擦，需做好以下几个方面的工作。

一是深化外贸体制改革，健全和完善各项制度。借鉴韩国实行政府主导出口发展战略的做法，在解决与主要国家贸易摩擦的过程中，我国政府应该充分发挥主导作用，以外贸体制改革为突破口，尽快加强与其他国家之间的协调。同时，进一步完善我国反倾销、反补贴保障措施以及技术性贸易壁垒的法规体系，建立符合国际惯例的贸易救济体系，加快与对外贸易摩擦相关的产业损害预警机制的建设，健全应对贸易摩擦快速反应机制和敏感产业损害预

---

① 海关总署：《2008 年中国实现贸易顺差 2954.59 亿美元》，2009 年 1 月 13 日，第 1 页。
② 海关总署：《2009 年中国实现贸易顺差 1690 亿美元》，2010 年 1 月 10 日，第 1 页。
③ 张宝仁、曹洪举：《近期中韩经贸合作现状与前景分析》，《东北亚论坛》2008 年第 3 期，第 85 页。

警机制。

二是继续实施出口市场多元化战略，积极开拓新兴市场。在复杂多变的世界经济格局中，出口市场多元化战略对于一个国家减少贸易摩擦、保持外贸平衡发展、维护本国经济安全都具有重要的意义。韩国政府为了解决出口市场偏重现象，实行了出口市场多元化战略，对美日出口比重由1962年的64.7%降至2007年的19.4%，逐步减少了对外贸易摩擦事件。中国目前对美国、欧盟、日本等传统市场的出口依赖程度仍很高，所占比重在60%以上。[1] 因此，为了减少出口市场过于集中带来的贸易摩擦，中国可以借鉴韩国对外贸易发展的做法，实施出口市场多元化战略。今后，中国在继续开拓传统的欧盟和美国市场的基础上，有必要大力开拓中亚、西亚、南亚、非洲、拉丁美洲、俄罗斯等新兴贸易市场。[2]

三是积极参与和推动区域经济一体化建设。对外贸易摩擦的解决最终不是以牺牲对方利益为代价，而是要争取公平合理的贸易环境，达到双方的互利共赢。当今世界区域经济一体化是不断降低对外贸易壁垒，推进对外贸易自由化的过程。在此过程中需要双边或多边的不断磋商与谈判，由此可以使区域内贸易量迅速提高，并使贸易活动有序进行，减少对外贸易摩擦。因此，对中国主要贸易对象国的市场进行有效的管理和战略合作，要采取提高出口商品的档次，从而向市场挺进扩大的方案，要加速缔结中国与东盟之间以及中国与美日欧等主要贸易对象国之间的自由贸易协定。

3. 大力开展技术创新，提高加工贸易附加值

改革开放以来，凭借自身劳动力资源的比较优势，加工贸易已经成为中国出口创汇的主要来源，其规模也在不断地扩大，在中国对外贸易中占据着重要地位。据统计，1980年，中国加工贸易在

---

[1] 此数据是笔者根据历年《中国统计年鉴》数据计算出来的。
[2] 课题组：《后危机时代我国对外贸易的战略调整》，《国际贸易》2010年第1期，第13页。

整个对外贸易中所占的比重为 4.4%, 到 1990 年上升为 38.3%, 2000 年为 48.6%, 2007 年为 45.4%,① 加工贸易已成为我国外贸出口的主要方式。但中国的加工贸易发展仍然存在加工贸易产品技术含量低、产业结构没有得到优化、产业关联度较低等一些问题。从韩国加工贸易发展的经验来看, 在 20 世纪 60 年代工业化发展初期, 韩国主要是利用廉价劳动力的优势发展劳动密集型出口加工贸易。但是在"发展第一"、"出口第一"的理念下, 韩国实施了政府主导型重化学工业战略和出口主导型贸易战略, 及时对出口加工产业结构进行了调整。随着重化学工业的发展, 出口加工产业结构已由劳动密集型产业向资金密集型产业、技术密集型产业以及信息知识密集型产业转变。因此, 中国要正视在加工贸易发展中存在的问题, 借鉴韩国出口加工贸易发展的经验, 有必要采取以下几点措施。

一是大力开展技术创新, 提升产品附加值。只有从我国技术落后的实际出发, 鼓励开展技术创新, 推动技术进步, 才能从根本上提升我国的加工贸易产业结构。为此, 要注重自主研发, 积极促进加工产业的技术升级; 要在加工贸易企业内部设立技术研发机构, 及时了解国外高新技术动态, 为促进加工贸易的技术转移做好准备; 要制定相关政策鼓励加工贸易企业与外国企业的联合开发; 要引导企业由发展劳动密集型的加工贸易, 转向技术含量高、附加值高的加工贸易, 从而提升产品附加值, 增强加工贸易的创汇能力。

二是完善出口加工贸易产业政策, 带动加工贸易产业升级。要扶持国内原料工业, 鼓励加工贸易企业采用国内原料, 替代进口原料; 要制定合理的税收政策, 尽快按国际惯例对来料加工的税收政策加以修改, 为提高加工贸易国内采购率提供方便; 要加快出口退

---

① 金哲松、李军:《中国对外贸易增长与经济发展》, 中国人民大学出版社, 2008, 第 28 页。

税的进度，实现及时退税，提高加工贸易企业使用国产料件的积极性；要引导有条件的加工贸易企业向高新技术产业发展。要加大政策对产业导向的力度，引导外资逐步从传统产业转向新兴产业投资。

三是加强对出口加工贸易的监管。要实行出口加工区模式管理，这一监管模式的选择可以方便政府对加工贸易企业进行规范化管理；要不断出台和完善法律监管体系，尽快制定加工贸易准入规则，并改变各监管机构各自为政的现状，加强海关、外贸、税务等部门对加工贸易的联合监管，以增强监管的有效性；要严厉打击加工贸易走私违规活动，维护健康的对外贸易秩序，保护国内市场和企业。

四是实施"走出去"战略，发展中国的境外加工贸易。应积极鼓励具有技术、资金、管理等优势的国有大中型企业走向国际市场，为国有企业脱困开辟出一条新路，并形成以其为先锋的梯队发展模式和系列，互相配套、成片地带动国产设备、材料、技术出口，以促进地方经济的发展和国内产业的升级。同时，通过与东道国先进企业的合作，还可以学习国外先进的技术和管理经验，提高生产效率，挺进国外市场，这样可以提高我国出口企业和商品的国际信誉度。

4. 坚持扩大内需，实施出口与内需并重的战略

对外贸易依存度的高低可谓是一把"双刃剑"。我们应该意识到，任何国家的出口增长一方面会引发其国内经济的增长，但与此同时也隐藏着巨大的风险。从长期来看，国内市场狭小且内需不足的韩国只有以开拓世界市场为主要目标，继续实施以扩大出口为主、以扩大内需为辅的战略，才能促进其经济的发展。但是，随着对外贸易依存度的持续上升，韩国易受到贸易对象国的政治或经济动荡的影响，为此也付出过一些代价。我们必须吸取这种教训，根据自己的特点寻求独特的发展模式。中国是拥有13亿人口的大国，国内市场极为广阔，内需十分充足，因此没有必要选择以出口为中心的发展战略。然而,改革开放以来,中国经济的增长仍然是投资拉动型而不是需求拉动型,国内市场需求明显不足。依靠出口导向型的对外贸易政策使我国对外贸易依存度不断提高,由1978年的8.9%上升到20世纪80年代的10%~30%,继而上升到20世纪90年代的30%~40%。到2005年已达到60%以上,2007年又上升为66.2%。① 与韩国相似的外贸依存度,是中国经济发展的一种"潜在危险"。因此,中国应借鉴并吸取韩国实施出口主导型对外贸易发展战略的经验教训,积极适应当前国际国内新形势的发展变化,利用好对外贸易依存度这把"双刃剑",减少国际经济波动对中国经济造成的影响;应实施扩大出口与扩大内需并重的战略,以稳定中国的对外贸易依存度。

  中国是一个发展中国家,社会经济发展和人民生活的总体水平还很低,今后几十年,中国的经济、科技、教育以及其他各项事业都将有很大的发展。如推进城市化,建设城乡各种基础设施,满足城乡居民不断增长的物质文化生活需要,将会创造出巨大的国内需求。坚持扩大内需,实质上就是坚持发展,但这不是不要外需,它与大力开拓国际市场、积极发展对外经济贸易并不矛盾。我们必须正确处理扩大内需与稳定外需的关系,短期内要千方百计地稳定外贸,尽力减少损失,为扩大内需政策发挥作用,并赢得时间和空间。由此可见,中国积极适应当前国际国内新形势的发展变化,不但可以利用好对外贸易依存度这把双刃剑,而且可以减缓对外贸易摩擦和国际经济波动对我国经济造成的负面影响。正确处理扩大出口与扩大内需的关系,不但可以调整我国需求结构中国内需求和国际需求的比重,而且还可以通过积极地扩大内需,保持宏观经济持续、快速、稳定和健康的发展,进而稳定我国的对外贸易依存度。

  总之,韩国对外贸易发展模式以及遇到的问题对我国对外贸易发展的启示是多方面的。只有积极吸取韩国积极推进对外贸易发展

---

① 见统计学会编《1985~2007年中国对外贸易依存度表》,2008,第1页。

战略中的经验和教训,才能使我国对外贸易保持稳定、持续、健康地向前发展的态势,逐步实现我国全面建设小康社会的目标和社会主义现代化建设的目标。

Experience and Enlightenment of ROK's Foreign Trade Development

Shen Wangen

Abstract China and South Korea are adjacent countries with similar traditions and cultures. The economic and trade relationships develop rapidly between them though their economics are in different phases. The complementary of resource endowment and critical economic periods also enhance the relations of the two nations. So analyzing the process of foreign trade in South Korea and learning the experience of ROK will no doubt provide useful reference and enlightenment to our foreign trade.

Key Words South Korea; Foreign Trade; Experience and Lessons; Reference and Enlightenment

【审读:方秀玉】

朝鲜王朝关王庙创建本末与关王崇拜之演变（下）

孙卫国

【内容提要】明朝抗倭援朝战争期间，明朝将领在朝鲜半岛建造了关王庙，自此关王崇拜在朝鲜半岛生根发芽。此前，朝鲜半岛并无关庙，《三国演义》的传播与朝鲜的关王崇拜并无关系。尽管战后朝鲜百废待兴，但还是用三年时间将东关王庙建成，成为朝鲜关王庙的典范。随着国内外形势的变化，朝鲜国王由漠视关王庙变得热衷参拜关王庙。肃宗年间修缮全国各地的关王庙，并将祭祀仪式统一化、标准化，把明朝将领作为关王庙从祀的对象。从此，关王庙就成为朝鲜尊周思明活动的一个重要组成部分，受到朝鲜君臣的一致重视，成为朝鲜宣示正统的一个重要场所。19世纪以后，因为官方的倡导，朝鲜关王崇拜也由庙堂走向民间，关王崇拜本土化、关王形象则"韩国化"了。正因为关王庙被朝鲜不断地加入新的内涵，"刻划"新的标志，才被朝鲜王朝接受，并逐步演变而本土化了。

【关键词】关王庙　尊周思明　朝鲜肃宗国王　中华正统　刻划标志　中朝关系

【作者简介】孙卫国，哲学博士，南开大学历史学院教授、博士生导师。

三 朝鲜关王庙演变之原因及其象征意义

关王庙建成最初几十年间,为何朝鲜国王对于祭奠关王比较冷淡,肃宗时期为何突然热衷于关王崇拜?这与国内外形势的变化有何关系?而纯祖以后本土化转变的原因何在?朝鲜王朝的关王崇拜有何象征意义?

可以说,朝鲜王朝的关王崇拜,自始至终与明朝有着密不可分的联系。最初所建的六座关王庙,不是明朝将领创建的,就是在明朝皇帝倡议下由朝鲜修建的。假如不是壬辰、丁酉倭乱期间明朝出兵援朝,就不会有关王庙的东传。正是明朝派兵援朝,明朝将士在朝鲜半岛修建第一批关王庙,从而将关王崇拜"移植"到了朝鲜半岛,进而使得关王崇拜在朝鲜半岛生根发芽。所以,从一开始,就给朝鲜王朝的关王崇拜刻下了明朝的印记,着上了明朝的色彩。而随后朝鲜半岛关王崇拜的提倡与发展,也与明朝有着千丝万缕的联系。

朝鲜王朝是明朝的藩国,不仅政治与外交上自认是明朝的藩属,而且文化上对明朝也有着一种极强烈的认同感,对于明朝一直有着"慕华"与"事大"的心态。① 而明朝出兵,抗击侵朝日军,使朝鲜藩邦得以"再造",又在朝鲜君臣心目中增添了一种感恩的心态,使宣祖以下历代朝鲜君臣,皆以深受明朝拯救之恩而感激图报。"邦国亡而复存,宗庙绝而复祀,其为德至盛,自东方以来未

---

① 参见陈尚胜《论朝鲜王朝对明朝的事大观》,载《第三届韩国传统文化国际学术研讨会论文集》,山东大学出版社,1999,第 921~935 页;叶泉宏:《郑梦周与朝鲜事大交邻政策的渊源》,载《韩国学报——中韩文化关系国际学术会议论文集》第 15 辑,1998,第 97~114 页;叶泉宏:《权近与朱元璋——朝鲜事大外交的重要转折》,载《韩国学报——中韩文化关系国际学术会议论文集》第 16 辑,2000,第 69~86 页;孙卫国:《试论朝鲜王朝之慕华思想》,《社会科学辑刊》2008 年第 1 期,第 25~31 页;孙卫国:《试论事大主义与朝鲜王朝对明关系》,《南开学报》2002 年第 4 期,第 66~73 页。

始有也。"① 宣祖国王对群臣，"一则曰皇恩罔极，二则曰皇恩罔极，一念对越如在左右"。② 宣祖把明朝东征将领看成是具体施予"皇恩"的执行者，因而为了表示对东征将士的感激之情，他建造了许多碑、祠、庙，作为崇祀明朝东征将士的场所，而最主要的则是宣武祠和武烈祠。③

万历二十七年（1599）七月，朝鲜建宣武祠于汉城南，特别崇享明朝兵部尚书邢玠、经理杨镐，宣祖亲书"再造藩邦"匾额，揭于宣武祠。万历三十四年（1606），派谢恩使赶赴北京，千方百计摹得杨镐画像。④ 光海君二年（1610），将其画像奉安于武烈祠。肃宗三十年（1704），画像改为位版。英祖三十六年（1760），建一室于宣武祠东面，崇享明朝征东阵亡官兵。"一则继述先志，一则不忘皇恩。"⑤ 武烈祠则建于万历三十一年（1603）八月，祠在平壤府，崇享兵部尚书石星、提督李如松等明朝将领，并供奉其画像。⑥ 也就是在这样一种感恩心态下，尽管困难重重，朝鲜还是用三年时间，建成了东关王庙，可以说是另外一种感恩的行动。

宣祖末年，朝鲜刚刚从战争的伤痛中走出来，当时明朝尚存，故而他们对明朝的感恩之情，直接表现为怀念明朝的东征将士，所立之祠、庙、碑，皆是直接纪念这些将士的。关王庙虽然是明朝东征将士所修造，但是当时并没有将这些庙宇视作纪念明朝将士的另一种场所，而更多的是看成明朝移植过来的一种新神灵的崇奉之

---

① 《尊周汇编》卷8《万历庙庭碑铭》下册，首尔：骊江出版社，1985，第142页。
② 《小华外史》卷5，第303页。
③ 参见孙卫国《试论朝鲜王朝崇祀明朝东征将领的祠庙》，载北京大学韩国学中心编《韩国学论文集》总第11辑，2003年12月，第25～33页。
④ 具体经过，可参见《李朝宣祖实录》卷213，宣祖四十年闰六月癸亥，第736页。
⑤ 洪凤汉编著《东国文献备考》卷64《宣武祠》，首尔：明文堂，1959，第835页。
⑥ 参见《增补文献备考》卷64，第835页。

所，国王对于这个明朝"舶来"的神灵并不太了解，只是维持汉城东、南关王庙正常的祭祀活动。在清朝的武力征服并被迫臣服后，朝鲜由明朝的藩国变成了清朝藩国，但是文化心态上朝鲜却有着极强的优越感。将由满族建立的清朝视作"夷狄"，而朝鲜则是"小中华"，当明朝灭亡以后，朝鲜自认是明朝以来中华正统的继承者，故而文化心态上对清朝极端鄙视。孝宗年间，"北伐复仇"的情绪弥漫着朝鲜半岛，儒生高举着"复仇雪耻"的旗号，① 孝宗也暗下决心，力争实现其"北伐"的愿望，现实的紧迫感，使得朝鲜国王也无暇顾及关王庙。故而在近百年的时间里，朝鲜国王并不关注关王庙的祭祀，从未亲自去祭拜关公。

进入肃宗年间，清朝已是康熙年间，已平定了"三藩之乱"，国力强盛，四海升平。朝鲜君臣终于认识到所谓的"北伐"、"复仇雪耻"，不过是痴人说梦。现实中，朝鲜只得臣服于清朝，成为清朝的藩国，但是文化心态上，他们却以继承明朝以来的中华正统自居。这样一种内外完全相悖的心态，使得朝鲜必须寻找一种新的认同，作为其正统的象征。于是，他们高举尊周思明的旗号，宣告他们承继了明朝以来的中华正统，这样，与明朝相关的一切祠庙等场所都变得重要起来。肃宗二十九年（1703），肃宗参拜南关王庙，其曰："武安精忠大节，万古昭昭，予之所尝深慕，而送勑之后，历入遗庙，瞻拜塑像，旷感尤深，令人怒发冲冠矣。"随同的都承旨俞集则曰："圣上一念尊周，辞旨激切，可以鼓忠臣义士之气。"② 可见，将关王崇拜与尊周理念二者结合起来，由明朝将士所修建的关王庙，也就变成了朝鲜尊周思明理念中的一个非常重要

---

① 参见陈尚胜《论17～19世纪朝鲜王朝的清朝观演变》，《韩国学报》第16辑，2000，第89～102页；孙卫国：《朝鲜王朝尊周攘夷及其对清关系》，《韩国学报》第17辑，2002，第255～281页；孙卫国：《试论清初朝鲜之"复雠雪耻"理念及其演变》，即将刊于《九州学林》（香港城市大学中国文化中心）。

② 《朝鲜王朝肃宗实录》卷38，肃宗二十九年六月癸巳，第31页。

的组成部分，关王庙的地位也随之变得重要起来。关王庙祭祀有着几重象征意义。

首先，关羽对汉室的忠诚，正是朝鲜对明朝忠诚的一种象征，这种忠诚也是正统的一种重要保证，因而受到朝鲜国王的赞扬。

最初宣祖对关羽事迹几乎一无所知，相比较而言，肃宗对关公事迹则了如指掌，肃宗多次瞻仰关王庙，反复称颂关王之忠义。肃宗十七年（1691），肃宗祭拜关王庙后，下备忘记曰："噫！武安王之忠义，实千古所罕。今兹一瞻遗像，实出于旷世相感之意，亦所以激劝武士，本非取快一时之游观。"激励诸将士，"益励忠义，捍卫王室，是所望也"。而且令有司修缮东、南关王庙宇破损处，遣官致祭。要求祭文中备述他"遐想复叹之意"。① 称颂关王之忠义，乃是激励朝鲜将士的忠义，从而希望他们捍卫王室。次年，肃宗再来关王庙祭拜关王，有感而发，特书二首诗，分揭于东、南关王庙，以表其敬慕之意。第一首诗曰："生平我慕寿亭公，节义精忠万古崇。志劳匡复身先逝，烈士千秋涕满胸。"第二首诗曰："有事东郊历古庙，入瞻遗像肃然清。今辰致敬思愈切，愿佑东方万世宁。"② 第一首对关公忠义大义予以高度赞扬，第二首则写他瞻仰关王庙时，祈求关公保佑朝鲜万世安宁。肃宗反复说："予于顷年拜陵时，历入东庙，盖其忠义之气，令人感慨于千载之下。宣庙临幸，予之历见，皆非出于游观之意也。"③ 可见，他自己参拜关王庙，既是对关王忠义之气深表敬佩，更希望激励朝鲜将士，忠于王室，捍卫朝廷。肃宗常说："武安王之节义精忠，万古无双，予之平日叹慕遐想，迥出寻常万也。"④ 并御制《大汉朝忠节武安王赞扬铭》，称赞关羽："精忠大节，卓然拔萃，昭昭如日月，

---

① 《朝鲜王朝肃宗实录》卷23，肃宗十七年二月癸未，第242页。
② 《朝鲜王朝肃宗实录》卷24，肃宗十八年九月辛酉，第269页。
③ 《朝鲜王朝肃宗实录》卷38，肃宗二十九六月壬辰，第31页。
④ 肃宗御制《武安王赞·并小序》，参见《海东圣迹志》卷2，第119页。

凛凛若秋霜；阅事迹而拊髀，旷百世而相感者，岂有如武安王也哉！"① 赐给南庙御题匾额"万古忠节，千秋义烈",② 对其忠义之称颂，无以复加。

英祖多次参拜关王庙，对关羽之忠义，也表示了极高的赞颂。英祖三十七年（1761）八月，英祖亲书"万古忠节，千秋义烈"的匾额，命揭于东、南两关王庙。③ 正祖则称颂关王："慕忠服义，九州岛攸同；之恩之德，箕封若偏。"④ 高宗称颂关王："精忠节义之灵，凛凛然亘千秋而不泯；中正刚大之气，浩浩乎包六合而往来。阴骘朕邦，屡显神威，敬仰钦慕之诚，宜其靡不用极。"⑤ 可见，历代朝鲜国王皆称颂关王之忠义精神，实际上可以说是朝鲜从关王的忠义精神中，寄托一种对明朝的忠义之心，从而使得朝臣也对朝鲜王廷忠心耿耿，以维护其统治基础。

其次，以明朝将领作为关王庙从祀的对象，为朝鲜关王庙注入了新的内容，朝鲜关王庙成为朝鲜高举尊周思明旗号的又一阵地，是朝鲜宣示正统的又一种象征。

韩国历史上对正统论的认识，并不像中国那么重视。因为它作为藩国的地位，其王朝的正统性来源于宗主国中国王朝的确认。⑥ 历史上，韩国的正统论以中国所认同的正统观作为标准。⑦ 故而很少有专门讨论其本国历史上王朝正统性的文章，反而关注的是中国

---

① 肃宗御制《大汉朝忠节武安王赞扬铭》，参见《海东圣迹志》卷2，第97页。
② 肃宗御制南庙匾额，参见《海东圣迹志》卷2，第127页。
③ 《朝鲜王朝英祖实录》卷98，英祖三十七年八月辛卯，第77页。
④ 正祖：《弘斋全书》卷22《诞报庙致祭文》，韩国民族文化推进会编刊《影印标点韩国文集丛刊》第262册，首尔：景仁文化社，1998，第358页。
⑤ 高宗：《高宗文集·珠渊集》卷24《关庙崇号仪节择日举行诏》，韩国精神文化研究院编刊《韩国学资料丛书》第23册，1999，第558页。
⑥ Michael C. Rogers, "The Chinese World Order in the Transmural Extension: the Case of Chin and Koryo", *Korean Studies Forum*, Spring-Summer, 1978, pp. 1-22.
⑦ 具体参见朱云影《中国正统观对日韩越的影响》，载《中国文化对日韩越的影响》，第249页。

历代王朝的正统问题。作为藩属国，其王位必须得到宗主国的册封，死后，必须得到宗主国的谥号，否则就不得正统。但是朝鲜王朝成为清朝的藩属国后，因为尊华攘夷的正统观、尊王攘夷的中华观的影响，从文化心态上，视清朝为夷狄，所以清朝的赐封并不能像以往的宗主国一样，真正给朝鲜国王带来正统，反而会带来灾难性的后果，朝鲜唯有强化与明朝的认同，才能真正确保其现实的需要。这样一种矛盾，形成了朝鲜后期独特的尊周思明的理念以及由此而带来的一系列活动。正如前面提到，朝鲜关王庙一开始就打上了明朝的印记，以后成为朝鲜思明尊周活动一个非常重要的场所。

肃宗年间，尊周思明思想极其高涨。明朝灭亡为甲申年（1644），肃宗三十年（1704）又为甲申年，肃宗力主在昌德宫中建造大报坛，崇祀明神宗，将这种尊周思明的氛围推上高潮。这样，以前所修建的武烈祠、宣武祠以及关王庙，都成为朝鲜宣扬尊周思明活动的重要场所。肃宗年间对于全国各地关王庙的修缮，祭祀仪节的统一化、标准化，乃是将关王庙纳入朝鲜尊周思明活动中的一种表现。李颐命在《古今岛遗祠记》一文中称："遗庙百年，享礼始定于大报坛成之后，若有待而然，斯甚奇矣。"这里清楚地说明将关王庙纳入尊周思明活动之中，乃是在大报坛修成之后。又曰："昔夫子修《春秋》而欲居九夷，盖悲王迹之熄也。关公尝好读《春秋》，其雄魂可安于今日中土之腥膻乎？将乐我东思汉之风乎？"① 可见，朝鲜认为关王平生坚持正义，秉持《春秋》大义，在此中土"腥膻"之际，朝鲜崇祀关王，既是一种"思汉"的体现，也是关王所乐于享受的。这恰恰说明朝鲜有"汉风"，即中华之风，乃正统之所在。

英祖御制《显灵昭德武安王庙碑记》，则将关王崇拜与朝鲜尊周思明活动的关系，予以了深刻的论证。其曰：

---

① 李舜臣：《李忠武公全书》卷11《附录三·古今岛遗祠记》，第357页。

偶阅故事，乃知皇朝赐号，不胜匪风下泉之心。整衣盥手，书以"显灵昭德武安王庙"八字，镌揭于东南二庙。仍为躬诣二庙，临拜而瞻揭。於戏，事虽一举，追感则三。其一，使皇朝昔年赐号，不泯于来世，而追忆壬辰再造之恩，遥望中州，涕泗沾襟。其一，兴感武安王炳日月之忠义，又惟往岁，助天将而护我国。其一，岁百年之后，追踵圣祖故事，复行其礼，反顾凉德追慕弥切之中，怵然惕然，而又于此有余意。何则？今因此举滕览钦差陶通判良性所撰文，盛称关王武勇，而不及于忠义大节，末乃以文宣、武安对举为二，无乃陶公之意，或未深思而然欤？於戏！武安王忠义亘于万古，武安王之前罕有若武安王者，武安王之后亦罕有若武安王者，文武本无二致，况忠义乎？子夏曰：事君能致其身，吾必谓之学矣。以此观之，忠与义，非学而何？且关王好读《左氏春秋》，虽过五关之时，不辍其读。噫，《左传》由于麟经，王尝好读此，岂非尊王慕圣！而陶公之譬喻文武者，抑又不为周思而然欤？后之人以今予此举，若曰尚武，而然则非予起感钦慕之本意也！不可不略引陶公碑记中言，以示予意。而悬揭小注之中"有汉"二字，其岂阔看乎哉？於戏！揄王忠义大节之意，专在于此二字。噫，一隅青丘，尚有皇朝，亦如唐宋以后"汉"之一字，在于此庙随事兴怀，不能自耐云尔。①

这篇碑记出自英祖之手，起因乃是英祖获知，东关王庙乃是神宗皇帝赐号而建的，故而引起他的格外重视。他亲自写下"显灵昭德武安王庙"，命揭于东、南关王庙，并且亲自将其张贴于关王庙中。一则，表示不忘明朝赐号之恩，英祖自言"是岂徒为其亲笔也哉，寔尊皇朝恩赐之号也"。同时，因为李成桂立国之初，请

---

① 英祖御制《显灵昭德武安王庙碑记》，参见《海东圣迹志》卷2，第56~58页。

求明太祖赐国号"朝鲜"之事，英祖力排众议，将大报坛扩充为一同崇祀明太祖、明神宗和明崇祯皇帝的祭坛，实现大报坛崇祀明朝皇帝一个根本性的转变。可见，他非常看重明朝皇帝"赐号之恩"。二则，追感关王之忠义以及他"助天将而护我国"阴骘之功。而更为重要的是，他自言的第三点，乃是有关尊周正统之义，因为关王庙乃是明朝将领所建或者是明神宗皇帝赐号，故而是明朝的一种"化身"，英祖自言乃是"敬其皇赐也"。① 他先特别提及陶良性所言之"尚武"精神，指出如果认为他崇奉关王，仅仅为了所谓"尚武"，"则非予起感钦慕之本意"，因为关王生前好读《春秋》，乃是他"尊王慕圣"之心的体现。而陶良性之碑文中，特别提及"有汉"二字，这才是关王最为重要的"忠义大节"，是一种正统的象征。这种象征恰恰体现了"一隅青丘，尚有皇朝"的正统含义，这充分说明英祖崇祀关王，经常前往关王庙祭奠关王，行再拜之礼，乃是寄予一种追感之意，表达一种正统的象征，力图借此说明正是朝鲜王朝承继了明朝以来的中华正统。所以，从肃宗开始，朝鲜国王重视关王庙的崇祀，经常前往祭拜，乃是将关王庙的祭祀活动，视作他们宣示正统的尊周思明活动中的一个重要组成部分。

这种思想不仅在国王御撰碑文、诗文中经常论及，儒林的诗文中也多有这种论断。即如："噫，举目山河，神州陆沉，志士之痛，已无穷已。以关王不泯之忠义，将安所归？止惟我一隅青丘，文武之盛，侔乎中华；尊周之义，可质千秋。则呜呼陟降之灵，舍此何之？继今修葺，不懈于千亿？则庶乎庙貌永新，而神其安斯云尔？"② 正因为"神州陆沉"，以关王之忠义，"将安所归"？唯有"一隅青丘"之朝鲜"侔乎中华"，才是其安身之所，充分表露出

---

① 英祖御制《显灵昭德武安王庙碑记》，参见《海东圣迹志》卷2，第60页。
② 卢廷圭：《显灵昭德武安王庙重修记·南原》，参见《海东圣迹志》卷2，第85页。

朝鲜是中华正统之所在。故而，关王庙的崇祀变成了朝鲜尊周思明活动的一个重要组成部分，因而备受朝鲜君臣重视。

这种思想一直持续到高宗时期。高宗曾多次前往关王庙参拜，并亲撰数篇关王庙致祭文，他在《北关王庙奠酌礼祭文》中称："一气精刚，自有天地，万古不磨，惟信与义；江河长存，日星垂示。英灵贯之，纯一无二。四海横流，卓竖赤帜。整顿未了，慷慨雄志。悯世多艰，奉将天吏。家尸户祝，华夷一致。眷我东方，扶颠持坠。龙蛇神烈，国家有记。"① 在《南关王庙致祭文》中则称："华夷共尊，家有荳笾；眷佑我东，龙蛇之年。"② "矧我东来，草木知恩。……此年尤感，神功曷谖?"③ "一部春秋，义理独存。……惠于东方，永世曷谖!"④ 感激之情，溢于言表。而崇祀关王，正是春秋义理之所在，是朝鲜确保正统的一种行为。

最后，朝鲜崇祀关王，也期望在此"末世"，关王保佑朝鲜国泰民安。英祖在祭文中，多次提及"末世"、"今岁"一词，即如《南庙致祭文》："百代景仰，兴怀何堪？顾此末世，尤切慕王；春秋风雨，日月同光。"⑤《东庙致祭文》："呜呼武安，忠义炳然；昔年慕爱，予亦钦斫。世道何晦，莫闻其忠；况值今岁，尤思于公。仲春谒陵，只过后途；回驾之后，一倍兴惟；又因幸园，回途入拜；英风毅烈，永垂百代。"⑥ 此祭文中所言"况值今岁，尤思于公"，表达了英祖祭奠关公的"当下意识"，乃是一种现实需要，使得他更加注重关公崇拜以及关公信仰，成为英祖的一种寄托。

---

① 高宗：《高宗文集·珠渊集》卷4《北关王庙奠酌礼祭文》，第78页。
② 高宗：《高宗文集·珠渊集》卷4《南关王庙致祭文》，第78页。
③ 高宗：《高宗文集·珠渊集》卷4《平壤南原康津安东星州关王庙遣道帅臣致祭文》，第78～79页。
④ 高宗：《高宗文集·珠渊集》卷8《南关王庙奠酌礼祭文》，第149页。
⑤《海东圣迹志》卷1，第28～29页。
⑥《海东圣迹志》卷1，第28页。

其所谓的"末世"、"今岁",乃是前面提及的"神州陆沉"、"中原腥膻"之际,朝鲜倡导尊周以尊明,尊明以保朝鲜之正统。成大中(1732~1809)对尊周的含义进行了透彻的阐述,他说:

> 尊攘大义,属国反为之主,而周之史无与也。如其周也,尊王之义安所施哉?吾故曰《春秋》幸在鲁也。明之于我,即周之于鲁也。况重之以万历之恩耶!然恩义一理也,未有无义而恩者,故恩莫大于君父,而义为之则。我之思明即我义也,不然,何其感人心,而立人纪,若是之久耶?故上焉而皇坛崇其报,下焉而华阳阐其义,使我东免为夷貊之归,而焕乎其冠冕,如日月之辉。黄河再清,必来取法,《礼》所谓广鲁于天下者,不其在斯耶?明虽亡,赖我而犹不亡也!①

成大中是英祖(1724~1776)、正祖(1776~1800)时期重要文臣,其时清朝正是乾嘉时期,国力强盛,朝鲜与清朝的关系已相当融洽,而它依然大讲尊周,大讲思明,意在确保朝鲜的中华正统,而关王崇拜正是朝鲜标明中华正统的一种表现,所以英祖反复强调"末世"、"今岁"。

朝鲜正祖以后,关王崇拜已从庙堂走向了民间,也成为一般百姓的一种信仰,这样就出现了民间修建的关王庙。而且关王庙中行占卜之事,也成为老百姓占卜吉凶的一个场所。② 其实,关王庙在民间的影响,早在显宗年间就表露出来。显宗十二年(1671)十月,"关王庙塑像,水气润湿,有流下之痕,京城民争传血泪流下云"。③ 因为此前有丁未年(显宗八年,1667),台湾郑氏商人林寅

---

① 成大中:《青城集》卷7《明隐记》,第477页。
② 《朝鲜王朝景宗实录》卷7,景宗二年四月丁卯,第206页。
③ 《朝鲜王朝显宗改修实录》卷24,显宗十二年十月乙未,第83页。

观等95位漂流人被遣送到北京，最终被处死的事情，此事在朝中引起轩然大波，成为朝鲜思明史上一件值得注意的事件。① 所以关王庙发生之事，京城人皆以为是"血泪流下"，由此可见，显宗年间，关王庙在朝鲜京城百姓中已有十分广泛的影响。到了后期，燕行使前往清朝，看到中国到处是关王庙，他们反而觉得是对关王的亵渎，进而加以批评。金祖淳（1765～1832）曰：

> 祖淳昔尝奉使入燕，自鸭绿以西，至金台下数千里之间，庙貌以奉王神者，不知其数，甚至家家而奠香火，人人而絜图像，自谓庇王之阴骘。而亦我东国之人之所以称王之灵异盼蠁者，重重反近于渎屑。何也？呜呼，王钟二五之间气恢宇宙之志概，心雄千古，力敌万夫。生焉而明大义于天下，殁焉而遗大恨于人间。其神在天，则日月也；在地，河岳也。由是，而威可以振华夷，功可以庇生灵，名可以蔽天壤，此王之所以为王也。彼窃窃然以一人一家之区区祸福，论神之为神者，不亦谬乎？②

认为关王生时"明大义于天下"，死后"遗大恨于人间"，是有关天下之正义公理之事，是正统攸关之大事，可是中国人却拘泥于一人一家之"区区祸福"，这样的崇奉关王，岂不是一种亵渎？此时，关王崇拜已经深深融入朝鲜的思想与文化中，并衍生出不少新的含义，故而对于清朝祭祀的习惯加以批评。可见，关王崇拜成为朝鲜文化中一个不可分割的部分，具有了"朝鲜化"的特殊含义。

综上所述，朝鲜王朝关王崇拜之变化，乃是因为随着国内外形

---

① 有关丁未漂流人事件，参见孙卫国《义理与现实的冲突：从丁未漂流人事件看朝鲜王朝之尊明贬清文化心态》，《汉学研究》第25卷第2期，2007年12月，第187～210页。
② 金祖淳：《关王庙重修记·安东》，参见《海东圣迹志》卷2，第89～90页。

势的变化，关王庙在朝鲜政治生活的地位有所变化而造成的。在最初阶段，朝鲜只是出于感恩的心态，后来成为清朝藩国后，相当长一段时间，朝鲜又是以"复仇雪耻"作为主要理念，这样关王庙就没有多少现实意义，故而被忽视。进入肃宗年间以后，肃宗推行尊周思明的理念，以确保王朝正统地位不被质疑。关王庙因为最初是明朝修建的，一开始就着上了明朝的色彩，加上肃宗对全国关王庙的修缮与祭祀仪式的统一化、标准化，同时以明朝将领作为从祀的对象，又因为关王忠义的形象，这样关王庙就成为朝鲜非常重要的一个尊周思明活动的重要场所，故而国王常常去祭拜，这对于朝鲜关王崇拜也是一个极大的推动。自18世纪后期以来，朝鲜的关王崇拜逐渐本土化，甚至关公的形象也"韩国化"了，显示出朝鲜半岛对于关公信仰的全面接受和弘扬。以至于当他们看到清朝到处都是关王庙，甚至于家家户户皆信奉，反而觉得不妥，以为是对关王的一种亵渎，充分显示了朝鲜关王信仰的独特之处。

四 结语

美籍印裔学者杜赞奇（Prasenjit Duara）1988年发表于《亚洲研究》（*Journal of Asian Studies*）上关于关帝的论文，[1]用"刻划标志"，来阐释中国关帝神话的演变。他指出，神话及其文化象征是既连续又不连续的，神话连续的核心内容本身易于变化。有些因素会丢失，但不会完全不连续。"由此文化象征即使在自身发生变化时，也会在某一层次上，随着社会群体和利益的变化保持连续性。这种特定的标志演进的形式我称之为'刻划标志'"。[2]而这种神话，又是如何增加新含义的呢？杜赞奇认为，"对大多

---

[1] 〔美〕杜赞奇：《刻划标志：中国战神关帝的神话》，载韦思谛编《中国大众宗教》，陈仲丹译，江苏人民出版社，2006，第93页。
[2] 〔美〕杜赞奇：《刻划标志：中国战神关帝的神话》，第95页。

数神话的看法中常见的形象和次序都保存着，但通过增加或'重新发现'新的因素，或者是给现有的因素一个特定的倾向，这样就又确立了新的解释。即使是新的解释能占据主导地位，以前的看法也不会消失，而是与之建立新的关系，它们自身在我们可以称之为神话的'阐释领域'的地位和作用都会被解释并重新确定"。① 杜赞奇的分析不仅仅适用于中国关公的神话，也适用于朝鲜王朝的关公崇拜的解释。而朝鲜王朝尊奉关王的三个阶段，恰恰可以用这样的理论看出彼此的关系，从中也可以体现其是如何"刻划标志"的。

当最初明朝将领将关公"移植"到朝鲜之时，尽管明朝将领想方设法让朝鲜君臣了解关公崇拜的意图与原因，但是朝鲜君臣皆相当被动，他们无法从现实中感受到关王的必要性，他们迫于明朝的压力，只得被动地从事基本的祭祀活动。正如詹姆斯·沃森所言："帝国官员没有力量或是资源把一个没有影响的神强加给大众。……国家强加的是一个结构而不是内容。"② 中国官员无法把一个神灵强加给民众，中华帝国也无法将一个神灵强行移植到藩国。一直到肃宗年间，当朝鲜君臣给关王崇拜加入了新的内涵，关王庙才显得重要起来。因为无法从宗主国清朝获得王朝的正统性，因为这与朝鲜所坚信的春秋义理背道而驰，他们只能从已被推翻的明朝找寻到正统的根源，于是就大举推行尊周思明策略。因为关王庙是明朝将士所建，或者是明朝皇帝赐号，加上关王原本所固有的忠义精神，朝鲜国王感受到崇奉关王可以加强尊周思明正统的建设。于是，就以明朝将领作为从祀的对象，关王庙成为朝鲜王朝另一个倡导尊周思明的场所，明朝的色彩得以极大地放大，正统的标志也就更加鲜明。因而成为肃宗以来，一直到朝鲜末年

---

① 〔美〕杜赞奇：《刻划标志：中国战神关帝的神话》，第95页。
② 〔美〕詹姆斯·沃森：《神的标准化：在中国南方沿海地区对崇拜天后的鼓励》，载韦思谛编《中国大众宗教》，第82～83页。

的朝鲜君臣一项重要的活动。而这是朝鲜君臣所加上的新的内涵、刻上的新的标志。

而在朝鲜王室以王朝的方式,将全国各地关王庙的祭祀标准化、程式化和正常化以后,儒林也推波助澜,这样也就自然吸引到普通民众,使关王崇拜由官方走向民间。在这种转变过程中,关王崇拜也就"本土化"、"韩国化"了,甚至于关王的形象都变得"韩国化"了。这也印证了杜赞奇所说的"官方给某个神封个称号,随之其就会作为大众信仰发展兴旺",[1] 这种状况不只是在中国发生,在韩国同样有效。

洪淑苓将关公显圣传说分为表层、中间层和底层三个层次进行分析,[2] 相当透彻。如果也将朝鲜王朝关王崇拜加以历史分层的话,大体上为如下几个层面,是随着时间的推移逐步加上的。第一,是因关公显灵助战而衍生的感恩层面,这是明朝将领最初建关王庙的缘起,也是以后经常被提起的。肃宗以后加入新的内涵以后,又增加了朝鲜对明朝的感恩,借参拜关王庙,抒发朝鲜国王怀念明朝、感恩再造之情。第二,关王忠义的层面,关王一生忠于汉室,誓死追随刘备,其赤胆忠心,备受赞颂,也屡屡为朝鲜国王所推崇。同时也意味着朝鲜忠于明朝,国王借崇拜关王庙,强调朝臣对王朝的忠诚,从而激发朝鲜将士捍卫王室的决心。第三,明朝的色彩,乃是中华的象征、正统的渊薮。这种层面也是有变化的,最初是因为许多关王庙本身就是明朝将领建造的,故而从开始就刻下了难以磨灭的明朝的印记。而明朝灭亡以后,这种印记更为强烈,成为朝鲜对抗清朝的一种符号。随着尊周思明活动的展开,关王庙不仅得到修缮,祭祀也标准化了,并以明朝将领作为从祀的对象,将关王庙崇祀纳入整个尊周思明活动中来,从而明确地成为一种正统的象征。

---

[1] 〔美〕杜赞奇:《刻划标志:中国战神关帝的神话》,第99页。
[2] 洪淑苓:《关公民间造型之研究:以关公传说为重心的考察》,第435~436页。

朝鲜王朝关王庙创建本末与关王崇拜之演变（下）

The Whole Process of Establishment of Temple of God of Guan Yu and Evolution of Worship on God of Guan Yu in Joseon Dynasty

Sun Weiguo

Abstract During the War of Assistance to Korea for Resistance against Japanese Aggression, marshals and generals of Ming Dynasty built a temple of God of Guan Yu in the Korean Peninsula, which initiated the genesis of worship on God of Guan Yu in Korean Peninsula. There had been no such temple on the whole Korean Peninsula before that. This first temple of God of Guan Yu was erected in only three years and became the prototype for all of such worship in Korea ever since, although austerity prevailed in Korea for its war against Japanese. Influenced by the change of situation, kings of Korea no longer turned a blind eye on such worship, and started to join in such worship enthusiastically. In the reign of King of Su Zong, the court of Korea mended such temples all over the country and unified the activities of such worship into solemn official ceremonies with strict procedures, inscribing titles of marshals and generals of Ming Dynasty onto memorial tablets in such temples. Since then, temple of God of Guan Yu was integrated into the whole system of official ceremonies of Joseon Dynasty for its worship and reverence of Zhou and Ming Dynasties. Universally revered by both officials and commoners of Korea, temple of God of Guan Yu thus began to be regarded as an important place for Korean people to show their legitimacy as real inheritor and implementer of Confucianism. Since early 19th century, Korean worship of God of

Guan Yu was localized and pervaded into daily life, and the image of God of Guan Yu was modified to fit for Korean aesthetics, due to official advocacy and promotion. It is because temple of God of Guan Yu was enriched by pure Korean elements and modified by new symbols that it was accepted by the court of Joseon Dynasty and experienced a process of localized evolution.

Key Words Temple of God of Guan Yu; Worship of Zhou and Ming Dynasties; King of Suzong of Korea; The Legitimacy of China; Superscribing Symbols; China-Korea Relation

【审读：汪伟民】

清末民初中国鸭绿江流域朝鲜移民社会*

廉松心

【内容提要】自清末起,朝鲜北部边民不断犯越国境移居鸭绿江北岸中国境内谋生。1910年日本吞并朝鲜后,从朝鲜南北各道移居中国境内的朝鲜人数急剧增加,在鸭绿江沿岸形成了大小不同规模的移民村落。清末民初,鸭绿江流域朝鲜移民分布及人口数量、社会关系、生产与生活、教育与宗教等状况,与之前时期相比,都发生了明显的变化。

【关键词】清末民初 鸭绿江北岸 朝鲜移民社会

【作者简介】廉松心,法学博士,北华大学东亚历史与文献研究中心副教授,硕士研究生导师。

自19世纪中叶以来,由于各种自然灾害及地方官吏的苛政,朝鲜北部边民不断犯越国境移居鸭绿江北岸中国境内谋生,尤其

---

* 此文得到2009年度韩国KU(Konkuk University)Brain Pool基金资助。

是1910年朝鲜被日本吞并后，由于日本野蛮的殖民压迫和经济掠夺，被迫移居中国境内的朝鲜人数急剧增加，在鸭绿江流域形成了大小不同的朝鲜移民村落。过去学界对东北地区朝鲜移民的研究侧重于图们江流域，本文结合中、韩、日三国相关文献资料，探讨清末民初鸭绿江流域朝鲜移民的分布及人口数量、社会关系、生产与生活、教育与宗教等社会状况，以求弥补学界相关研究的不足。

一　清末民初鸭绿江北岸朝鲜移民分布及人口

清末民初朝鲜人向鸭绿江北岸中国境内的移住，与之前时期相比，具有动机多样、途径复杂、分布广泛的特点。从移住动机看，日韩合并之前，朝鲜人向鸭绿江北岸的移住，主要是朝鲜北部边民，为谋生的目的越境垦耕；而日韩合并之后，不仅朝鲜半岛南部各道的农民加入了移民行列，而且还有很多为抗日救国的政治目的而越境移居的。其中，因生活所迫而越境的移民人数占绝大多数。他们因日本残酷的殖民掠夺而破产后，被迫越境移居到中国境内谋生。这些人大多数是一贫如洗的穷民，没有政治欲望，也不追求社会地位的提高，只是为了维持生计，移居中国境内寻找无主荒地垦种。其次是以抗日民族独立运动为目的的政治移民。这些人因朝鲜国内日本宪兵的独裁统治及高压政策难以开展反日独立运动而越境到中国境内，在朝鲜垦民聚居区宣传抗日思想，筹措资金，组建抗日武装，策划独立运动。另外，还有少数以营利为目的的经济移民。这些人在朝鲜国内有一定的经济基础，怀着经营农业、发财致富的目的越境，多数在桓仁、通化、兴京等地经营水田，一般由几家合资租佃中国地主的荒地，雇佣当地的朝鲜移民进行水稻生产。

清末民初朝鲜人向中国境内的移住途径主要有铁路和徒步

两种。与中国关内流民向东北地区的移民以单身为主的情况不同，①朝鲜人向中国境内移民多数是举家迁徙，因需要搬运家眷及生产生活器具，所以必须具备一定的交通条件。越垦初期，朝鲜北部边民只是选择离家较近容易涉渡的江岸地带垦种，家室仍在朝鲜境内，即"早耕暮归"、"春来秋去"。而到清末民初，随着垦荒面积的增加及朝鲜与中国东北地区铁路交通的改善，从朝鲜南北各道移居中国境内垦耕者增多，并逐渐离开沿江地区深入内地。从朝鲜京畿、忠清、全罗、黄海、庆尚、江原等南部各道，利用铁路交通移动的路线有三。一是从新安州车站经云山北镇到楚山、碧潼渡鸭绿江以后，向辑安、桓仁、通化方向移住；也有在满浦镇或高山镇渡江后，向辑安、通化、柳河或兴京等地移住的。二是利用铁路交通到定州、宣川、白马、新义州或安东县后，经过碧团、清城镇、义州、九连城等地，向宽甸、桓仁、通化方向移住。三是利用安奉线及南满线，经凤凰城、本溪湖、奉天或开原，向兴京、柳河、海龙方向移住。另外，从朝鲜北部各道徒步移住的路线有二：一是由慈城、厚昌、三水、甲山渡江后，向临江、长白、抚松、柳河等地移动；二是由长津或江界渡江后，向辑安、通化、柳河或兴京方面移住。②

清末民初鸭绿江北岸朝鲜移民的分布，与中国人的分布状况不尽一致，大部分朝鲜移民散居在山涧溪谷，在交通沿线居住的朝鲜移民较少。因为山涧溪谷交通不便，少有中国人居住，而朝鲜北部边民很早就通晓这里的地形地貌，所以毫无顾虑地移居垦耕。据《奉天边务辑要》记载，1907 年鸭绿江北岸居民村屯中，华户 3632，韩户 2156，具体列表 1 于下。③

---

① 李廷玉等：《奉天边务辑要》，载《近代中国史料丛刊续编》第 52 辑，文海出版社，第 35 页。1907 年临江县华人 1419 户，有家眷者仅 500 余户。
② 朝鲜总督府：《国境地方视察复命书》，1915，第 216～217 页。
③ 李廷玉等：《奉天边务辑要》，第 120～135 页。

表1　1907年鸭绿江北岸华韩村屯户数统计

自临江三道沟至长白二十二道沟沿途地方								
地名	华户	韩户	地名	华户	韩户	地名	华户	韩户
三道沟	30	70	葫芦套	8	10	擦屁股岭	2	
大烟突沟	3		长川	10		四道沟	6	30
小埋台川	4	6	砬子前	1		老母猪圈	1	
望江楼	2		西桦皮	12		东桦皮	8	
六道沟	2		大夹皮沟	3		小夹皮沟	1	
西马鹿泡	14		王八脖子	2		东马鹿泡	1	
七道沟	30	80	佗罗腰子	3	1	夹心子	2	2
八道沟	2	1	大湾子	2	1	葫芦套	8	5
九道沟	2	2	蛤蟆川	6	4	小蛤蟆川	1	5
十道沟	1		小南川	5		金厂	5	
二股流	3		小孤山子	4	5	壁沟	3	
十二道沟	120	300	船坞子	7	6	十二道湾	5	8
被阴亭	15	7	套裤带	3	5	十三道湾	2	4
砬砬岗子	2	6	小冷沟子	1	3	十三道沟	12	25
冰泞沟	1	3	雪罗城	6	1	冷沟子	2	14
鸡冠砬子	5	7	十四道沟	8	70	十五道沟	6	60
西干沟子	10	36	东干沟子	14	50	箭头	3	
下湾子	3	17	小十六道沟	1		十六道沟	1	5
夹心子	1		半截沟	9	25	十七道沟	4	12
金厂卫	3	6	西砬子缝	6	3	东砬子缝	5	7
十八道沟	1	8	万宝岗南	6	7	两江口	3	4
梨树沟	4	7	塔甸	5	7	小马鹿沟	4	12
大马鹿沟	2		十九道沟	4	3	二十道沟	2	15
廿一道沟	1	6	廿二道沟	1		总计:华户474;韩户975		
自临江至安东沿途地方								
地名	华户	韩户	地名	华户	韩户	地名	华户	韩户
干沟子	7	15	当石沟子	10	12	望江楼	11	8
大梨子沟	14	14	小梨子沟	8	3	上葫芦套	5	9
四人把	4		苇沙河	15	8	石灰沟	3	2
错草沟	20	15	下葫芦套	9	12	白马浪	12	5
二马驹	3	2	大长川	10	5	天桥沟	2	

自临江至安东沿途地方								
地名	华户	韩户	地名	华户	韩户	地名	华户	韩户
仙人洞	16		小长川	12	9	三道沟	75	14
二道沟	34	9	头道沟	20	7	大水提台	25	4
将军石	4		下桦皮	25	13	王八脖子	2	
小石灰沟	3		小湾沟子	1		楸皮沟	30	9
良宝甸子	34	13	葫芦花上套	30	19	蒿子沟	25	13
黄白甸子	35	9	葫芦花下套	15	8	下小长川	12	4
上羊鱼头	8	3	下羊鱼头	15	8	辑安县城	43	5
马圈沟	110	25	斜清岭	3	2	太平沟	17	9
榆树林子	115	52	凉水泉子	14	7	外岔沟	235	636
杨木林子	30		浑江口	24		土提台	68	
狼头	12		石柱子	432	1	夹皮沟	32	
下秋菓碧	213	25	大皇沟	623	36	白菜地	13	5
苦胆沟	8	3	小蒲石河	25	9	杨木杆	9	3
大韭菜沟	25	13	小韭菜沟	8	4	永甸河口	5	2
北街	6	2	长甸河口	118	25	东洋河	6	
大蒲石河	52	19	古楼子	12	8	荒沟	34	15
碰子沟	6	2	虎山	3		九连城	54	19
老龙头	8	2	安东县城	241		总计：华户 3158；韩户 1181		
			总计：华户 3632；韩户 2156						

从表1中可以看出以下几个方面。第一，当时朝鲜移民主要居住于临江以东之鸭绿江上游、长白山腹地，形成了东西干沟子、十五道沟、十四道沟、十二道沟、七道沟、四道沟、三道沟等比较大的聚居村，这些地方的韩户远远超过了华户。而临江以西的鸭绿江下游则只有辑安外岔沟的韩户超过了华户，其他地方的韩户则远远少于华户。这说明鸭绿江北岸朝鲜移民的走向是顺江而下，与中国关内流民溯流而上有别。朝鲜移民生活的地区，大多山险水恶，也正是清政府统治薄弱之地。第二，清末鸭绿江北岸的朝鲜移民几乎都与中国人杂居，形成大分散、小聚居的分布格局。华韩杂居的特点，也说明此地朝鲜移民的大多数因没有土地所有权，只能租佃或

佃佃于中国人的事实。第三,鸭绿江北岸小村屯居多,主要是与那里山多平地少的特点有关系,也是当地开发滞后的映照,这为贫困的外来移民提供了比较理想的生存空间。

另外,清末民初,朝鲜人的移住地由江岸地带向内地扩展。移民初期,朝鲜人多居住在江岸附近,但随着江岸地力的递减、人口的增加及收获量的减少,一些人开始离开江岸向内地转移。特别是民国初期,因庆尚道地方农业歉收而越境的朝鲜人及以抗日为目的越境的朝鲜人,大多数向内地移住。即过去朝鲜人的主要移居地是宽甸、桓仁、通化、辑安、临江、长白等沿江地区,而民国以后则扩展到柳河、海龙、抚松、安图等内地。而且移民的数量呈现出急剧增加的趋势。据统计,1910年,安东、桓仁、宽甸、兴京、长白、通化、临江、辑安、抚松、安图、海龙等鸭绿江流域三府八县的韩民8658户,男女丁口36548人。[1] 而到1914年增加到13.5万人,其中宽甸县5000人,桓仁县1.8万人,辑安县3万人,通化县2万人,临江县2451人,长白府1.5万人,安东县2万人,兴京县7000人,柳河县1万人,海龙县4000人,抚松县4512人。[2] 可见日韩合并之后,鸭绿江流域朝鲜移民人数增速之快。

二 清末民初鸭绿江流域朝鲜移民的社会关系

清末民初,鸭绿江流域朝鲜移民处于复杂的社会关系网中,主要反映在与中国地方官府、中国地主、朝鲜移民以及日本殖民侵略机构之间的关系上。

朝鲜移民与中国地方官府的关系,主要反映在土地所有权、法律诉讼及入籍问题上。由于1910年日韩合并,原来清韩之间的条

---

[1] 《清季中日韩关系史料》第十册,台北中研院近代史研究所,1972,第7168页。
[2] 朝鲜总督府:《国境地方视察复命书》,第16页。从各县数字上看,除了临江、抚松,其他县可能是估算的,说明"复命书"具有相对性。

约无效，对朝鲜人也按清日条约对待。日韩合并以后，清朝政府对朝鲜移民的政策"仍以约束从前之垦民，限制后来之韩侨为宗旨"，① 即"今日之韩侨实与日侨无异。按照中日条约并无准日人杂居内地之条。……其已来者悉准入籍，未来者非按约请领护照，不准入境"。② 在图们江流域，根据1909年12月签订的清日《间岛协约》，朝鲜移民获得在图们江流域中国境内的居住权，而鸭绿江流域朝鲜移民的居住权则没有条约上的保障，居住开港商埠地之外的地方，必须携带旅游或商业签证。但从民国初期到1919年三一独立运动之前，中国地方官员对居住在鸭绿江流域的朝鲜移民采取默认的态度，并未进行取缔。

清末民初，鸭绿江流域的土地分为官有、公有及民有。公有地，指寺社和慈善团体的所有地；民有地，指一般人的私有地；不属于前两者的为官有地，包括森林。中国政府推行招民垦耕政策，有开垦愿望者只要提出申请，政府便以规定年限内开垦为条件，发给开垦许可证。如在规定年限内开垦完毕，则予以土地所有权，发给地券。地券是土地所有权的重要凭证，对所有权的限制或转让都要以地券为证据。但只有中国人享有土地所有权，包括朝鲜移民在内的外国人则不许拥有土地所有权。在长白府，直到清末，居民的大部分是朝鲜移民，绝大部分土地系朝鲜移民开垦出来的，所以设县的时候，对朝鲜移民已经占有的土地采取特殊政策，即把土地分为古田和新田，设县前朝鲜移民耕种的土地称古田，设县后开垦的土地称新田。对古田规定一定期限的耕种权，期满后让中国人通过申请地券，获得土地所有权。如果朝鲜移民要续种此土地，须与新的中国人地主签订租佃契约。③

清末民初，居住在鸭绿江流域的朝鲜移民大多数是佃农，除了

---

① 《清季中日韩关系史料》第十册，第7170页。
② 《清季中日韩关系史料》第十册，第7202页。
③ 朝鲜总督府：《国境地方视察复命书》，第237页。

给地主缴纳地租之外,还须给地方政府缴纳牲畜税、交通税、警察费等名目繁多的杂税,其中警察费就有会钱、兵饷、户布钱、防钱、会城谷、挥粮谷等名目,但各地纳税方式不同,如桓仁县,5日耕地年缴6元;通化县每户每月缴2~4角;辑安县每户缴玉米一斗至一斗五升;央岛面交20~30元会防钱;长白县及临江县男人(15~60岁),每人交小麦粟或玉米二斗、燃料二橇或六驮牛。①

关于诉讼问题,起初鸭绿江流域朝鲜移民之间的诉讼,由朝鲜人"面长"汇总后,送到朝鲜郡守府判决,而与中国人发生纠纷时则交给中国官府处理。后来朝鲜移民之间的争讼由当地的"面长"斡旋调节,与中国人之间的争讼则仍然交给中国官府处理。但日韩合并之后,朝鲜移民的法律诉讼,也有由日本宪兵队处理的情况。

关于入籍问题,1907年前,中国地方官并不关注鸭绿江流域朝鲜垦民的国籍问题,默认其垦荒居住。但1907年间岛事件发生后,地方当局对此地朝鲜垦民的态度发生了变化,开始要求朝鲜垦民加入中国国籍。特别是日韩合并以后,随着朝鲜移民人数剧增,中国地方当局深恐惹起中日之间的外交纠纷及摩擦,开始厉行户口调查,贴门牌,规劝归化入籍等措施。中国地方官员许诺:加入中国国籍者可以享受土地所有权,子女可以上中国官立学校,在法律诉讼上享受一些照顾等。而不入中国国籍者,将被驱逐出境。作为入籍条件,规定:要有2名以上、居住在中国境内10年以上者作担保,提出入籍申请并符合要求者,由知事先发给临时归化证,然后经奉天省向北京政府申请发正式归化证。当时鸭绿江流域各府县的地方官对朝鲜移民入籍问题上的态度宽严程度并不相同,其中临江县知事李廷玉的态度最坚决。1914年3~4月间,他迫使朝鲜移民作出选择,要么入中国国籍,要么回到朝鲜,结果此地1/3的朝

---

① 朝鲜总督府:《国境地方视察复命书》,第97页。

鲜移民加入了中国国籍。①

　　清末民初,鸭绿江流域朝鲜移民与中国人地主之间的关系是良好的。在朝鲜移民中,除了一部分入中国国籍者之外,大多数人租佃或佣佃于中国地主,从事农业生产。中国地主,良田自己种,而把山涧溪谷或沼泽地租佃给朝鲜移民。所以朝鲜移民基本上垦种山地或开发湿地种水田。当时朝鲜移民的佃耕方法主要有三种。② 一是普通佃耕。一般山地交收获量的十分之二三,平地交一半;水田则稻谷和稻秸各交一半。对初垦山地或开发湿地者,朝鲜佃民先开垦,3~5年内免交地租,之后交付与已垦地相等的租金。二是无资本者的佃耕。对无资本的佃农,无论是已垦地还是初垦地,由中国人或在信誉好的朝鲜人地主中选定2~3名担保人,联名签署契约书提供给地主,在承种之前,地主借给佃农衣食、种子、农具等,租金、借物及其利息则在秋收之后一起交给地主。对借耕牛者,地主提供刍秣,允许农耕期间随便使用,代价是收获之后给地主支付相当于耕牛时价的1/5的收获物,农具只要没有破损就不收代价。对当年付不起全部租金者,允许第二年付。中国地主的这种施恩招垦方法,对因生活所迫而越境移居的朝鲜人提供了方便条件。三是抵押佃耕。中国地主抵押土地有典和押两种。典是长期的抵押,押是短期的抵押。朝鲜移民和中国地主签订抵押佃耕契约时,当事者之间先商定好佃耕地的价格,佃耕者把抵押金交给地主,地主一般以10年左右的期限把土地租佃给对方,在约定期限内,佃农有权自由享用佃耕地的收益,期满后,解除契约,佃农把耕地归还地主,地主把抵押金归还佃农。地主以抵押金中获取的利息来充当佃租。这种佃耕方法,在浑江流域东西江甸子、新兵堡等水稻生产地以及哈泥河附近地方,对移居年限较长的朝鲜移民实行。

---

① 朝鲜总督府:《国境地方视察复命书》,第238页。据《奉天边务辑要》第2页记载,李廷玉任职临江时,"劝导韩侨归化千数百家"。
② 朝鲜总督府:《国境地方视察复命书》,第102~103页。

总之，清末民初，鸭绿江流域的朝鲜移民以居住山区为主，多数人是守规矩的佃农，一般垦种中国人废弃的荒地，还交租，所以中国人没有理由排斥他们。而且这里的中国人多数种平地，朝鲜人则开垦山涧溪谷；中国人擅种旱田，朝鲜人善于种水稻，所以两者间很少发生利害上的摩擦。通常中国地主把朝鲜移民视为属国人，利用他们廉价的劳动力达到致富的目的。因此，这个时期中国人和朝鲜移民之间关系比较简单，还没有产生复杂的矛盾和冲突。

清末民初，鸭绿江流域的朝鲜移民社会实施了比较低级的自治管理。大多数朝鲜人是与亲戚或同乡人结伙移居到中国境内的，所以在中国境内租佃地主土地时，通常以几户或数十户合伙与当地地主签订契约，容易形成大分散、小聚居的移民村落。移民初期实施的朝鲜王朝时期的"面"制及乡约，清政府虽于1909年解决间岛问题时宣布废止，[①] 但实际上直到民国初期仍然沿用，通常推举财力雄厚的人当"面长"，实施比较低级的自治管理。当时中国地方官对此也不以为怪，默认朝鲜人聚居区的自治管理。如通化哈泥河地方，以李始荣为中心形成比较稳定的朝鲜移民社会，鸭绿江上游长白府药水洞地方也形成了400多户的朝鲜移民聚落，实行自治管理。在这些地方，修筑道路等公共设施时，召集本村所有朝鲜人共同参与。日韩合并以后，朝鲜独立党人，以东边道一带为中心，开展反日独立运动，经常从朝鲜移民村落筹措运动资金，增加了生活负担，因与原来单纯为谋生移住者的动机不同，被视为"软派"，[②] 这说明在不同时期、以不同目的越境的朝鲜移民之间存在一些矛盾。

朝鲜移民与日本殖民机构的关系。日韩合并以后，日本在鸭绿江边境沿线配置宪兵，掌管警务。鸭绿江北岸朝鲜移民与朝鲜人之间发生的争执事件，多由江岸的日本宪兵处理。当朝鲜移民起诉事件与朝鲜无关时，则由江岸日本宪兵送到安东领事馆处理。对在朝

---

① 日本外务省：《在满朝鲜人概况》，在满日本帝国大使馆，1933，第4页。
② 朝鲜总督府：《国境地方视察复命书》，第235页。

鲜"犯罪"而逃到鸭绿江北岸中国境内者,日本朝鲜总督府派便衣宪兵或补助员(亲日朝鲜人)到中国境内将嫌疑犯人带至朝鲜境内以后办理逮捕手续。

三 清末民初鸭绿江北岸朝鲜移民的生产与生活

清末民初,鸭绿江流域朝鲜移民的生产活动,除了少数从事商业者之外,多数则从事农业生产。当时,朝鲜移民中,除少数入中国国籍者之外,绝大多数没有土地所有权,只能做中国地主的佃农或佣工,勉强维持生计。"凡居华界者,非雇工即佃户,耕渔猎牧,别无生业。"① 农作物主要有玉米、高粱、大豆、粟、马铃薯及稻子。一户收获量一般为五六石至三四十石,相当于中国人一户收获量的1/4~1/3。虽然朝鲜移民多数是贫民,但与朝鲜内地一样重视养家畜。条件好一点的家庭有一两头牛,一般家庭有猪、鸡等家畜。这个时期,鸭绿江流域朝鲜移民从事商业者极少,只有辑安外察沟门子、临江帽儿山及长白府等地有少量杂货商,主要贩卖朝鲜移民需要的日用品、布帛类及海产物等。农产品一般一次性卖给中国粮商,少数人在集市贩卖。②

鸭绿江流域朝鲜移民的绝大多数人是因为生活所迫到中国境内谋生的,来到中国境内后由于各种条件的限制,仍然过着一贫如洗的生活,简陋的衣、食、住条件及习俗反映了当时他们极其低下的生活水平。衣服皆白,小儿或红或绿,妇女着白布裙,以两幅围腰间。无论男女皆白巾缠头。平民主要穿自织的麻布和粗麻布制作的衣服。夏天穿草鞋、木屐或光着脚,冬天穿自制的布袜子和草鞋。有戴纱眼帽者,以马尾制之,高耸玲珑,非儒即医,或有威望与身份的人。抗日及久居中国者,多穿中国服装,还有少数穿西装的

---

① (清)张凤台:《长白丛书·长白汇征录》,第126页。
② 朝鲜总督府:《国境地方视察复命书》,第108、117、167页。

人。朝鲜移民的主食为玉米、高粱，小米是上等食品，大米即使是种植水稻者也不易享受。长白府附近移民则以稗子和马铃薯为主要食品。朝鲜移民仍然保持着在朝鲜时的饮食习惯：嗜酒、喜冷食、辣食。在山间居住的朝鲜移民一般住自己搭盖的极其简陋的"山窝棚"或"霸王圈"，一般为一二间，结构简单，材料就地解决，架木结茅，就地为炕，墙壁皆木，门户不分，以粟秸等修葺屋顶。长白府附近的移民，则将房屋的一间当做牛舍。与中国人杂居者，大多数赁借中国人房屋的一间或数间生活。器用则以编柳为筐，凿木为筒，农具极粗拙，利于山田，不利平地，惟镰钩与铜斧最利，以备斩伐柴薪之用。铜盂瓦缸，皆朴而坚，制颇古。运输，则以牛马驾爬犁，否则男负以背，女顶于首，肩挑者少。①

朝鲜移民的婚姻晚于朝鲜国内，其俗禁止与中国人通婚，即使有富者求婚，绝不应允。婚俗，男未婚则披发满头，婚则束之如髻形。朝鲜人有"线随针走"的传统，即使是偏僻山区，大部分朝鲜移民皆夫妇结伴生活。相反，中国关内移民则"跑单帮"的多，无论是下层劳动者，还是地主及巡警官吏，情形均如此。有的中国地主给朝鲜移民贷种子、农具、食粮等，乘他们无力返还之机，强迫以其妻妾抵债，这种恶风在长白府比较严重。鸭绿江流域朝鲜移民祖先崇拜思想强，通常老者死亡，将尸体送到朝鲜国内老家埋葬，深恐子孙后代流离落魄，家脉凋落断绝。但长白府等地久居中国境内的朝鲜移民，因为祖坟就在中国境内，有人死了就地埋葬，每年清明及中秋时，上墓前供祭品，举行祭祀仪式。

四 鸭绿江流域朝鲜移民的教育与宗教

朝鲜民族历来重视子女教育，即使是生活条件极其困难，也要想方设法竭尽全力给子女提供受教育的机会。清末民初，居住在鸭

---

① （清）张凤台：《长白丛书·长白汇征录》，第125页。

绿江流域的朝鲜人在因各种条件限制无法办学校的情况下，通过各种形式的书堂（也称私塾或义塾）教育子女。当时书堂分为旧式书堂和改良式书堂。旧式书堂有三种形式：有训长为了生计或就业的需要开设的；有富裕家庭为了自家和亲戚家子女的教育而聘请训长开设的；有几户合资或村里共同聘请训长开设的。旧式书堂的教学内容有《千字文》、《童蒙先习》、《铭心宝鉴》、《无题诗》、《论语》等儒学教理及伦理道德。1910年以后，朝鲜移民的教育则与民族独立运动紧密结合在一起，其主要措施是将旧式书堂改造成为改良式书堂或近代私立学校。一些有识之士出于抗日的目的办改良式书堂，聘请受到新式教育的知识人进行教学。私立学校有抗日武装团体办的军事学校；有大倧教、基督教等宗教团体办的新式学校。改良式书堂及私立学校的教学内容在旧式书堂教学内容的基础上，还开设算术、朝鲜历史、朝鲜地理等新的课程，目的是培养学生的民族意识，宣传反日独立思想。据相关资料统计，截至1915年，鸭绿江流域朝鲜移民聚居区设立了大小规模不同的私立学校69所，共有2022名学生。[①] 其中，柳河县三源堡新兴讲习所、通化哈泥河养成中学、桓仁县东昌学校等，为抗日独立运动培养了很多骨干人才。

清末民初，鸭绿江流域朝鲜移民信奉的宗教主要有基督教、天道教、檀君教和侍天教。其中基督教信徒最多，其他宗教教势比较弱，特别是侍天教几乎处于有名无实的状态。当时朝鲜移民的宗教信徒大都是下层农民，很难说具有真正的宗教自觉和信仰。基督教信徒主要分布在辑安县太平沟、通化县哈泥河地方和长白府附近，大多数是在日韩合并之后入教的。天道教信徒多在辑安县，檀君教的信徒多在桓仁县。各宗教的大致情况介绍如下。[②]

[①] 许青山等：《中国朝鲜民族教育史料集》第一卷，延边教育出版社，2000，第383~388页。
[②] 朝鲜总督府：《国境地方视察复命书》，第67~68页。

基督教。以通化为中心，附近二三十里之内设有大小 20 个教会，信徒达 2000 人。其中，哈泥河有 500 人，柳河县 550 人，辑安县 210 人，主要属于美国北长老派。鸭绿江北岸原来是英国长老派的传教区，但后来美国北长老派以对朝鲜移民传教为借口进入此地。日韩合并时，朝鲜平安北道江界教会的美国宣教士越境传教，之后，信徒不断增加，教势有了明显的发展。此教的牧师宣称，要在鸭绿江两岸建设理想中的扶余国。在鸭绿江流域，中国信徒和朝鲜移民信徒之间保持着亲密的关系。从基督教发展状况看，朝鲜移民的教势较中国人好。当时负责对中国人传教的英国宣教士说，他们传教 10 多年，信徒只有 700 名，而朝鲜移民信徒仅仅在两三年间就达到了 2000 名。长白府附近也有很多信徒，每到星期日各教会有三四十名信徒会集在一起举行传教活动。各教会的长老、执事、助手均为朝鲜人，美国宣教士一年来一两次进行传教活动。

天道教。1860 年，朝鲜哲学家崔济禹为对抗西学，即天主教、基督教，在民间信仰的基础上，吸取儒、佛、仙三教，创立东学，1905 年，第三代教主孙秉熙改东学为"天道教"（与"天主教"对立）。此教当时在辑安县太平面、磊西岔及小篁面小西沟等地，各有一个教会，有 200 名信徒，均隶属于朝鲜楚山大教区的管辖。他们每隔 1~2 月会聚集在一起，讲《东经演义》、《三寿要旨》、《圣训演义》等内容。

檀君教。即大倧教，是以神话传说中的国祖檀君作为朝鲜民族的始祖来崇拜的民族宗教，1905 年 1 月 15 日创建，1910 年 7 月 30 日改为大倧教。在桓仁，以东昌学校为教会，李元桓及尹世复为主倡，信徒来自附近的朝鲜移民，传教的同时宣传抗日思想。韩宣均、金云爀等也在横道川进行传教活动。檀君教没有固定的集会日期，信徒达到 400 名。此教的主旨是："韩民族的祖先发源于白头山，支那民族及日本民族是韩民族的支系，所以必须努力恢复国权，实现扶余民族及扶余国的独立与发展。"

五　结语

　　上文描述了清末民初鸭绿江流域朝鲜移民社会的基本轮廓。朝鲜边民有规模地越界，始于19世纪60、70年代。那时，清朝虽已江河日下，但还能对边界移民实行比较有效的限制。在鸭绿江流域，犯禁越界的朝鲜边民，主要集中在清朝统治薄弱的长白山封禁区。而进入20世纪则不同，清朝统治风雨飘摇，经过甲午、庚子、日俄等战乱，东北边疆危机大大加深，列强瓜分豆剖基本定局，地方当局对边界的控制严重削弱，恰成为朝鲜半岛人移民中国的有利时机。1910年日本吞并朝鲜后，欲利用移居鸭绿江北岸的朝鲜人达到其进一步侵略中国东北的目的。其一，1909年《间岛条约》解决了图们江边界和朝鲜移民在延边地区的居住权问题，之后日本企图在鸭绿江流域制造事端，伺机扩张其殖民侵略的范围；其二，朝鲜人移民中国东北，日本人移民朝鲜半岛，是日本殖民扩张战略之组成部分，这就进一步促进了朝鲜人移居鸭绿江北岸。他们不堪忍受日本殖民统治者，纷纷加入了这支移民大军行列。所以，清末民初，借助改善了的交通条件，自朝鲜南北各道来到鸭绿江北岸的朝鲜移民急速增加，他们移民的动机也复杂多样。

　　清末民初，鸭绿江流域朝鲜移民不仅分布地域更加广阔，而且社会内外的情况较为复杂。第一，这个时期，中国政府积极推行移民实边政策，由于关内移民不断涌入鸭绿江流域，形成华韩杂居的基本格局，社会构成与社会关系都呈现多样化。第二，朝鲜亡国之后，中朝之间的交涉，变成了中日之间的交涉，并且日本利用朝鲜移民问题，寻机扩大对华侵略；而朝鲜移民内部，在对日本侵略的态度上出现分歧，使他们相互之间及其与中国地方政府之间、与当地华人之间、与日本侵略者之间的关系纷繁复杂。朝鲜移民社会由此带有了浓重的政治色彩。第三，朝鲜原系中国之藩属国，朝鲜移民越界鸭绿江，不无寄人篱下之感；日韩合并后，又增添了亡国之痛。因此，朝鲜移民内部政治立场虽然有异，却没有使他们在民族文化上分崩离析，反而激起他们强烈的族群意识，这一民族群体由是得以存在，民族文化由是得以延续。

The Korean Immigrant Society in Yalu River Basin during the Period of Late-Ching and Early-Republic of China

Lian Songxin

Abstract Since the middle period of the 19th century, as a result of natural disasters and the local government officials' tyranny, inhabitants on the northern border of Korean peninsula continued to cross the border into China to reclaim wasteland and make a living. Especially after the mergence of Korea and Japan in 1910, the number of Korean immigrants forced into China increased rapidly because of Japan's barbarous colonial rule in Korea. These immigrants formed up different sizes of kibbutz in Northeast China. Compared with those in prior times, these Korean immigrants around the mergence of Korea and Japan have many characteristics. They had multiple motivations, complicated ways and they were widely distributed. They also had new changes in many aspects such as social relations, production and life, education and religion.

Key Words Around the Mergence of Korea and Japan; Yalu River Valley; the Korean Immigrant Society

【审读：蔡建】

十六世纪末的东亚和平构建

——以日本侵略朝鲜战争期间明朝的外交集团及其活动为中心*

郑洁西

【内容提要】本文通过考察以下几个相关问题,试图从一些新的材料和新的观点出发,重新探讨16世纪末的东亚和平构建问题。1. 明朝使者沈惟敬的早年情况。沈惟敬作为对日交涉的最主要活动者,很有必要考察其早年情况。2. 明日双方的最初谈判条件。明日双方的讲和条件,在谈判之初就相去甚远。经略宋应昌提出的四个条件,与丰臣秀吉主张的七项要求鲜有相通之处,所以明日双方需要进行进一步的谈判。3. 明日双方的妥协交涉。通过考察倭将加藤清正对朝鲜僧惟政在谈判上的一系列妥协和退让,推测丰臣秀吉此前可能已经撤回其所提的无理要求。4. 大坂城册封史实问题。通过考察四种类型的原始资料对大坂城册封史实的记述,澄清了以往认识上的错误。丰臣秀吉接受了明朝的册封头衔,在表面上承认了明朝的权威,但在实际上却又拒不撤回釜山留兵。这使得刚刚确立的东亚和

---

* 日本学术振兴会特别研究员奖励项目(20·55631)。

平构建方案遭到了破坏。

【关键词】丰臣秀吉　沈惟敬　谈判　册封　和平构建

【作者简介】郑洁西，日本学术振兴会特别研究员，关西大学文化交涉学教育研究据点博士研究生。

前　言

万历二十四年（1596）九月初二日（日本历九月初一日），明朝万历皇帝所派遣的册封使节沈惟敬一行进入大坂城（今大阪城），正式册封日本统治者丰臣秀吉为其期待已久的"日本国王"。

此前，丰臣秀吉于万历二十年（1592）四月出兵侵略朝鲜。日军的进展极其顺利，朝鲜很快三都尽失，七道沦陷，国王和大臣不得不逃亡到鸭绿江畔的义州。响应濒临亡国的朝贡属国的求助，明朝政府作出了出兵救援朝鲜的决定。次年，明军和日军在经过短暂的交火之后，很快将这场军事冲突转换为以两国为主导的讲和活动。这一讲和过程迁延甚久，自万历二十一年（1593）三月起始，经多番曲折，最终于三年后实现了大坂城的册封典礼仪式。

但是，明朝的外交活动并未收到预期的效果。关于当时的册封情形，虽然明朝、朝鲜和日本三方以及西方的耶稣会士留下了诸种不同版本乃至完全相反的记载，但是，明、朝、日三国在东亚和平构建问题上产生了严重的分歧则是不容置疑的一个事实。万历二十五年（1597）二月，丰臣秀吉正式下令再次侵略朝鲜，明朝则再次出兵救援朝鲜，东亚三国在和平构建问题上重新诉诸武力。曾经为和平事业而奔走努力的讲和使者沈惟敬等人则被逮捕并被判处死刑。第二次日本侵略朝鲜战争在一年之后以丰臣秀吉死去、日军撤回本土的形式而告终结。

关于日本侵略朝鲜战争期间的和平构建（讲和）问题，中、日、韩三国乃至西方的学者已有相当程度的研究积累。比较综合的研究有李光涛的《万历二十三年封日本国王丰臣秀吉考》（台北中研院历史研究所，1967 年）和三木晴男的《小西行長と沈惟敬～文禄の役、伏見地震、そして慶長の役～》（日本图书刊行会，1997 年）两书。专题性的研究则主要关注于以下几点。

第一，日本的讲和条件及其解释。三上参次于 1905 年最早披露了丰臣秀吉于文禄二年（1593）六月二十八日向明朝使节提出的七个讲和条件：①明公主下嫁日本天皇；②两国复开勘合贸易；③明日高官誓约通好；④割朝鲜南部四道予日本；⑤朝鲜王子及大臣渡日为质；⑥交还被俘朝鲜王子陪臣；⑦朝鲜永誓不叛日本。①之后的相关研究，多围绕这些讲和条件并结合丰臣秀吉的侵略动机而展开。②

第二，讲和的过程。包括以沈惟敬和小西行长为代表的明日间的讲和过程，以及以朝鲜僧惟政和倭将加藤清正为代表的朝日间的

---

① 三上参次：《文禄役における講和条件》，载史学会编《弘安文禄征戦偉績》，富山房，1905，第 157～159 页。文书原文为：大明日本和平条件。一和平誓约无相违者，天地纵虽尽，不可有改变也。然则迎大明皇帝之贤女，可备日本之后妃事。一两国年来依间隙，勘合近年断绝矣，此时改之，官船商舶可有往来事。一大明日本通好，不可有变更旨，两国朝权之大官，可题誓词事。一于朝鲜者，遣前驱追伐之矣，至今弥为镇国家安百姓，虽可遣良将，此条目件件于领纳者，不顾朝鲜之逆意，对大明割分八道，以四道并国城，可还朝鲜国王。且又前年，从朝鲜差三使投木瓜之好也。余蕴付与四人口实。一四道即返投之，然则朝鲜王子并大臣一两员为质，可有渡海事。一去年朝鲜王子二人，前驱者生擒之，其人非凡间，不混和平，为四人度与沈游击，可叛旧国事。一朝鲜国王之权臣，累世不可有违却之旨，誓词可书之。如此旨趣，四人向大明敕使缕缕可陈说之者也。文禄二年癸巳六月廿八日。御朱印。石田治部少辅。增田右卫门尉。大谷刑部少辅。小西摄津守。

② 例如，田保桥洁：《壬辰役雑考》，载《青丘学丛》第 14 号，1933；李启煌：《和好交渉における明・日の立場・態度》，载朝尾直弘教授退官纪念会编《日本国家の史的特質》，思文阁，1995。

讲和过程。①

第三，讲和交涉的破裂及其原因分析。关于谈判破裂的情形描述，以往的研究多采信于江户时代日本儒学、国学学者的记述。② 关于其原因，通常的说法是，沈惟敬和小西行长以分别欺骗万历皇帝和丰臣秀吉的方式达成册封结果，这种外交活动完全无视丰臣秀吉最初提出的七个条件，导致其对明朝的册封大发雷霆，刺激他再次出兵侵略朝鲜。但是，近年的研究表明，江户时代日本学者关于册封情形的描述多系编造，认为丰臣秀吉实际上比较愉快地接受了明朝的册封，但对朝鲜方面不派遣王子参加册封仪式和明朝方面提出的完全撤兵要求则表现出强烈的不满。③

第四，战争终结前后的讲和交涉。④ 这是之前讲和活动的延伸。

关于16世纪末的东亚和平构建问题，尽管有着如上所述的众多先行研究成果，但是还有相当一部分关键环节至今尚未得以澄清。譬如，明朝使者沈惟敬的早年情况，明日双方的最初谈判条件，明日双方在交涉过程中对彼此原定谈判条件的坚持和妥协，大

---

① 例如，栢原昌三:《文禄講和条約について》，载《史学雑誌》第31编第5号，1920；金文子:《豊臣政権期の日・明和議交渉と朝鮮》，载《お茶の水史学》第37号，1993；佐島显子:《虚実錯綜した講和交渉》，载《歴史群像シリーズ35 文禄・慶長の役》，学研，1993；贯井正之:《壬辰丁酉倭乱および戦後の日朝交渉における惟政（松雲大師）の活動に関する考察》，载《朝鲜学報》第178号，2002；陈尚胜:《壬辰战争之际明朝与朝鲜对日外交的比较——以明朝沈惟敬与朝鲜僧侣四溟为中心》，载复旦大学韩国研究中心编《韩国研究论丛》第十八辑，世界知识出版社，2008。

② 例如，林罗山:《豊臣秀吉谱》，宽永十九年（1642）成书；堀正意:《朝鲜征伐记》，万治二年（1659）刊本；山鹿素行:《武家事纪》，延宝元年（1673）序刊本；赖山阳:《日本外史》，文政十年（1827）成书；岛津久通:《征韩录》，宽文十一年（1671）成书；川口长孺:《征韩伟略》，天保二年（1831）年刊本。

③ 例如，山室恭子:《黄金太合》，中央公社论，1992；中野等:《講和交渉をめぐる明国・朝鮮・日本—大明の钧命に依り、朝鮮国を恕宥せしむ—》；中野等:《秀吉の軍令と大陸侵攻》，吉川弘文馆，2006。

④ 例如，李启煌:《文禄・慶長の役と東アジア》，临川书店，1997；渡边美季:《岛原宗安の明人送還——徳川家康による対明「初」交渉の実態》，《ヒストリア》第202号，2006。

坂城册封史实问题等。围绕这些问题，本文将以日本侵略朝鲜战争期间明朝外交集团（包括配合明朝对日交涉的朝鲜人）在和平交涉上的活动为中心，试图从一些新的材料和新的观点出发，重新探讨16世纪末的东亚和平构建问题。

一 沈惟敬早年情况——关于明朝外交集团成员的一个个案考察

在日本侵略朝鲜战争期间，曾经参加过对日讲和交涉活动的明朝人（包括配合明朝对日交涉的朝鲜人）不胜枚举。但是，学界至今尚未对这一集团作过系统性的研究。限于篇幅，本文仅对这个问题牵个头，就其中最为代表性的人物——沈惟敬的早年情况作些考察。

提及日本侵略朝鲜战争期间明朝的外交集团，一般首先会想到的是沈惟敬其人。沈惟敬作为对日交涉的最主要活动者，其重要地位毋庸置疑。明朝的对日交涉，其背后有诸多政治推动者，其前面有众多奔走者，但以沈惟敬所占据的地位和起到的作用最为关键。关于沈惟敬在对日交涉上的活动，明、日、朝三国以及西方的史料中已经多有记载，也有一些学者对他在讲和过程中的活动做过一些探讨，兹不复赘。但是，关于沈惟敬登上东亚三国的交涉舞台之前的情况，学界至今尚无具体研究。过去的通常说法是，沈惟敬原来是个来历不明的市井无赖，[①] 他的对日讲和活动给国家带来了重大灾难。[②] 本文接下来将以一则较为客观和可靠的资料为线索，来探讨沈惟敬的早年情况。

沈惟敬的同时代人沈德符在《万历野获编》中对之有如下一段相关记载：

[①] 譬如，张廷玉撰《明史》卷320《朝鲜传》中就称沈惟敬为"市中无赖也"。
[②] 张庆洲：《抗倭援朝战争中的明日和谈内幕》，《辽宁大学学报》总第95期，1989。

沈惟敬，浙之平湖人，本名家支属，少年曾从军，及见甲寅倭事。后贫，落入京师，好烧炼，与方士及无赖辈游。石司马妾父袁姓者亦嗜炉火，因与沈善。会有温州人沈嘉旺从倭逃归，自鬻于沈，或云漳州人，实降日本，入寇被擒脱狱。沈得之，为更姓名，然莫能明也。嘉旺既习倭事，且云："关白无他意，始求贡中国，为朝鲜所遏，以故举兵，不过折柬可致。"袁信其说，以闻之司马。惟敬时年已望七，长髯伟干，顾盼烨然。司马大喜，立题授神机三营游击将军，沈嘉旺亦拜指挥，与其类十余人充麾下入日本。司马既以封贡事委之，言无不合，言路交攻，不为动。沈留釜山年余，廷遣制使二人往封，以惟敬为宣谕使，偕渡海。临淮李小侯即逃，朝命副使杨方亨充正，即以惟敬为副使，代之过海，至山城州，草草毕封事，而倭留朝鲜者，终不去，贡事亦不成。石司马以违旨媚倭下狱，沈为督府邢司马捕至京论斩，妻子给功臣为奴。惟敬无子，妻为南妓陈淡如，少亦知名，时已老矣。沈诛后，部曲星散，淡如与嘉旺俱不知所终。惟敬渡海时，余家有一旧仆随之。及还，云……①

沈德符与沈惟敬的生活时代相同，两者籍贯同属嘉兴府，另外，沈德符家有旧仆曾跟随沈惟敬赴日参加册封丰臣秀吉，其文中所述的出身名门、少年从军、年已望七等情况当可凭信。

关于沈惟敬的家族所属，《万历野获编》称沈惟敬"本名家支属"，说他出身于名门望族。以此为线索考察当时平湖的世家大族，发现沈姓望族有两支，一为"清溪沈氏"，一为"石庄沈氏"，两支同源而异居，而尤以前者名望最为显赫，仅有明一代就出了11名进士。② "清溪沈氏"留有光绪十二年（1886）的第六修家

---

① 沈德符：《万历野获编》卷17《兵部·沈惟敬》。
② 世家大族课题组编《"金平湖"下的世家大族》，中国文史出版社，2008，第96~129页。

谱。据其家谱所载，该族第 8、第 9 世活跃于明朝嘉靖、隆万年间，第 8 世为"土"字辈，其世系表中有"（沈）坤"之名，第 9 世为"维"字辈，但世系表中却没有出现可与"（沈）惟敬"比照的相关人名。① 考虑到沈惟敬因为封事失败而遭明朝政府处决以及被当作无赖、奸臣的历史评价等这些事实，不排除他被"清溪沈氏"开除出族的可能。

关于沈惟敬年少从军、参加嘉靖朝抗倭事业，当时的朝鲜人申钦在其所著《象村稿》中有如下一段相关记述：

> 沈惟敬者，或言浙人，或言福州人。壬辰倭寇入本国，天朝将发兵来救。惟敬自言嘉靖年间在浙直总督胡宗宪票下，用间谍鸩杀倭众，因此备谙倭国事情，上书于兵部，请往谕倭奴。尚书石星奇之，荐于朝，假游击号，差往朝鲜侦探贼情，且许便宜从事。②

《象村稿》的记录，系出沈惟敬本人自述。相对来说，刊行于天启七年（1627）的《平湖县志》里的相关记述显得更为客观：

> 沈坤，居湖之西麓，家颇饶，不为产业计，学文不就，去，学武。嘉靖间，以门户充役，集收银米，遇岁饥，死者相枕，坤悉散家赀并所收银米以疗饥民，官督之，茫无以应，甘罪狱中。会倭寇辛临鹉湖，总督胡公募勇敢之士，闻坤名，出狱留幕下，议论颇当胡意。一日，倭战王江泾，我军失利，胡亦被围，坤子惟敬甫弱冠，单骑突围中，挟胡而出，胡益爱重坤。授职千总，部兵三千，父子设计，伪装犒军官，满载药

---

① 沈应奎、沈光翰等辑《清溪沈氏六修家乘》卷 5《世袭表》，光绪十二年（1886）平湖清溪沈氏刊本追远堂藏版，财团法人东洋文库藏。
② 申钦：《象村稿》（1629 年刊）卷 39《志·天朝诏使将臣先后去来姓名记自壬辰至庚子·沈惟敬》。

酒，手执公文，经倭营而过，度倭追我将近，父子弃舟度水走，倭得酒，喜甚，争饮，而死者无算。①

天启《平湖县志》的记录无疑佐证了《象村稿》中的沈惟敬自述。沈坤、沈惟敬父子在当时都是勇谋兼备的豪侠之士。沈坤以门第之故充任政府征收银米的小吏，却因为在饥荒年中散尽公私财货赈济灾民而遭囹圄之灾。他后来出任浙江总督胡宗宪的幕僚，被授予千总之职，统领部兵三千，在抗倭战事中颇多建树。沈惟敬与其父协同抗倭，曾在王江泾之战中（发生于嘉靖三十四年，1555）单枪匹马从敌阵中救出被围的总督胡宗宪（其在当时的官职应为巡按浙江御史）。父子两人设计以药酒毒杀倭寇的事实，在《明史》中也有记载。② 可见，《万历野获编》中关于沈惟敬少年从军抗倭之事的记载当属确然。

关于沈惟敬的年龄，《万历野获编》称其万历二十年（1592）时"年已望七"（年近70），而《平湖县志》称其王江泾之战（1555）时"甫弱冠"（20岁），那么至万历二十年则当为57岁。两则材料在沈惟敬年龄问题上存在着大约相去10年的差别。为澄清这一问题，我们可以参考朝鲜《宣祖实录》在万历二十年十一月癸亥（初七日）条中的如下一段相关记述：

> 沈惟敬家人沈加旺，回自平壤，过江向辽东。初加旺到平壤，倭将待之甚厚，凡饮食比前丰备，而但将信将疑。使留城中，以待游击之来，出入必使两倭随之，不许放回。同行兵部差人娄国安入城问安，且致丁宁之意，然后倭将以为实然，始

---

① 程楷修、杨儁卿等纂《平湖县志》（天启七年［1627］刻本）卷19《外志之四·丛记》。
② 张廷玉撰《明史》卷205《胡宗宪传》载："倭寇嘉兴，宗宪中以毒酒，死数百人。"可见，沈坤、沈惟敬父子毒杀倭寇的大功被记到了总督胡宗宪的名头上。

令出城，赠以大剑，赏国安以银，问："游击定于何日间到来？"加旺答曰："日寒晷短，年且衰老，日行不过五十里，可于二十日前到此。"

沈惟敬原于当年八月二十九日与平壤倭将约定 50 日休战，但是超过期限一个月而他也还没有如约再现，这使得倭将心中未免焦虑、疑惑。作为日方人质的沈惟敬家人沈加旺将此情况解释为"年且衰老，日行不过五十里，可于二十日前到此"，试图以此消除日方的疑虑。据沈加旺对沈惟敬"年且衰老"这一表述，沈惟敬在当时"年已望七"的记录似乎更近实情。

为进一步澄清这个问题，我们还可以参考当时在日传教的葡萄牙教士刘易斯·弗洛伊斯（Luís Fróis）于 1596 年 12 月 28 日寄往罗马教廷的《日本报告书》。在这份报告书中，有着关于沈惟敬等明朝册封使节团活动情况的大量翔实记录。万历二十四年（1596），沈惟敬一行往赴日本册封丰臣秀吉为日本国王，此事在日本全国引起了巨大的轰动。耶稣会士与日本民众一起观摩了明朝册封使节团在日本的行进场面，并详尽地记述了他们一行在日本的言语和行动。册封副使沈惟敬在西方传教士眼中的形象极其美好，他被弗洛伊斯尊称为"相貌堂堂、极有才学的七十岁老者"。[①] 由此可见，沈惟敬在万历二十四年已届古稀，其出生年当在嘉靖五年（1526）或者六年（1527），日本侵略朝鲜战争爆发当年，沈惟敬当在六十六七岁上下。万历二十七年（1599）九月，沈惟敬在北京东市被斩首，[②] 其终年当为 73 岁或者 74 岁。

---

① 松田毅一监译《十六·七世纪イエズス会日本報告書》第 I 期第 2 卷，1997，同朋社，第 288 页。沈惟敬在"日本报告书"中出现频率极高，弗洛伊斯还以"上了年纪的、睿智的、才能甚优、评价极高的游击"（第 276 页）、"非常狡猾的中国人"（第 285 页）、"值得尊敬的老者游击，白发长髯，神情毅然"（第 317 页）等词不断变化对他的称呼和修饰。

② 《明神宗实录》卷 339，万历二十七年（1599）九月辛未（二十四日）条。

本文试图以沈惟敬为代表的明朝（朝鲜）外交使者在对日交涉上的活动进行考察，试图从一些新的材料出发，重新探讨16世纪末的东亚和平构建问题。

二　明日双方的最初谈判——以谢用梓、徐一贯赴日谈判为中心

明日之间的正式讲和，肇始于万历二十一年（1593）三月初的日将小西行长投书乞和。① 此前沈惟敬于旧年八月和十一月两入倭营，其名义上虽称讲和，实际上却是配合明军作战的间谍活动。②

明日双方的讲和条件，在谈判之初就相去甚远。经略宋应昌于三月初八日答复了小西行长的讲和请求，其所开出的谈判条件为"尽还朝鲜故土，并还两王嗣以及陪臣等，归报关白上章谢罪"，表示在日方同意这三个条件之后愿意"奏题封尔关白为日本国王"。③

对于宋应昌提出的谈判条件，王京（汉城，今首尔）的小西行长等人在三月十六日与沈惟敬等人谈判后所作出的回应是，同意撤出王京、退回釜山，并归还被日军所掳的两名朝鲜王子以及陪臣，但要求明朝派遣皇命敕使赴日本名护屋与丰臣秀吉直接面谈。④

---

① 宋应昌：《经略复国要编》卷7《与李提督并二赞画书》，万历二十一年三月初八日。
② 李光涛：《万历二十三年封日本国王丰臣秀吉考》，台北中研院历史研究所，1967，第一章"日本之乞封乞贡二·沈惟敬侦探倭情"，第4～9页；陈尚胜：《壬辰战争之际明朝与朝鲜对日外交的比较——以明朝沈惟敬与朝鲜僧侣四溟为中心》，载复旦大学韩国研究中心编《韩国研究论丛》第十八辑。
③ 宋应昌：《经略复国要编》卷7《宣谕平行长》，万历二十一年三月初八日。
④ 吉田孙四郎雄编纂，吉田苍生雄译注《武功夜话：前野家文书》卷19《釜山上へ陣替えに付き前野但馬守、石田治部少輔、備前宰相相談の事》，新人物往来社，1987，第280～291页。

十六世纪末的东亚和平构建

于是，假奉勅命的谢用梓、徐一贯一行 17 人在宋应昌的派遣之下，赴名护屋与丰臣秀吉进行了新一轮的谈判，沈惟敬则留在了釜山倭营。徐、谢两使于五月十六日（日本历五月十五日）到达名护屋，二十四日（日本历二十三日）与丰臣秀吉相会，受到了隆重的款待。关于当天的会面详情，成书不迟于宽永四年（1627）的大濑甫庵《太合记》中留有一份极其拗涩含糊的汉文记录。① 丰臣秀吉此前于五月初一日（明历五月初二日）草拟了 16 项谈判条件，② 至此时则将之压缩为如下 7 项：1. 明公主下嫁日本天皇；2. 两国复开勘合贸易；3. 明日高官誓约通好；4. 割朝鲜南部四道予日本；5. 朝鲜王子及大臣渡日为质；6. 交还被俘朝鲜王子陪臣；7. 朝鲜永誓不叛日本。相对于宋应昌开出的切实可行的谈判条件，丰臣秀吉提出的这几项条件极为无理，无异于向明朝漫天要价。之后，六月二十一日和二十二日两天（明日同历），丰臣秀吉以南禅寺僧玄圃灵三为代表，与谢、徐两使进行了正式谈判。在明使看来，丰臣秀吉提出来的条目几乎都成问题，但谈判的焦点主要集中于明日通婚和割占朝鲜南方四道两个问题上。明使认为，秀吉所提出的谈判条件，"中多情理不通"，如果日本一定要与明朝和好，则"请削数件"，特别是要求删去第一条让明朝公主下嫁日本天皇的"婚嫁之事"。③ 对于这一要求，玄圃灵三征求到的丰臣秀吉的意见是：

> 昨日二天使所指示，无遗余告之大阁。大阁曰，大明日本不行婚嫁礼，则以何表诚意乎？不然，朝鲜八道中，四道应大明命，可还于朝鲜王，四道者可属大阁幕下，押大明皇帝金

---

① 大濑甫庵著，桑田忠亲校订《太阁记》卷 15《大明より使者之事》，新人物往来社，1971，第 414~423 页。
② 日下宽编《豐公遺文》第四篇"太閣時代·明國との平和條件朱印状（五月朔日）"，博文館，1914，第 441~444 页。
③ 《南禅旧记》，国立公文书馆内阁文库藏写本。

印,中分朝鲜国,可割洪沟。结嫁娶盟耶?中分朝鲜耶?两条之中,不随大阁所思,大事难成。①

丰臣秀吉对这次谈判作出了些许的妥协,但仍以明日两国"行婚嫁礼"或"中分朝鲜国"两个条件为必得其一,并威胁明朝使者道:"婚嫁礼,八道中分之两件,一事亦不应大阁之意,则再命将士可伐八道"、"和亲之事,必大阁不欲之,自大明虽不分四道,遣猛将可讨之",称如果明朝不答应以公主下嫁日本天皇,则日本将以武力割取朝鲜南方四道。谢、徐两使当然坚持不允,玄圃灵三则提议两使将谈判情况归奏朝廷,或者到釜山与沈惟敬再作商量。②

此次谈判的结果是,在谢、徐两使六月二十九日(明日同历)归国前夕,六月二十七日,丰臣秀吉撰写了一份"对大明敕使可告报之条目"交给石田三成、增田长盛、大谷吉继和小西行长四人,其内容可概括为以下5条:1.日本系神国,予(秀吉)出生时母梦日入怀,故其统一日本,系出天授;2.予(秀吉)禁制倭寇,而明朝不伸谢词,故欲征伐大明,而朝鲜遣使表示愿意借道;3.日本欲与明朝恢复通交,朝鲜表示愿意充当中介。但是年期已过,朝鲜却没有任何实际行动。故日本怨恨,因而出兵攻伐朝鲜;4.明朝救朝鲜急难而失利,出于朝鲜反间之故;5.谢、徐两使来名护屋传达皇帝纶音,予答以七项谈判条件,由四人负责解释之。③ 翌二十八日(明日同历),丰臣秀吉又将7项谈判条件原封不动地以汉文重新抄写一遍交给石田三成、增田长盛、大谷吉继和小西行长四人带回釜山。④ 同时令此四人带回釜山的,还有一封申

---

① 《南禅旧记》,国立公文书馆内阁文库藏写本。
② 《南禅旧记》,国立公文书馆内阁文库藏写本。
③ 大濑甫庵著,桑田忠亲校订《太阁记》卷15《对大明勅使可告报之条目》,第429~430页。
④ 大濑甫庵著,桑田忠亲校订《太阁记》卷15《六月廿八日唐使衆大明へ可有帰朝之旨被仰出宫笏として被遣覚》,第428页;三上参次:《文禄役における講和と条件》,第157~159页。

致沈惟敬的书函，其内容亦见录于《太阁记》中：

> 日本国前关白秀吉书大明国之使游击将军沈宇愚麾下。大明日本为和亲于朝鲜国，趋而入予前驱营中切询起兵，故实猛将也。长盛、吉继、三成、行长四臣具奏达之矣。急虽可栽琼报。前年委关白职于秀次，秀次可达之于天听也。任予思虑，虽可决大事，不紊大纲者，世礼也。图之王京去此地水云辽远，依之大明使者停台与于此营中，句涉犹予，不舍昼夜，以命侍臣驰羽檄。檄书待相达，可投回报。余者附四臣舌头。书底蕴方物如别录，领纳恃长刀十振投赠焉，以黄金缠裹之。不宣。
> 　　仲夏日　秀吉朱印　达沈惟敬游击将军①

丰臣秀吉对去年沈惟敬挺身亲入倭营一事感佩不已，誉其"实猛将也"，特意向其赠送礼物。信里没有提及任何谈判条件内容，仅以"余者附四臣舌头"一笔带过。由此可见，丰臣秀吉已经任命石田三成、增田长盛、大谷吉继和小西行长四人为对明谈判的全权代表。7项"大明日本和平条件"虽然以石田三成、小西行长等四人为收件人，但却故意以汉文书写，其目的无疑是想告诉沈惟敬等人丰臣秀吉的最大要价。丰臣秀吉将自己的谈判底牌"附四臣舌头"，其具体内容未见史籍记载。此后，明日双方的讲和使者在谈判折冲或坚持，或妥协，以期能够达成一致。

三　明日双方的妥协交涉——以朝鲜僧惟政与倭将加藤清正的讲和为例

明日双方的讲和，主要以小西行长和沈惟敬互为谈判对象。关

---

① 大濑甫庵著，桑田忠亲校订《太阁记》卷15《就大明国之两使帰朝御返简之事》，第423页。

于两者在讲和交涉上的折冲过程，三木晴男已有专著，① 兹不复赘。本文接下来单以朝鲜僧惟政（松云大师）与倭将加藤清正之间的讲和为例，探讨一下双方对原定谈判条件的坚持和妥协。②

在所有的侵朝倭将里面，以加藤清正最为骁勇桀骜，其对朝鲜的侵略态度也最为凶暴残忍。③ 其形象在朝鲜人中极其恶劣，无论是当时的记录还是后世的文学作品，几乎无一例外地将他描绘成凶残恶毒的仇敌。④ 但是，就是这样一个在朝鲜人看来极其可恨的侵略者代表，其在与朝鲜僧惟政的谈判上，却意想不到地作出了一系列的妥协和退让。

当万历二十二年（1594）沈惟敬与小西行长谈判，日本派使者藤原如安（小西飞）赴北京交涉之际，驻守朝鲜的明朝总兵刘綎也投书倭将加藤清正，派遣朝鲜僧人惟政入其营中与之讲和。与宋应昌的册封丰臣秀吉之策不同，刘綎交通加藤清正的目的，在于离间清正和秀吉之间的关系，"使清正乘时受封，自为关白，反击秀吉"。⑤ 刘綎的离间之计虽然最终没有成功，但是却从加藤清正那里得到了相关的讲和条件和重要的日本情报。而加藤清正为了与惟政谈成和议以向丰臣秀吉邀功，在谈判条件上也屡次向惟政退让妥协。

惟政首入倭营在当年四月。交涉过程中，加藤清正反复咨询沈

---

① 三木晴男：《小西行長と沈惟敬～文禄の役、伏見地震、そして慶長の役～》，日本図書刊行会，1997。
② 关于惟政与清正的谈判交涉，可参考李光涛《万历二十三年封日本国王丰臣秀吉考》第三章"封事失败之原委"，台北中研院历史研究所，1967；贯井正之：《壬辰丁酉倭乱および戦後の日朝交渉における惟政（松雲大師）の活動に関する考察》，《朝鮮学報》第178号，2002；陈尚胜：《壬辰战争之际明朝与朝鲜对日外交的比较——以明朝沈惟敬与朝鲜僧侣四溟为中心》，载复旦大学韩国研究中心编《韩国研究论丛》第十八辑。
③ 北島万次：《加藤清正：朝鮮侵略の実像》，吉川弘文館，2007。
④ 崔官：《文禄・慶長の役》，讲谈社，1994，第147~151页。
⑤ 惟政：《甲午四月入清正营中探情记》，惟政著《松云大师奋忠舒难录》，戊午（朝鲜英祖十四年，1738）新刻本，韩国国立中央图书馆藏。

惟敬和小西行长的谈判情况,听说不成时则喜形于色。加藤清正令部将书示惟政,告诉他丰臣秀吉的谈判条件为"一与天子结婚事,一割朝鲜属日本事,一如前交邻,一王子一人入送日本永住事,一朝鲜大臣大官入质日本事"五项。但是,这些条件被惟政据理逐条驳回。清正也没有作出任何让步。①

惟政接着于当年七月再入倭营。十二日,清正亲自会见惟政。在这次谈判中,清正最初的态度极为狂妄,除了提出"一前日与天子结婚事如何,一朝鲜王子一人入送日本事如何,一割朝鲜四个道属日本事如何,一朝鲜大臣入质日本事如何,一如前交邻如何"这一与前议五项相同的条件外,又加了"一大明一人入质事如何,一大明则以何物为日本通信"两项条件。但是,两者谈到后来,清正的强硬语气却又逐渐缓了下来。最后,清正对惟政作出了很大的让步,将其谈判条件减至"四道中割给二道,送王子质之"两项。当天半夜,清正继而派遣副将喜八面见惟政,就王子入质问题提出了"汝国若取他人之子年可八九者,假称王子而入送,则事当速成"这一作弊方案。加藤清正为与惟政谈成和议,其屡屡妥协的姿势,急迫难耐的心态,于此可见一斑。②

当年十二月,惟政再入倭营与加藤清正讲和。当时盛传沈惟敬和小西行长谈判已成,明廷已有册封丰臣秀吉为日本国王之命。故而加藤清正认为惟政行事诈伪。为了表示诚意,惟政此次特意带来了朝鲜王子的亲笔信。但是清正最终还是拒绝亲自会见惟政。谈判后来在清正的全权代表在田、天佑两倭僧与惟政的同行者李谦受之间展开。关于清正此次在谈判条件上的调整,惟政在其谈判纪实《甲午十二月复入清正营中探情记》中转录李谦受的报告称:

---

① 惟政:《甲午四月入清正营中探情记》。
② 惟政:《甲午七月再入清正阵中探情记》。

二十五日朝后，清正使喜八来言："我非不欲引来相见，汝国方与行长辈讲和，恐被赚于彼人，兹送在田、天佑两高僧与我同志者等，如有所欲言，当与此僧等尽言无讳可也。"……两僧书示曰："天朝之封许虽美于关白之心，不好，奈何。前五条内，有一事成之，则必合于关白之心，不然，则虽有封许事，何关于我哉？"又书示曰："朝鲜以临海君弟顺和君及使臣二三员下送，而清正亦使可信人陪进于关白处，则一朝和议决矣。如不信，则清正之子亦送于朝鲜，相以为质可也，如其不然，虽用千万谋策，事终不成也。"……二十六日，日真、在田、天佑互相出入，以清正之子为质交换王子入送事互相问答。及日暮，日真率我等归寺。……①

由此可见，清正为了促使惟政与自己谈成和议，将其所掌握的丰臣秀吉谈判底线"前五条内，有一事成之，则必合于关白之心"完全透露给了李谦受。因为清正此前曾擒获并放回（在丰臣秀吉授意下）临海君和顺和君两名朝鲜王子，所以他希望朝鲜能在明朝册封丰臣秀吉为日本国王之际派去小王子顺和君，而作为交换条件，清正愿意把自己的儿子交给朝鲜留作人质。

由惟政和清正之间的谈判折冲可知，虽然清正最初抬出的是丰臣秀吉原定的无理谈判条件，但是随着交涉活动的展开，清正屡屡退让，最终希求以自己的儿子留给朝鲜作为人质，来换取朝鲜同意派遣王子赴日本参加册封典礼。侵略态度最为坚决的加藤清正尚且如此，一开始就想诚心和明朝讲和通好的小西行长等人的外交态度更可想见。小西行长所代表的丰臣秀吉本人，此前应该早已撤回其所提的无理条件。

---

① 惟政：《甲午十二月复入清正营中探情记》。

四 明日双方的谈判结果——册封丰臣秀吉情形史实考

如前所述，在讲和之初，明朝的谈判条件是归还朝鲜故土和被俘王子陪臣，丰臣秀吉上表谢罪，明朝册封丰臣秀吉为日本国王四项，而日本方面开出的条件则是明日通婚、重开勘合贸易、朝鲜割地并派王子入质等七条。双方的条件鲜有相通之处，但最终的结果却是，日本方面全军撤至釜山一隅，归还王子陪臣，派人向明朝纳表请降，① 而且还派遣谈判使者藤原如安赴北京交涉。藤原如安于万历二十二年（1594）十二月来到北京，他在与明朝政府的交涉中，指天为誓，答应了明朝提出的"釜山倭众尽数退归"、"一封之外不许别求贡市"、"修好朝鲜，共为属国"这三个条件。② 可见，在谈判双方的共同努力下，明日双方最终达成了册封丰臣秀吉为日本国王这一共识。

以往的研究认为，沈惟敬和小西行长两人为了促成和谈的成功，采取了分别欺骗万历皇帝和丰臣秀吉的手段，向两名统治者报告对方答应了其所提出的所有条件。结果，在册封典礼举行之际，两人的欺瞒行为暴露，丰臣秀吉发现自己只得到一个日本国王的空头衔，其他什么也没有得到，于是勃然大怒，命令再次出兵侵略朝鲜。③ 但是，这些研究的主要根据——关于1596年册封情形的描述，其实多出于江户时代日本儒学家、国学家的编造，更为接近历史事实的推

---

① 丰臣秀吉有纳款表文和降表两份，都被收录于朝鲜的《宣祖实录》之中。这两份表文系出小西行长的伪造，但纳表一事是否得到丰臣秀吉授权未有定论。
② 宋应昌：《经略复国要编》"后附"。
③ 这类研究实在太多，恕不一一列举。最新看到持该种意见的著作系美国学者 Kenneth M. Swope 所著的 *A Dragon's Head and a Serpent's Tail: Ming China and the First Great East Asian War, 1592 - 1598* (University of Oklahoma Press, November 30, 2009) 一书的第五章 "Caught Between the Dragon and the Rising Sun: Peace Talks and Occupation, 1593 - 96"。

测似乎应该是，丰臣秀吉实际上比较愉快地接受了明朝的册封头衔，但对朝鲜在讲和上的不合作态度以及失礼行为却强烈不满。结果，丰臣秀吉一方面承认明朝的权威，一方面却又拒不撤回釜山留兵。在明朝和朝鲜拒绝满足其无理要求后，于第二年再次出兵侵略朝鲜。

江户时代日本学者关于册封情形的描述，其中最为著名的是成书于文政十年（1827）的赖山阳《日本外史》，为论述方便起见，兹移录其相关内容如下：

> 八月，明韩使者同至届浦，二十九日造伏见。……九月二日，使毛利氏列兵仗，延明使者入城。诸将帅皆坐。顷之，秀吉开幄而出。侍卫呼叱。二使惧伏，莫敢仰视。捧金印冕服，膝行而进。行长助之毕礼。三日，飨使者。既罢，秀吉戴冕被绯衣，使德川公以下七人各被其章服，召僧承兑读册书。行长私嘱之曰："册文与惟敬所说或有龃龉者，子且讳之。"承兑不敢听，乃入读册于秀吉之傍，至曰"封尔为日本国王"，秀吉变色，立脱冕服抛之地，取册书撕裂之，骂曰："吾掌握日本，欲王则王。何待髯虏之封哉！且吾而为王，如天朝何？"乃召行长，诮让曰："汝敢欺罔我，以为我邦之辱，吾将并汝与明使皆诛之。"……逐明韩使者，赐资粮遣归，使谓之曰："若亟去，告而君，我将再遣兵屠而国也。"①

《日本外史》栩栩如生地描绘了明朝使者在册封仪式上的无能和懦弱，而将丰臣秀吉则描绘成撕毁诏书、厉声呵骂这样一副不可一世的狂徒形象。其意以为，沈惟敬和小西行长在外交上欺瞒丰臣秀吉，导致和事不成，并刺激了日本的再次侵略。

而在成书更早的林罗山《豊臣秀吉谱》（1642）中，也有如下一段相关的记载：

---

① 赖山阳：《日本外史》卷16，文政十年（1827）刻本。

九月二日，方亨、惟敬登伏见城，方亨在前，惟敬捧金印立阶下。少焉，殿上黄幄开矣，秀吉使侍臣二人持太刀、腰刀而出，群臣望见，而皆稽颡。惟敬深惧，持金印而匍匐，方亨唯随惟敬之所为而战栗。秀吉劳之，两使以为责已，故其足趑趄，其口嗫嚅。时行长进曰："大明聘使谨可行其礼。"于是惟敬捧金印及封王之冠服，且授日本诸臣之冠服五十余具……翌日……秀吉于花畠山庄召承兑、灵三、永哲，使读大明之玺书。时行长密语承兑曰："秀吉若闻诰命之义，则其大怒不可疑，请变其文辞而读之。"承兑不肯，于秀吉前遂读之。秀吉闻而果怒，瞋目愤激，大声曰："明主封我为日本国王，固是可憎之殊甚者也，我以武略，既主于日本，何籍彼之力乎？前行长曰，大明封我为大明国王，故我信之，而既班师矣，行长诱我……"①

其所描述与《日本外史》大致相仿。

但是，这两种记录，都有过于明显的编造痕迹。关于册封史实，学界在几个细节上早有定论。其一，册封场所不在伏见城而在大坂城。秀吉此前为准备册封典礼，征用了十万民力大规模营造、装饰伏见城，②但伏见城不幸在闰七月的伏见大地震中震毁。③《丰臣秀吉谱》所述在九月初三于伏见城花畠山庄④命承兑等人宣读诏书之事，自然更是伪造之词。其二，册封典礼举行的时间在日本历九月初一而非九月初二，不过当天的明历则恰好为九月初二。据三木晴男考证，日本江户时代的学者在记录册封史实上的错误，一个

---

① 林罗山：《丰臣秀吉谱》下，宽永十九年（1642）刻本。
② 松田毅一监译《十六・七世纪イエズス会日本報告書》第Ⅰ期第2卷，第278页。
③ 三木晴男：《小西行長と沈惟敬～文禄の役、伏見地震、そして慶長の役～》，第107～148页。
④ 现在的花畠山庄系1964年在旧伏见城花畠山庄旧址上重建。

重要的原因是参考了当时在日本流传颇广的诸葛元声《两朝平攘录》（万历三十四年［1606］刻本，至迟在1625年前传到日本）一书，而《两朝平攘录》在明朝的册封史事上，存在着很多颠倒是非的记载。当时江户时代的日本，可说是中国文化上的附属国，而作为文化先进国中国的文献《两朝平攘录》，则不可避免地误导了众多的日本史家。①

那么，关于当时的册封史事，是否还有其他一些更为可靠的资料呢？答案是肯定的。这些更为可靠的原始资料，大而言之，可以分为以下四种类型。

第一，明朝册封使者的报告。明朝册封正使杨方亨和副使沈惟敬都曾在册封结束后，分别于九月初五日和十月向兵部提交报告。这两份报告在明朝史籍中未见记载，但是却被抄入朝鲜的《宣祖实录》之中。杨方亨的报告称，册封时，丰臣秀吉"领受钦赐圭印、官服，旋即佩执顶被，望阙行五拜三叩头礼，承奉诰命"，受封后，丰臣秀吉又亲到其寓所申致感激。沈惟敬的报告则称，册封时，使者向丰臣秀吉"颁以诰印、冠带服等项"，丰臣秀吉则"率众行五拜三叩头礼，件件头项，习华音，呼万岁，望阙谢恩，一一如仪"，仪式结束后，丰臣秀吉宴请册使一行。当天晚上，丰臣秀吉亲诣其寓所称谢，第二天早上又向正使杨方亨呈赠礼物。沈惟敬谕令其速撤釜山留兵，丰臣秀吉则以"但恐朝鲜前怨不释"为托，提出"仍听皇帝处分，再候命下"，要求明朝处分朝鲜。② 另外，杨方亨在其回北京后的奏折中也提及了册封情形，其谓："封时，（丰臣秀吉）委行五拜三叩头礼，呼万岁。次日，（丰臣秀吉）至臣寓，称说感戴天恩，及言谢恩礼物俱被地震损伤。臣于初四日拜秀吉。秀吉云，冬月西北风多，渡海不便，不敢久留天使。及臣将

---

① 三木晴男：《小西行長と沈惟敬～文禄の役、伏見地震、そして慶長の役～》，第183～201页。
② 《宣祖实录》卷83，宣祖二十九年（明万历二十四年，1596）十二月己巳（初七日）条。

行,秀吉差倭僧向惟敬责备朝鲜礼文。"与前次报告有所不同的是,杨方亨在这里交代了丰臣秀吉责备朝鲜礼文这一细节。① 明朝册封使者的报告,因为撰作者后来在政治上的失足,时论一般都将之作为诬伪之词。不过,结合其他第一手资料比照研究的话,则可以发现其中还是记录了很多真实的情况。

第二,跟随明朝使节的朝鲜通信使日记及其报告书。朝鲜本来极力反对讲和,但是,它最终在日本使者的强请、明朝使者的压力之下,在明朝使节团赴日一个半月后派出以黄慎和朴弘长两名中级官员为首的通信使团赴日参加册封典礼。丰臣秀吉本来打算让通信使一同参加册封典礼,但在事前却突然通知拒绝面见。通信使一行没能看到册封情形,但是却将其在出使日本期间的相关见闻写入日记之中。其关于册封时日本对朝鲜的不满,以及明朝调停朝、日关系方面的内容,通信正使黄慎的《日本往还日记》九月初一日条记为:"午后,行长等回言,关白固请两天使先来,俟面讲后,许见朝鲜使云。"九月初四日条记为:"夕沈天使使王千摠来曰,昨关白对我言,我四五年受苦,当初我托朝鲜转奏求封,而朝鲜不肯,又欲借道通贡,而朝鲜不许,是朝鲜慢我甚矣!故至于动兵。然此则已往之事,不须提起。厥后老爷往来讲好,而朝鲜极力坏之,小西飞入奏之日,朝鲜上本请兵只管厮杀。天使已到,而朝鲜不肯通信,既不跟老爷来,又不跟杨老爷来,今始来到。且我曾放还两王子,大王子虽不得来,小王子可以来谢,而朝鲜终不肯遣。我甚老朝鲜,今不须见来使,任其去留云云。我再三言,你既受封,是天朝属国,与朝鲜为兄弟之国,今后当共敦邻好,小事不须挂意也。杨老爷亦再三分付矣。我当更竣关白息怒,再议此事,必令无事。"九月初五日条记为:"昏,调信使人来言,沈老爷贻书关白,且使正成、行长等往议撤兵、通信等事,明日午后当回话矣。"初六日条记为:"夕,行长、正成及三成、长盛等来自五沙

---

① 《明神宗实录》卷308,万历二十五年(1597)三月己酉(十九日)条。

盖。夜半，平调信来到下处谓，曰，今日行长等持沈天使书往见关白，关白大怒曰，天朝则既已遣使册封，我姑忍耐，而朝鲜则无礼至此，今不可许和，我方再要厮杀，况可议撤兵之事乎？"[1] 据日记内容可知，丰臣秀吉不但不肯撤还釜山留兵，而且还打算再次侵略朝鲜，其原因在于责问朝鲜在讲和上对日本的失礼。朝鲜通信使亦向国王奏呈报告，其相关内容与日记大致相同。

第三，丰臣秀吉本人的书信以及册封活动参加者的记录。明朝册使起程后，称有带回丰臣秀吉的谢恩表文，但其内容被认定为假造。[2] 不过，明朝册使收到丰臣秀吉的别幅一件，一般认为并非伪作。别幅的内容为历数朝鲜不遣王子等三条罪过，要求明朝允许其出兵惩罚朝鲜：

> 前年自朝鲜使节来享之时，虽委悉下情，终不达皇朝，尔来无礼多多，其罪一也。朝鲜依违约盟，征讨之军中，二王子并妇妻以下，虽生擒之，沈都指挥依传敕命宽宥之。即先可致谢礼者，分之宜也，天使过海之后，历数月，其罪二也。大明、日本之和交，依朝鲜之反间，经历数年，其罪三也。为使本邦之军士，生劳苦，久送光阴者，初知为皇都计略也，朝鲜后于天使来，以是观之，悉知朝鲜谋诈。件件罪过不一，自大明可有征伐耶？自本邦可征讨耶？[3]

另外，册封后的九月七日，丰臣秀吉致书岛津义弘，称因为朝鲜不遣王子，和事不成，要求义弘加固其在朝鲜的城池，保证那里

---

[1] 黄慎：《日本往还日记》，《海行摠载》所收，民族文化推进会，1986年再版。
[2] 《宣祖实录》卷83，宣祖二十九年（明万历二十四年，1596）十二月己巳（初七日）条。
[3] 《宣祖实录》卷82，宣祖二十九年（明万历二十四年，1596）十一月壬寅（初十日）条。

的兵员和粮草。① 而参加明日讲和、被明朝加封为日本本光禅师的玄苏景辙对当时的册封情形则有着如下的记述：

> 天将重奏天朝，俾大阁封日本国王。翌年甲午，差杨、沈二老爷为册封之使。大阁喜气溢眉，领金印，着衣冠，唱万岁者三次。虽然，谗口难掩，犹不撤兵，弥坚其垒，为防御之备也。②

玄苏认为，丰臣秀吉非常愉快地接受了明朝赐予他的日本国王封号，但是，因为他听信了加藤清正的谗言，和事最终没能成功。

第四，时刻关注明朝使节动向的西方传教士记录。刘易斯·弗洛伊斯在1596年12月28日的《日本报告书》中，对当时的册封情形以及明朝使者调停朝、日关系的情况作了如下的描述：

> 册封过程中，太阁与正使席位对等。出席者为德川家康等日本最高级别的大名。稍巡杯盏后，太阁接受了册书和金印，将之举到头上，并接受了大明皇帝赐予他的日本国王的冠冕。……日没，新国王太阁往访游击，正使杨方亨也欣然而来。……抓住这次机会，两使将话题转到朝鲜使节上，希望太阁允许朝鲜人谒见，并宽恕他们的过错。太阁辩解道："朝鲜对我非常无礼，我对朝鲜怨恨甚深。因此，我不想对此再多做解释。"但是，游击沈惟敬非常睿智，其贤明为世所罕见，他在充分通达太阁心情的基础上做了这样的应答："殿下所指的诸种理由甚为恰当。为什么这样说呢？因为朝鲜人不但对殿下您，而且对我们大明皇帝也多有冒犯。故而，即使吞灭其全国，也没有什么不可以。但是，将这个国家灭亡了，又能得到

---

① 鹿儿岛县维新史料编纂所：《鹿児島県史料 旧记雑録后编三》卷37，鹿儿岛县，1982，第41页。
② 玄苏景辙撰，规伯玄方集《仙巢稿》卷之下《流芳院殿杰岑宗英居士肖像赞并序》，庆安三年（1650）刻本，关西大学图书馆藏。

什么利益呢？所以，大明皇帝以单纯的怜悯之心宽恕了它。希望您也像大明皇帝一样宽恕朝鲜的过错。"说到这个份上，太阁应答不上，只能对之聊赋一笑。与两使共餐后，太阁归邸。次日，太阁赠送正使杨方亨礼物……在拜访完游击的当天晚上，太阁在阿波守（蜂须贺政家）邸对其说道："大明皇帝给了我很大的面子，所以我也对他深感敬意。在回信以及其它方面，必须尊重他的意见和判断。"使者一行回到堺后，太阁又赶紧派遣四名最有权威的高贵长老，命令其有如自己的前日招待一样款待他们。这样一来，明朝使者就变得非常安心了。太阁让这四名高僧传言，使者如果对自己有什么要求，请不必介意尽管提出来。对此，使者给太阁写了一封信，提了如下的希求："请将朝鲜的倭营全部毁弃，撤回全部在朝鲜的驻军。大明皇帝前年以慈悲原谅了朝鲜人，请您也同样地宽恕朝鲜人的过错。他们或许应该受到惩罚，但是，即使惩罚了他们，您也不能从中得到好处啊！"……太阁读到尽毁倭营这段要求时，非常愤怒，内心好似被一个恶魔的军团给占据了，他大声叱骂，汗出如涌，头上好似冒起一股蒸汽。……①

据弗洛伊斯《日本报告书》可知，丰臣秀吉对明朝册封他为日本国王倍感荣幸，认为万历皇帝给了他很大的面子。所以，他对沈惟敬等人的招待也极为周到。但是，丰臣秀吉对朝鲜人的无礼怨恨甚深，拒绝他们参加册封典礼，册封后也拒不接见他们。沈惟敬等人两次协调，不但没能达到效果，反而激化矛盾，引起了丰臣秀吉的暴怒。

四种原始资料在记述册封史实上有着惊人的一致。丰臣秀吉在表面上比较愉快地接受了万历皇帝赐予他的日本国王封号，但对朝

---

① 松田毅一监译《十六·七世紀イエズス会日本報告書》第Ⅰ期第2卷，第319~322页。

鲜却表现出强烈的不满,在实际上拒不撤回釜山留兵。明朝使者在这一问题的协调上没有取得任何效果。

结　　语

16世纪末的东亚世界,因为日本丰臣秀吉侵略朝鲜战争的爆发,以及其后明朝在军事和政治上对朝鲜半岛的介入,使当时东亚世界的和平构建问题变得尤为突出。新兴的日本丰臣政权发动侵略朝鲜战争,其最初的设想是,通过先取朝鲜,再灭中国这一形式,计划将整个东亚乃至全部的已知世界纳入自己版图,① 但是,即使在其最初计划中的朝鲜战场上,日本也遭遇到了前所未有的重大挫折。形势的发展,使得明朝（包括朝鲜）和日本转而走向和平交涉,在平衡三国关系的基础上重新构建遭到破坏的东亚世界和平。双方的外交集团花了三年多的时间,通过反复的沟通和协商,在对原定谈判条件的坚持和妥协的基础上,最后在册封丰臣秀吉为日本国王这一点上达成了一致。

1596年对东亚三国来说是极其不平凡的一年。日本在当年不断发生天变地异,六月份出现的彗星以及浅间山的火山爆发给整个京畿地区带来了极大的恐慌,闰七月发生的伏见大地震则更给日本造成了难以计数的死伤和巨大的破坏,② 这对统一时日未久、政治社会秩序还不太稳定的丰臣政权来说,不能不说是很大的打击。明

---

① 《宣祖修正实录》卷25,宣祖二十四年（明万历十九年,1591）三月丁酉（初一日）条；侯继高：《全浙兵制》第二卷附录《近报倭警》,《四库全书存目丛书》子部31,齐鲁书社,1997,第172~185页；参谋本部编《日本戦史朝鲜役文书》第三六号《覚》（前田侯爵家所藏文书）,村田书店,1978年覆刻本,第33~37页。

② 义演著,弥永贞三、铃木茂男校订《义演准后日记》第一,文禄五年（1596）六月二十九日条,续群书类从完成会,1976,第41页；松田毅一监译《十六・七世紀イエズス会日本報告書》第Ⅰ期第2卷,第291~315页；三木晴男：《小西行長と沈惟敬~文禄の役、伏見地震、そして慶長の役~》,第107~145页。

朝和日本在外交上虽然已经谈妥，但是，明廷内部反对议和的呼声仍然强烈，而在刚刚遭受过日本侵略的朝鲜，朝野上下都弥漫着一股针对丰臣秀吉的仇恨情绪。明朝试图以册封丰臣秀吉为日本国王这一形式重新构建和维系东亚和平，但其自身内部就存在着众多难以调和的问题。当朝鲜和日本之间的矛盾在册封典礼举行前后忽然凸显的时候，刚刚确立的东亚和平构建方案很快就遭到了破坏。在接下来的半年多时间里，三方仍然在继续交涉，但是没能达成新的妥协。第二年，日本再次出兵侵略朝鲜，明朝亦马上出师应援，东亚三国在和平构建问题上重新诉诸武力。

Peace Construction of East Asia at the End of 16th Century

Zheng Jiexi

Abstract This paper tries to review the construction of east Asia peace at the end of the 16th century through some new materials and new point of views such as the early years of the Ming dynasty's envoy Shen Weijing, the first negotiation proposals of Ming dynasty and Japan, the compromise bargaining and the conferring titles of nobility on the Osaka city. Through the investigation of the original materials I concluded that Toyotomi Hideyoshi had just accepted the conferring title by Ming Dynasty professedly and denied to withdraw the troops from Korea peninsula actually which broke the peace of east Asia eventually.

Key Words Toyotomi Hideyoshi; Shen Weijing; Negotiation; Conferment; Peace Construction

【审读：石源华】

康熙年间盛京的海上航运和
清朝对朝鲜的赈灾活动

〔日〕松浦章

【内容提要】康熙三十二年（1693），盛京地区粮食歉收，导致严重的饥荒。于是朝廷采取对策，利用海运将山东漕米运往盛京以作救济之用，海运取道自天津大沽海口到盛京三岔口的航线。这也是清朝历史上的第一次海运。面对盛京饥荒持续的局面，康熙帝非常重视海路运输，下令从河南、山东漕米中截留粮米，新造船只，并动用天津、浙江、福建的海船，以支持赈济粮的海运。在盛京救灾告一段落之时，康熙三十六年，朝鲜半岛全域又发生了大规模的灾荒。朝鲜国王向清朝恳请在中江开展临时性贸易，进口粮米作为救灾之用。清政府准许了朝鲜国的请求，批准一批商人将盛京所贮粮米运去交易，同时也允许朝鲜使节购买谷物带回。接着，在参与此前向盛京海运赈济粮的吏部侍郎陶岱的建议和指挥下，赈济粮于次年二月由天津经海运到达朝鲜。本文围绕上述两次大规模的海运救灾活动，对康熙朝海运赈灾的决策、实施，海运中的船只、粮米数量以及相关人员等进行了考察。

【关键词】 康熙年间　盛京　赈灾　朝鲜　海运

【作者简介】松浦章，文学博士，日本关西大学文学部教授，东西学术研究所所长，博士研究生导师。

前　言

康熙三十二年（1693），盛京地区严重歉收。康熙帝采取对策，通过海运的方式从山东调运粮米接济灾民。这是清朝历史上的第一次海运。其后，灾荒很快也波及朝鲜半岛，其惨状从朝鲜国王肃宗之言中可见一斑。《增补文献备考》卷170"市籴八·赈恤二·肃宗二十三年（康熙三十六年，1697）"条中写道：

> 国家不幸，饥馑荐臻，人民死亡恰过万数，予实无乐，南面靡安玉食也。

由此可知，朝鲜国中饥馑爆发，死者多达万人，极为悲惨。面对这场17世纪末横扫东北亚的大饥荒，中国、朝鲜是如何应对的？本文将就这一问题作些考察。

一　康熙盛京海运

清朝对爆发于盛京的饥荒所采取的措施，最早见录《圣祖实录》卷162"康熙三十三年（1694）正月乙卯（十七日）"条中。康熙帝因盛京发生饥馑，命户部尚书马齐向兵丁支给仓谷。户部对康熙帝的命令马上作了回应。《圣祖实录》卷162"康熙三十三年正月丙辰（十八日）"条中谓：

> 户部议覆，盛京户部侍郎阿喇弥疏言，盛京地方歉收，奉旨，运山东省米石至三岔口，以济军民。今山东运来之粮，现由金州等处海岸经过，请将所运粮米酌量截流，减价发卖。再，辽阳、秀严、凤凰城三处之人，向来俱在牛庄买米，亦应照金州等处将粮米截流，行文各该管官，令其到三岔河购买运去。但运米与运谷不同，请将山东谷石令地方官酌量易米，则需船少，船价亦较省，应如所请。行文山东巡抚等，将谷二石易米一石挽运，得旨依议速行。

由上述内容可知，朝廷将山东的粮米通过海路运送到盛京灾区用作救济。其航线则是取道自山东到盛京三岔口的海路。

其后，盛京的饥荒渐次蔓延南下。《圣祖实录》卷162"康熙三十三年三月丙午（初八日）"条中记述道：

> 差往盛京户部尚书马齐回京，奏开元等八城、承德等九州岛县仓中所贮米石散给兵民，均沾实惠，报闻。

可见，灾荒已蔓延到长城北边附近的承德府。

具体来说，从山东到盛京的粮米运输始于三月。《圣祖实录》卷162"康熙三十三年三月丙午"条中有如下的相关记录：

> 命户部郎中陶岱，将截留山东漕米二万石，从天津卫出海道，运至盛京三岔口。

朝廷令户部郎中陶岱从运往北京的漕米中拨出两万石，由天津卫走海路运往盛京三岔口。对此，康熙帝上谕言道：

> 此路易行，但不可欲速，船户习知水性风势，必须相风势而行，毋坚执己见，其一路水势地形详悉识之，此路既开，日后倘有运米之事，全无苦劳矣。

康熙帝认为，海运便利，并且特别指示不得有所怠惰，今后亦应广开海运之路。

关于负责指挥此次海运的陶岱，《国朝耆献类征初编》卷65、《满洲名臣传》卷33、《清史列传》卷10中都有其传记。其相关内容为：

> 康熙三十三年二月，上以积贮米谷有裨民食，命截流漕米二万石，从天津海运至三岔口，交盛京户部收贮，命陶岱督运。

可知，陶岱受命督运是在康熙三十三年（1694）二月。

从天津到盛京的这次海运，其目的地为三岔口。据《嘉庆一统全览图》，三岔口就是海城县牛庄和屯附近的"三岔必拉"。

《钦定盛京通志》（四库全书本）卷25《山川一·海城县》之"海"字下有如下按语：

> 按，明时海运，皆自登州抵金州旅顺口。本朝康熙三十三年，圣祖仁皇帝亲幸天津，访海道，自大沽口达三汊，较便于登州，遂用商船，三昼夜即抵三汊。自后盛京海运，多由直沽。

由此可知，明代有一段时间内，在东北与登州之间曾开通海运，辽东半岛的金州、旅顺口为当时漕运的起点。清朝开拓了自天津大沽海口到三汊河的航线。从大沽口到三汊河，其航程为三昼夜。

盛京的饥荒，到次年亦未见好转。《圣祖实录》卷164"康熙三十三年七月壬午（十六日）"条记录了这一情况：

> 谕户部，盛京等处去岁禾稼不登，粒食艰窘，闻今年收获亦未丰稔，米谷仍贵，倘价值日渐腾涌，则兵民生计恐致匮乏。盛京等处地方关系紧要，朕心时切轸念，宜预加筹画。

如上所述，康熙帝下令户部商量救济盛京连年灾荒的对策。又，《圣祖实录》卷164"康熙三十三年八月己亥（初四日）"条载：

> 山东桑额疏言，登州等处米请从天津运至盛京三岔口。

山东巡抚桑额上疏，提出了将登州等地漕米由天津运往盛京三岔口的对策。对此，康熙帝下达了如下命令：

> 上曰，运米至盛京实属善政，先所运米大有裨益。学士陶岱，现在天津，此本着交陶岱，将天津现存米五万石从天津海口运至三岔口等处，会同地方官员议奏。

但是，天津未能筹齐五万石米。据《圣祖实录》卷165"康熙三十三年九月癸酉（初八日）"条：

> 户部题内学士陶岱等遵旨会议，天津现存米不足五万石之数，应将直隶近河州县米拨足五万石，俟来春自天津运送至盛京三岔口，应如所请。

经陶岱等人商议，因天津当地不能提供海运所需的五万石粮米，故建议向直隶省内征粮，待明春再由天津运往盛京三岔口。对于这一方案，康熙帝批示如下：

> 直隶近河州县之米，着停止起运，俟来春河南、山东运

米,过天津,截流五万石,从天津海口运往。

康熙帝的这一命令并非陶岱等人所商议的从直隶省内征粮的方案,而是打算在次年春天将来自河南、山东的漕米拨出五万石,再由天津运往盛京。

至康熙三十四年(1695),盛京地区的饥荒依然未见好转。据《圣祖实录》卷167"康熙三十四年五月己丑(二十八日)"条的记载,反映盛京地区持续干旱,谷物歉收,米价高腾:

> 副都统齐兰布等自盛京还,奏言今岁盛京亢旱,麦禾不成,米价翔贵,虽市有鬻粟,而穷兵力不能籴,遂致重。

此外,《圣祖实录》卷167"康熙三十四年七月庚午(初十日)"条又记录了前往盛京赈济的内阁学士崇祝的报告:

> (上下不等)盛京地方比年失收,今岁虽有收,难支来岁。

报告称,盛京地区当年粮米虽有收获,但其产量仍然难以维持到来年收获期。

有关对盛京灾荒的赈济措施,在《漕运全书》卷19《京通粮储·历年成案》里也有记载。雍正四年(1762)新修的《长芦盐法志》卷1《诏敕》中亦有相同内容的记录:

> 康熙三十四年八月,内阁学士陶岱等疏称,康熙三十四年八月初二日奉上谕,盛京运米最为紧要,前已有旨,着运米六万石。盛京连年不甚丰收,运米若多,大有裨益,但用商船,恐船不足,今宜动用正项钱粮,酌量修造船只,俟运完之日将船分派殷富商人,随其任用,若有用处,仍旧使用。这事情着

学士陶岱至天津会同直隶巡抚沈朝聘、长芦管盐税官,确议具奏,钦此。①

康熙帝于八月初二日指示从天津海运赈济粮以应付盛京地区的连年饥荒。但是,仅凭商船,难免运输船只不足,因此下令新造船舶,待运输完成后再将这些船只贷予富商使用。对此指令,陶岱提出的对应方案如下:

> 臣等查,坚固商船不敷装运,议造海船二十只,所用料价,就近于长芦盐课银内动用,运俟之日,交付管盐课官员,派殷富商人二十名给发使用。其造船银两,今盐法道限五年之内于领船商人名下扣完以还原项等,因题准遵行。②

因可用于粮米运输的坚固商船数量不足,故将新造海船二十艘。造船所需费用则先从长芦盐税银中挪用,到运粮结束之时再选出财力殷实的商人二十名,贷予他们这些船只,令其以五年为期返还船价。这套方案被获允准实行。

《圣祖实录》卷171"康熙三十五年(1696)二月壬辰(初六日)"条谓:

> 内阁学士陶岱往盛京赈济,并以天津海口运米至盛京事请训旨。

陶岱指挥将赈济粮由天津海口运往盛京,但可用于运输的船只不足。这一情况同样反映在康熙帝的谕令之中:

---

① 《北京图书馆古籍珍本丛刊》五五,史部·政书类,《漕运全书》,书目文献出版社,1989,第467页。
② 《北京图书馆古籍珍本丛刊》五五,第467页。

上曰，从天津海口运米，但以新造船与商船转运尚恐船少，应遣人往福建将军督抚处，勤谕走洋商船使来贸易，至时用以运米，仍给以雇直，其装载货物，但收正税，概免杂费，往取此船，着各部院衙门，派出贤能司官笔帖式各一员，令驰驿前去。

由于从天津海口前往盛京的运输船只，以新造船与商船总数仍然不足，因此康熙帝又下令敦促动用福建航海船只，允许雇佣海船，只征收装运货物的正税，其余杂费一概免除。

此后，盛京地区的饥荒逐渐平息。关于这次运粮赈灾活动，康熙帝撰有《创兴盛京海运记》一文。该文载于《圣祖仁皇帝御制文》第二集卷33《记》，但其中并未注明其撰作年月。不过，《钦定盛京通志》卷5中的记录则说明此记的撰写时间为康熙三十六年（1697）。《长芦盐法志》卷14《艺文》所载"圣祖仁皇帝御制海神庙碑文"中有"创兴海运……命学士陶岱"及"康熙三十六年七月吉旦"等语句，因此可以认为该碑文与《创兴盛京海运记》出现于同一时期。

据《创兴盛京海运记》的记载，康熙三十三年（1694）"截流山东漕米二万石，用商船三十，连樯出津门，海若效顺，三昼夜即抵三岔"，可知山东漕米二万石由三十艘商船从天津起航，经三昼夜运抵三岔口。由此推算，每船平均装载量为660余石。

《创兴盛京海运记》中还记述道，康熙三十六年（1697），"漕米六万石，遣部臣偕督抚造新船二十，加运二万石，既又谕增造船十，来岁可运至十二万石，犹虑运船少也"。可见，虽然已新造船舶三十艘，但即便如此，运输用船仍然不足，因此下令福建将军等另外雇佣海船。与该处文字相对应，同《创兴盛京海运记》中还记录道：

用天津、浙、闽船，前后转运以达盛京者，共数十万有奇。

由此可知，在从天津至盛京的海运赈济粮活动中，不仅是天津，浙江、福建的海船也参加了进来。

二　清朝对朝鲜赈济

就在盛京的饥荒结束之时，朝鲜半岛上又发生大规模的饥荒。就应对饥荒的措施，朝鲜朝廷就是否要与清朝开市通商购入米谷的问题进行了讨论。朝鲜国王肃宗的态度比较消极，他称：

> 宣祖朝，壬辰乱后连凶，至丙申始登，人之丰侈饮食无异常时，凡事不能节约，自古而然矣。①

肃宗的意见是，在当年丰臣秀吉侵略朝鲜的壬辰年（1592），即所谓壬辰倭乱发生的时候，四年间持续歉收，直至丙申年（1596）才转丰收，当时靠节省开支挺了过来，故而对这次饥荒，也应该以节约为办法。

但是饥荒的情形日渐严重。《肃宗实录》卷31"肃宗二十三年（康熙三十六年，1697）十月庚子（二十三日）"条记录道：

> 是岁八路大饥，畿湖尤甚，都城内积尸如山。

这场康熙三十六年的大饥荒波及朝鲜半岛全域，当时朝鲜分为平安道、黄海道、京畿道、忠清道、全罗道、咸镜道、江原道、庆尚道八个道，八道都发生了饥荒，特别是都城所在地京畿道与地处西南的全罗道，其灾情尤为严峻。

面对如此情形，朝鲜国王终于向清朝提出请求，希望能够开展以进口米谷为目的的临时性贸易活动。

---

① 《肃宗实录》卷31"肃宗二十三年九月乙巳（二十八日）"条。

在《同文汇考》原编卷46《交易·请市米谷咨》中，标明这份请求咨文的撰写日期为康熙三十六年九月三十日。这份被送往清朝礼部的咨文称：

> 朝鲜国王，为请市米谷以救小邦民命事，窃照小邦比年以来旱涝连仍、饥荒荐酷，今年大无，比前尤甚，百谷卒瘅，八路同然，（中略）若自明年春中江开市，特许出卖米谷。

作为救济饥荒的对策，朝鲜向清朝请求在中江开市，由清朝向朝鲜出售米谷。对于朝鲜的请求，清朝则作出了如下的对应。据《圣祖实录》卷186"康熙三十六年十一月戊戌（二十二日）"条载：

> 礼部议覆，朝鲜国王李淳疏言，请于中江地方贸易粮米，应不准行得旨，朕抚驭天下，内外视同一体，并不区别。朝鲜国王，世守东藩，尽职奉贡，克效敬慎，今闻连岁荒歉，百姓艰食，朕心深为悯恻，彼既请粜，以救凶荒。见今盛京积贮甚多，着照该国王所请，于中江地方，令其贸易。

康熙帝准许了朝鲜国王于中江开市进行米谷贸易的请求。

另外，康熙六十一年（1722）王一元序的《辽左见闻录》中亦有相关记载：

> 丁丑（康熙三十六年）朝鲜告饥，发盛京仓粟，海运济之。

面对朝鲜的饥荒报告，清朝提供盛京储备米进行救济。
《圣祖实录》卷186"康熙三十六年十一月乙卯（二十九日）"条中记述道：

康熙年间盛京的海上航运和清朝对朝鲜的赈灾活动

遣户部侍郎贝和诺住奉天,督理朝鲜粜米事务。

应朝鲜国的开市请求,清朝首先遣户部侍郎贝和诺前往奉天,继而就往朝鲜国运送粮米的具体方法作出了决定。《圣祖实录》卷186"康熙三十六年十二月己酉(初三日)"条中记述道:

户部遵旨议覆,盛京所贮米石,运至中江地方贸易,应令殷实诚信之人,取地方官印结,前赴盛京,领来挽运。其米价银两,俱照盛京时价交与盛京。户部所卖米石,不许过仓石二万。其朝鲜进贡来使,有贸谷带去者,听其籴去。

如上所述,朝廷决定择殷实有诚信之人,发给地方官之印结,准其将盛京陆路运来的粮米以盛京的时价出售,但所售盛京仓米数量不得超过二万石,此外亦准许朝鲜使节购买谷物带回国内。

此外,该文献还记载了其他新情况:

盐商张行等呈称,情愿前往朝鲜贸易,应令将银买仓米二万石运至贸易,俟朝鲜国岁稔之时停止。此时运往米石,令伊国将所产之物,酌量兑换可也。

盐商张行等人上请运输二万石仓米至朝鲜贸易,运往朝鲜的贸易粮可与当地产品进行交换,而作为附加条件,这种贸易应该被允许到朝鲜国灾荒结束。关于盐商张行的这一活动,王世禛《居易录》卷29中有如下叙述:

朝鲜国王李淳上疏,告饥乞籴,奉特旨赐米二万石赈之。又以绥哈城、小姐庙二处所贮米二万石,运至中江贸易,以户部右侍郎博和诺往监粜。又命长芦盐商,领帑金五千两,买米二万石，由登州府庙岛地方以鸡头船运往朝鲜贸易，以吏部右侍郎陶岱往监运。

据此可知，张行是一名长芦盐商。在新修《长芦盐法志》卷7《商政》中，亦可考见张行其人。另据该文献中的记录，"查天津卫新增盐引，系康熙十七年"，可以推测盐商张行应为康熙十年代长芦盐商的代表人物之一。

而提议通过海运向朝鲜运输粮米的，则很有可能就是吏部侍郎陶岱。《漕运全书》卷19《京通粮储·历年成案》中有如下记录：

康熙三十六年十一月奉旨，朝鲜国比岁荐饥，这中江开市贸谷等事，俱着照该王所请，行盛京所有积贮米谷，作何运至中江贸易之处，该部速议具奏，钦此。①

对于康熙帝质询中江运粮的方案，陶岱有如下一段回答：

吏部侍郎陶岱等覆准，泛海船只，每年谷雨后方可行走。河南漕运船只正值到时，截流粟米二万石，交与商人，由海运去贸易，俟商人回时，其米价银两，迨时价交与长芦盐道，解送户部。

陶岱的主张是，每年谷雨后，来自河南的漕米经运河正好运抵天津，如利用此时来航天津的海船再向中江转运，则运输可变得大为便利。所以，他提议使用海船运粮。

在陶岱的指挥下，来自天津的中国粮米于朝鲜肃宗二十四年二月运抵朝鲜。关于这件事，《肃宗实录》卷32上"肃宗二十四年二月庚午（二十五日）"条中记载道：

---

① 《漕运全书》，第469~470页。

清国于交易米二万石外，又白给一万石，别遣吏部侍郎陶岱从海路领来。

据上述可知，清朝运到朝鲜的，除了原定的二万石贸易米，还有特意赠送的一万石赈济粮。另据《肃宗实录》卷32上"肃宗二十四年四月庚午（二十六日）"条的记载：

清吏部侍郎陶岱，领米三万石，来到中江，大小船总一百十余只也。

三万石粮米共由一百十几条船运送而来，可见每艘船的平均运载量为两百七十多石。与当年盛京海运赈济粮相比，这次的运载量相对较少。由此可以推测，船上也应该装载了米谷之外的贸易品。

同一文献中，陶岱还就发来赈灾海船的理由作了以下陈述：

尔主以连岁饥馑，乞请中江开市，皇帝特遣重臣，发仓米一万石，千里航海赈济，并许贸米二万石，以救尔国万民之命。

以上内容同样说明，应朝鲜国于中江开市进行贸易的请求，清朝除支给仓米一万石外，另拨贸易米二万石，用海船运送，以充救济朝鲜国饥馑之用。

但陶岱似乎还有其他目的。在《肃宗实录》卷32上"肃宗二十四年五月甲申（十一日）"条中，朝鲜国右议政崔锡鼎对陶岱的言论有如下报告：

清侍郎言，私米及货物，可令贵帮商人与皇商定价贸易。中细以次观之，则侍郎之令臣主持交易，似专在私米货物之买卖矣。彼既涉海远来，托称皇商，则全然防塞，必致生梗，令京外富民，从愿来贸，事涉便当。

崔锡鼎报告称，陶岱带至朝鲜的，除清朝发下的赈济粮和贸易米之外，还有其他货物。这说明，此次海船派送，其包含与朝鲜商人进行贸易之意。如何对付这些自称皇商的中国商人，崔锡鼎没有其他办法，他提议令京畿地区之外的富民与之进行交易。故而，肃宗对陶岱其人持批判态度，同一文献中记载道：

> 夷狄禽兽，不可以义理责之，米则既是救民之物，许之或可，而货物断不可许买。

这说明，肃宗只想进行粮米贸易，而不同意其他的货物买卖。

另一方面，围绕和清朝粮米贸易，其交涉亦陷入困境。如《肃宗实录》卷 32 上"肃宗二十四年二月壬子（初七日）"条中所述：

> 清人使米商纳价受米，自运开市于中江，盖米一石直只为白金一两二钱，而米商称以道路泥泞，牛畜多死，遂统计雇价一石折直十二两，我人则折定二两，互相争执，不得交市。

经陆路运至中江的粮米，清朝商人要价每石十二两，这与朝鲜方面提出的二两之间形成了很大的差价。

分别由陆路、海路运抵中江的中国米，其开市交易的最终决定，有如《同文汇考》原编卷 46《交易》载康熙三十七年（1698）五月初一日的"米谷完市咨"所载：

> 朝鲜国王为完市救民事，据接伴使户曹参判赵亨期驰启，康熙三十七年二月二十八日，中江开市，先到陆运米二万石两，平折价将正银五万七千两，照数交易，分赈远近饥民讫。续据接伴使户曹参判金构驰启，康熙三十七年五月内，中江追到海运米二万石，将正银五万七千两，平价完市。

康熙年间盛京的海上航运和清朝对朝鲜的赈灾活动

康熙三十七年二月由陆路运至中江的二万石中国米，最终以正银五万七千两成交。而由海路运输的二万石粮米，于同年五月运抵中江，亦以正银五万七千两的价格成交。两批粮米最终都以每石银二两八钱五分的价格成交。这与陆运粮米而来的清商当初主张的十二两相比差异很大。因此也可以说，价格最终定在了一个较为合适的价位上。

另据《肃宗实录》卷32上"肃宗二十四年五月癸巳（二十日）"条记载：

接伴使启言，清海运米，阅月争价，始依陆运例，以每一斛银五两七钱折定云。

陶岱与朝鲜国之间关于海运米价格的交涉一度陷入僵局，但最终以每斛银五两七钱的价格成交。按《承政院日记》第三十六册"肃宗二十四年戊寅正月初三日己卯"条所载户曹判书李世华的报告：

今此开市咨文中所谓仓石一石，当为我国二石云然，则元数四万石，为八万石也。

由此可知，朝鲜所说的二斛当为清朝的一石，① 那么"肃宗二十四年五月癸巳"条中每斛银五两七钱的价格与前述一石作价二两八钱五分的记录是吻合的。

《肃宗实录》卷189"康熙三十七年七月壬午（初十日）"条中报告了陶岱等人将三万石米由海路平安运到的情况：

吏部右侍郎陶岱等疏言，臣等遵旨，赈济朝鲜，于四月十

---

① 一石相当于一斛。——译者注

-323-

九日进中江，臣等随将赏米一万石，率各司官监视，给该国王分赈，其商人贸易米二万石，交与户部侍郎贝和诺监视贸易。

为了夸示这一功绩，康熙帝撰写了《御制海运赈济朝鲜记》。此事可见于《肃宗实录》卷 189 同日条的记录。《御制海运赈济朝鲜记》一篇亦被收录在《圣祖仁皇帝御制文集第二集》卷 33 之中。《御制海运赈济朝鲜记》称：

（康熙三十七年）二月，命部臣往天津，截流河南漕米，用商船出大沽海口，至山东登州，更用鸡头船，拨运引路。

可知，海运由天津大沽海口出发，行至山东登州之后再换用鸡头船，然后驶往朝鲜中江。

与康熙帝的满足情绪相反，朝鲜国内对陶岱的贸易交涉产生了极大的不满。这在《肃宗实录》卷 32 下"肃宗二十四年十一月丙戌（十六日）"条问安使的报告中可以窥知一二：

闻诸通事文奉先，则去夏私市事，皇帝只欲以米谷救活东民，而吏部侍郎陶岱私持物货，以一并放卖之意，禀于皇帝，皇帝不答，尝语曰，吾欲救东民，而陶岱乃敢私市，殊极未安云。岱闻即惶惧，急急入去，几未免罢职矣。

朝鲜方面将陶岱在朝鲜国内进行私人贸易的情况报告给了康熙帝。如果真如报告所述，则康熙帝听闻陶岱的意外举动，恐怕也是颇为震动。但是，希望通过向朝鲜国运输贸易粮而发财的恐怕并非只有陶岱一人。《同文汇考》原编卷 46《交易》所载清朝礼部致朝鲜国王的咨文中有如下记载：

礼部为请市米谷以救小邦民命事，（中略）应行令奉天将军、盛京户部、奉天府尹将往朝鲜贸易,并籴买米石之处,仍照前严行禁止外,其直隶、山东、福建由海亦可通朝鲜,应行令直隶、山东、福建将往朝鲜贸易米石,亦应严行禁止等因,康熙三十七年七月十九日题,八月初七日奉旨依议,钦此钦遵。

如上所述,从直隶、山东的沿海地方到南方的福建,将粮米海运至朝鲜贩卖的商贸行为是被严厉禁止的。从这条禁令可以推知,当时企图向朝鲜输入粮米进行贸易的中国商人为数不少。

结　语

康熙三十二年(1693)发生在盛京地区的大饥荒持续了四年之久,随后,朝鲜国内也爆发了史上罕见的灾荒。

面对盛京的大饥荒,清朝采取了从天津方面经海运送粮米的对策。这一经验在后来对朝鲜国的赈灾活动中也得到援引。清朝后来也利用海运向朝鲜运送赈灾粮。

上述两次救灾活动,都显示出康熙帝对海运的积极态度。正如《创兴盛京海运记》中"康熙三十一年(1692)二月"部分所述:

亲幸天津,访海道,自大沽口达三岔,较便。

康熙帝曾行幸至天津,亲自确认了海路的便利。《圣祖仁皇帝御制文集第二集》卷33《御制海运赈济朝鲜记》一文中也说道:

远迈春秋,泛舟之义,实所以普泽藩封,而光昭先德也。

在《圣祖实录》卷189中,上句中的"远迈春秋,泛舟之义"八字被省略,但也正是"泛舟"一句,象征了康熙帝对海运的积极态度。

Transportation by Sea and the Disaster Relief Provided to Korea in the Kangxi Period

Song Puzhang

Abstract In 1693, a poor harvest in shengjing resulted a serious famine. The imperial court taked an important countermeasure, i. e. transported the rice from Shangdong province to Shengjing by sea. This is the first time to trandport the rice by sea in the history of the Qing dynasty. In 1697, a large-scale disaster occurred at the Korean peninsula and then the King of Korea asked the emperor to open fair at Zhongjiang in order to carry out temporary trade and import grain or rice. The Qing government allow Korean request and shipped the relief materials from Tianjin to Korean peninsula by sea. Through examining the two large-scale sea relief activities, this paper analyzed Kangxi emperor's policy decision, implementation, the boats in the sea and related personnel, etc.

Key Words Emperor Kangxi; Shengjing; Relief; Korea; Transportation by Sea

【审读：石源华】

略论第一次俄朝密约事件

潘晓伟

【内容提要】甲申政变后,中国和日本在朝鲜有发生战争的危险,于是朝鲜几次请求俄国在中日发生战争时保护朝鲜。俄国鉴于朝鲜复杂的国际局势和自己在东北亚地区的实力,没有答应,因而两国没有缔结俄国保护朝鲜、朝鲜给予俄国一些特权的秘密条约。但各国对俄国插手朝鲜事务持有极强的警惕性,朝鲜的"引俄"行为及俄国的表现被夸大,都采取了阻止俄朝接近的措施,这就是第一次俄朝密约事件。此次事件无论是对当事国——朝鲜和俄国,还是对在朝鲜有重大利益关系的国家——中国、日本都产生了很大影响,各国纷纷调整了对外政策或对朝鲜政策。

【关键词】甲申政变 朝鲜局势 俄国 穆麟德 秘密外交

【作者简介】潘晓伟,历史学博士,黑龙江大学历史文化旅游学院讲师,黑龙江大学外国语言文学博士后流动站在站博士后。

一直以来，学界普遍认为1885年俄国和朝鲜签署了秘密条约（即第一次俄朝密约，是相对于1886年第二次俄朝密约而言的）。①这些研究多依赖于中文、日文资料，而密约事件的当事方之一——俄国的史料一直都被忽视。本人在俄文史料基础上，通过对俄文、中文资料进行对比，认为1885年朝鲜政府确向俄国提出了保护请求，但俄国没有答应，两国没有签署秘密条约。第一次俄朝密约事件之所以引起如此之大的反响，是各国对俄国插手朝鲜事务恐惧使然。

一 第一次俄朝密约事件发生的背景

第一次俄朝密约事件的发生和当时朝鲜复杂的国际形势是分不开的。不仅同朝鲜要脱离中朝藩属关系及清政府加强了对朝鲜内政、外交的干涉有关系，也是中国和日本在朝鲜形成的对抗局面导致的。

1. 朝鲜独立意识增强

开国后，随着对外交往的增多，朝鲜产生了以学习西方、富国强兵为主要内容的开化思想，并进而将这一思想付诸实践，成为开化运动。朝鲜开化运动的内容之一是脱离中朝藩属关系，走独立自

---

① 郭廷以认为，高宗秘密派人去了海参崴，和俄国订立密约内容如下：俄派员教练韩兵，朝鲜以永兴湾给俄国使用，见郭廷以《俄国早期侵朝阴谋的被阻》，《中韩文化论集》，1958；曹中屏认为，1885年穆麟德作为"谢罪使团"的成员在东京和达维多夫签订了秘密协定，见曹中屏《朝鲜近代史（1863~1919）》，东方出版社，1993；田保桥洁认为，士贝耶在汉城代表俄国和朝鲜达成了秘密条约，内容如下：中国和日本开战时，朝鲜宣布中立，俄国保护朝鲜的安全，见田保桥洁《近代日鲜關係の研究》，朝鲜总督府，1940。当然也有少数人对此次提出质疑，如宋祯焕，他认为高宗没有向俄国提出保护请求，俄国和朝鲜根本没有签署过密约，见宋祯焕《沙俄侵略朝鲜简史》，台北韩国研究学会，1993；韩国学者李瑄根认为，第一次俄朝密约事件是**穆麟德**访日期间和俄国驻日本公使达维多夫非正式的商谈聘请俄国军事教官引发的，是穆麟德的个人行为，见〔韩〕李瑄根《韩国近代史》，台北中华丛书编审委员会，1967。

主的道路，甲申政变就是开化运动的产物。

同朝鲜独立意识增强背道而驰的是清政府对朝鲜控制的加强。19世纪70年代后，以中国为中心的华夷秩序面临着全面危机，安南、缅甸相继沦为资本主义列强的殖民地，外藩之首的朝鲜也处于各国的环伺之下。列强在侵入中国藩属国后，开始将触角伸向了中国的边疆地区。在这样的背景下，清政府逐渐认识到朝鲜地理位置的重要性："更恐朝鲜为日本陵逼或加以侵占，东三省根本重地遂失藩蔽，有唇亡齿寒之忧，后患尤不胜言。"[①] 开始加强在朝鲜的影响力，力求变朝鲜为保护中国东北的屏障。清政府先后同朝鲜签订《中朝商民水陆贸易章程》和《奉天与朝鲜边民交易章程》，将中朝藩属关系纳入条约体系。清政府"立约保藩"的做法背离了"朝鲜虽隶中国藩服，其本处一切政教禁令，向由该国自行专主，中国从不与闻"的传统。[②] 本来朝鲜就有脱离藩属关系的想法，而清政府反而强化这种关系，朝鲜为了达到目的，有选择地向其他国家求助。这是第一次俄朝密约事件发生的第一个背景。

2. 中日在朝鲜的对抗局面

明治维新后日本积极鼓噪"征韩论"，把征服朝鲜作为"布国威于海外"的第一步。1876年武力强迫朝鲜签订《江华岛条约》，打开了朝鲜的国门，条约规定"朝鲜国乃是自主之邦"，否定了中朝藩属关系，中国和日本在朝鲜开始出现对抗的局面。从中日关系角度看，壬午兵变是中国和日本在朝鲜进行的第一回合的较量，清政府切实认识到日本对中国宗主权构成挑战，因而加强了对朝鲜的控制来防止日本侵略朝鲜。清政府派大员掌管朝鲜内政、外交，并在朝鲜驻扎了军队，清政府在朝鲜的影响力超过了日本。日本鉴于自己刚刚走上资本主义道路，实力还不能和清政府对抗，于是在朝鲜暂避锋芒，不和中国直接对抗，转而扶植金玉均为首的开化派，鼓励

---

① 吴汝纶：《李鸿章全集·译署函稿》卷4，海南出版社，1997，第3013页。
② 中国历史学会：《中日战争（一）》，上海书店出版社，2000，第289页。

开化派推翻事大党政府，间接打击清政府。1884年末，在日本的支持下，开化派发动甲申政变，推翻了事大党政府，日本策略初见成效，但清政府不甘心失败，驻朝清军和日军发生军事冲突，中日战争有一触即发的危险。高宗和闵妃对这样的局势不安，害怕"城门失火，殃及池鱼"，开始寻找中国和日本外的第三国来保护朝鲜。

当时在朝鲜有重大利益的国家除了中国和日本外，还有美国、英国、俄国。其中美、日、俄都主张朝鲜脱离中国而"独立"。1883年，美国任命驻朝外交代表的级别是特命全权公使，和驻中国、日本的代表同级，这让朝鲜在美国那里看到了希望。于是朝鲜请求美国向朝派遣军事教官，而美国又拖延不派，很让朝鲜失望，"朝鲜对美国的信任因这次耽搁而大为动摇。美国不是患难之际可资畀倚的友邦"。① 英国也可排除。19世纪90年代初期之前，英国远东政策的基础是借清政府之手控制朝鲜并防止俄国南下，其中支持清廷对朝鲜的"宗主权"是这一政策的主要内容。② 英美指望不上，朝鲜可以依靠的只剩俄国了。在朝鲜"引俄"过程中，时任朝鲜外交顾问的德国人穆麟德起了很大作用，他积极劝说高宗、闵妃亲俄。关于穆麟德劝说朝鲜亲俄的原因，一般认为他是受德国政府的指派而这样做的。德国为了称霸欧洲，极力阻止俄国和法国在欧洲接近，而采取"引诱俄国熊到远东牧场去"的策略，怂恿俄国在亚洲采取积极行动，以削弱它在欧洲的势力。③ 这样，在甲申政变后中日在朝鲜有发生军事冲突的背景下，高宗、闵妃选择了求助俄国来摆脱当前的困境。

二 第一次俄朝密约事件的过程

尽管多数学者认为1885年俄国和朝鲜签订了秘密条约，但是对

---

① 〔美〕泰勒·丹涅特：《美国人在东亚》，姚曾廙译，商务印书馆，1959，第407~408页。
② 曹中屏：《朝鲜近代史（1863~1919）》，第133页。
③ 〔苏〕纳罗奇尼茨基等：《远东国际关系史》，商务印书馆，1976，第215页。

于密约签订的时间、地点有不同的说法。① 笔者根据掌握的资料,通过对以上学者所说俄国和朝鲜签订的三次密约——俄朝汉城密约、海参崴秘密协议和聘请俄国军事教官的秘密协议的分析,得出结论:1885 年,在汉城和海参崴,朝鲜有与俄国签署密约的意图,但俄国没有答应。后来俄国想和朝鲜达成聘请俄国军事教官的秘密协议,但朝鲜无此意。因此,1885 年,俄国和朝鲜始终没有缔结秘密条约。

1. 汉城密约

甲申政变后,俄国非常关注朝鲜局势,为了及时掌握最新消息,派日本公使馆秘书 A. H. 士贝耶前往汉城。日本学者田保桥洁认为,士贝耶和朝鲜政府签订了在中日发生战争的情况下,俄国保护朝鲜安全的秘密条约。这是否符合历史事实?士贝耶在汉城会见了穆麟德,穆麟德代表高宗请求俄国保护朝鲜:朝鲜需要俄国的保护,希望俄国视朝鲜为保加利亚大公国;如果俄国不想这样做,那么就把朝鲜变成比利时那样的中立国。作为回报,朝鲜租借给俄国一个不冻港作为军港,双方为此要签署秘密条约。② 这是俄国史料的记载。士贝耶是否答应了穆麟德或者他是否代表俄国和朝鲜签署了密约?俄国史料中没有记载。但俄国档案记载,士贝耶去汉城前,政府没有给他同朝鲜签署条约的授权书,也就是说,士贝耶无权和朝鲜政府签署条约。换句话说,即使和朝鲜签署了条约,那么这个条约也是无效的。此外,俄国统治集团对朝鲜局势的一番分析

---

① 孙启瑞认为,穆麟德代表高宗和达维多夫在东京签署了聘请俄国军事教官的秘密条约,见孙启瑞《清末(1883~1886)中韩俄关系——兼论穆麟德主倡的韩俄密商》,《食货月刊》1972 年第 5 期;郭廷以认为,1885 年俄间签订了两次秘密协议:金庸元、权东寿在海参崴代表高宗和俄国签署了一个,之后穆麟德在东京和达维多夫签订了朝鲜聘请俄国军事教官的协议,见《俄国早期侵朝阴谋的被阻》;曹中屏、林明德也认为在海参崴和东京分别签订了两次密约,分别见《朝鲜近代史(1863~1919)》和《袁世凯在朝鲜》(《台北中研院近代史研究所专刊》26,1984);而田保桥洁认为签订了 3 次,早在士贝耶第一次出使汉城时就和朝鲜签署了一个,见田保桥洁的《近代日鲜關係の研究》。

② НарочницкийА. Л. Колониальнаяполитикакапиталистическихдержавна Дальнем Востоке1860~1895.—Москва: АНСССР, 1956г: 342.

也能证明。

士贝耶离开汉城后,外交大臣 H. K. 吉尔斯在给沙皇的奏折中阐述了对朝鲜问题的看法:俄国若答应朝鲜的请求,"既要和中国发生冲突,也会激化和日本的关系,这要求我们很努力,并要作出一定的牺牲,而这些付出大概勉强同我们获得的有限的好处相抵消"。俄国很矛盾,一方面不想放弃这次插手朝鲜的机会,另一方面又担心激化和其他国家的矛盾。经过一番权衡后,决定既不给朝鲜正式承诺,也不让朝鲜失去希望。接下来外交部指示驻日公使达维多夫,让其在处理朝鲜问题时遵循这样的原则:在确信保护朝鲜不会和中国、日本发生冲突前不采取行动。对朝鲜提出的保护请求,要向其表示,俄国驻朝鲜公使到任后[①]与穆麟德商量出一个万全之策保护朝鲜安全。[②] 正是因为俄国的这种态度,朝鲜对俄国仍抱有希望,导致第一次俄朝密约事件得以有新进展。通过以上分析可以看出,对于田保桥洁所言俄朝"汉城密约说"是不成立的。

2. 海参崴秘密协议

士贝耶离开汉城后,高宗秘密派人去海参崴再次向俄国求援。伊藤博文在《秘书类纂》中说,金庸元、权东寿二人(二人为高宗派去的密使——引者注)在海参崴和俄国政府达成了秘密协议:韩军受俄人统领,并聘俄人练军;松田湾租与俄国,并置朝鲜于俄国保护之下。[③] 韩国学者李瑄根在《韩国近代史》中称这一过程为"密约海港说",他认为这件事是不存在的,是日本过度敏感的结果。《清季中日韩关系史料》中说,金、权二人向滨海省官员提出俄国派军保护朝鲜,俄国答应了。"命东海滨省将军及东海水师诸

---

① 俄国和朝鲜尽管于 1884 年 7 月 7 日签订了《俄朝友好通商条约》,确立了外交关系,但士贝耶出使汉城时公使还没有到任,外交事宜由驻日公使代理。
② См.:ПакБ. Д. РоссияиКорея,Москва:ИВРАН. 2004г:150.
③ 孙启瑞:《清末(1883~1886)中韩俄关系——兼论穆麟德主倡的韩俄密商》,第 399 页。

大将自行驾驶兵船，巡视朝鲜沿海，尽心保护，无受他国侵犯。"
"命皇城（北京——引者注）之大臣出使朝鲜，批准国书陆路通商一事，专任此大臣与朝鲜政府相议，审度利害，务使朝鲜有利无害。"① 俄国档案记载，金庸元、权东寿在海参崴见到了俄国边境官员别涅夫斯基，二人代表高宗向俄国求助："希望俄国保护朝鲜免遭日本压迫……中国虽然力图保护朝鲜，但朝鲜不想接受。"②得到这个消息后，决策层指示滨海当局转告朝鲜使臣：俄国会很快派代表去朝鲜研究"保证朝鲜不受外国侵犯"问题；俄国已经命令太平洋舰队"监视朝鲜海岸"。这次俄国对待朝鲜提出的保护请求采取的策略和上次同，既不拒绝，也不答应。俄国史料的记载和《清季中日韩关系史料》的记载基本相同，因而可以断定，这一次双方仍然没有达成密约，但是引起了轩然大波。金、权去海参崴的消息被中国珲春当局获悉，向上级汇报，李鸿章命令陈树棠质问高宗，高宗不承认，于是又令外署督办金允植审问金庸元和权东寿，二人仍不承认，最后对二人进行了惩罚了事。

3. 聘请俄国军事教官的秘密协议

军队近代化是朝鲜开化运动的重要内容之一，为了尽快学习先进军事技术，朝鲜选择了聘请外国教官。以朝鲜当时的情况而言，聘请何国人来训练军队是非同小可的，这涉及朝鲜军队的控制权问题。为了向朝鲜渗透，19世纪下半叶，各国争先向朝鲜派来军事教官，交替训练朝鲜军队。因而秘密签订聘请俄国军事教官协议，可以看成是第一次俄朝密约事件的延续。

同高宗密派金庸元、权东寿去海参崴几乎同时进行的是，朝鲜政府派了一个处理甲申政变善后事宜的使团去日本，穆麟德是副团长。在东京期间，穆麟德同俄国驻东京公使达维多夫进行了密谈，

---

① 台北中研院近代史研究所编《清季中日韩关系史料》第4卷《总署收北洋大臣李鸿章文》，1972，第1896页。
② РГИАДВ. Ф128. О17. Д30. Л11 – 14. ОприездекорейскихпосланцевкБеневскому. См.：ПакБ. Д. РоссияиКорея，Москва：ИВРАН. 2004г：150.

密谈的内容在不同的史料中有不同的记载。韩国史料记载双方达成了这样的协议：中、日退兵时，俄国即派军官 4 名、士官 16 名到朝鲜，协助训练军队；朝鲜财政短绌，愿以不冻港松田湾租与俄国，以抵付军事教官的薪俸。①《清季中日韩关系史料》记载：在中日开战的情况下，朝鲜为保护领土完整而宣布中立；为此，朝鲜需要接受俄国的保护；朝鲜政府聘请若干俄国军事教官。② 不管是哪个记载都涉及聘请俄国军事教官。

俄国外交史料没有记载穆麟德和达维多夫东京密谈的内容，但据后来事态的发展分析，穆麟德和达维多夫关于该问题应该交换过意见或者说穆麟德做过什么承诺。因为巨文岛事件发生后，俄国再次派士贝耶出使朝鲜时，士贝耶和穆麟德直接制定了一个聘请军事教官的细则。更为惊奇的是，派士贝耶去朝鲜后不久，俄国径直向汉城派去了一个军事考察团，目的是了解朝鲜军队训练情况。若之前没有承诺，俄国也不会如此。但是否签署了密约以及密约内容是否如中、韩史料所言就不得而知了。但这件事仍然引起了各方的关注，其中以英国表现最为明显。作为穆麟德和达维多夫东京密谈的回应，英国派舰队占领巨文岛，制造了著名的巨文岛事件。这里需说明的是，巨文岛事件的主要诱因是英俄在阿富汗的争执，但当时英俄矛盾是全球性的，一直以来英国对俄国南下有很强的戒备，穆麟德和达维多夫东京密谈是英国占领巨文岛的刺激因素之一。巨文岛事件又促进了俄朝关于军事教官交涉的发展。俄国再次派遣士贝耶去汉城，他在汉城是否和朝鲜政府签署了一个朝鲜聘请俄国军事教官的秘密协议呢？

士贝耶在汉城的确和穆麟德拟定了一个聘请俄国军事教官训练朝鲜军队的细则，并秘密呈给了高宗。俄国这次表现和密约事件的

---

① 转引自孙启瑞《清末（1883~1886）中韩俄关系——兼论穆麟德主倡的韩俄密商》，第 401 页。
② 台北中央研究院近代史研究所编《清季中日韩关系史料》第 4 卷《金允植与俄参赞士拜耶回答情形》附件四，第 1875~1878 页。

前两个环节有很大不同，很是积极。之所以如此，笔者分析有以下两个原因。一和《中日天津条约》内容有关。条约第 2 条规定，朝鲜"选雇他国武弁一人或数人"训练军队，但不得雇中国人和日本人，这给了俄国向朝鲜派遣军事教官的机会。二和巨文岛事件有关。巨文岛事件给俄国远东的防务带来了巨大压力，俄国需要加强在朝鲜的影响力以阻止巨文岛出让给英国。

士贝耶和穆麟德谋划聘请俄国军事教官的事被外署督办金允植获悉。当时清政府在朝鲜的影响力是其他国家所不能比的，事大党官员在政府内占据要职。金允植和其他几个大臣联合进谏高宗，请求高宗把聘请军事教官的事宜交给外务部门处理，高宗同意。于是金允植代表外务部门和士贝耶谈判，共会谈了三次，没有达成协议。中、日、俄文史料记载大抵相同，因而说，关于聘请俄国军事教官问题，士贝耶在汉城没有和朝鲜政府签署条约，尽管俄国很想做到这点。士贝耶离开朝鲜后没有多久，清政府让高宗罢免了穆麟德，并将其召回中国。作为朝鲜"引俄"行为的怂恿者和具体的执行者，随着穆麟德的离去，第一次俄朝密约事件结束。

从以上分析能看出，以往学者所说的俄国和朝鲜签订的两次秘密条约都是不存在的，是高宗国王一厢情愿，想借俄国来保护中日对抗下朝鲜的安全。而在训练朝鲜军队的问题上，俄国很想派遣军事教官到朝鲜，但是此时中日战争的危机已经消失，朝鲜的"引俄"热情降低，仍然没有达成协议。

三　第一次俄朝密约事件的影响

1885 年，尽管俄国和朝鲜没能缔结密约，但此次密约事件仍然对当时的东北亚国际关系产生了很大影响，不只是当事国——俄国和朝鲜，几乎所有与朝鲜有重大关系的国家都据此调整了对朝政策。

1. 对朝鲜外交路线的影响

朝鲜的"引俄"保护不是发自内心,而是在中日发生军事冲突的背景下的权宜之计。尽管如此,这一次密约风波对朝鲜今后的外交路线仍然有一定的影响,开了朝鲜"引俄"保护的先河。此后20多年中,朝鲜又发生了几次向俄国求助、寻求俄国保护事件。第一次俄朝密约事件后1年多,朝鲜在袁世凯蛮横干涉内政、外交的背景下,再次请求俄国保护,又一次引起了轩然大波,是为第二次俄朝密约事件。甲午战争后,朝鲜利用日俄间的不可调和的矛盾,用俄国遏制日本,于是有了"俄馆播迁"及闵泳焕出使俄国向其求助事件的发生。日俄战争后,随着日本在朝鲜殖民统治的不断加强,朝鲜政府又曾几次向俄国求助。朝鲜政府的这几次请求俄国保护,无一例外都是要利用俄国来遏制清政府、日本在朝鲜的行动,达到保全自己的目的,这是弱小国家在弱肉强食时代的一种无奈之举。

2. 对俄国的影响

通过第一次俄朝密约事件,俄国看到了清政府和英国在维护中朝藩属关系上的坚决。各国对一个本不存在的密约的反应都如此之大,这很让俄国吃惊,不得不将对朝鲜的野心暂时收敛,直到甲午战争结束。不仅如此,第一次俄朝密约事件后,俄国还试图和清政府达成某种协议来约束中国在朝鲜的行动,它很担心清政府终止中朝藩属关系,在朝鲜设置郡县,将朝鲜纳入直接管辖之下。在李鸿章和俄国驻华代办 Н. Ф. 拉德仁谈判巨文岛问题时,拉德仁极力劝说李鸿章:朝鲜对中国来说是很危险的,占领朝鲜后不得不花费巨大的力气去保护它,而朝鲜不能给中国带来什么好处,恰恰相反,中国占领朝鲜会改变目前远东的势力均衡。[①] 但由于以弈譞为首的清政府决策层的反对,没能达成协议。第一次俄朝密约事件影响了

---

① АВПРИ. Ф 《 СПБ. Главныйархив, У—Аз 》, 1886г. О2. Л161. См.: ПакБ. Б. Новыематериалыобустномсоглашении Ладыженского—ЛиХунчжана1886г, ПроблемыДальнегоВостока, №5, 1999г: 117.

一段时间内的俄国对朝鲜的政策。

3. 对中国的影响

通过该事件，清政府和李鸿章认识到了朝鲜的独立倾向，也看到穆麟德的不安分，于是采取了三项措施来加强中朝藩属关系：第一，让高宗免去穆麟德在朝鲜的一切职务，强令其离开朝鲜；第二，放大院君回朝鲜来牵制"引俄"的闵妃集团；第三，撤换了"忠厚有余、才智不足"的陈树棠，任命"胆略兼优、能知大体"的袁世凯为新的驻朝大员。清政府的这三项举措的目的是巩固在朝鲜的地位，但适得其反，却加剧了朝鲜的"背华"。穆麟德在第一次俄朝密约事件中的活动是在高宗至少是闵妃的授意下进行的，这能从上面的论述中看出来。因而，高宗很不愿意罢免穆麟德，但鉴于清政府的压力又不得不做，这让高宗有屈辱感，对清政府不满情绪加重。释放大院君回国是清政府对闵妃集团不信任的表现，使得闵妃有了危机感。如果说第一次朝鲜求俄保护是中日对抗格局下的一种临时举措的话，那么第二次向俄国求援，是闵妃集团切实认识到了清政府的不信任，要另寻靠山。派袁世凯任"驻扎朝鲜总理交涉通商事宜"带来的消极后果就更严重了。清政府和李鸿章派袁世凯来朝鲜的目的同样是加强中朝藩属关系，但是袁世凯的思想和性格导致他在执行李鸿章交代的任务时，起了"过犹不及"的作用。袁世凯来到朝鲜后专横跋扈，全面干涉朝鲜事务，加剧了朝鲜的背离倾向。总之，第一次俄朝密约事件后，清政府继续加强对朝鲜内政外交的控制。在清政府加强宗藩关系的过程中，第一次俄朝密约事件起了推动作用。

4. 对日本的影响

日本视征服朝鲜为实现其大陆政策的基础，它对朝鲜的野心超过了任何国家和地区，很不希望俄国插手朝鲜事务。但当时日本还没有能力阻止俄国向朝鲜扩张，于是日本欲借清政府来阻止俄国插手朝鲜，鼓励清政府加强中朝藩属关系，于是有了井上馨的《朝鲜外务办法八条》。密约事件后，清政府加强藩属关系的举措受到此方案的影响。到了19世纪90年代初，随着日本实力的增强，对朝鲜政策渐趋积极起来，重新和清政府在朝鲜展开角逐，最终有了中日甲午战争的发生。

从以上论述可以看出，对于1885年俄国和朝鲜是否签署了秘密条约及密约的内容，一直以来都众说纷纭，莫衷一是。之所以如此，从朝鲜方面看，朝鲜的政局异常复杂。朝鲜政府内部派别林立，有事大党、亲日派、亲俄派等，但毫无疑问事大党的影响力是最大的。在19世纪80年代中日对抗的格局下，高宗和闵妃想找第三国势力做靠山，在穆麟德的怂恿下，"引俄"来保护朝鲜安全。但碍于中国、英国、日本的反对，高宗采取了秘密方式，这是第一次密约事件复杂化的第一个原因。从俄国方面看，俄国当时是很想在朝鲜拓展势力的，但鉴于它在东北亚地区的实力和其他国家的态度，不想成为众矢之的，又不想放弃这次机会，因而采取了既不拒绝也没有明确答复的策略。正是由于高宗的"难言之隐"和俄国的矛盾心理导致第一次俄朝密约事件如此扑朔迷离。

The Simple Remarks on Russo- Korea First Secret Agreement

Pan Xiaowei

Abstract　After the Korean Kapshin Incident, China and Japan were at the edge of a conflict. Within a year, Korea turned to Russia in private asking several times for its protection in case of the war. Russia refused, considering both the complex international situation involving Korea and the exact capability of Russia itself. Therefore, the two sides failed to reach a secret agreement which would be privileged to them both. The international great powers held obvious attitude on alert towards Russia's action. The Korean ushering of Russia and Russian appearance were both exaggerated, which led to a series of corresponding reactions. Without any exceptions, the nations having great interest in Korea took immediate steps to hinder the approach between the two countries.

Key Words   the Korean Kapshin Incident; the Situation in Korea; Russia; Mollendorff; Secret Diplomacy

【审读：蔡建】

朝鲜燕行使者所见十八世纪之盛清社会
——以李德懋的《入燕记》为例(下)

王振忠

【内容提要】由于朝贡关系,自明代以来,朝鲜入华使者纷纷将自己的沿途见闻诉诸笔端,留下了许多《朝天录》或《燕行录》。其中所提供的大量生动、有趣的珍稀史料,未见于同时代的中国史籍。本文利用燕行使者李德懋的《入燕记》上、下两篇,结合哈佛燕京图书馆收藏的其他朝鲜汉籍,对朝鲜燕行使者所见18世纪之盛清社会,作一初步的探讨。李德懋于朝鲜正祖二年(清乾隆四十三年,1778)入燕,本文具体探讨了李德懋在中国的交游人脉,盛清时代的政治状况,燕行沿途景观,书籍流通与中韩文化交流等。从中可见,域外汉籍可以为中国史研究提供诸多佐证,有助于从一些独特的角度加深对中国社会的理解。因此,朝鲜汉籍不仅是研究中韩文化交流的重要史料,而且对于中国史的研究亦颇有助益。研究清代中国的社会文化史,应置于整个东亚的文化背景中加以考察。

【关键词】燕行使者 李德懋 《入燕记》 域外汉籍 盛清社会
【作者简介】王振忠,复旦大学中国历史地理研究所教授、博士生导师。

三 燕行沿途景观及京师游历

四月十九日,使团一行入旧辽东城,但见"左右市肆栉比鳞次,恍惚玲珑,无物不有,老少森立,拱手而观,人皆秀俊,直亘五里",李德懋"回想汉阳云从街市,目瞪口噤,茫然自失"。使团中的舌官(翻译)说:"若见盛京、山海关、通州、皇城诸处繁华壮丽,愈往愈胜,见此一边县而倾倒乃尔耶?"的确,随着使团的逐渐西行,北中国城镇景观展现出愈益繁盛的图景。及至通州,李德懋更是大开眼界,他发现,"通州路虽狭,市肆逶迤十里,江南杂货委积于此,四方商贾辐至而辐辏"。通州是北京的门户,燕行使者留下过诸多描述。如申政即作有《通州盛时歌(五首)》:

> 通州自古盛繁华,扑地闾阎十万家,日出市门堆锦绣,满城光艳绚朝霞。
> 通衢遥接蓟门长,表里山河护帝乡,日夜江南常转粟,百年红腐海陵仓。
> 楼台参差飐锦幖,绿杨低拂赤栏桥,东南贾客纷相集,白日车尘涨碧霄。
> 青山如黛水如天,粉堞周遭带晚烟,日暮帆樯齐泊岸,胡姬争迓浙江船。
> 旗亭百队夹途傍,处处游人典鹔鹴,日暮歌钟喧四里,夜深灯火烂星光。①

在清代,燕行使者往往将通州"舟楫之盛",与"皇都之神

---

① 《燕行录全集》卷22,第541~542页。

丽"、"辽野之旷阔",并称为三大"壮观"景象。① 李宜显的《庚子燕行杂识》亦曰:"(通州)岸上闾阎,皆临水而居,望之如画,往往以白灰涂其屋上,河水冰合,百余艘舸舰泊在上下,亦有江南商舶之留着者,若比我国三江之船泊则不啻倍之。而曾闻通州船樯,有如万木之森立,为天下壮观云。今来见之,不尽如此。由东城而入,街路之上,往来行人及商胡之驱车乘马者,填街溢巷,肩磨〔摩〕毂击,市肆丰侈,杂货云委,处处旗牓,左右森列,如貂裘皮鞾、红帽子、画磁器、米谷、羊、猪、姜、葫葱、白菜、胡萝葍之属,或聚置廛上,或积在路边,车运担负,不可尽数。至如壕堑之深广,城壁之坚致,楼榭台观之壮丽,署宇仓厂之宏大,非如沈阳之比,真畿辅之襟喉,水陆之要会也。"② 不仅如此,通州的夜市还非常有名,"夜必张灯为市,五色琉璃灯随灯色燃烛,纱灯之方者、圆者,不一其形,画山水、楼台、人物、草虫于纱面,对对成双,列挂厂铺,煜朗洞澈,如同白昼"。③

过了通州,北京作为朝鲜使者燕行的目的地,其繁盛富庶更是给他们留下了深刻的印象。如:

> (五月十五日)疾驰入朝阳门,盖自通州大道,铺白方石迄于此,凡四十里。车轮马蹄,日如轰雷,燕京大道皆黑壤,闾阎之繁盛,市肆之华侈,真天府而陆海,舌既不能说其大略,笔亦不能记其一隅。
>
> (五月十七日)城门外有瓮城,城左右俱有门,而路铺石板,太平车驾马骡,士女坐其中,纵横络绎,来来去去,绵绮夺眸,香泽涨鼻,车声砰𫓯,象天之雷。

---

① 姜长焕:《北辕录·潞河漕船记》,载《燕行录全集》卷77,第206页。
② 《燕行录全集》卷35,第372~373页。
③ 姜长焕:《北辕录·通州夜市记》,第207页。

(六月初七日)入东安门,门即紫皇城之东门也,城周十八里,不设睥睨,只黄瓦红壁,城内人家,市廛弥满,中有紫禁城,即大内也。

从整座北京城来看,商业气氛相当浓厚,连紫禁城外都是"市廛弥满",所以有的朝鲜使者解释说:"燕俗以商贾为贵,盖清人之初得天下也,汉人不服,郁郁有思乱之心,康熙乃使汉人主买卖,与宰相平揖,富于货者无所僭制,故汉人皆趋于买卖云",所谓"康熙皇帝真长策,华族驱归买卖中,裘马楼台无僭制,英雄化作富家翁"。①《燕京杂识》亦称:"彼人皆以商贩为业,无论都邑与村庄,所经路傍大家小舍皆是买卖之家,到处开铺列肆,物货充积,南京及河南、山西等地累千里以外之人,单身来留于北京及沿路各处兴贩为生,或有数十年不见其父母妻子之面者,盖其风俗如此。"② 李德懋在沿途了解到,盛京灵古塔每年进贡给皇帝人参一万斤,这些人参都被发卖往江南等地,以牟取利润。盛京有专设的参丁,每丁纳参五钱,灵古塔纳一两。而灵古塔及瑟海地方,还有珠丁和貂丁。人参贸易为清朝内务府的重要商业活动之一,在当时,皇室垄断了人参采集,人参贸易为之带来可观的收入。

在当时的北京,市肆有诸多类型,最常见的就是地摊集市。如五月十五日下午,李德懋入东岳庙,但见庙中开市,"物货云秀,人众波荡"。六月初十日,他又前往隆福寺(一名永明寺)。据了解,该处逢九日、十日和十一日,每月总共有九日开市,而十日那一天的市集尤为繁盛。"过东安门迤北,而东寺中杂物无物不有,珊瑚、琥珀、鞨靺、瑟瑟之属,为璎珞数珠顶子佩用者,眩人眼目,不可纪极。而至于蟋蟀、金蝎、松鼠、

---

① 成祐曾:《茗山燕诗录》风俗类卷4,载《燕行录全集》卷69,第208~209页。
② 俞彦述:《燕京杂识》,载《燕行录全集》卷39,第276页。

画眉、蜡嘴之类，皆驯习狎昵，细琐亦有可观。"① 在此类地摊集市中，除了古玩之外，还有不少露天的游艺杂耍。其中，尤以幻术最为朝鲜人所瞩目，几乎所有的燕行学者对此都有描摹，李德懋亦不例外：

> （五月二十六日）观骗子戏。骗子者，即幻术人也。以长竿承大磁楪，回转之，疾如飚风，又掷而承之，旋旋不已，口中衔小月刀，刀上又置小月刀，以刃相接，无所坠仆，上刀之柄端竖楪，竿口弄刀柄，仰视旋楪，其精神凑会，如鸡伏卵，如猫捕鼠，目无一瞬，又口衔木龙扁之类四五种，其竖竿楪同焉。卓上置朱漆木桶……一人鸣锣，一人持桶，回示众人，以证其中空无物，因置桶于卓，覆以襆，手探一鸠，鸣跃而出，旋又置鸠于桶，覆以襆，揭襆视之，不知去处。又持白纸，裂如蝶翅［翅？］，张口吞之，仍以手探口，纸皆完连，斜卷如抽蕉。又持箑回示如前，置卓覆襆，手探楪碗之属二十余器，皆盛菜果，罗列于卓。又覆红毡于庭，揭起，中有彩丝花盘，垂红紬一幅，两行书"层层见喜"、"早早高升"。奉盘回示，仍又覆毡，揭视无有。又覆毡，探出瓜仁碟，覆毡无有，向马头裾中擎出来。又以驿卒毛笠覆茶碗如前法，忽向译官金在协怀中探出，人莫不哄然惊异。又以牙筯纳于鼻左孔，向右孔技出，盖旋楪工夫到底处，其他忽有忽无，闪闪悠悠，虽明目而察之，不可知也。②

---

① 李基宪：《燕行日记》，载《燕行录全集》卷65，第188~189页。"（隆福寺场）是日开市，百货堆积，朝士之戴珊瑚蓝玉顶者，皆乘锦障宝车，或从以数十骑下车，市中怀出银包，占择宝品，评骘物价，大抵此处风俗，只知一利字，外此廉隅名检，不识为何样物，转相慕效，恬不为怪。出于仕宦，则入于市廛，故市人与宰相相抗礼云，噫！其异矣。"
② 成祐曾：《茗山燕诗录》风俗类卷4，第229页。

参加地摊集市的，除了一般民众外，还有不少达官贵人、文人墨客。李德懋就曾在隆福寺集市中，碰到内阁学士、满洲人嵩贵，只见他当时头戴珊瑚顶子，"白晰肥大，眼光哗然，徘徊阶下，指点宝玩，论其价直，见马头辈举手相语"。①据李德懋观察，不仅嵩贵亲自来到市肆，其他宰相、郎署官员以及举人之辈，也都衣锦衣、乘轻车而来，其数则不胜枚举。稍早于李德懋入燕的中国文人李文藻亦曾指出，当时的隆福市有"赶庙"的书摊，"散帙满地，往往不全而价低"，② 这应当是吸引文人墨客纷至沓来的原因所在。

　　除了地摊集市外，当然还有许多固定的市肆，其中，以琉璃厂最为有名，这也是朝鲜燕行使者时常光顾的地方，他们常在这里买到朝鲜国内需要的书籍。燕行诗有："青史年年载使车，琉璃厂里觉空虚"，③ 正是对此一现象的真实写照。

　　李德懋刚到燕京不久，即于五月十七日历观琉璃厂市，根据他的描述："书籍、画帧、鼎彝、古玉、锦缎之属，应接不暇，颈为之披，四通五达，人肩触磨［摩］。"后来，他又多次前往琉璃厂，琉璃厂给他的感觉是："左右书肆如水中捞月，不可把捉。"五月十九日，李德懋与朴齐家及干粮官往琉璃厂，抄录当时朝鲜国内稀有及绝无者。他所抄录的这份书目，详列琉璃厂书肆及相关书籍，未见于其他史籍的记载，对于研究清代书籍的流通及中外文化交流，具有重要的价值，今列表如下。

---

① 朴趾源《热河日记》"隆福寺"条指出："前年李懋官游此寺，值市日，逢内阁学士嵩贵自选一狐裘，挈领披拂，口向风吹毫，较身长短，手揣银交易，大骇之。嵩贵者，满洲人，往岁奉敕东出者也，官礼部侍郎，蒙古副都统。"参见《燕岩集》卷15，第2459册，第254页。
② 《琉璃厂书肆记》，中国书店印行，1925，页3上。
③ 成祐曾：《茗山燕诗录》风俗类卷4，第258页。

编号	书肆	书籍
1	嵩秀堂	《通鉴本末》《文献续纂》《协纪辨方精华录》《赋汇》《钦定三神》《中原文宪》《讲学录》《皇华纪闻》《自得园文钞》《史贯》《傅平叔集》《陆树声集》《太岳集》《陶石篑集》《升庵外集》《徐节孝集》《困勉录》《池北偶谈》《博古图》《重订别裁古文奇赏》《西堂合集》《带经堂集》《居易录》《知新录》《铁網珊瑚》《玉茗堂集》《传道录》《高士奇集》《温公集》《唐宋文醇》《经义考》《古事苑》《笠翁一家言》《獪园》《子史英华》
2	文粹堂	《程篁墩集》《史料苑》《忠宣公集》《栾城后集》《图绘宝鉴》《方舆纪要》《仪礼节略》《册府元龟》《独制诗文体明辨》《名媛诗钞》《钤山堂集》《义门读书记》《王氏农书》《山左诗钞》《墨池编》
3	圣经堂	《弇州别集》《感旧集》《路史》《潜确类书》《施愚山集》《纪纂渊海》《书影》《青箱堂集》《昭代典则》《格致录》《顾端公杂记》《沈确士集》《通考纪要》《由拳集》《本草经疏》《闲暑日钞》《倪元璐集》《史怀》《本草汇》《曹月川集》
4	名盛堂	《寄园寄所寄》《范石湖集》《名臣奏议》《月令辑要》《遵生八笺》《渔洋三十六种》《知不足斋丛书》《隶辨》《益智录》《幸鲁盛典》《内阁上谕》《帝鉴图说》《臣鉴录》《左传经世钞》《理学备考》
5	文盛堂	《王梅溪集》《黄氏日钞》《食物本草》《八旗通志》《盛明百家诗》《皇清百家诗》《兵法全书》《虞道园集》《渔洋诗话》《荆川武编》《吕氏家塾读诗记》《本草类方》
6	经腴堂	《音学五书》《大说铃》《今诗箧衍集》
7	聚星堂	《安雅堂集》《韩魏公集》《吴草庐集》《宛雅》《诗持全集》《榕村语录》
8	带草堂	《尧峰文钞精华笺注、精华训纂》《渔隐丛话》《观象玩占》《篆书正》《明文授读》《香树斋全集》《七修类稿》
9	郁文堂	《赖古堂集》《李二曲集》
10	文茂堂	《坤雅》《许鲁斋集》《范文正公集》《邵子湘集》《阙里文献考》《班马异同》
11	英华堂	《帝京景物略》《群书集事渊海》《三鱼堂集》《广群芳谱》《林子三教》《杨龟山集》
12	文焕斋	《榕村集》《名媛诗归》《觚賸》《穆堂集》

注：六月初十日，李德懋"往琉璃厂嵩秀堂书坊，检阅《三礼义疏》、《通鉴纪事本末》"。

乾隆三十八年（1773）开四库馆，收集天下藏书编纂《四库全书》，这是琉璃厂书业最为繁盛的时代。因此，李德懋入燕，正是躬逢其盛。关于乾隆时代琉璃厂书业的情形，目前所知较为详细的史料仅见稍早之李文藻之《琉璃厂书肆记》。而上述表中的文盛堂、郁文堂和文焕斋等均未见于《琉璃厂书肆记》，因此，其记载便显得格外珍贵。

除了前述的十二家书店外，李德懋最早以为："此外又有二三书肆，猥杂不足观也。"不过，过了几天，他发现还有更重要的书店。二十五日，李德懋再一次前往琉璃厂，搜找前次未见之书肆三四家，这次他发现"陶氏所藏，尤为大家"。陶氏也就是著名的"五柳居"书商陶庭学，其人原籍浙江乌程县（今属湖州），自其祖父移居姑苏，遂占籍于苏州。因姓陶，遂以五柳先生陶潜后裔自况，在苏州开"五柳书居"。乾隆三十八年（1773）开四库馆，因陶氏擅长版本鉴定，朱筠推荐他到京师为四库馆鉴别并搜访异书秘本。陶庭学与儿子陶蕴辉遂一起进京，在琉璃厂开张"五柳居"书肆。① 据《入燕记》记载，陶氏自称有书船从江南来，泊于通州张家湾，过两天运抵北京的书籍多达四千余卷。乾隆三十四年（1769），李文藻作有《琉璃厂书肆记》，也提及琉璃厂的诸多书肆，与前述所列颇可映证。他对五柳居陶氏亦多有记录，说五柳居"近来始开，而旧书甚多，与文粹堂皆每年购书于苏州，载船而来。五柳多璜川吴氏藏书，嘉定钱先生云：即吴企晋舍人家物也，其诸弟析产所得书，遂不能守"。② 所谓璜川吴氏，是苏州木渎镇的著名藏书家。他还认为，琉璃厂"书肆中之晓事者，惟五柳之陶、文粹之谢及（鉴古堂）韦也"。③ 嘉庆年间，翁方纲也说："是时江浙书贾奔辏辇下，书坊

---

① 关于五柳居陶氏的详细情况，参见瞿冕良《试论陶庭学父子及其与黄丕烈的关系》，《苏州大学学报》1995年第1期。
② 《琉璃厂书肆记》，页2下。
③ 《琉璃厂书肆记》，页3上。

以五柳居、文粹堂为最。"① 这些都说明，五柳居陶氏是书业中颇有见识的人物。

在陶氏的五柳居，李德懋借得该店的书目，阅毕大为惊叹："不惟吾之一生所求者尽在此，凡天下奇异之籍甚多，始知江浙为书籍之渊薮！"李德懋到北京后，先得到浙江书目，② 已令他叹为观止，而"陶氏书船之目，亦有浙江书目所未有者，故誊其目"。于是，二十八日，他又与朴齐家再次前往琉璃厂五柳居查阅"南船奇书"。使团中书状嘱他买数十种，其中有朱彝尊《经解》、马骕《绎史》，都是"稀有之书，而皆善本也"。六月初二日，李德懋再次前往五柳居陶生书坊，检阅《经解》六十套。《经解》是朱彝尊和徐乾学根据他们自己的收藏，又借秀水曹秋岳、无锡秦对岩、常熟钱遵王、毛斧季、温陵黄俞邰的收藏，共得一百四十种。"自子夏《易传》外，唐人之书仅二三种，其余皆宋元诸儒所撰述，而明人所著，间存一二，真儒家之府藏，经学之渊薮也。"对此，李德懋颇为感慨："此书刊行已百年，而东方人漠然不知，每年使臣冠盖络绎，而其所车输东来者，只演义小说及《八大家文抄》、《唐诗品汇》等书，此二种虽曰实用，然家家有之，亦有本国刊行，则不必更购中国，则此二书亦广布，不必珍贵，价亦甚低。但朝鲜使来时，必别为储置，以高价卖之，东人之孤陋类如是。"在当时，一些中国小说受到朝鲜人的喜爱，如"间巷最爱《剪灯新话》，以其助于吏文也"。③ 所谓

---

① 《复初斋诗集》，转引自王冶秋《琉璃厂史话》，生活·读书·新知三联书店，1963，第19页。
② "浙江书目"即王亶望所编之《浙江采进遗书总目》十卷，闰集一卷，乾隆十九年（1754）刊行。该书在朝鲜颇为有名，南公辙《赠元孺良（在明）序》也提及该书："（藏书）莫盛于今，余尝读浙江书目，见内府敕印及经史子集之盛行于世者，皆不在所录，而得十万余卷，何其富哉！"转引自《金陵集》卷11《序》，见《金陵集》第二卷，第195页。
③ 柳得恭：《京都杂志》卷1《诗文》，见韩国学研究院编《东国岁时记、京都杂志、洌阳岁时记、农家月令歌》，大提阁，1987，第235页。

吏文，也就是今天所称的应用文（汉文公牍）。① 《剪灯新话》作于明初洪武年间，因有助于吏文而受到民间的喜爱。但类似的小说却招致一些士大夫的极端鄙视，李德懋曾严厉责备阅读《西游记》和《三国演义》的儿子，说："此等杂书乱正史，坏人心，吾为汝严父兼良师，岂可使吾子弟骎骎然外驰哉？"为此，他儿子谨承教训，再也不读那些"演史稗记"。② 南公辙也认为："小说蛊人心术，与异端无异，而一时轻薄才子利其捷径而得之，多有慕效，而文风卑弱委靡，与齐梁间绮语无异。"③ 这些都颇可反映朝鲜人的阅读趣味。

此后，李德懋多次与五柳居打交道。六月初四日，他"与干粮官先出，因访五柳居检阅书状所购书籍，封裹以置"。六月十六日，朝鲜使团离开北京回国，"五柳居陶生使其戚人袁姓载书状所购书于车，追及通州"，此举令李德懋颇为感慨，认为五柳居陶生言而有信。这些都说明朝鲜人从五柳居等书店购买了不少中国书籍。④ 其中，有一些应是当时的禁书：

> （六月二十一日）书状谓余曰：左右尝盛言顾亭林炎武之耿介，为明末之第一人物，购其集于五柳居陶生，陶生以为当今之禁书三百余种，《亭林集》居其一，申申托其秘藏。归来，余于轿中尽读之，果然明末遗民之第一流人也，不惟节义卓然，足以横绝古今，其诗文典则雅正，不作无心语。

---

① 韩国汉籍中有保存明代公牍的《吏文誊录》残卷，关于该书，参见台湾学者张存武的《韩人保留下来的明代公牍——〈吏文誊录〉残卷》，载联合报文化基金会国学文献馆编《第五届中国域外汉籍国际学术会议论文集》，联经出版事业公司，1991，第 111~120 页。
② 《雅亭遗稿》卷 8 附录《先考府君遗事》，见《青庄馆全书》上卷，第 531 页。
③ 《金陵集》卷 20《日得录》，见《金陵集》第三卷，第 261 页。
④ 柳得恭在《燕台再游录》中指出："自前李懋官游燕时……多购书于五柳居。"《丛书集成续编》第 46 册，史部杂史类、琐记之属，上海书店，1994，第 492 页。

余曰：亭林迹虽布衣，不忘本朝，不赴康熙己未博学宏词科，此真大臣也，其所著《日知录》，可以羽经翼史，可见其淹博也。

书状曰：以亭林之轮囷热血，其言之雅典如此，不作横走语，此老脑中有学问故也。

余曰：此一言足以知亭林也。①

入清之后，作为心存正闰的明朝遗民，顾炎武志在天下，图谋匡复，著述经世，始终不愿为清廷所用，拒绝达官修史之邀，又拒博学鸿儒特科之荐，其气节令人景仰。对此，李德懋《读顾亭林遗书》有很好的概括："亭林天下士，明亡独洁身，今世尊周者，不识有斯人。烈皇殉社稷，捐生多布衣，天下无不有，毛甡忍能讥。"②

四　余论

据调查，存世的《燕行录》有五百余种，而煌煌一百巨册的《燕行录全集》，为学界提供了绝大部分朝鲜燕行使者的著作（计三百八十余种），③ 这不仅是中韩关系史研究方面的重要史料，而且对于清代社会文化史的研究亦颇有助益。域外使者对于中华文明的仰慕和好奇，使得各类《燕行录》意外地提供了许多鲜为人知的细节，其中不乏一些珍稀史料，而这些在当时因过于平常而为中方史籍所未载。譬如，从朝鲜燕行使者的描述中，人们得以窥见18世纪盛清时代中国社会的日常生活画面。我们看到，在北京，

---

① 李德懋在另一处写道："《日知录》苦心求之，经营三年，今始紬人之秘藏读之。六艺之文，百王之典，当世之务，订据明析。嗟乎！顾宁人真振古之宏儒也。"见《青庄馆全书》补遗《雅亭遗稿》卷6，第505页。
② 《青庄馆全书》卷11《雅亭遗稿三·诗三》，第194页。
③ 《燕行录全集》卷100，第322页。

政治上的高压和经济上的繁盛同生共荣。从燕行使者的经历来看，清代禁书活动可能并不像以往史家想象得那么严密。根据记载，从乾隆三十九年（1774）八月起，开始大规模的查缴、销毁"禁书"，直到乾隆五十八年（1793）方告结束，这一运动虽然在以往中国史籍中多表现得轰轰烈烈，但从《入燕记》来看，即使是在查缴禁书的高峰时期，在皇城根底下，仍然有一些书商在偷偷贩卖"违碍"、"悖逆"的禁书。[1] 而且，书商对于当时的社会政治现实也往往敢于放言高论，[2] 这似乎有点出乎人们的意料。

各种《燕行录》对于琉璃厂，多有生动描述（如李德懋《入燕记》中对琉璃厂书肆及所售书籍的记载即相当珍贵），有一些为中国古籍所未见，这对于清代社会文化史的研究极有助益。南公辙在《赠元孺良（在明）序》中指出："故丞相元公身都卿相，而于物泊然无所好，独从事于书，其书冠京师。……既卒，而遗其嗣子在明孺良，今其书尚万卷。夫（新）罗、（高）丽之俗不好古，又其地距中国绝远。余尝见数十年前士之称博雅者，犹不得见全史、《佩文韵府》诸书者有之，今士大夫家无不藏之。……后生小子闻公之风者，竞相以藏书为能事，彬彬有可观，公与有力焉。"[3] 当时的朝鲜人，非常渴望得到中国的书籍。李德懋即指出："我国不以水路通货，故文献尤贸贸，书籍之不备，与不识三王事者，全由此也。日本人通江南，故明末古器及书画、书籍、药材辐凑于长崎，日本兼葭堂主人木世肃藏秘书三万卷，且多交中国名士，文雅方盛，非我国之可比也。且高丽时宋商之舶年年来泊，丽王厚礼供馈，文物甚备也。"[4] 其中提及的兼葭堂主人木世肃，即木弘恭，

---

[1] 日本学者藤塚邻指出，李德懋抄录的琉璃厂书目中，有好几本列入"禁书总目"、"违碍书目"、"全毁书目"或"抽毁书目"。《清朝文化の东传——嘉庆、道光学坛と李朝の金阮堂》，第29页。

[2] 朝鲜燕行使者柳得恭所著《燕台再游录》，就记载了琉璃厂书肆主人对川楚起义的看法。

[3] 《金陵集》卷11《序》，见《金陵集》第二卷，第196页。

[4] 《青庄馆全书》卷63《天涯知己书一》，第505页。

"日本大坂贾人也，家住浪华江上，卖酒致富，日招宾客，赋诗酬酒，购书三万卷，一岁宾客之费数千金，自筑县至江户数千余里，士无贤不肖皆称世肃。又附商舶得中国士子诗篇以揭其壁，筑兼葭堂于浪华江"。① 显然，李德懋对于高丽时代的中韩文化交流，以及由贸易引发的日本与江南的书籍等物品流通，颇为羡慕。在清代，朝鲜使者之燕行及其相关的宗藩贸易，成了中韩文化交流的重要途径。换言之，琉璃厂书业对于中韩文化交流起到了重要的作用。

从《入燕记》等书的记载可以看出，北京的琉璃厂书市与南方各地的出版印刷业有着密切的关系。种种迹象显示，书籍出版在当时的东亚是一种具有厚利可图的产业。清同治《湖州府志》卷33曾提及当地的书船：

> 书船出乌程、织里及郑港、谈港诸村落。吾湖藏书之富，起于宋南渡后直斋陈氏著《（直斋）书录解题》。……明中叶，如花林茅氏、晟舍凌氏、闵氏，汇沮潘氏，雉城臧氏，皆广储签帙。旧家子弟好事者，往往以秘册镂刻流传。于是织里诸村民以此网利，购书于船，南至钱塘，东抵松江，北达京口，走士大夫之门，出书目袖中，低昂其价，所至每以礼接之，客之末座，号为书客。二十年来，间有奇僻之书，收藏家往往资其搜访。……②

这虽然描述的是 19 世纪湖州书船的情形，但可以肯定的是——早在李德懋入燕的前后，此种情形已经存在。乾隆中叶，两江总督高晋即曾指出："……遗籍珍藏，固随地俱有，而江浙人文渊薮，其流传较别省更多。……闻从前藏书最富之家，如昆山徐氏

---

① 端坐轩逸人：《清脾录》卷1《兼葭堂》。
② 同治《湖州府志》卷33《舆地略·物产》（下），《中国地方志集成》浙江府县志辑，上海书店，1993，第628页。

之传是楼，常熟钱氏之述古堂，嘉兴项氏之天籁阁、朱氏之曝书亭，杭州赵氏之小山堂，宁波万［范］氏之天一阁，皆其著名者，余亦指不胜屈。并有原藏书目至今尚为人传录者，即其子孙不能保守，而辗转流播，仍为他姓所有。……又闻苏州有一种贾客，惟事收卖旧书，如山塘开铺之金姓者，乃专门旧业，于古书存佚原委颇能谙悉。又湖州向多贾客书船，平时在各处州县兑卖书籍，与藏书家往来最熟，其于某氏旧有某书，曾购某本，问之无不深知。"①可见，早在乾隆中叶，湖州"贾客书船"即相当有名，与当时的苏州"山塘书贾"齐名，合称为"书船坊贾"。江南的一些藏书家，如鲍廷博，即与这批书商过从甚密。乾隆四十一年（1776），朱文藻曾指出："三十年来，近自嘉禾、吴兴，远而大江南北，客有以异书来售武林者，必先过君之门。或远不可致，则邮书求之。"②朱文藻是鲍廷博的朋友，馆于徽商汪氏振绮堂十余年。他也是杭州士人严诚的挚友，为后者整理《严铁桥全集》并作叙，其间，与朝鲜使者洪大容多有书信往来。另外，嘉庆六年（1801），朝鲜燕行使者柳得恭曾问能否得到《白田杂著》一书，纪昀回答说已托人向镇江府刷印。③这些都说明，乾隆时代，北京琉璃厂与江南各地存在着图书流通的网络。倘若我们将中朝各类文献综合考察，便可清晰地把握中国汉籍流播的一个重要走向。

江南藏书家 ⟶ 湖州书贾船只 ⟶ 镇江（经运河）⟶ 通州张家湾 ⟶ 北京琉璃厂 ⟶ 朝鲜

值得注意的是，根据李德懋对琉璃厂的描述，我们得知，《知不足斋丛书》当时赫然列于琉璃厂之名盛堂（书肆）。《知不

---

① 乾隆三十八年闰三月二十日，《两江总督高晋等奏续得各家书籍并进呈书目折》，见《纂修四库全书档案》上册，上海古籍出版社，1997，第83页。
② 《知不足斋丛书序》，见（清）鲍廷博辑《知不足斋丛书》第一册，中华书局，1999，第7~8页。
③ 《燕都再游录》，第6页。

足斋丛书》是乾隆至嘉庆年间徽商鲍廷博父子所刊，全书共分三十集，以八册为一函，以一函为一集，陆续发刊。其中，前二十七集为鲍廷博所刻，后三集由他的儿子鲍士恭续刻。丛书共收书二百零八种（含附录十二种）。据今人研究，《知不足斋丛书》的筹措，始于乾隆三十七年（1772）之前，但正式编定、付梓的第一批前五集，当在乾隆四十一年（1776）。因此，乾隆四十三年（1778）李德懋在琉璃厂名盛堂看到的《知不足斋丛书》，应是该丛书的前面几集。嘉庆元年（1796），海宁周广业曾指出："鲍氏书纸贵一时，且各集先后踵出，非积年不能全。余既不能买，又艰于借，偶窥一斑而已。癸卯秋荐后，谒邱芷房师，谋所以报知己者。绿饮慨然见赠一部，凡十集，师得之甚喜，余实未尝寓目也。丙午春，馆北平查氏，乃从邱师借阅一过。去秋携懋儿应试武林，闻绿饮寓西湖沈庄，监梓《四库书目录提要》。走访之，将购全部，遗方伯周眉亭师，以方伯甚爱此书，久欲觅买也。十月印就，托吴君兔床交来，故卷末有兔床经眼图书。"① 结合《入燕记》的记载，则《知不足斋丛书》不仅在北京琉璃厂书店公开发售，鲍廷博也印刷直销。这样的图书流通史料，有助于我们更好地了解明清时代的社会文化现象及中外文化交流，显然应当引起足够的重视。②

除书籍外，古玩也是受东亚各国青睐的重要收藏品。琉璃厂的古玩书画，与当时中国国内的鉴藏风气及东亚的文化交流均有密切

---

① （清）周广业：《四部寓眼录补遗（知不足斋丛书提要）》自序，民国二十五年（1936）蟫隐庐印行。该书为哈佛燕京图书馆收藏。
② 笔者在先前的研究中曾指出：明清时代，徽州商人的"近雅"或附庸风雅的背后，实际上有着深层的商业动机。从中外文化交流的角度来看，清代扬州等地的徽州商人招养食客，资助文人，校雠书籍，从而在淮、扬、苏、杭一带形成浓郁的文化气氛，应当与这层商业动机息息相关。太平天国以后，江南一带"提倡风雅绝无人"，这与海外贸易及鉴赏风气的嬗变息息相关。因此，研究江南社会文化，应当置诸整个东亚的背景中去考察。参见王振忠《徽州社会文化史探微——新发现的16～20世纪民间档案文书研究》，上海社会科学院出版社，2002，第四章之四《佚存日本的苏州徽商资料及相关问题研究》。

的关系。乾隆时代，中国国内穷烹饪、狎优伶和谈玩古董等新"吴俗三好"的形成，① 对于东亚各国均有重要的影响。如在朝鲜，南公辙的《赠元孺良(在明)序》称："今夫古玉、古铜、鼎彝、笔山、砚石，世皆蓄为玩好。"② 而在日本，从浅野长祚《漱芳阁书画铭心录》③ 和《漱芳阁书画记》④ 等书中，我们可以看到日本人对于中国书画古玩的热衷。⑤ 在这种背景下，古董有着相当广阔的消费市场。"扬州八怪"之一的罗聘等人都在京师为达官贵人鉴赏。⑥ 从《入燕记》的记载来看，在当时的北京，古董有着相当好的市场。"阁老傅桓子福隆安，家资钜万，今为额附。桓既死，隆安能惜福，出卖宝玩，价值银八十万两。朝鲜馆西邻林姓人，富商也，其第宅器什，拟于王公，以银八百两买隆之琉璃屏风卖于人，得银一千二百两。屏风并八叠，长可一丈，镂降真香，极其工巧，以为匡郭。又买假花四盆，菊、二月桂二盆，则洋磁围以琉璃，冬日见之，鲜鲜如活，花叶茎枝，俱以象牙雕就，染以红绿花瓣，俱作螺丝钉，散合如意，真尤物也。一盆值银二百两，译官赵明会曾见之。"福隆安是傅桓次子，尚乾隆皇帝第四女和嘉公主，授和硕额附，为乾隆皇帝之乘龙快婿。前述的这位林姓富商，"咒角象牙，貂鼠之皮，朝鲜之纸，充牣栋宇，又多玩好，居室奢丽，拟如王公，邀苏州府秀才沈瀛为塾师"。由此可见古玩蓄藏之风在

---

① (清)阮葵生:《茶余客话》卷8《吴俗三好》,第210页。转引自王振忠《明清徽商与淮扬社会变迁》,《三联·哈佛燕京学术丛书》第三辑,生活·读书·新知三联书店,1996,第30页。
② 《金陵集》卷11《序》,见《金陵集》第二卷,第194页。
③ 〔日〕浅野长祚:《漱芳阁书画铭心录》,见《大东急纪念文库善本丛刊·近世篇》16"美术书集",汲古书院,1979。
④ 日本抄本,罗振玉题识,见《罗氏雪堂藏书遗珍》(八),《中国公共图书馆古籍文献珍本汇刊·丛部》,全国图书馆文献缩微复制中心,2001,第155~185页。
⑤ 参见王振忠《徽州社会文化史探微——新发现的16~20世纪民间档案文书研究》第四章之四《佚存日本的苏州徽商资料及相关问题研究》。
⑥ 柳得恭:《滦阳录》卷2,第52页。罗聘自乾隆三十七年(1772)与翁方纲初识起,即长期奔走于翁方纲门下。参见沈津编《翁方纲年谱》,台北中研院中国文哲研究所,2002。

乾隆时代之风行。综合前述其他的朝鲜及日本史料，古玩鉴藏的盛行，除了中国国内的时尚所趋外，显然还应考虑海外巨大消费市场的因素。

Chinese Society in the Heyday Age of Tsing Dynasty in the 18th Century Witnessed by Korean Envoys to Peking: Historic Messages Found in the Minutes of Travel to Peking by Li Demao

Wang Zhenzhong

Abstract Since early Ming Dynasty, many Korean envoys were sent to China due to the operation of tributary system, who put down what they saw and heard during their travels and created rich literature narrating such messages. Usually entitled as "Minutes of Paying Tribute to Celestial Capital" or "Travel to Peking", such literatures offer countless interesting historic messages with precious precision and vividness, which are not available otherwise and cannot be found in contemporary Chinese historic records. This article attempts to make a rudimentary discussion on Chinese society in the heyday period of Tsing Dynasty in 18th century, through a full utilization of the two pieces of Minutes of Travel to Peking written by Li Demao, a Korean envoy on a mission to China, with much reference from other Korean historic books or classics written in Chinese. In 2nd year of Zhengzu Period of Korea (43 rd year of Qianlong Period of Tsing Dynasty), Li Demao entered Peking as a special envoy. So this article probes the details of Li Demao's personal contacts with his friends, the political conditions of heyday period of Tsing Dynasty, landscapes and sights on his way to Peking, exchanges of cultural activities and books between China and Korea, and so on. It is revealed from such analysis that overseas literatures in Chinese language can be taken as references and evidences for studies of Chinese history, and helps to deepen understanding on Chinese society in certain historic periods from some unique and fresh perspectives. Therefore Korean literature in Chinese language should be cherished as important historic raw materials not only beneficial to profound studies on China – Korea cultural exchange, but also precious for the studies on Chinese history. Moreover, studies of social-cultural history of China in Tsing Dynasty should be integrated into a macro-survey of the whole cultural background of East Asia.

Key Words Envoys to Peking; Li Demao; Minutes of Travel to Peking; Foreign Literatures in Chinese Language; Chinese Society in Heyday Period of Tsing Dynasty

【审读：汪伟民】

从"郑雷卿案"看沈馆朝鲜陪臣的抗清活动

石少颖

【内容提要】丙子之役后,朝鲜昭显世子及其陪臣入质沈阳。1639年,世子馆(沈馆)陪臣郑雷卿等人欲揭发清译郑命寿、金石乙屎二人盗减朝鲜贡品事,为国除害。但由于证据被毁、清将英俄尔岱等人又袒护二译,反遭案情逆转,终以"诬陷"罪名被绞杀。"郑雷卿案"的发生是朝鲜与清朝官员局部矛盾激化的产物,但作为"丙子"战后朝鲜诸多抗清斗争的一部分,"郑案"在清鲜关系史上仍具有典型意义。尽管郑雷卿的失败是朝鲜卧薪尝胆、为保全世子而作出的无奈选择,但其精忠爱国的义举仍得到朝鲜士人的极大赞许。

【关键词】"郑雷卿案"　昭显世子　抗清活动

【作者简介】石少颖,历史学博士,山东大学历史文化学院讲师。

清崇德元年(1636),皇太极亲率大军进攻朝鲜,迫使朝鲜君臣出城投降,史称"丙子之役"。次年正月,皇太极与朝鲜仁祖王

从"郑雷卿案"看沈馆朝鲜陪臣的抗清活动

李倧在三田渡莅盟,清鲜宗藩关系正式确立。为确保朝鲜战后信守盟誓、不背清朝,皇太极强令朝鲜昭显世子、凤林大君、三公六卿子弟及大批随行人员入质沈阳,由此产生了长达八年之久的朝鲜人质问题。这些人质在沈阳的居住之处即是"沈馆"(或称"世子馆"、"质馆"、"高丽馆")。在此期间,清人对朝鲜人质恩威兼施,一方面积极笼络作为朝鲜王位继承人的昭显世子,着力培养其亲清意识,另一方面又不失时机地对朝鲜众人炫耀武力,以达到威服和挟制朝鲜的目的。但是,背负着国耻家仇的昭显世子及众臣很难消除对清朝的敌视和仇恨,他们自入沈馆之日起,便与清人进行了艰苦的斗争与心理较量。这其中,以发生于1639年的"郑雷卿案"最为突出。本文拟以"郑雷卿案"(以下简称"郑案")为视角,具体考察沈馆时期朝鲜人质的境况,并通过各方对待"郑案"的态度,深入揭示宗藩关系建立之初清鲜两国之间的矛盾和斗争。

一 郑雷卿其人及沈馆人质的处境

郑雷卿,字震伯,朝鲜温阳人,于宣祖二十三年(1590)登第文科状元,初拜成均馆典籍,历任工、礼、兵三曹佐郎,后转入两司玉堂春坊。① 郑雷卿性格耿直,尤重义理和气节,其言论在众臣当中颇显锋利。他参加别试时的策论题目即为《复仇策》,文章痛陈朝鲜所面临的"南倭北虏"的危局,"东仇未复,西耻又甚",② 希望统治者能够励精图治、强兵雪耻;他虽为一介布衣,但却有"忧国与肉食异矣"的忠君爱国之志,故深得考官金鎏、张维等人的赏识。丁卯之役后,后金(清)对朝鲜步步威逼,

---

① 〔韩〕郑雷卿:《云溪先生文集》卷二《墓碣铭》(尹善道撰),韩国国会图书馆馆藏,南山印刷所,1969,第16~17页。
② 〔韩〕郑雷卿:《云溪先生文集》卷一《复仇策》,第12页。

甚至让朝鲜君臣为皇太极"劝进"尊号,令朝鲜君臣深感屈辱,朝鲜斥和派的反对呼声尤为激烈。郑雷卿亦主斥绝,并用严辞峻语如是痛陈朝鲜十年间所受的屈辱:"夫自古与虏讲和者,皆不保十年之久,何也?币益增而我力屈,辞益卑而彼气骄始焉。托兄弟之名,终至加臣妾之辱,即毋论远代丽朝之完颜金是也。"①

丙子之役中,清兵猝至,仁祖率众臣避入南汉山城,郑雷卿以校理身份扈从随行;朝鲜君臣投降后,昭显世子被迫北行入质沈阳,但南汉山城中的朝鲜从官"多谋避",②郑雷卿却是"慨然请行",令仁祖和世子颇为感动。随后,郑雷卿与南以雄、李时楷、徐祥履等文臣"皆充武弁"、"以武从",③成为世子身边的主要陪臣。郑雷卿同情并极为敬重主倡斥绝、缚送沈阳的吴达济、尹集等义士,到达沈阳之后,他还一直为二人之生死安危担忧不已,并常有同病相怜的凄楚与感慨;吴、尹二人死后,同为沈馆质囚的郑雷卿竟冒着危险,"使舌人恳乞收尸,虏人竟不许"。④郑雷卿敢作敢为、为同胞仗义执言,让我们看到了朝鲜年轻士子的凛然之气和爱国之心,也正是这种性格,促使郑雷卿最终成为沈馆朝鲜人质当中力主抗清的一名斗士。

作为质囚赴沈的昭显世子、凤林大君及众陪臣等人自辞别朝鲜之日起,就受到清人无尽的呵斥与漫骂:"王世子来自虏营,告辞而行,群臣哭送于道傍,或执鞚攀号,世子按马久之。郑命寿挥鞭

---

① 〔韩〕郑雷卿:《云溪先生文集》卷一《玉堂斥和札》,第5~6页。
② 〔韩〕郑雷卿:《云溪先生文集》卷二《谥忠贞云溪郑公行状》,第25页。
③ 〔韩〕《朝野记闻》卷五《丙子虏难》。又〔韩〕《春坡堂日月录》记载:"时或厌西行,或脱身逃匿,或称病图免,识者痛之。""西行从官重臣南以雄、朴潢、金那重,皆加资侍讲院,李命雄、蔡裕后、闵应协、李时楷、郑雷卿、徐祥履、俞棨、李襘、曹文秀翊卫司,皆充武弁,斥和三人称以学士,使龙、马两将带行。"参见《春坡堂日月录》卷十三"仁祖十五年正月二十九日"条、"二月初六日"条。
④ 〔韩〕《阳九记事》卷四《三学士》,首尔:奎章阁馆藏,奎11509-v,第25页。

从"郑雷卿案"看沈馆朝鲜陪臣的抗清活动

呵辱以促之,见者莫不错愕。"① 到达沈阳之后,清人对朝鲜人质态度颇为怠慢,不仅无国宾之礼相待,而且,"嫔宫及大君夫人不可乘轿入城"。② 至于朝鲜人质在沈阳期间的生活则更是艰难,昭显世子体弱多病,加之仓促入沈,以致"寒具未备";③ 其他人员处境则更为艰辛。朝鲜仁祖在世子入沈后第二年便"闻沈阳馆中上下人员艰苦万状云,令该曹(户曹)量送馔价"。④ 直至后来清朝圈拨少量土地给沈馆人质"自耕自食",世子馆的基本生活才得以改善。除此之外,朝鲜人质起初在沈阳的活动亦受到限制,清人禁止世子与诸王、将领私相交往,赴清的朝鲜使臣也不得擅自到世子馆出入,只有在完成任务后,才可拜见世子,这一限制在1637年6月之后逐渐被改善。⑤ 在沈馆如此艰难的生存环境下,饱受屈辱却始终秉承华夷之辨、"小中华意识"的朝鲜人质与清人之间的矛盾很难化解。

就郑雷卿本人而言,他在入沈之后的职责是"掌行中钱谷收支"。⑥ 沈馆当时设有户、礼、兵、工四房,户房管银两出纳,礼房负责物品、用膳及医药的供应,兵房掌人马纠察,工房掌管工匠修缮等事务。礼房、兵房由金宗一兼管,而工房、户房即是由郑雷卿负责。⑦ 史书载,"世子有私请而出于应用者,公辄执不可,同僚或有律身不谨者,公戒责不少饶。一宰臣有渎黩货与房昵者,公

---

① 〔韩〕《仁祖实录》卷三十四"仁祖十五年二月乙亥"条,首尔:国史编纂委员会,1969。
② 《沈阳日记》"丁丑年四月初十日"条,转引自刘家驹《清朝初期的中韩关系》,文史哲出版社,1986,第152页。
③ 《沈阳日记》"辛巳年九月初二日"条,转引自刘家驹《清朝初期的中韩关系》,第152页。
④ 〔韩〕《仁祖实录》卷三十六"仁祖十六年五月癸酉"条。
⑤ 参见叶泉宏《沈馆幽囚记(1637~1645):清鲜宗藩关系建立时的人质问题》,《韩国学报》第18辑,2004,第294页。
⑥ 〔韩〕郑雷卿:《云溪先生文集》卷二《谥忠贞云溪郑公行状》,第25~26页。
⑦ 〔日〕田川孝三:《沈馆考》,第507页。转引自叶泉宏《沈馆幽囚记(1637~1645):清鲜宗藩关系建立时的人质问题》,第294页。

唾鄙之，以是见忤于人"，① 足见郑雷卿在工作中秉公办事、刚直不阿。由于职责的关系，郑雷卿对于沈馆与朝鲜本国、清人之间的钱财及物品进出流动情况非常了解，对于清朝官员，特别是清朝通事（译官）郑命寿②等人收受朝鲜国内送来贿赂的情况也就比其他人更为清楚。这就成为郑雷卿得以有机会举报、揭发的主要原因。

另外，上述史料还特别提到，郑雷卿痛恨通清卖国之人，以致"见忤于人"，这就证明了沈馆时期确实存在一部分与清人关系紧密、苟为私利而不惜放弃民族气节的朝鲜陪臣，他们的活动不可避免地给沈馆人质和朝鲜本国造成了利益损失和感情伤害。本文在这里要提到的一个典型人物即是朴。朴是一个政治投机分子，他曾是"丁卯议和"的受益者，"自任信使之役，赖是而官位恩宠，一时俱隆"；③ 丙子之役前后，他逢迎朝议，赞成斥绝，但本心却希望和局延续下去，以便从中渔利。④ 他之所以被朝廷派往沈馆，"以其有雅于房中也"。⑤ 随从昭显世子赴沈之后，朴与清将英俄尔岱、马福塔、清朝译官郑命寿等人往来密切，并经常向朝鲜本国通报一些情况，不过，这些情报往往是对他本身有利的。朴的投机行为为沈馆许多人所知晓，而那些坚守气节、忠贞于义理、力主斥绝的朝鲜士大夫对于朴的行为是极为不齿的。这也就成为性格耿直的郑雷卿与政治投机分子朴关系恶化的根本原因。这样一来，原本被允许

---

① 〔韩〕郑雷卿：《云溪先生文集》卷二《谥忠贞云溪郑公行状》，第26页。
② 郑命寿是一个满化的朝鲜人，担任清朝朝鲜通事（即译官），其满语名为gūlmahūn，因音译不同，有"孤儿马红"、"古儿马（洪）"、"古尔马浑"、"顾尔马浑"等多种译法。此人活跃于仁祖、孝宗两朝，影响至显宗朝犹存。参见杨海英《朝鲜通事古尔马浑（郑命寿）考》，《民族史研究》第3辑，民族出版社，2002。
③ 〔韩〕《仁祖实录》卷三十二"仁祖十四年四月甲申"条。
④ 朝鲜史臣对他的评价是："朴，明时一弃物耳。国家和房之后，自任信使之役，赖是而官位恩宠，一时俱隆。和事若绝，则将焉用。之此疏，言虽切于防房，意实在于固和，如见肺肝，欲盖弥彰。至于从征之请，知君上之必不从，而乃敢面谩，尤可痛也。"参见《仁祖实录》卷三十二"仁祖十四年四月甲申"条。
⑤ 〔韩〕《阳九记事》卷二《丙子房乱南汉出城》，第31页。

于仁祖十七年冬问安还朝、次年返沈复命的郑雷卿,由于其本人与沈馆少数陪臣的个人矛盾,沈馆人质与清将、清译之间围绕贿赂问题的纠纷以及清鲜两国战后民族矛盾的加剧,结果未能返回故土,身死异域,走上了一个悲剧性的人生结局。

二 "郑雷卿案"的发生

由于郑雷卿管理沈馆财物收支,因此,对于清译郑命寿等人收受贿赂,甚至随意克扣朝鲜送给清朝皇帝礼品的行为最为了解。于是,他与司书金宗一密谋,向清朝揭发清译郑命寿等人欺压朝鲜人质、攫利于朝鲜本国的罪恶行径,希望借清廷之手来严惩这些把持实际外交大权的贪官污吏。如此,则既快朝鲜人心,又切实维护了沈馆朝鲜人质的安全和朝鲜本国的利益,"国势尊而进献无弊矣"。①

郑命寿本为朝鲜西关平安道殷山官奴,"戊午建州之役被掳,丙子乱以解方语出来,其后得尊宠,用事于清国,缪辱我(朝鲜)缙绅,陵轹我君上,凡所以卖我国、害我国者,皆力主之",②"朝廷授爵以悦其心","又官其族属,至于升其所生邑号为殷山府",朝鲜公卿"皆被诋骂而莫敢抗,唯以金币务效"。③ 郑命寿身为朝鲜的叛国之人,却对朝鲜极尽凌辱之事,对于沈馆中的朝鲜人质,亦是百般呵斥,态度张狂。但是,朝鲜君臣为了能维护丙子战后的局面,特别是为了保证王储昭显世子在质馆的安危,又不得不屈从于清官的淫威。仁祖十八年(1640),备边司奏请"以银一千两赍送于世子行中,以为礼物酬应之需"。④ 可见,朝鲜君臣以赠品来逢迎清人、保全世子的事情并不鲜见。而身为清朝译官的郑命寿当

---

① 〔韩〕郑雷卿:《云溪先生文集》卷二《谥忠贞云溪郑公行状》,第26~27页。
② 〔韩〕郑雷卿:《云溪先生文集》卷二《墓碣铭》(尹善道撰),第17页。
③ 〔韩〕《阳九记事》卷四《三学士》,第29页。
④ 〔韩〕《仁祖实录》卷四十"仁祖十八年三月癸卯"条。

时几乎操纵了清朝与朝鲜人之间的重要交涉活动:"敕行时横恣,赎人时操纵,此国凡干谋议,诸王之外,虽任使于龙(英俄尔岱)、马(马福塔),实不得预闻","两间传语,全凭此辈……受贿多则作害甚",① 由于通译的特殊身份,郑命寿对朝鲜的压榨、勒索和控制日甚一日,俨然成为朝鲜的"太上皇"。

朝鲜君臣对于郑命寿切齿痛恨,一直希望有朝一日能彻底摆脱郑命寿的压榨,郑雷卿想要通过举报的方式除掉郑命寿的想法,符合朝鲜人的意愿。而事实上,在郑雷卿向清朝举报之前,已经有人向清朝刑部举报过郑命寿等人收受朝鲜贿赂的问题,"大谏朴潢、弼善闵应协在此时,使戊午被掳人金爱守(曾担任清礼部通官)、沈天老等欲呈文于清刑部,未果,而呈文今在天老所"。② 沈天老与郑命寿同为朝鲜关西人,郑命寿族人时常"凌蔑同道守宰",令人"莫不愤惋"。沈天老等人之所以要举报郑命寿,也与郑命寿在关西地区恣意扩充地盘、扶植家族势力、与当地士族长期结怨有一定关系。③ 被掳到清朝之后,沈天老更是看不惯郑命寿肆行无忌的可憎面目,想方设法揭露郑命寿恶行。仁祖十七年(1639)正月,"二贼(郑命寿、金石乙屎④)纵恣尤甚",⑤ 不仅收受朝鲜贿银,

---

① 〔韩〕《仁祖实录》卷四十"仁祖十七年二月甲午"条。
② 〔韩〕郑雷卿:《云溪先生文集》卷二《谥忠贞云溪郑公行状》,第26页。
③ 郑命寿家族地位卑微,但在他得势之后,朝鲜备边司则应为其族属"免贱"。郑命寿逐渐在关西一带扩充家族势力,比如,原为定州官奴隶的妻弟奉永云被授予"本道守令",后任宁远郡守;族侄李玉鍊授文化县令,后又升"通政";心腹崔得男"以贱隶居在义州,阿附郑命寿,持国阴事,泄露甚多,命寿信爱之,朝廷希命寿风旨,授官至郡守"。此外,朝鲜关西地区的一些官职也被郑命寿家族世袭。参见《仁祖实录》卷四十四"仁祖二十一年十月丙子"条、卷三十五"仁祖十五年十一月癸巳"条、卷三十九"仁祖十七年八月辛卯"条、卷四十四"仁祖二十年闰十一月戊申"条、卷四十三"仁祖二十年十二月甲申"条、卷四十四"仁祖二十一年五月辛亥"条、卷四十六"仁祖二十三年闰六月丙戌"条、卷四十六"仁祖二十三年八月壬寅"条、卷五十"仁祖二十七年正月丙戌"条。
④ 《沈阳状启》中作"金乭屎",亦为朝鲜人,后被掳入清,充任通事。
⑤ 〔韩〕郑雷卿:《云溪先生文集》卷二《谥忠贞云溪郑公行状》,第26页。

从"郑雷卿案"看沈馆朝鲜陪臣的抗清活动

而且对于朝鲜献给清帝的东西,也敢任意盗减。"朝鲜贿银二千六百两及杂物七驮于郑命寿、金石乙屎等,而敕行回还后追载入送。且皇帝前所献柿、梨各千颗,两译盗减。"① 沈天老遂准备再次向衙门告发。

郑雷卿等人闻有两译于湾上(即义州)盗减礼品之事,乃是"适承令出往本国(朝鲜)"时从义州通事崔得男②处获得的消息,至于当时所留为何物,郑雷卿等人并未详细问查。待"梨柿则差员领来之日,两译除送千柿千梨于馆所"。消息从沈馆传出,昭显世子认为,"国王享上之物,奈何擅减?不可不载送衙门",劝其上缴,但郑命寿以"岁时临迫"为借口,不许沈馆人员插手过问。至于沈天老等人准备以盗减之事告发郑命寿的消息,郑雷卿则是从早年被掳于清、"尚不忘本国(朝鲜)"的关西士族那里知道的。由于之前金爱守告发郑译之事未能成功,许多被掳朝鲜士人一直忿忿不已,"争相欲发",欲寻朝鲜有志之士与其合作,于是,他们便将目光投向了沈馆,"来探臣等之志意者甚多"。平安道被掳人李龙、李圣诗(皆为关西士族)主动来沈馆找到了掌管"银货出入"的郑雷卿和掌管工部的金宗一,③ 劝其向清朝揭发郑命寿、金石乙屎二译敲诈朝鲜之状。郑雷卿、金宗一起初不肯答应,担心刑部怀疑这是沈馆内外的被掳朝鲜人勾结作乱,从而对二李及沈馆都不利:"若轻易吐实,则刑官必疑尔(二李)我相通;含糊观势,则金爱守告发时,亦不再问。奈何?吾辈只当谨嘿苟度而已。"④ 李圣诗又进一步试探,遂将两译盗减事密告于郑雷卿和金宗一:

---

① 参见《沈阳状启》"仁祖十七年正月二十八日"条、〔韩〕《仁祖实录》卷三十八"仁祖十七年二月甲午"条。
② 崔得男为郑命寿在义州的心腹,"以贱隶居在义州,阿附郑命寿,持国阴事,泄露甚多,命寿信爱之,朝廷希命寿风旨,授官至郡守"。参见〔韩〕《仁祖实录》卷四十六"仁祖二十三年八月壬寅"条。
③ 《沈阳状启》"仁祖十七年二月初四日"条,第126页。该书原为"二十四日",但根据内容推断,当系印刷之误,应为"二月初四日"。
④ 《沈阳状启》"仁祖十七年二月初四日"条,第125页。

"今番贸来梨柿,乃八高山共分之物,而两译如是盗减。此处之事,虽甚些少,必有告汗者;况此事听闻者已多,若有某人谓两译与馆中通义减献云尔。则八高山之众怒,何可当也?吾等此举,断断为本国,进赐辈千万勿疑。"① 李圣诗的话提醒了郑雷卿等人。由于担心"事发于八高山齐怒之后,则馆中亦难自明",郑雷卿、金宗一于是决定主动出击,与沈馆众臣谋划举报之事。这样做,一方面使沈馆摆脱与郑命寿合谋盗减礼品的嫌疑,另一方面则可借机除掉作恶多端的郑命寿。据史书载,沈馆僚属宾客宰臣朴、申得渊、辅德朴启荣、弼善申濡、司书金宗一、郑知和等人"皆与其谋"。沈馆主要陪臣多参与其中,使郑雷卿更有勇气揭发二译。可以说,这是一次由郑雷卿、金宗一等人发起的温和反抗郑命寿的集体事件。

郑雷卿、金宗一二人还采纳了李圣诗提出的"必以讲院下人为证,然后状辞有据矣"的建议,找到经常"痛愤两译之为"的侍讲院书吏姜孝元,以微意探之,姜孝元果然慨然领命。这一方面是由于姜孝元本人"忠谨可任事",另一方面,郑雷卿对姜孝元进行了热情的鼓动,也是姜孝元愿意全力以赴的重要原因。郑雷卿当时就已讲明,如果刑部追问,则"对以侍讲院官员知之,若有问吾两人,当直言之。汝勿为虑"。② 况且,"两译若除,则国必平安。此事,馆中及大朝孰不知之?""虽或得生于此,必死于大朝!"③ 这样就给姜孝元吃了一颗定心丸,使他无所顾虑,"挺身请当"。④ 姜孝元后来通过质子李徽祚与李龙取得联系,并在李龙家与沈天老面约商

---

① 《沈阳状启》"仁祖十七年二月初四日"条,第125页。
② 〔韩〕郑雷卿:《云溪先生文集》卷二《谥忠贞云溪郑公行状》,第27页。
③ 《沈阳状启》"仁祖十七年二月初四日"条,第122页。又据"仁祖十七年二月初四日"条,姜孝元曾在供词中将郑雷卿所嘱之事归为"奏请当前"、"大朝及馆中孰不知之"、"不死于此,死于大朝"等三件事。所谓"大事",即为奏请(即举报)之事,"大朝"乃指朝鲜,"指我国(朝鲜)之人而言,孰不喜之之意是白齐"。
④ 《沈阳状启》"仁祖十七年二月初四日"条,第126页。

议。郑命寿、金石乙屎二人私自盗减朝鲜礼品的问题很快被告发到清朝刑部，并有侍讲院"物目列录小纸"为据，① 如果告发成功，郑命寿将被定为"可杀之罪"。②

面对朝鲜人质的指控，郑命寿、金石乙屎当然不会缄口服罪，清朝刑部随即来沈馆进行调查。姜孝元当即"以详知之意，应对如流"。③ 然而，其他沈馆诸僚在接受盘问过程中却出现了背叛者，有人慑于清人淫威，害怕承担责任，违心地作了假证。这其中就包括了主要谋臣之一的司书金宗一。金宗一从开始接受审问时就以"不知答之"，称"院官所掌各异，司书掌礼房，文学掌户房，货物出入文学知之"。④ 刑部从金宗一身上调查得不到线索，不得不将其放回。这样一来，问题就集中到了掌管财物的文学郑雷卿身上。听闻刑部派人来到侍讲院，郑雷卿顿时紧张，以致遽然而起，颇有"惊动之色"，"与刑部官入坐门置房内，屏人密语，一与孝元所言相同云"。⑤ 两日后，金宗一、姜孝元、郑命寿、金石乙屎等人同时被召入刑部，郑命寿、金石乙屎仍拒不承认"盗减礼品"的事实，金宗一又始终坚称自己与此事无关。这样一来，由于郑雷卿性格耿直，态度异常坚决，"比前尤详，强欲自直"，反而使得刑部对金宗一的怀疑程度大大减小。金宗一竟被视为无罪之人，免于继续受审。

那么，形势为何急转直下变得对郑雷卿如此不利？关键原因在于，原本可以举证两译罪行的文书在刑部调查期间被人为焚毁，而赃物"既已尽用，无所现捉"，⑥ 郑命寿才胆敢抵赖事实。而这又与举报计划的另一叛变者朴有直接关系。从所见史料来看，刑部在

---

① 《沈阳状启》"仁祖十七年正月二十八日"条，第117页。
② 〔韩〕郑雷卿：《云溪先生文集》卷二《谥忠贞云溪郑公行状》，第27页。
③ 《沈阳状启》"仁祖十七年正月二十八日"条，第117页。
④ 〔韩〕郑雷卿：《云溪先生文集》卷二《谥忠贞云溪郑公行状》，第26～27页。
⑤ 《沈阳状启》"仁祖十七年正月二十八日"条，第1176页；〔韩〕《仁祖实录》卷三十八"仁祖十七年二月甲子"条。
⑥ 《沈阳状启》"仁祖十七年二月初四日"条，第126页。

调查期间也曾对姜孝元问及证据问题。由于姜孝元所知情况皆来自郑雷卿处，所以他毫不含糊地回答称"可迹文书在公（郑雷卿）所"。① 然而，此事很快被人泄露给郑、金二译，二译"突来咆喝，事将不测"，郑雷卿与宰臣朴皆在场，郑雷卿遂"对焚其可迹之文书于宰臣座以案其心"，② 目的在于不让证据落入二译手中。③ 当刑部为文书一事再次提审郑雷卿时，"诸人皆为婥婳"，不知所措，郑雷卿则独言有此文书但已被焚，并强调"有宰臣朴同坐焚之"，可以为证。但是，朴与郑雷卿相恶已久，"积忤于公（郑雷卿），思欲中伤之"，他否认了郑雷卿的供词，反称"无是事也。（郑雷卿）所言皆妄，是不过欲害两译而然也"。④ 朴的背叛使郑、金二人趁机抓住郑雷卿的把柄，反过来诬陷郑雷卿以"两译处私给之物及梨柿所录文书焚烧之意，谋害两译"。⑤ 结果，郑雷卿不仅告发两译未能成功，反使自己身陷冤狱，成为最终被审讯的对象。郑、金二人不仅堂而皇之地否认自己私藏礼品，而且还指控郑雷卿等人蓄意焚烧写有朝鲜给清帝梨柿目录的文书；原本由沈馆诸僚合谋举报两译贪污受贿的正义事件，此时却被逆转为一起由郑雷卿、姜孝元二人蓄意指控和攻击清朝官员的诬告案件。

三 清朝对"郑案"的处理及朝鲜方面的态度

"郑案"发生之后，清帝皇太极"特令更为明查"。⑥ 于是，

---

① 〔韩〕郑雷卿：《云溪先生文集》卷二《谥忠贞云溪郑公行状》，第27页。
② 〔韩〕《阳九记事》卷四《三学士》，第26页。
③ 也有人怀疑是朴告密，"二贼知之，嘱朴鲁焚之"。参见〔韩〕郑雷卿《云溪先生文集》卷二《谥忠贞云溪郑公行状》，第27页。而正祖朝史馆备文及〔韩〕《尊周录》、〔韩〕《阳九记事》等书并未采纳此说，泄密者身份及朴是否已事先指使焚烧文书，皆不明确。
④ 〔韩〕郑雷卿：《云溪先生文集》卷二《谥忠贞云溪郑公行状》，第27页。
⑤ 《沈阳状启》"仁祖十七年正月二十八日"条，第118页。
⑥ 《沈阳状启》"仁祖十七年正月二十八日"条，第118页。

从"郑雷卿案"看沈馆朝鲜陪臣的抗清活动

和硕郑亲王济尔哈朗亲自到刑部参与审讯,清将英俄尔岱以下十余人分壁列坐,沈馆主要陪臣申得渊等人亦被要求加入陪审的行列,"施礼后,坐于其末"。在整个审讯过程中,郑、金二译与郑雷卿跪于庭中,同场对辩。郑雷卿为了洗清所谓"诬告两译"的罪名,坚称文书焚毁于朴处,但这却与刑部之前从姜孝元处所了解的"焚之于侍讲院(即郑雷卿处)"又一次出现了供词上的矛盾。① 而此时的郑、金二译则依仗与英俄尔岱、马福塔等清将的密切关系,在气势上咄咄逼人,在场沈馆陪臣莫不愤惋。

自郑雷卿举报失败以来,沈馆人质"日甚忧闷",却又不敢马上采取营救行动,担心郑、金二译恶意造势,引起清将对更多朝鲜人质特别是昭显世子的怀疑:"但念陪奉东宫,处此危地,若蹈虎尾,苟过时日,犹恐一事或有衅迹;况郑、金两译为龙、马之腹心,馆中安危,系其口吻,而救行时事,则所谓龙、马迭为唇齿,决不可轻犯其锋。"② 然而,在审讯中,沈馆上下最为担心的事情还是发生了。素与郑命寿关系密切的英俄尔岱和马福塔二将果然将怀疑对象指向了郑雷卿之外的其他沈馆人质,连昭显世子也脱不了干系。二将还认为,郑雷卿的所作所为必由朝鲜政府暗中指使,故"公然倡言"曰:"吾等自丁卯以后,结怨于朝鲜者不止一事,至于历举枚数,谓朝鲜必欲杀己而后甘心。此非一二人所为,必是朝鲜相与同谋,有此举措。"③ 事实上,清人对于沈馆出现像郑雷卿这样的"诬告"案件并不感到奇怪,因为这是多年来两国积怨的一次局部爆发。况且,在"郑案"之前已有金爱守等人告发未遂之事。丁卯战后十余年来,朝鲜上下对清人刻骨仇恨,他们想要雪耻、复仇的心情已经到了你死我活的对抗状态。英俄尔岱等人尽管在与朝鲜人交涉过程中耀武扬威,但终能感觉到随时可能出

---

① 《沈阳状启》"仁祖十七年正月二十八日"条,第118页。
② 《沈阳状启》"仁祖十七年正月二十八日"条,第118页。
③ 《沈阳状启》"仁祖十七年正月二十八日"条,第119页。

现的危险。对于清人来讲，如果"郑案"仅是沈馆内部分陪臣因怒而起的小范围事件，则对于清朝来讲无足轻重，清朝只需按清律处罚主谋即可。但如果这是一场来自朝鲜国内的有预谋的政治反抗行动，则可能被清朝视为一场重大的外交危机。如是，则不仅沈馆人质的处境更为复杂而艰难，清鲜关系也可能出现更大的波折。

听闻二将发泄不满，朝鲜在场陪臣莫不担心其"同声相应，眩乱帝听"，"则必将贻国家罔极之祸，万无弥缝善处之势！"① 申得渊等人当场以"本不预知"相辩解，但英、马二将不肯罢休，要求"更为明查之令"，并以"质可王（济尔哈朗）之意，传皇帝之言"，到沈馆突击审问，让昭显世子亲自证明与此案无关："若不预知，则必为盟誓，杀于此地，然后可知实情"，② 这显然是一种残忍的挑衅行为。世子表示非但自己不知，宰臣等亦皆不知，可以为"郑案"发盟誓，但不忍看到清将如此虐待朝鲜同胞，只以"不得擅便生杀，必须启知国王"相搪塞。次日，英俄尔岱等三人再入沈馆，让昭显世子"跪听帝命"，逼问众人："敕书中有切不为私相贿赂之语，而国王实有赠给，则是国王有罪也；设有所给，其臣告之，则是臣告君也；馆中之臣及世子预知而告之，则世子亦有罪也；告者若不杀之，是国王及世子互相通议也无疑矣。若欲发明不知之迹，则盟杀此人可也。"③ 英俄尔岱等人如此逼问沈馆众人，一方面是为考验丙子战后几年里朝鲜上下对清朝的真实态度，另一方面则是借助此事消除隐患，及时清除掉沈馆中那些极端的反清分子，从而达到震慑沈馆人质的目的，使他们不敢再有非分之想。事实上，自馆中生事之后，清人与朝鲜之间一度关系紧张，"清译辈事事生梗"，朝鲜国王的往来文书"尽为搜夺"，连陪从诸

---

① 《沈阳状启》"仁祖十七年正月二十八日"条，第119页。
② 〔韩〕《仁祖实录》卷四十"仁祖十七年二月甲午"条。
③ 《沈阳状启》"仁祖十七年正月二十八日"条，第119页。

臣的私人家书也"一切禁断,不许入送";朝鲜使臣来到沈馆皆受到英俄尔岱等人严密监控;① 朝鲜偷送给世子的药材南草也被严查搜出,"现告衙门",英俄尔岱还指使郑命寿、金石乙屎二译到沈馆来"嗔责万端"。

由于当时清将步步相逼,"督迫送人",② 沈馆陪臣担心"狱事滋蔓,则又不无重贻国家之祸",③ 不得不连日呈书给国王,以求对策。而郑雷卿由于金宗一、朴簪二人叛变自保,姜孝元又不完全知晓实情,已知形势难以挽回,后来也不得不向国王"伏罪"并坚持独揽全部责任:"此缘臣等素性狂妄轻浅,不议于馆中上下,遽为李龙辈甘言所瞒,不忍小愤,贻国家大辱。伏愿亟正臣等之罪,以为后人之戒。"④ 得到消息后,郑雷卿妻尹氏曾上言于禁府,恳求"愿赎一款"。而朝鲜群臣也在商议对策,吏曹判书李景奭当即提出"今若遣使,则或有救解之势"。⑤ 当然,也有人战战兢兢,担心朝廷因沈馆出事而降罪,大司宪李显英就因质子李徽祚与郑雷卿密谋事有瓜葛,竟几日都不敢上朝。⑥

至于对郑雷卿、姜孝元二人的营救,朝鲜方面其实有心而无力,其营救工作显得极为微弱。这主要受到两方面因素的影响。一是负责呈报的宰臣申得渊和朴簪从中作梗。崔鸣吉等人偏听偏信,从而在一定程度上影响到朝鲜国内的最终决策。申得渊一心只为保全自己,在奏文中一再强调的是自己与"郑案"无关(实际上他与很多陪臣都参与过谋划)。他认为郑雷卿"出于除害之计",虽值得同情,但"不量事势,不议臣等,不禀世子,率尔妄举",因此才会弄巧成拙,致此"罔测之祸",甚至还连累了沈馆其他人

---

① 《沈阳状启》"仁祖十七年三月初四日"条,第133页。
② 《沈阳状启》"仁祖十七年正月二十八日"条,第121页。
③ 《沈阳状启》"仁祖十七年正月二十八日"条,第120~121页。
④ 《沈阳状启》"仁祖十七年二月初四日"条,第127页。
⑤ 〔韩〕《仁祖实录》卷四十"仁祖十七年二月乙未"条。
⑥ 〔韩〕《仁祖实录》卷四十"仁祖十七年二月乙未"条。

（包括世子）。至于为何没有积极营救，申得渊则辩解称："此国（清）之习，若伸救罪人，则辄疑其同参。方以本国及世子预知而言，至令盟誓，则尤难接足于阙下吥喻，适足以益增致疑，决难轻易开口。"① 而朴篸则如前文所讲，因个人恩怨欲置郑雷卿于死地，他在咨文中称孝元"本为贱隶，元无知识"，郑雷卿"不思小心兢畏、敢行告讦、生事本国"，② 故劝本国不要因小失大、惹祸上身。另一方面，作为朝鲜最高统治者的仁祖本人对于"郑案"也是顾虑重重，甚至一直在经历着痛苦的抉择。当时有大臣沈悦因"郑雷卿案"为诸多"斥和"之臣求情，仁祖非但没有同意，反而称斥和者"节节误国，罪行非浅"，一时间令朝臣"左右默然"。③ 而仁祖之所以作出这样的反应，并非是他真正赞同和议、继续忍辱偷生，而是因为"丙子三学士"④ 身死异乡的悲剧留下了太过惨痛的教训，使他不忍心再看到朝鲜的爱国志士继续去做无谓的牺牲。仁祖认为，"郑案"的发生乃因"斥和论"在沈馆士大夫中久倡不衰，这些血气方刚的青年士子不仅没有因"三学士案"而警醒，而且还在继续追随、景仰"三学士"爱国捐躯的义举，⑤ 竟然敢在沈馆这样险恶的政治环境里"任意断行"，⑥ 是极不冷静的表现；为了维系清鲜两国眼下的"和平"，保证昭显世子的安全，朝鲜上下必须懂得克制情绪，及时化解危机，避免正面冲突，否则，无谓的抗争只能换来更多血的教训。

---

① 《沈阳状启》"仁祖十七年正月二十八日"条，第120页。
② 〔韩〕《仁祖实录》卷四十"仁祖十七年二月丁酉"条。
③ 〔韩〕《仁祖实录》卷四十"仁祖十七年二月乙未"条。
④ "丙子三学士"指洪翼汉、尹集、吴达济三人。丙子之役前后，他们因积极主张"斥和论"，后被清人缚送沈阳处死。
⑤ 吴、尹二学士死后，郑雷卿寄书吴氏家曰："生而敢谏，死而成仁，逝者何戚？作俘奴庭，早晚一死，若不如此友之得所，安知后死者反不为先死者所悯哉？"郑雷卿临刑亦作诗曰："三良昔死辽河滨，关塞浮游鬼有邻，今招阿震添新伴，共访令威作主人。"参见〔韩〕郑雷卿《云溪先生文集》卷二《传》，第32页；卷一《自述》，第2页。
⑥ 〔韩〕《仁祖实录》卷四十"仁祖十七年二月乙未"条。

申、朴二人虽包藏私心,但其建议因迎合了朝鲜统治者对时事的判断,最终被采纳。仁祖讲:"彼或疑我有救解之意,则反似有害,送使则果似不便。只遣差人,善为酬答可也。"① 备边司也积极赞同,"郑雷卿情虽可矜,罪则有之,不可不快许施律之意陈达",② 遂马上委送差官,呈送咨文,为郑雷卿请罪。但是,朝鲜在这份咨文中同时也表达了将郑雷卿移回本国处置的愿望。咨文到达沈馆之后,申得渊等人见咨文与清人之意有出入,起初不敢呈递,③ 直到十几天后,赶在清帝皇太极带兵西征之前,朝鲜奏请使才得以奉咨文及方物于清朝刑部。

听说朝鲜遣使送来咨文要求"快许处断",金石乙屎甚是高兴:"郑雷卿非徒吾等之雠,欺罔东宫,实是大罪。闻其快许处断,颇以为喜。"英俄尔岱、马福塔二将也正好顺水推舟,怂恿刑部判刑。而事实上,根据清译河士男的消息,英俄尔岱、马福塔二将早已迫不及待地要了结此案,"朝鲜若有救护雷卿之言,则即欲驱出赍咨官"。④ 二将如此急切地要了结此案,就是要尽快平息事端,庇护郑命寿、金石乙屎等与其利益相关的人,从而在根本上维护二将自身的利益和地位。当时,英俄尔岱对申得渊等人称,"皇帝未发之前,既知使臣之来,准请之意已为讲定,吾等及质可王处分付而去",但又称皇帝西征时刑部印信"尽为封闭",故朝鲜使者回国时连一份清朝皇帝的明文回咨也没能拿到。由此分析来看,由于适逢皇太极全力准备西征之时,朝鲜咨文是否真正得到皇太极过目和裁断,我们并不能完全肯定;但朝鲜使臣既无清帝回咨,而

---

① 〔韩〕《仁祖实录》卷四十"仁祖十七年二月乙未"条。
② 〔韩〕《仁祖实录》卷四十"仁祖十七年二月丁酉"条。
③ 当时清朝弘文院大学士希福曾密通于申得渊等曰:"郑雷卿事,朝鲜严辞请罪,委送差官,则皇帝必有宽宥之典。若或有一语营救之端,则定无可生之道。"申得渊等人知"本国咨文之意与希福之言"不同,起初没敢直接交付咨文,而是"姑留所到之处,以待朝廷更分付后入来"。参见《沈阳状启》"仁祖十七年二月八日"条,第129页。
④ 〔韩〕《仁祖实录》卷四十"仁祖十七年三月辛未"条。

英俄尔岱又急切地催促其归国,并自称"吾等之处置,本是皇帝之意,尤非所虑。只待皇帝回还后,观其处置之如何"。① 这些情况就更让我们猜测,尽管有"八高山"之一的济尔哈朗参与了对"郑案"的审讯,但英俄尔岱等人必然会对裁决结果有所干涉,这其中也不排除英俄尔岱有擅自主张的嫌疑。正是在英俄尔岱等人的强力干涉和影响下,郑雷卿非但没有被减罪,而且还被判处极刑:"谋害之人罪当死,清官遂断以死律。"②

围绕营救郑雷卿的问题,身处沈馆的昭显世子也一直在努力。为了争取营救郑雷卿的时间,他一再托辞自己不能擅断刑罚。当得知朝鲜为郑雷卿请罪,但郑雷卿仍被判处极刑之后,世子抱着一线希望,准备让众陪臣集体为郑雷卿求情,因为他认为"人众不可尽杀",清人不可能会因"郑案"对沈馆中的朝鲜人质大开杀戒。世子还指示沈馆宰臣申得渊、朴簪等人为郑雷卿、姜孝元"以金请赎"。③ 但当即遭到英俄尔岱厉声呵斥:"所谓赎价,使谁捧用乎?俺等自初已知必有此言矣!国王虽已如是咨文,而使宰臣等图赎耶?世子、大君欲使图赎耶?宰臣等自欲图赎耶?""若更久留,则亦将尽杀此国之人而后已!吾两人及两译之肉,宰臣等食之然后快于心耶?"郑命寿更是反对营救之说,作色咆哮:"然则欲出送雷卿等于本国乎?"④ 面对如此情形,朝鲜宰臣不得出言,也只能以"情意切迫、不忍其死"自揽其事。昭显世子闻请赎之事未成,坚持要亲自出门前往刑部请赎,中途却被郑命寿遮道拦住。当时,郑命寿、金石乙屎及诸通事等拥立马前,对世子及陪臣哮喝威胁称"断吾头后可进",还野蛮地拳殴与之争辩的陪臣郑知和,以致其"笠缨衣纽尽绝"。⑤ 在这种情况下,世子及凤林大君

---

① 《沈阳状启》"仁祖十七年二月二十五日"条,第131页。
② 〔韩〕郑雷卿:《云溪先生文集》卷二《谥忠贞云溪郑公行状》,第27页。
③ 〔韩〕《阳九记事》卷四《三学士》,第27页。
④ 《沈阳状启》"仁祖十七年四月二十日"条,第139页。
⑤ 《沈阳状启》"仁祖十七年四月二十日"条,第140页。

从"郑雷卿案"看沈馆朝鲜陪臣的抗清活动

等一行人马只能无奈地返回沈馆。在对郑雷卿施刑的问题上,昭显世子也与清人积极展开交涉。清将英俄尔岱、马福塔早在审讯阶段就已明确提出,郑雷卿如被判刑,则将以清国之法严惩:"朝鲜之人亦是吾民,当以吾法治之!"① 但昭显世子坚持将郑雷卿送归朝鲜,按朝鲜国法进行审判,以保全其人格尊严。经过双方反复交涉,郑雷卿、姜孝元二人仍死罪难逃,清人也坚决不准其回朝鲜服刑,但是允许沈馆宰臣参与对郑雷卿施刑的过程:"宰臣一员,可与今来刑官及清国刑部官同往处断。"② 英俄尔岱等人坚持要用最严厉的刑罚来惩罚那些仇视他们的朝鲜人,足见丙子年"城下之盟"的"和平"烟幕之下,清人与朝鲜的矛盾其实是非常深刻而尖锐的。

1639年4月18日,郑雷卿凛然赴刑。世子不忍见郑雷卿"生而就刑",令文学申濡等寻药烧酒,让郑雷卿饮药自尽,但因药毒甚微而未能成功。后经朝鲜陪送官员李应征等人在场坚持恳求,"我国之法,学士虽有死罪,不以刃而以绞",英俄尔岱才同意对郑、姜二人处以绞刑。郑雷卿"东向望阙四拜,又为老母再拜,从容就死,不变神色,时年三十六"。③ "刑毕,朝鲜以金相赂,才得以收尸。"④ "治丧诸事,世子曲尽轸念,即使内官俞好善、宣传官朴洞出往停尸处,专掌治丧之事;敛袭衣衾,皆自内出,其他诸具,亦皆官备以给。姜孝元处置,亦内给衣服而敛之。且雷卿处,自内备得奠物,遣内官及宣传官安铍致祭。出去时,路次祭需段置,亦为下令,优数备给。姜孝元尸身一时出送。"⑤ 同日,举报者沈天老亦被清国斩杀。至于同谋策划的金宗一,后来则被清朝批准,移送朝鲜本国处置。值得注意的是,为了刻意向清人表示朝鲜

---

① 《沈阳状启》"仁祖十七年正月二十八日"条,第119页。
② 《沈阳状启》"仁祖十七年四月二十日"条,第139页。
③ 〔韩〕《阳九记事》卷四《三学士》,第29页。
④ 〔韩〕《阳九记事》卷四《三学士》,第27页。
⑤ 《沈阳状启》"仁祖十七年四月二十日"条,第141页。

对"谋害两译"的罪臣之严惩,朝鲜特要求押送金宗一的官员在"清人所见处,以铁索系颈以来",① 足见朝鲜对清朝是何等愤恨和敷衍。纵使金宗一为保全自己而令郑雷卿蒙冤,但如果让朝鲜为一起"冤案"而对自己的同胞施刑,仍令朝鲜君臣棘手而痛心。朝鲜敷衍清人的行为里充分流露出对清朝的强烈抗议。

"郑案"发生后,昭显世子及朝鲜许多大臣②纷纷撰文悼念郑雷卿的"精忠卓节",③ 对于那些临阵倒戈、苟安自保,甚至挟私利背叛同胞、背信弃义的人则痛恨不已。连金宗一都怒斥朴簪:"雷卿可救而不救,非人情也!"④ 孝宗(即凤林大君)在沈馆时既知郑雷卿事迹,即位后,他对郑雷卿之子郑维岳多加优抚,谓侍臣"毋绝其廪恤,又命别致银布而亲赐维岳虎皮等物,且馈酒食"。⑤ 而朝鲜与郑命寿的斗争也并未因"郑案"而停止。清军入关后,统治者力图改善清鲜关系局面。多尔衮死后,顺治帝开始对多尔衮的亲信势力进行清算。郑命寿在"把持朝鲜"期间的经济问题也由此被刑部严厉追查,朝鲜方面积极参与举证。1653 年,郑命寿正式受到审讯,最终以"违旨悖法,擅作威福"被判"姑免死,家产著照披甲例与他,仍发本王为奴",⑥ "不复起用"。⑦ "孝庙四年,命平安道臣许积尽诛其族党数十人,朝野莫不快之。"⑧ 郑命

---

① 〔韩〕《仁祖实录》卷四十"仁祖十七年二月丁西"条。
② 其中包括时任平安兵使兼安州牧使的林庆业、黄海道观察使吴端以及丰山洪柱元、海南尹善道等。昭显世子为其写过祭文,孝宗朝名臣宋时烈亦为郑雷卿撰写过墓碣铭。参见〔韩〕郑雷卿《云溪先生文集》。
③ 〔韩〕郑雷卿:《云溪先生文集》卷二《(仁祖)传教(大臣)》,第 39 页。
④ 〔韩〕《阳九记事》卷四《三学士》,第 27 页。
⑤ 〔韩〕郑雷卿:《云溪先生文集》卷二《墓碣铭》(宋时烈撰),第 21 页。
⑥ 参见《明清史料》甲编《刑部尚书交罗巴哈纳等题本》。"本王"指代善第七子满达海,顺治帝亲政后,对其封号巽亲王。
⑦ 〔韩〕《孝宗实录》载,上(孝宗)曰:"见其咨文,数命守罪状如彼而犹免于死,可知彼中刑法之坏乱也。且命守之奸黠特甚,不死则恐有死灰复燃之患耳。"清朝后来答复以"万无起废之理",孝宗得以安心。参见《孝宗实录》卷十"孝宗四年六月丁西"条、"十一月癸卯"条。
⑧ 〔韩〕郑雷卿:《云溪先生文集》卷二《传》,第 32 页。

寿"卒以赇败",遭到惩罚,郑雷卿、姜孝元的精忠爱国之心终可得到告慰。

四 结论

"郑雷卿案"的发生,是丙子之役后战胜国清朝与战败国朝鲜之间矛盾的一次集中释放。战后朝鲜被迫称臣于清,王储昭显世子及诸多公卿子弟又被强令入质沈阳,朝鲜上下为此感到极为羞辱。因此,朝鲜人对清朝的仇恨在丙子战后的和平烟幕之下是很难被轻易化解的。以昭显世子、凤林大君为主的王室成员和以各级公卿子弟为代表的朝鲜士子及官员不仅在艰苦的环境中经历着生活的磨炼,而且,他们的人身自由及人身安全也都时刻承受着巨大威胁。这些生活在沈馆的高级战俘作为战后清鲜关系中的一个特殊群体,其实是战争的最直接受害者,其在沈馆的每一天都充满着惊心动魄的斗争。在长达八年之久的因质生涯里,他们当中绝大多数人始终没有忘记祖国,不肯屈服于清朝的淫威,更不会毫无原则地接受清朝的笼络和同化。他们为朝鲜国内及时送回了情报,传递着沈馆与朝鲜政府之间的公私信息。当然,他们在沈馆的活动也时刻牵动着朝鲜国内统治集团的敏感神经。

正因为意识到沈馆在战后清鲜关系中的特殊地位和作用,这些朝鲜人质也特别注意到自己的言行举动对本国的意义。这也就成为影响世子、沈馆陪臣、朝鲜政府对待"郑案"态度问题的根本原因。事实上,无论世子和那些有正义感的沈馆陪臣,还是仁祖和他在国内的主要谋臣,都绝不会忍心看到自己的同胞屈死于敌国的刀下。但现实的问题是,在无力与清朝形成对抗的局面下,朝鲜上下对于英俄尔岱、郑命寿等人的诬告只能忍气吞声。群臣欲为郑雷卿辩解却又不敢向刑部提出,担心有"投鼠忌器之嫌",① 怕引起清

---

① 〔韩〕郑雷卿:《云溪先生文集》卷二《谥忠贞云溪郑公行状》,第30页。

朝的更大误会；朝鲜有心而无力，不敢招惹事端，就是在于不愿意看到沈馆与郑命寿等人的矛盾被无端地夸大化为两国矛盾。矛盾一旦暴露或加深，损失惨重的只能是沈馆中的质因。因此，朝鲜对郑雷卿和姜孝元的营救行动微弱而单薄，朝鲜上下只能无奈地面对清将的跋扈和刑部严厉的裁决。

郑雷卿在被掳的关西士族李龙、李圣诗等人怂恿之下，出于"给国除害"、保护朝鲜人质及民族正当利益之目的，与沈馆众臣谋划并实施了对清译郑命寿、金石乙屎二人擅自盗减朝鲜贡品的告发，并为保护世子及众陪臣，使朝鲜政府免受牵连，最终挺身而出，独担罪名，使沈馆避免了一场更大的劫难，其正义感和爱国心值得充分肯定。当然，我们也看到，郑雷卿的矛盾所向主要是长期利用职权之便、压榨和勒索朝鲜的被掳朝鲜译员郑命寿、金石乙屎以及这些人背后的靠山清将英俄尔岱等人，而非直接指向清朝的最高统治集团。此外，事件的发生还牵扯朝鲜关西士族与郑命寿之间的一些个人恩怨和地方矛盾。因此，我们不能把"郑案"的发生单纯地看作是民族矛盾、国家矛盾的产物，而更应该注意到影响事件的具体的、偶然的因素，这样才有助于我们更全面、透彻地认识历史问题。

郑雷卿的失败一方面在于他与下属及其他僚属之间沟通不甚周密，另一方面则主要是金宗一、朴簪二人的叛逆和食言，"遂颠倒事至不测"，① 使郑雷卿、姜孝元难以洗脱冤情，这是郑雷卿始料未及、无限恨惋的。② 特别是朴簪携私仇与敌人勾结、陷害同胞，实为极不光彩的事情。至于申得渊等宰臣一味自保、贻误营救之

---

① 〔韩〕郑雷卿：《云溪先生文集》卷二《墓志铭》（尹善道撰），第17~18页。
② 郑雷卿在临刑前作二律，一曰："早离蓬荜奉明君，玉署金华分外恩。命薄可成图效志，性狂宜入祸眹门。青春百物皆生意，沧海千年未迈魂。老母孤儿犹有托，仁心终必一亡存。"又曰："贤愚从古同归尽，修短元非力所营。三十年前成一梦，二千里外迈孤旋。死日尚流忧国泪，生时亦阙慰亲诚。关山自此啼鹃在，倘逐南鸿过汉城。"参见〔韩〕郑雷卿《云溪先生文集》卷一《寄向大弧台案》，第1页。

从"郑雷卿案"看沈馆朝鲜陪臣的抗清活动

机,也在很大程度上加重了"郑雷卿案"的悲剧性。而清将英俄尔岱、马福塔由于与郑命寿等人具有密切的利益关联,因此,为了排斥异己、严厉打击反抗自己的人,他们积极干预甚至主导了清朝刑部对郑案的审讯和裁决,并借助朝鲜国王送来请罪咨文的机会,最终达到了置反抗者于死地的目的。英俄尔岱等人起初通过蓄意扩大矛盾、混淆清朝统治者视听来渲染郑雷卿"罪行"之恶劣,但却借清帝皇太极带兵出征之机,草草了结此案,反映出英俄尔岱与郑命寿官官相护的背后,实际上隐藏着巨大的利益诉求;仅有热情而手无寸铁的一介文官郑雷卿只能成为英俄尔岱、郑命寿等人保全个人利益过程中的牺牲品。

不过,与英俄尔岱、郑命寿在处理"郑案"过程中所表现出的极端残忍和冷酷相比,清帝皇太极和亲王代善等人对于郑雷卿本身的事迹和遭遇,还是表示出了同情之意。"入沈之日,始传子要士、马沮等之讣","诸王等家亦送内官致问"。① 从一定程度上讲,这也是皇太极在丙子战后对朝鲜软硬兼施、采取适度怀柔政策的一种表现。如果皇太极真要就此事严惩朝鲜人,那必然是一件易如反掌的事。然而,一味压制沈馆人质、激化两国矛盾对于正全力投入明清战争的清朝统治者来讲,毕竟没有什么好处。而且,清朝挟昭显世子入质,其目的之一就是通过对朝鲜储君进行同化,培养其对清朝的好感,消除朝鲜未来统治者对清朝的敌意,从而使清鲜宗藩关系能按照传统模式更顺利地发展下去。从这一点上看,皇太极起初虽令明查缘由,但后来没有像英俄尔岱等人之前所设想的那样拿"郑案"问题大做文章、直接地惩罚乃至整肃沈馆中的抗清分子,反映出皇太极在处理清鲜关系时的一些谨慎考虑。尽管对于像吴达济、洪翼汉、尹集等一批顽固的抗清分子,清朝上下亦十分仇视且恼怒,但对于这些朝鲜士大夫身上所表现出的那种凛然之气和为国守节的坚贞精神,清朝统治者却一直是颇为惊叹和敬佩的。可以

---

① 《沈阳状启》"仁祖十七年四月二十日"条,第141页。

说，在清鲜两国建立宗藩关系到完善这一关系的过程中，一方面，清朝处于战争需要不得不对朝鲜进行高压和控制，而另一方面，清朝统治者处理清鲜关系中的问题也仅仅局限于侵略和剥削的层面，他们也在通过更多的磨合渠道来不断巩固两国之间的宗藩关系，以使两国关系尽快迈入正常的宗藩关系的轨道。

"郑雷卿案"的发生从根本上反映了清鲜两国力量对比之悬殊和朝鲜所面临的"弱国无外交"的现实。"郑案"或许只是想要摆脱屈辱命运的沈馆朝鲜人质多年来抗清斗争的一部分，但这一事件的发生却给沈馆人质乃至朝鲜本国都带来极大震撼。郑雷卿本欲揭发，却遭遇案情逆转，反被诬告并处以极刑，这让朝鲜上下更深刻地认识到抗争的复杂性、艰巨性和长期性。即便清帝对朝鲜王储昭显世子采取过某些象征性的礼遇和怀柔政策，沈馆和朝鲜的处境并不能有根本改善。况且，像英俄尔岱、郑命寿等人利用在清鲜交涉中长期把持的便利渠道压榨朝鲜，更是给朝鲜上下带来巨大痛苦。郑雷卿曾讲："臣等见清国待我之道，概从宽厚，而中间捏早构必欲作害者，专是两译所为。"① 从某种程度上讲，朝鲜对英、郑等人的仇恨甚至远胜于对清朝政府本身的憎恶，朝鲜人与这些将官、译官的矛盾实际上是清鲜两国矛盾中更为尖锐而现实的问题。金爱守、沈天老、郑雷卿等人之所以前赴后继，就是"使清人明知两译之有显隙于行中，或一策也"，② 希望借助清朝政府之力来惩治这些作恶于朝鲜的清朝官员，"虏（指清朝）得以自诛而我（指朝鲜）见凌之耻少可雪也"。③ 当然，"郑案"没有给沈馆乃至朝鲜本国酿成更大的外交灾难，达到了保护昭显世子和更多沈馆人质、维护朝鲜本国之安全的根本目的，这样的结果对于朝鲜而言并不绝对是一件坏事。朝鲜尽可能避免与清朝最高统治集团的直接冲突，

---

① 《沈阳状启》"仁祖十七年二月初四日"条，第124页。
② 《沈阳状启》"仁祖十七年二月初四日"条，第125页。
③ 〔韩〕《阳九记事》卷四《三学士》，第26页。

也是他们在沈馆的一条重要生存之道。毕竟,卧薪尝胆修复国防、确保世子安全回国,才是丙子战后朝鲜王朝最亟须解决的事情。

Zheng Leiqing Case and the Activities against Qing Dynasty

Shi Shaoying

Abstract After the Bingzi Battle (丙子之役), the prince Zhao Xian (昭显世子) and his vassals went to the Shenyang as the hostages. In 1639, one of the vassals named Zheng Leiqing wanted to reveal the facts that the interpreter and some officers stole the tribute articles of Korea kindom. Since the evidences had been destroyed and the top rank officer defended the interpret, Zheng Leiqing had been sentenced to death at last. "Zheng Leiqing case" can be seen as the product of the contradiction between Qing dynasty and Korea kindom after the Bingzi Battle and had a typical significance.

Key Words Zheng Leiqing Case; Prince Zhao Xian; Activities against Qing Dynasty

【审读:蔡建】

韩人移住内蒙古地区研究

梁志善

【内容提要】 韩人移住内蒙古的契机和过程可以分为三个阶段。第一是东清铁路建设时期，第二是在内蒙古建设独立运动基地的时期，第三是满蒙开团移住的时期。这三个阶段移住内蒙古的韩人的性质和主导势力都不同。第一阶段移住的韩人大部分是劳动者。1897年开始建设东清铁路之后，沿海州的一批韩人为了寻找新的工作移住到内蒙古东北地区。第二阶段的韩人移住是以临时政府为主导。1923年，在韩国临时政府任职的安昌浩与赵秉准联系移住到了内蒙古，并在那里建立了倍达农场。第三阶段与日本满蒙政策有关。1927年日本举行东方会议，并实施满蒙积极政策。

【关键词】 内蒙古　中东铁路　倍达农场　开拓农场　满蒙政策

【作者简介】 梁志善，复旦大学历史学系博士生。

韩人移住海外始于19世纪后期，最初主要出于经济原因，以寻求新的生活空间。后来随着日本帝国主义侵略的加剧，特别是在日本吞并韩国之后，移住海外的韩人迅速增加。最初移住的范围主要是以延边为中心的中国东北地区和俄罗斯的沿海州，后来逐渐扩散至美洲、日本等世界各地，其中内蒙古地区也成为韩人移住海外的选择地之一。

内蒙古地区①位于中国东北的西部，属中国的北部地区。随着韩人的持续移住，内蒙古地区的韩人人数迅速增加，并在内蒙古地区形成了韩人社会，迄今仍有约23000名朝鲜族人在那里定居。本文把韩人的移住分为中东铁路建设时期、内蒙古独立运动基地建设时期和满蒙开拓团移住时期三个阶段，并以此为中心来探讨韩人移住内蒙古地区的原因及其过程。

一 俄国侵略中国东北与韩人的移住

1. 中东铁路②的铺设

由于在克里木战争的失败，俄国在欧洲的扩张受阻，于是开始把外交力量转往远东地区。③ 1858年和1860年，俄国与清政府分别签订了《瑷珲条约》和《北京条约》，得以进入与横贯西伯利亚的铁路相连接的沿海州地区。俄国还试图通过扩大陆路贸易来扩张在中国的势力，为此在1862年与清政府签订了《陆路通商章程》，此后又于1869年和1881年先后两次与清政府签订《修订陆路通商章程》，该通商章程为在华俄国商人谋取了各种特权。不仅如此，

---

① 内蒙古自治区成立于1947年5月1日，是中国成立最早的自治区。内蒙古的行政机构大致可以分为盟和旗，共有呼和浩特、包头等4个直属市和呼伦贝尔、兴安、哲里木等8个盟。盟和直属市之下设有54个旗、19个县、12个县级市和16个市辖区。刘珍：《内蒙古人的资源环境》，内蒙古人民出版社，1989，第1页。
② 中东铁路是沙俄为了掠夺和侵略中国，在清朝末期修筑的从俄国赤塔经中国满洲里、哈尔滨、绥芬河到达俄国符拉迪沃斯托克（海参崴）的西伯利亚铁路在中国境内的一段。中东铁路是"中国东清铁路"的简称，因此亦作"东清铁路"、"东省铁路"。
③ 黄荣三：《俄罗斯的东亚政策——关于西伯利亚铁路的铺设》，"东洋学"学术会议讲演稿，檀国大学东洋学研究所，2000，第316页。

还强迫清政府取消了对俄国商人的各种限制，因此该章程中有很多保障俄国商人贸易特权的不平等条款。①

对于俄国来说，问题在于如何在本国居民并不多的这一地区来扩张势力，经过讨论，俄国选择了在短时期内建设铁路使之与俄国的首都能够连接起来的方案。② 这时，日本开始意识到俄国试图利用横贯西伯利亚铁路的铺设来扩张势力的企图，于是决定在俄国铺设中东铁路以巩固其在中国东北势力之前先占领这一地区。俄国也认识到如果日本占领东北南部，那么其在东亚地区的贸易扩张计划就会受阻，因此便通过三国干涉阻止日本占有辽东半岛。此后俄国通过与清政府的交涉进入了中国东北地区的北部，并巩固了在那里的势力基础。1896年，作为对三国干涉还辽的回报，李鸿章与俄国签订了《中俄御敌相互援助条约》，即《中俄密约》，通过这一条约俄国获得了铺设铁路的权利。

1897年4月，在俄国的主导下开始铺设铁路。以德国占领胶州湾为契机，③ 俄国又于1898年3月强租旅顺和大连，同时还攫取了铺设从哈尔滨到大连的所谓南满铁路支线的权利。中东铁路全长2800公里，经过今内蒙古地区的长度约为550公里。1901年3月，中东铁路的东线，即从哈尔滨至连接俄罗斯西伯利亚铁路的乌苏里克之间的铁路开通，耗时6年的铁路铺设工程宣告完工。竣工的中东铁路经满洲里之后进入内蒙古，然后经过呼伦贝尔盟进入西伯利亚。④

2. 韩人劳动者的移住

为了躲避19世纪60年代朝鲜北部地区的大饥荒，韩人赤手空拳渡过图们江来到俄罗斯的沿海州，一部分分散在中韩交界的地

---

① 郝维民：《内蒙古近代简史》，内蒙古大学出版社，1990，第12~13页。
② 黄荣三：《俄罗斯的东亚政策——关于西伯利亚铁路的铺设》，第316页。
③ 内蒙古自治区地方志编纂委员会办公室编《内蒙古大事记》，内蒙古人民出版社，1997，第144页。
④ 郝维民：《内蒙古近代简史》，第13页。

方,一部分分散在韩俄交界的地方,在那里开荒种田或租种田地,除此之外基本靠做工来维持生计。尽管生活很清苦,但是19世纪90年代移住沿海州的韩人仍呈现出增加的趋势。①

沿海州地区的韩人劳动者可以分为两部分:一部分是移住民;一部分则是前来寻找临时工作的劳动者,后者主要是在韩半岛和沿海州地区进行季节性的迁徙,通常春天来从事农作或技术工作,冬季返回故乡。为了获得工作的机会,他们甚至越过国境。

1897年开始的中东铁路铺设工作为这些在附近地区寻找工作的韩人提供了很好的机会。韩人劳动者为了谋求生计也从邻近地区移住到中东铁路沿线,特别是有很多韩人通过俄国沿海州地区移住到内蒙古。1897年举行铁路铺设开工仪式的东宁县从地理上来说,距离沿海州地区非常近,韩人劳动者在海参崴、阿穆尔湾、乌苏里地区等地季节性打工后,又在中东铁路东部沿线地区的铺设施工开始时加入了劳动大军。

在中东铁路铺设施工的初期阶段,参与施工的韩人并不是以永久移住为目的而来的,他们只是临时来到这里谋求生计,在季节交替之前或所负责的工程结束之后就会返回原住地。在这种情况下,事实上很难对早期移住内蒙古地区的韩人人数进行统计。但是从中东铁路铺设工程后半期开始,韩人开始定居中东铁路沿线地区,之所以出现这种变化,与俄国的对韩政策不无关系。

最初俄国企图利用韩人开拓沿海州地区,但是后来却逐渐对蜂拥而来的韩人移住民改变了先前的友好政策,将其分散在俄国的村落、矿山和施工现场等处,迫使移住到沿海州地区的韩人再移住到远离韩俄边境地区,以防止韩人移住民带来的问题。特别是在1904年日俄战争前后,俄国对韩人劳动者的牵制与压迫变得更加严厉。1904年日俄战争之后,对处于日本帝国主义外交管辖

---

① 李尚根:《露领地区韩人移住实态》,《韩国近现代史研究》2,韩国近现代史学会,1995,第119页。

之下的韩人的担忧促使俄国采取了最大限度地鼓励俄国人迅速移住远东地区的政策，并对居住在这一地区的韩人采取了驱逐政策，为此采取了限制雇用韩人劳动者政策，规定雇用韩人劳动者必须获得特别许可。在俄国实施这一政策的1904年前后，土地被没收、工作被剥夺的韩人中有一部分移住到了远离这一地区的察贝克（Zabaikal）地区。在察贝克地区与中东铁路铺设施工开始之后，他们开始以家庭或亲族为单位移住到内蒙古境内。韩人的移住主要集中在满洲里和海拉尔，这两个地方均属于中东铁路的沿线地区。移住的韩人主要从事运输石头和土方、修建铁路路基等工作，有时也承担伐木、运输木材等工作，可以看出大部分均属体力劳动。施工结束后，他们就留在以哈尔滨为中心，从东边的绥芬河开始，西到满洲里的中东铁路沿线地区，从事工商业和稻作农业。① 居住在免渡河镇的朝鲜族郑正玉老人的父母就是在1903年中东铁路施工后半期从俄国移住到呼伦贝尔盟的，此后作为中东铁路铺设施工的劳动者就一直定居在内蒙古。②

俄国在铺设中东铁路的同时，还将保护铁路的驻军权、警察权、司法权、征税权、运营邮政局和电信局的通信权、卫生、教育、事业批准等行政权扩大解释为铁路附属地的附带权利，几乎把铁路附属地区等同于租界，甚至修筑中东铁路时使用的木材也来自周边地区。为此，俄国在牙克石、免渡河、博克图、扎兰屯和雅鲁河设立伐木公司，在20余年间采伐了铁路周边50公里以内的山林。不仅如此，还以"促进铁路使用"的名义夺占了主要车站周围大片的商业用地和工业用地。③

---

① 满洲里市志编纂委员会编《满洲里市志》，内蒙古人民出版社，1998，第187页。
② 内蒙古朝鲜族研究会编《内蒙古朝鲜族》，内蒙古大学出版社，1994，第130页。
③ 林蔚然、郑广智：《内蒙古自治区经济发展史1947~1988》，内蒙古人民出版社，1990，第13页。

随着铁路沿线商业地区与工业地区的出现,对劳动力的需求也急速增加,于是雇用内蒙古附近地区的韩人为劳动者的事例也随之增加。同时由于中东铁路部分开通,无论是从交通方面还是从费用方面来讲,移住内蒙古地区都变得更为方便。根据日本南满铁道株式会社编的《满洲农业移民关系资料》就可了解在中东铁路铺设时期韩人移住内蒙古的情况。根据记录,"1897年,为了在中东铁路铺设施工中打短工,很多朝鲜人移住到满洲里方面,横道河子一带周围十里都聚居着朝鲜人"。① 另据哈尔滨滨江道于1911年10月实施的《铁路沿线中外户口调查》,"从绥芬河到满洲里之间的铁路沿线居住的朝鲜人达2364名"。由此可见,以中东铁路铺设施工为起点,韩人开始移住到内蒙古,施工结束后定居在铁路沿线的韩人达2000余名。②

二 独立运动基地建设与韩人移住

1. 独立运动建设计划

1910年前后,无数韩国爱国志士推动在海外建设独立运动基地,并在此基础上展开独立运动。当时以新独立运动基地而备受关注的地方就是内蒙古地区,推动该独立运动基地建设的是朴容万、金昌淑等人。

朴容万于1904年前往美国,以美洲地区的韩人为中心展开军事活动。此后虽然被推选为上海临时政府外交总长,但他却拒绝赴任,而是于1919年从美国来到北京。朴容万打算首先在北京地区建设独立运动基地,在北京郊外西山山麓的石景山租地经营水稻种植和创建兴华实业银行都是出于这一目的。③ 然而这一计划没能按

---

① 徐明勋:《哈尔滨朝鲜民族的定居》,2005年1月6日再引用。
② 徐明勋:《哈尔滨朝鲜民族的定居》,2005年1月6日再引用。
③ 方善柱:《在美韩人的独立运动》,翰林大学亚细亚文化研究所,1989,第126页。

其设想的那样顺利进行。

继北京之后，朴容万物色的另一个建设独立运动基地的地方就是内蒙古地区。在军阀冯玉祥势力强盛时期，朴容万筹划在冯玉祥的地盘同时又是非日本势力控制的内蒙古地区依靠韩人势力培养屯田兵。在得到冯玉祥的许可后，朴容万为筹措资金费尽心力。1924年，朴容万装扮成中国人潜回国内，但却在朝鲜宾馆遇到日本密探李周贤，结果暴露了行踪，后来在中国商人的帮助下才得以重返中国。① 在国内筹措资金受阻后，朴容万决定在美国筹措资金，并决定于1925年去一趟夏威夷。然而此时他为了设立实业银行而在长春与日本领事面谈、潜入国内与总督府相关人士见面等关于他变节的谣言到处传播，结果于1928年被义烈团团员暗杀。②

促进在内蒙古建设独立运动基地的另一位人物是金昌淑。金昌淑于1919年三一运动之后亡命到上海，带来了全国儒林代表签名的巴黎长书。③ 同年4月，金昌淑被选为临时议政院议员，1925年又当选议政院副议长，开始以上海为中心展开活动。在上海活动的同时，金昌淑有了将东北的贫困韩人移住到内蒙古并以他们为中心建设新的独立运动基地的想法。金昌淑找到中国的参议员李梦庚讨论了这一问题，并从北京政府的实权人物冯玉祥那里获得适当利用绥远、包头等处三万町步④土地的许可。⑤

然而，要在包头建立独立运动基地需要大量的资金。此时，金昌淑恰好听到国内儒林势力要出版郭钟锡文集的消息，于是决定利用这一机会潜入国内筹措资金。他于1925年8月潜入国内，拜访了国内数位儒林人士筹措资金，但他的活动被日本警察发觉，结果

---

① 金铉九：《又醒朴容万遗传》，第274~276页，转引自方善柱《在美韩人的独立运动》，第129页。
② 方善柱：《在美韩人的独立运动》，第142页。
③ 1919年金昌淑等137名儒林交给巴黎和平会议的呈文。
④ 1町步是3000坪。
⑤ 心山思想研究会：《金昌淑文存》，成均馆大学出版部，1997，第288页。

金昌淑不仅没能筹措到足够的资金，反而为了躲避警察的追击不得不返回上海。

2. 独立运动势力的移住

朴容万、金昌淑在内蒙古建立独立运动基地的目的没有能够实现，这一计划从促进阶段就遭遇到了挫折。然而在他们促进这一计划期间，也有独立运动势力开始向内蒙古地区移住，其中在延边地区活动的赵秉准①等人与安昌浩联系，移住到了内蒙古的包头。

赵秉准等延边地区的势力认识到把中国东北作为独立运动基地并不安全，因此在与临时政府保持密切联系的同时，也开始寻觅新的独立运动基地。赵秉准派申禹铉和金承学到上海向临时政府寻求支持时，安昌浩便通过中国国民党获得了在包头地区建立独立运动基地的认可。1919年4月，安昌浩被选为上海临时政府内务总长，他倾力打造初创期临时政府的组织和活动基础，在这一过程中开始促进建设作为独立运动基础的理想村。

安昌浩一开始就想不仅在中国东北而且还在中国关内地区建设理想村，以保障临时政府的稳定运营，支持独立运动。从1920年起，他开始考察中国东北和关内各地，物色理想村的基地。为了选择最适合建设理想村的地方，安昌浩先后察看了北京、山海关、南口等地，其后又指派心腹到内蒙古探察。正在这时，他了解到了赵秉准势力建设独立运动基地的意图，于是便与他们联系，并通过中国国民党获得了在包头建设独立运动基地的许可。日本一开始就注意到安昌浩的心腹探察内蒙古的活动，并掌握到其目的在于买入土地。② 根据朝鲜总督府警务局的监视报告，我们可以了解到赵秉准

---

① 赵秉准出生于平安北道的义州，在韩末开展义兵抗争，后亡命到延边地区的桓仁县。在西北地区曾与其一起活动的李镇龙、赵孟善等也移住到延边地区，于是他们便组织大韩独立团，开展独立运动。参见金炳基《岛山安昌浩和西间岛独立运动团体》，《岛山思想研究7》，岛山思想研究会，2001，第45~46页。
② 日本外交史料馆所藏《安昌浩に關》（する件，1924.1.12），转引自李明花《岛山安昌浩独立运动和统一路线》，景仁文化社，2002，第224页。

势力移住的幕后促进者是安昌浩。朝鲜总督府警务局对包头的地理位置、人口、产业、交通等条件给予很高评价，主张不应忽视而应持续关注。警务局详细报告了赵秉准势力移住包头的过程，报告写道："2个月前，崔浚、申禹铉、赵大泽、承于珍（以上四名为平安道人）、许宣五人带着3000元来到该地，买入中滩（距包头镇约一百余里）的土地，之后与各自的家族数百名以团体的形式经奉天、营口、天津到达包头。各种计划由'不逞鲜人领袖安昌浩'在幕后运营，在美的兴士团员中有影响的人物提供资金。"① 由此可知，这一切计划都是由安昌浩筹划的，移住则是在兴士团员中有影响的人物提供资金支持的情况下实现的。

移住到内蒙古的赵秉准购得一所临时房屋，在那里设立了倍达小学，激励民族魂，实施抗日教育，任命申彦甲、白基俊等为教师，让他们教授新知识。为了实现独立运动的自给自足，他还在西公旗获得了24顷荒地的15年租借权，通过开垦这些荒地创建了倍达农场。赵秉准及其儿子赵宗瑞和白基俊、申彦甲等在包头市内找到了住处，申容徹则在市内经营一家医院。②

另一方面，曾得到大倧教"大兄"称号的白纯来包头视察情况之后向各地宣传，起到了物色慈善家的作用。③ 听到这一消息的韩国国内和中国关内各地的韩人为了寻找耕地或为了躲避中国官府的压迫也想移住到包头的独立运动基地。这些人经由奉天和北京乘京绥线列车到大同，然后再移住到内蒙古。④

但是内蒙古的生活与这些人期待的不同，存在着诸多困难，特别是生活受当地的情况与恶劣的环境等诸多变数的影响很大。当时

---

① 朝鮮總督府警務局：《內蒙包頭鎮地方ノ狀況ニ關スル件》，1923年11月12日。
② 韩诗俊：《内蒙古地域的韩国独立运动》，第68页。
③ 朝鮮總督府警務局：《內蒙包頭鎮地方ノ狀況ニ關スル件》，1923年11月12日。
④ 林久治郎：《包頭附近鮮人狀況ニ關スル》，機密公第354號，1928年5月10日。

生活在包头的崔少松在接到国内《东光》杂志的联系后,写信介绍了包头独立运动基地的情况。他在信中写道:"因地理和气候的原因,农业(生产)还不稳定,再加上土匪的骚扰和与中国人的纷争,困难非常多。今年夏天运营了一二年的倍达学校也不得不停课。"①

但是几年后访问赵秉准家的黄学秀在其回忆录中写道:"在内蒙古包头,数百名韩人自成一村,开垦荒地,过着有模有样的生活。"② 可以看出,黄学秀来到内蒙古的时候,这里的韩人在某种程度上克服了移住初期的困难,已经安定下来。他们还组织了独立运动团体义民府,置于临时政府的直辖之下,并每年两次向政府提供资金和交通联络费。他们还在包头市内设立独立新闻"倍达分传所",许宣、金威庭、白淳等还以"倍达分传所"的名义在《独立新闻》上刊登"恭贺新年"的广告。③ 定居在包头市内的白基俊还资助一度因资金困难而中断的《独立新闻》,使之得以继续出版。他们还曾试图通过分发《独立新闻》来激励包头地区韩人的独立精神。

在远离韩国国内的地方可以订阅到《东光》、《独立新闻》等报刊,李慈海能够在这里开展招募光复军的活动,所有这些都是因为包括安昌浩在内的临时政府从韩人移住初期开始就和包头韩人社会保持密切的联系。可以说,在与以安昌浩为首的临时政府的密切联系中,这一时期,赵秉准势力移住内蒙古建设的韩人村具有独立运动基地的性质。包头韩人社会与临时政府的关系到韩国光复时仍一直持续。韩国光复之际,上海临时政府主席金九的个人秘书李忠模奉金九之命来到内蒙古,在包头和水原组织了"韩人会"。当时他们最主要的任务是保护包头地区韩人的财产和生命,使他们能平安地归国。李慈海认为内蒙古韩人回到国内有

---

① 崔少松:《在蒙古沙漠》,《东光》1926 年 11 月号。
② 黄学秀:《回顾录》,转引自韩诗俊《梦乎黄学秀生涯和独立运动》,《史学志》31,1998,第 572 页。
③ 《恭贺新年》,《独立新闻》1924 年 1 月 1 日。

助于他们的生活,而且还能在祖国的建设事业中发挥相当的力量。因此,临时政府和中国国民党等为这些韩人归国提供了帮助。

三 日帝的满蒙政策与开拓团队的派遣

1. 满蒙政策的推行

在日帝推行其满蒙政策的过程中,也有韩人移住到内蒙古。日帝不仅侵略韩半岛,而且还一直计划和准备侵略中国的东北及内蒙古。

1904年日俄战争之后,日本将中国东北与内蒙古分离并将其置于自己势力范围之内,奠定了其侵略东北和内蒙古的"满蒙政策"的基础。

1915年,日本强迫当时的中国政府签订了《关于南满洲及东部内蒙古的条约》。条约签订以后,日本可以在这一地区获得土地,这在某种程度上保证了日本对"满蒙"地区的权利。①

日本的侵略意图在1926年4月组成的田中内阁中更鲜明地表露出来。田中内阁在7月和8月先后召开了"东方会议"和"大连会议",制定了对满蒙的积极政策和细部政策。主导会议的田中义一在给天皇的秘密奏折,即"田中奏折"中提出了"帝国对满蒙之积极根本政策",制订了"满蒙侵略计划"。随着日帝对东北和内蒙古的侵略计划的具体化,其侵略意图也更加明显。

中日战争前后,日本国内出现了将吞并韩国、侵占中国的东北和内蒙古之后进一步征服中国定为国策的基本路线的意见。日本掌握内蒙古后,便企图将内蒙古,特别是内蒙古东部地区当作粮食与矿产资源等军需物资的供给地。其方案之一就是在兴安省设立荒芜

---

① 朴永锡:《日帝下韩国人满洲移民问题》,载《韩民族独立运动史研究》,一潮阁,1982,第74页。

局,从朝鲜、日本、中国等地诱招开垦民开发水田。

2. 开拓团的派遣

日本在制定满蒙政策的同时,大力推行韩人"向满蒙移住政策"。通过成立合作信用银行和满铁公司驱使韩人向满蒙地区移住,同时还企图利用韩人买入土地来掌握内蒙古。

日本开发内蒙古水稻开始于1919年,收获不错,从此资本家与实业家等开始重视内蒙古的水稻。可是,由于汉族和蒙古族没有掌握水稻种植技术,他们决定利用善于种植水稻的韩人。1919年以来,以佃户身份和地主资本家身份入蒙的韩人逐渐增加。1919年,大约800名韩人暂住在白音太来。1920年4月末,韩人增加到1165人,同年5月末,又有60~70人来到此地,总数达到1230人。韩人大部分居住在郑家屯领事馆辖区。另外,位于东蒙古的西南部赤峰领事馆下的黑山头农场里也有十几名韩人,还有不少韩人分布在林西、巴林、赤峰等地区。①

另一方面,定居在郑家屯领事馆辖区的日本人只有349人,与韩人比较的话,只是1%的比率。因此日本政府打算召集韩人开发内蒙古水稻。日本用韩人开发内蒙古水稻的原因是日本人不适应内蒙古,而韩人生活水平比日本人低,劳动力也廉价,比较符合开发满蒙的条件。②

韩人从朝鲜半岛或者中国东北地区陆续进入蒙古,在四郑线三江口郊外马圈子和达罕形成了韩人村,在这个村里,朴赞坤、崔翼权、桂晚等人取得了成功,成为当地的地主。马圈子有86户371名韩人,达罕有39户198名韩人。此外白音太来的近郊也有佃夫142户598名韩人。③

---

① 真继义太郎:《蒙古地带に於ける朝鲜人》,《在外朝鲜人事情》四号,在外朝鲜人事情研究会,1922,第7页。
② 真继义太郎:《蒙古地带に於ける朝鲜人》,第7页。
③ 在外朝鲜人事情研究会:《南满及关东州朝鲜人事情》,载《南满及间珲朝鲜人事情》上,1923,第50~53页。

郑通线开通之后，韩人开始移住到郑通线沿线及白音太来地区，日本开发内蒙古水稻后，韩人又逐渐迁移到耕作地。日本早期以日本人为移住对象开发内蒙古的计划逐渐变为以韩人对象。这是因为，日本人长则一年，短则几个月便不能忍受内蒙古的生活而回国。相比而言，韩人在当地的定居率较高。因此，日本积极把韩人集团移住到内蒙古用于水稻开发计划。① 20世纪30年代，内蒙古的水稻开发规模由于开拓团的移住更加扩大了。韩人的内蒙古移住的性质也开始带有强制性。

主管韩人移住的机关是朝鲜总督府和关东军，他们力图制定对自己有利的韩人移住政策。关东军以韩人与日本人之间会出现土地竞争以及粮食的过剩生产会造成日本国内农村经济破产等理由主张控制韩人的移住。与此相反，朝鲜总督府为了解决不断增加的租佃争议及由此引起的矛盾，采取了积极促进韩人移住的政策。最终，两个机关在防范苏联和利用韩人在该地区占据优势等问题上达成一致，制订了大规模移住韩人的计划。

移住地区不仅包括中国的东北地区，而且还进一步扩大到内蒙古和新疆等地区。移民通过移民部由中央政府直接管理，同时还设立移民讲习所进行关于移住地的基本教育。移住人员不仅包括普通百姓，还包括一些退伍的士兵，由他们负责移住地的治安。

在以开拓团的名义移住到内蒙古的韩人中，大部分是庆尚道和全罗道等南部地方的人，而在初创期越过边境移住东北的移民则主要是咸境道、平安道等与中国接壤地区的人。在20世纪前后，他们先移住至与国境临近的地方，并在那里定居。1910年以后，南部地方的人开始移住到有大量未开垦的荒地、汉族较少、较少受到损害的内蒙古地区，但是这种移住是在日本殖民地经济掠夺的背景下实现的。韩人在土地被日帝强占，沦落为火田民、佃农后，为了

---

① 真继义太郎：《蒙古地带に於ける朝鲜人》，第9页。

生存，决心跟着开拓团移住到内蒙古。① 此时，韩人的移住避开了中国东北和西北与苏联接壤的地区，移往偏远山区。因此内蒙古东北部地区的兴安南省②、兴安东省、扎兰屯、呼和浩特等都成为"开拓"的第一线。③

满鲜拓殖会社夺取当地人的土地，将其作为无人地带，让开拓团移住到那里，因此很多当地人认为开拓团夺走了自己的生计，对他们采取敌视态度。也正因为如此，当地人把移住韩人看作是"日帝的走狗"，开拓团与当地人之间也频繁发生冲突。④

由于资料所限，现在很难准确把握这一时期韩人的移住规模。在内蒙古东北具有代表性的水田地扎兰市，到新中国成立时仅移住的开拓民数就达222户3029人。从1932年的59人开始，1937年为133人，1939年达到1149人。随着人数的增加，这些移住民被分散安排在包括成吉思汗、蘑菇气、大河湾等在内的19个地方，从事水田的耕作。⑤ 现在这些地方仍有他们生活的痕迹。曾担任过党支部书记的朴万秀就是其中一例。他现在居住在成吉思汗红光村，故乡是庆尚南道蔚山市彦阳面，由于在故乡遭遇到经济上的困境，便于1934年春和家人一起避开报国队跟着开拓团移住到扎兰屯市的成吉思汗。⑥ 住在乌兰浩特市三合村的尹首荣，其故乡是庆尚北道庆

---

① 就这一时期移住至包括内蒙古一部分地区的"北满洲"的南部朝鲜人的情况来看，"北满洲"地区北部朝鲜人占48.1%，南部朝鲜人占51.9%，南部朝鲜人占明显的优势。特别是极度贫困的南部朝鲜移民移住至生活费低，又可免遭日本骚扰的"北满洲"偏远地区的情况很多。考虑到这些人基本上没有包括在各种调查之中，因此南部朝鲜人的实际人数更多。参见李享灿《1920~1930年代韩国人的满洲移民研究》，载《日帝统治下韩国社会的变动》，文学和知性社，1988，第214页。
② 满洲国军事顾问部：《满洲共产匪の研究1》，1936，第28页。根据集团部落所得调查表，截至1936年4月兴安南省设有330个集团部落。参见刘原淑《1930年代日帝的朝鲜人移住满洲移民政策研究》，《釜山史学》19，釜山大学校史学会，1995，第634页。
③ 郝维民：《内蒙古近代简史》，第161页。
④ 2006年9月21日，乌兰浩特市三合村崔贵花口述采录。采访者：梁志善。
⑤ 扎兰屯市志编纂委员会编《扎兰屯市志》，百花文艺出版社，1993，第183页。
⑥ 2006年9月24日，扎兰屯市朴万秀口述采录。采访者：梁志善。

-395-

州市西面，他在1938年离开故乡跟着开拓团来到这里，在满鲜拓殖会社设立的会社农场中劳作。① 据他称，在新中国成立时，坡平尹氏还有40余户居住在三合村。移住的韩人大部分从事水田的耕作，但也有一部分为官员、医生、理发师、特产公司职员，还有人从事旅馆业。

1941年，日本承诺对韩人免除征兵，向兴安盟北部的富裕村移住了"开拓团"500户，并将他们划分为5个部落。满鲜拓殖会社夺取了蒙古族与移住到东清铁路附属地的韩人的土地，让以开拓团形式移住的韩人定居在那里，从事水田的耕作。

向内蒙古派遣开拓团的工作一直持续到日本战败。在战争后半期，以开拓团的形式移住的韩人主要是到了包头一带的日本军队中。日本人不仅让他们开垦荒地，甚至还让他们从事劳役和军役。特别是随着战争形势的不利，日本大量征兵，1942年以后，成年男子移住人员越来越少，于是日本便将15~18岁的青少年组成"满洲和蒙古开拓青少年义勇军"作为移住的主力。日本把这些人中的韩人青年招募起来充作开拓贫瘠的内蒙古地区的先锋队。此时，移住到内蒙古的韩人从性质上来说转变成了进行战争的兵力。韩国光复之际，被日本强制移住至包头等地的日军各部队中的韩人青年男女约有2000名之多。②

韩国光复之后，这些人并不是全部选择了归国，但出于独立运动目的或为了逃避日本压迫而移住的韩人大部分选择了归国，特别是包头独立运动基地的韩人和被日军征用到这里的韩人经北京和天津回到了南部。而以开拓团形式移住到内蒙古东部的韩人，有些人是由于无法筹措归国的费用，有些人则是舍不得放弃土地和耕种的作物等不得不推迟归国，结果后来归国之路被阻断。此外，因担心

---

① 《中秋节特辑纪录片——在中国内蒙古的庆尚道韩人》，SBS教养局制作，2003年9月11日播音。
② 满洲开拓史刊行会：《满洲开拓史》，全国拓发协议会，1980，第251页。

归国后的境况而从一开始就放弃归国的也大有人在。他们在新中国成立之后，与从东北地区移住来的韩人一起成为中国公民，形成内蒙古的韩人社会，一直生活至今。

四 结论

从历史、文化、政治上来看，内蒙古从古至今一直和韩国有着密切的关系。韩人和内蒙古的关系虽然在不同时期有很大的变化，但对20世纪前后痛失祖国的韩人来说，内蒙古可以说是具有"生活基地意义"的地方。

韩人移住内蒙古大致可以分为中东铁路建设时期、内蒙古独立运动基地建设时期、满蒙开拓团移住时期。在不同的时期，移住地区、定居地区和移住势力、主导移住的势力都具有不同的特征。通过这种移住过程形成了现在内蒙古地区23000人的韩人社会，作为少数民族之一——朝鲜族定居下来。

从1910年临时政府主导在包头建设独立运动基地开始，韩人移住内蒙古的性质发生了变化，从最初个人原因的移住转变为具有一定政治目的的移住。后来，日本帝国主义在其满蒙政策下将内蒙古纳入自己的势力范围之后，韩人的移住便与日本的政策具有了密切的关系，移住后的活动也与日本势力下内蒙古的情况和朝鲜国内的情况息息相关。正因为如此，他们的活动不是反对日本帝国主义，而是高压政策下的被动移住。

因此，韩人移住内蒙古无论是在韩国独立运动史上还是韩人海外移住史上都具有非常重要的意义。他们在包头地区建设与临时政府有着密切关联的独立运动基地，以他们为中心展开的组织义民府和招募光复军活动为独立运动事业作出了重要贡献。包头地区的国民党部队内有韩人组成的部队，以韩中联合的方式开展独立运动；在内蒙古东部的开拓团村庄中，即便存在着各种困难，他们还是设立韩人学校，实施民族教育。不仅如此，他们的移住还扩大了韩人海外移住的范围，具有深远的意义。

遗憾的是，内蒙古的韩人历史目前并没有引起关注。1945年韩国光复之后，没有归国而留在内蒙古的韩人成为中国公民，他们与从东北地区新移住而来的韩人一道形成了内蒙古的韩人社会。现在他们成为中国的少数民族之一——朝鲜族，其历史也被纳入中国朝鲜族的历史之中。笔者认为内蒙古地区的韩人史有理由纳入海外韩人的历史和韩国独立运动的历史之中，内蒙古地区韩人的移住史和独立运动史应引起学者的关注。

A Study on the Immigration of the Korean into Inner Mongolia

Liang Zhishan

Abstract Immigration of the Korean into Inner Mongolia can be divided into three stages: 1) the construction of Chinese Eastern railway; 2) establishment of Inner Mongolia as the base of independent movement; 3) Manchu-Mongolian reclamation group. The nature and promoting forces of immigrations are different in these three stages. In the first stage, most immigrants are labors. Following the beginning of construction of Chinese Eastern Railway, Koreans living in coastal counties moved to the north-east part of Inner Mongolia, seeking new job opportunities. Immigration in the second stage is promoted by the Provisional Government. In 1923, An Chung-Ho （安昌浩），an officer in the Korean Provisional Government, moved to Baotou, Inner Mongolia, and established the Bae Dal Farm. The third stage is dominated by Japan's Manchu-Mongolia policies. On the Far East Conference of Japan in 1927, Tanaka Giichi determined the so called positive Manchu-Mongolia policy. Koreans were forced to move from

Peninsula to Inner Mongolia, laboring in the reclamation farms of which the land was purchased by Japan from Manchu-Mongolia authorities.

Key Words　Inner Mongolia; Chinese Eastern Railway; Bae Dal Farm; Reclamation Farm; Manchu-Mongolia Policy

【审读：蔡建】

论牧隐李穑的儒学思想

李甦平

【内容提要】李穑是高丽末期著名的思想家、政治家、教育家。作为思想家，他使高丽社会由以佛学为中心转向了以儒学为中心，使高丽学风由以辞章之学为主，转向以性理之学为主。作为政治家，他为挽救濒临灭亡的高丽王朝，扶纲纪、革时弊、振兵备，努力阐发以朱子学为主旨的社会政治思想。作为教育家，他重建了高丽最高学府成均馆，将成均馆的教学内容和科举考试科目"四书五经"化，由此直接促进了高丽教育的儒学化，影响所及，导致整个社会风气为之一变。李穑儒学思想的来源主要有三个方面：一是中国元代理学家许衡关于"气"的思想；二是其师高丽大学者李齐贤的重修养、重实践思想；三是其父高丽巨儒李穀的儒释道三教融合思想。

【关键词】儒学 理气 心性

【作者简介】李甦平，中国社会科学院哲学所研究员、博士生导师。

李穑（1328~1396），字颖叔，号牧隐，稼亭李穀之子、名儒李齐贤之门生。在高丽儒学史上，李穑起到了承上启下、继往开来的转折性重要作用。所谓"承上"、"继往"，是说他的儒学仍具有政治儒学的色彩；所谓"启下"、"开来"，是讲他的政治儒学与高丽前期的政治儒学已有本质区别。李穑以朱子学作为其政治儒学的核心内容。同时，李穑在建设学理层面的儒学中，提出了许多重要的学术观点，对丽末鲜初的儒学产生了深刻影响。甚至可以说，他的一些学术观点奠定了朝鲜朝性理学的基本理念。

一 李穑的社会政治思想

李穑在其69年的生涯中，历经高丽忠肃王、忠惠王、忠穆王、忠定王、恭愍王、辛禑、辛昌、恭让王时期，先后担任内书舍人、吏部侍郎兼兵部郎中、国子祭酒、右谏议大夫、枢密院右副丞承宣翰林学士、三司右使、成均大司成等，遍历行政、监察和学政部门，直至封爵为韩山府院君。他于中国元至正八年至十年（1348~1350）在元朝国子监学习，元至正十四年（1354）中元朝进士第二甲二名，被授为翰林编修、权经历；元至正二十三年（1363）又被元朝任命为征东行中书省左右司郎中。可见，李穑无论是在高丽，还是在元朝，都属于高级官吏。而他的社会政治思想亦伴随着他的仕途生涯展现出来。

李穑的社会政治思想集中反映在以下三个方面。

第一，明教化、兴儒学。

在历史上，高丽北邻契丹，西则女真，南为日本，历来外患频繁。尤其在末年，倭扰猖獗，又先后受元、明两朝束羁，加上本国朝政腐败，权臣跋扈，内讧不断，致使国危民瘵。当时，摆在全国上下的问题是，民族如何图存，国家如何富强。作为高丽王朝忠臣的李穑认为首先要"明教化"。

李穑认为教化不明、社会风习败坏的主要原因是受王室和上层社会的影响。如忠惠王素行邪恶，是一个荒淫无度的恶棍。元至元五年（1339），忠肃王死，忠惠王继位后遍淫王宫，并奸其父所妻元之庆华公主。恭愍王在位时，有释僧遍照，得到信任后还俗，名辛旽，曾因推行土地改革和还奴婢为民等有利于民的改革措施有功，但后恃宠居傲，以至淫乱王宫。恭愍王常因无嗣而忧，竟令倖臣与诸妃乱，冀生男。"一日，宦者崔万生从王如侧，密告益妃王氏与洪伦通而有妊，王乃欲杀伦等灭其口，并欲杀万生。万生大惧，夜与伦等乘王大醉而弑之。"①

　　元至正十六年（1356），大臣奇辙、权谦恃女在元宫而恣睢暴戾，以至谋反。元至正二十三年（1363），大臣金镛反。辛禑在位十三年，"昏暴好杀"。② 并且，辛禑在位时，李仁任、池奫皆掌握大权，他们"擅威植党，举国趋附铨注之际，视人贿赂之多少，伺候之勤怠而升黜"。"台谏、将帅、守令，皆其亲戚故旧，至市井工匠，亦无不夤缘除拜，时人名为'烟户政'。盖烟户者，皆被恩泽之谓也。"③ 李穑曾抨击这种卖官鬻爵的腐败政治："官爵如今贱如泥，不分牛巷与鸡栖。戍楼风雨难成梦，白发长腰欲带犀。"④ 权佞专擅，必植党营私，当然会引起不同利益集团争夺而内讧。"城狐社鼠群相依"，"满朝豪杰争名利"。⑤ 对此，李穑还专门写《猫狗斗》一诗，对于官官相斗的官场丑闻给予辛辣嘲讽。"狗禀西方金火气，身居乾位何刚毅；猫虽如虎甚柔脆，嫉恶竖毛奋如蝟；守门司盗丰钱财，管库捕鼠完廪饩；论功一家难弟兄，相济相

---

① 林泰辅：《朝鲜通史》，陈清泉译，商务印书馆，1934，第三章第五节《高丽之衰亡》。
② 《明史·朝鲜传》。
③ 林泰辅：《朝鲜通史》，第三章第五节《高丽之衰亡》。
④ 《柳浦屯营头目求官》，见《牧隐诗稿》卷14，《稼亭集·牧隐集·麟斋集》2，成均馆大学校、大东文化研究院，1973，第426页。
⑤ 《偶吟》、《望光岩》，见《牧隐诗稿》卷9，《稼亭集·牧隐集·麟斋集》2，第356、357页。

须胡不平；狗去也盗肆其欲，猫去也鼠纵其情；主人坐不安睡不成，荣卫消耗何以延其生，狗兮猫兮曷日能同心？白头牧隐方沉吟，长风飒飒吹高林。"① 王室的昏暴、宫廷的淫乱导致整个社会风气日降。李穑对当时高丽社会的君不君、臣不臣、父不父、子不子以至夫妇、兄弟、朋友人伦丧尽的靡乱现象，加以遣责："父子不相保，兄弟仍相夷；睚眦拔剑刀，溅血及酒卮。""利势相倾闹雨云，来年世事更纷纷。"② 面对势利相倾、国事纷乱的社会现状，身兼宰相国子祭酒、成均大司成的李穑，积极倡导以儒学明教化之根本。他认为儒学既重敦人伦、究明道德，又是修身治国的依据，所以只要能弘扬儒学，自然就可促进社会教化。为此，李穑赋诗以示他对儒学教化作用的期望：

羲轩世云远，周孔今安归？二帝日正午，昭王始豪微。
秦天极昏黑，失路迷所归，濂溪导伊洛，源流势益徽。
考亭夫子出，理学通精微，鲁斋幸同嗜，北庭时发挥。
程朱载道器，大斥二氏非，尚作句解读，谁复知三看。③

这首诗表明了儒学的道统和价值。李穑指出，伏羲、轩辕之世远去，嬴政父子失道，周孔之道无所归，只是到了周敦颐、二程，才续上儒学之脉；只有朱熹出世，才成理学精微。元朝的许衡继承了朱子思想，并使之东传高丽。李穑还指出，程朱理学以形而上的"道"学，即修身治国之理和形而下的"器"学，即修身治国之术，斥责秦朝父子两代的失道，并告诫国人反复学习朱子的《四书》，方可明教化。这就是说，李穑将朱子的思想和著作，作为高

---

① 《猫狗斗》，见《牧隐诗稿》卷18，《稼亭集·牧隐集·麟斋集》2，第506页。
② 《纪闻》、《述怀》，见《牧隐诗稿》卷19，《稼亭集·牧隐集·麟斋集》2，第519、520页。
③ 《有感四首》，见《牧隐诗稿》卷6，《稼亭集·牧隐集·麟斋集》1，第298~299页。

丽朝教育的指导原则和基本内容。

恭愍王十六年（1367），李穑任朝列大夫、征东行中书省左右司郎中、判开城府事、艺文馆大提学、知春秋馆事、上护军，兼成均大司成、提点书云观事，掌管了高丽国的最高教育行政大权。面临兵火之后学校破败、教育废弛的局面，在恭愍王的积极支持下，他先在崇文馆的旧址上，重建了成均馆。又因为缺少教员，他便在现任官员中选择当时的博学之士兼任，如永嘉金九容、乌川郑梦周、潘阳朴尚衷、密阳朴宜中、京山李崇仁等人，都在兼任学官之列。"先时馆生不过数十，穑更定学式，每日坐明伦堂，分以授业。讲毕相与论难忘倦，于是学者尘集，相与观感。程朱性理之学始兴。"① 李穑的门人权近的记述更为详尽，"明年戊申春，四方学者坌集，诸公分经授业。每日讲毕，相与论难疑义，各臻其极。公怡然中处，辨析折衷，必务合于程朱之旨，竟夕忘倦。于是东方性理之学大兴。学者祛其记诵词章之习，而穷身心性命之理，知宗斯道而不惑于异端，欲正其义而不谋于功利，儒风学术，焕然一新，皆先生教诲之力也"。② 李穑教育内容"四书五经"化的主张，在这里得到了切实的落实。此后，他在担任其他官职时，也一直兼任大司成一职，这就保证了他的教育主张能够长期地被贯彻执行。

李穑一生多次主持科举考试，为高丽和朝鲜王朝选拔了一批有真才实学的人才。乙巳年同知贡举，录取严绍宗等28人，后来为他撰神道碑的弟子河仑也于这年中第。戊申四月，恭愍王到成均馆考试诸生，李墙充任读卷官，录取了李詹等7人，赐以进士及第。己酉夏，同知贡举，录取柳伯濡等33人。辛亥，他首次担任主考官，录取了金潜等33人。丙寅，又知贡举，录取了孟思诚等33

---

① 《高丽史》列传卷28。
② 权近：《朝鲜牧隐先生李文靖行状》，见《牧隐文集行状》，《稼亭集·牧隐集·麟斋集》1，第218页。

人。终其一生,"凡五掌试,多知名士"。① 在知贡举和同知贡举的过程中,针对高丽时期科举考试中夹带舞弊、找人代考以及应试没有年龄限制之类的弊端,他逐步提出了一系列的改进措施。如首次同知贡举时,他就"请行搜挟易书之法",严格考试纪律,杜绝夹带。己酉同知贡举时,他又"请行三场通考之法",由于他这一建议,高丽"始用中朝科举易书通考之法"。最后一次和贡举,他又向隅王建议,未满20岁的人不得应试。这些措施,使得高丽的科举制度逐渐完备和规范。这种完备而且规范化的科举制度,不仅对激发学生的学习热情、为国家选拔政治家和培养学者起了积极的作用,而且一直沿用到朝鲜时代,在历史上影响深远。

李穑教育改革的主要贡献在于建立儒学化的全国教育系统,特别是重建了高丽最高学府成均馆,将成均馆的教学内容和科举考试科目"四书五经"化,由此直接促进了高丽教育的儒学化,影响所及,导致整个社会的风气也为之一变。②

第二,制民产,兴王道。

高丽社会自元至正十年(1350)倭患祸起,先是沿海骚扰,继而深入内地掳劫。还有来自元、明两朝"合法"的所谓"岁贡"。自蒙古成吉思汗十三年(1218),蒙古助高丽击退继灭渤海国之后入侵高丽的契丹,两国即相约"永为兄弟"。③这对"兄弟"可不是平等关系,高丽每年要向蒙古纳贡以谢其救援之恩,倘若水旱不继,即派使索贡。如公元1247~1259年,蒙古以高丽"岁贡不入"为由,四次兴师问罪,并肆行杀掠。入明

---

① 河仑:《有明朝鲜国元宣授朝列大夫征东行中书省左右司郎中本国特进辅崇禄大夫韩山伯谥文靖公神道碑》,见《牧隐文集碑》,《稼亭集·牧隐集·麟斋集》1,第223页。
② 参阅郭齐家《李穑的教育活动与教育思想》,刊于《牧隐李穑学术思想中韩研讨会论文集》(打印本)。
③ 郑麟趾:《高丽史·金就砺传》。

以后，这种掠夺并未稍减。洪武十二年（1379），朱元璋向辛禑索贡，"今岁贡马一千匹，明年贡金一百斤、银一万两、良马一百匹、细布一万匹。岁以为常"。① 沉重的负担要转嫁到人民身上，民何以堪？李穑代王大妃拟的《陈情表》中说："小国地薄，不产金银，中国之所知也。马有二种，曰胡马者，从北方来者也；曰乡马者，国中之所出也。国马如驴，无从得良马，胡马居百分一二，亦中国所知也。近因倭贼损伤殆尽，布疋虽国出，然数至于万，诚难充办。"② 为生民请命，尽管辞诚言切，岂能得到慈悲宽宥。

本国王室的侈靡。忠肃王两度居元大都，任意挥霍，用度不敷，置盘缠都监专为其搜括。又王室为宴游大建池台坡榭。李穑指出："法令苛暴，赋敛繁重，则民咨于野，吏困于官，虽有池台坡榭，岂能称乐哉！"③ 李穑在《诗稿》中有许多揭露高丽上层社会淫逸侈靡生活的诗："郡国岁时须礼物，朝廷台省执权纲，分司宰相犹均惠，作郡郎官敢独尝？紫蟹红虾并海鹰，斑鸠锦雉又林獐，朱门不过书祇受，可惜飞尘驿路长。"④ 该诗对上层社会的批判可谓淋漓尽致。

比倭祸掠夺、元明索贡、王室侈靡更为严重的是土地兼并，人民赖以生活的基本手段被剥夺。

高丽朝前期景宗元年（976）颁行田柴科制，把全国耕田和烧柴林地登记入册，作为国有土地。按王室、贵族、百官到府兵、闲人等级分别授定量的田地，受田者可把相当租税归己，这称为私田，国家直接支配的田名公田。初时，公田比私田多。

---

① 吴晗辑《朝鲜李朝实录中的中国史料》（一）（辛禑世家），中华书局，1980。
② 《王大妃陈情表》，见《牧隐文稿》卷11，《稼亭集·牧隐集·麟斋集》3，第887页。
③ 《水原府客舍池亭记》，见《牧隐文稿》卷4，《稼亭集·牧隐集·麟斋集》3，第824页。
④ 《咏馈岁》，见《牧隐诗稿》卷4，《稼亭集·牧隐集·麟斋集》1，第275页。

这样，朝廷就有力地控制了全国的土地，但由于授田一开始就是根据受者的社会身份而决定占有量，这就使受田者子孙即使不供官职还可继承收税权，特别是荫功田可以继承。文宗在位（1046～1083）期间，王室、两班、寺院使用投托、侵漫、施纳、强占等种种手段，兼并土地。如权臣李仁任与其党林坚味、廉兴邦恣行贪欲，鬻官卖狱，贿赂公行，夺占民田，怨积罪盈。于是按田柴科所得之国地永远脱离国家支配，私田不断扩大，此制至丽末更趋衰落，大农庄遍布全国，农民被剥夺土地而流离失所。

在倭祸掠夺、元明索贡的背景下，由于土地兼并而造成农民流离失所、穷困潦倒，李穑认为这是关系到高丽王朝存亡的大问题。身为国家命官的李穑，为改革这一时弊，提出"制民产，兴王道"的重要措施。

"制民产，兴王道"，出自《孟子》。"是故明君制民之产，必使仰足以事父母，俯足以畜妻子，乐岁终身饱，凶年免于死亡；……王欲行之，则盍反其本矣。五亩之宅，树之以桑，五十者可以衣帛矣。鸡豚狗彘之畜，无失其时，七十者可以食肉矣。百亩之田，勿夺其时，八口之家可以无饥矣。谨庠序之教，申之以孝悌之义，颁白者不负戴于道路矣。老者衣帛食肉，黎民不饥不寒，然而不王者，未之有也。"① 这里，孟子描绘了一幅由于君主行仁政而形成的国泰民安的盛世图画。而这种盛世之图，也正是李穑的最终追求。李穑的"制民产，兴王道"思想反映在他为《农桑辑要》所作的序文中。《农桑辑要》是中国元代与《王祯农书》、《农桑衣食撮要》齐名的三部农书之一。据《元史》记载，此书由翰林学士畅师文编辑，成书于元至元十年（1273）。高丽时，《农桑辑要》已传入半岛，恭愍王二十一年（1372），刊行此书。为此，李穑在其后序中写道：

---

① 《孟子·梁惠王上》。

高丽俗拙且仁，薄于理生。产农之家一仰于天，故水旱辄为菑。自奉甚约，无问贵贱老幼，不过蔬菜鱐脯而已。重粳稻而轻黍稷，麻枲多而丝絮少，故其人中枵然而外不充，望之者病而就起者十之八九也。至于丧祭，素而不肉。宴会则椎牛杀马，取足野物。夫人既有耳目口鼻之体，则声色臭味之欲生焉。轻煖之便于身，肥甘之适于口，欲赢余而恶匮乏。五方之人其性则均也，高丽岂独若是之异哉？丰不至侈，俭不至陋，本之仁义，为之度数者，圣人之中制，而人事之所以为美也。五鸡两彘之畜，于人而无所用则不忍，牛马之代人力，有功甚大则忍之。田驱之劳，或残肢体，殒性命，则敢为，枭獒之取诸牢则不敢，其不识轻重，害义坏制，失其本心。如此，又岂民之罪哉？予窃悲之。盖制民产，兴王道，予之志也。而竟莫能行，奈之何哉？奉善大夫知陕州事姜蓍走书于予曰：“《农桑辑要》，杏村李侍中授之外甥判事禹确，蓍又从禹得之。”凡衣食之所由足，货财之所由丰，种莳孳息之所由周备者，莫不门分类聚，缕析烛照，实理生之良法也。吾将刻诸州理，以广其传。患其字大帙重，难于致远，已用小楷誊书，而按廉金公溱，又以布若干，相其费矣，请誌卷末，予于是书也。①

李穑在文中表示，"制民产，兴王道"是他毕生的志向。为实现这一志向，李穑指出要改造高丽人的陋俗，如农事一味依赖于天时，不食鸡彘，而食能出力干活的牛马；只种稻米，不种黍稷等，但更重要的是要针对农民无田的状况，制止土地兼并，正经界、复井田，授民以田，使之有恒产。他强调，只有经界正，井地之均，才能使农民维持生计。为此，他向恭愍王提出建议：对田地，新垦之地，要交税，减少滥赐之田，这样可使公田扩大，对国家有好

---

① 《农桑辑要后序》，见《牧隐文稿》卷9，《稼亭集·牧隐集·麟斋集》3，第861～862页。

处。同时对于有争议之田,要正之,这样可取悦于农民,达到耕者有其田。"井田遗志未全堕","凿井耕田恒产足,持家奉国没身忧"。① 这就是李穑制民之产的理想。

为达到这一理想,李穑建议君主要施仁政,兴王道。他说:"然国家理乱之迹,州县兴废之由,于是乎在盖朝廷清明,上下豫安,则吏乐其职,民安其生……国家太平之美,安君职,察民风,乐道人善。"② 李穑认为,朝廷清明、君主仁心,这是国家太平、人民乐居的关键。为此,他提出,为仁君者应有谦谦之德、心虚集善、为民着想等美德。他还建议君主在农事方面应"耕借田以先农修"、"振穷恤忠"、"放生禁杀",在治道用人方面应"举贤良,屏奸邪"、"讲朝仪,兴礼俗"、"议狱缓刑",在国防方面应"折衡御侮"、"抵抗外患,保民安居"等。这样才能实现"无偏无党,王道荡荡"③ 的儒家的王道乐土理想。

第三,振兵备,兴武科。

高丽王朝在公元 12 世纪后期和 13 世纪初,曾一度被武臣专权,随意废立君主。所以,元宗(1260～1274)对武臣心存疑虑,废弛武备。这样做的结果是削弱了高丽的自卫能力,致使君王无以保,社稷无以卫。出于抵御外患、保家卫国的忧患意识,身居兵部郎中要职的李穑向国王提出"振兵备"的主张,内容有二。

一是加强海战陆守。

高丽国东部有日本,倭患是最严重的外患之一。为抵抗倭患,李穑提出陆守和海战并重的战略谋划。关于陆守,李穑指出,这是"固我",即巩固自己的防御能力。他建议使用生长在平地之民,利其器械、屯其要害之地,以眩倭人之目。关于海战,李穑认为这是"灭外",即消灭外来之倭寇。他建议将以捕鱼运盐为生之民组

---

① 见《牧隐诗稿》卷 16,《稼亭集·牧隐集·麟斋集》2,第 468、472 页。
② 《水原府客舍池亭记》,见《牧隐文稿》卷 4,《稼亭集·牧隐集·麟斋集》3,第 824 页。
③ 《尚书·洪范》。

织起来,利用他们海上生活之长处和屡受倭寇之侵扰的反抗情绪,一旦执戈从戎,定会同仇敌忾,英勇作战。这样,陆海相互战争,是有效的克敌制胜之良策。

二是科举设武举科。

李穑认为,文经武纬,乃天地之道。治国也是一文一武,不可偏废。他以中国西汉高祖刘邦在与楚项羽争霸中,使用萧何运筹谋划,使用韩信之攻战,文武并重而取胜以及东汉光武帝刘秀"投戈讲艺,息马论道"文武并用的事例,论述在崇文之时也必须重武。为此,他建议设武举科,选拔能卫国的壮士,试以武勇而习其艺,赐以爵禄而作其气。为兵备选拔人才,为国家培养护国的良将。①

从上述内容可以看到,李穑社会政治思想的一条主线就是儒家思想。儒家的伦理道德、儒家的经典,是他治国的依据。"遂于理性之书"是李穑社会政治思想的特色,也是他与高丽前期儒学者的显著区别。而这也正是他承上启下、继往开来的一个具体体现。

二 李穑儒学思想之来源

李穑儒学思想的来源主要有三个方面:一是中国元代理学家许衡关于"气"的思想,二是其师高丽大学者李齐贤的重修养、重实践思想,三是其父高丽巨儒李穀的儒释道三教融合思想。

许衡在元代学术界被称为理学宗师,他创建的鲁斋学派覆盖了当时元朝北方学术界。所以,那时来中国元朝学习朱子学的学者深受许衡理学思想的影响。在李穑的诗文中就有许多称赞许衡的诗句。如他在《山中辞》中认为,许衡犹如深山幽谷中迷途者的指路人:

---

① 衷尔钜:《丽末朱子学家李穑的社会政治思想及其历史地位》,刊于《牧隐李穑学术思想中韩研讨会论文集》(打印本)。

> 美盘谷之可沿兮,其文为我之指南。
> 续道统于千载兮,乃命其溪曰濂。
> 惟山中之无偶兮,尚抠衣于丈函。
> 闻一言以悟道兮,洗利欲之贪婪。
> 开心源之莹净兮,惟太极之泳涵。
> ……
> 信馀绪可以理天下兮,鲁斋独驰其征。①

又如在《有感四首》中夸奖许衡是理学的发展者:

> 鲁斋幸同嗜,北庭时发挥。②

具体说,许衡关于"气"的思想给予李穑以重要影响。

许衡哲学的最高范畴是"道"(理),③ 但他把"气"纳入以道为最高范畴的哲学逻辑结构之中,视"气"为联系道、太极与人、物的中间环节。关于宇宙的生成演化,许衡说:"太极之前,此道独立。道生太极,函三为一。一气既分,天地定位。万物之灵,惟人为贵。"④ 这里的"函三为一"是对"太极"所作的解释。因为许衡在作《稽古千文》时,尚未获读朱熹的全部著作,所以他对"太极"的理解很可能受其早年读过的王弼《周易注》的影响。王弼在《周易注》中释"三极"为"三材",即天、地、人。又解释"易有太极"说:"太极者,无称之极,不可得而名,取有之所极,况之太极者也。"⑤ 太极是包括天、地、人在内的宇

---

① 《山中辞》,见《牧隐诗稿》卷1,《稼亭集·牧隐集·麟斋集》1,第229页。
② 《有感四首》,见《牧隐诗稿》卷6,《稼亭集·牧隐集·麟斋集》1,第229页。
③ 许衡在《中庸直解》和《鲁斋遗书》卷5(文渊阁四库全书本)中说过:"道者,天理之当然。"因此,"道"与"理"是同一层次的概念。
④ 《稽古千文》,《鲁斋遗书》卷7。
⑤ 楼宇烈:《王弼集校释》下册,中华书局,1980,第538、553页。

宙中最大最高之物。因此,"函三为一"之"三",实指天、地、人,"一"指"太极"全体。"太极"究竟是"理",还是"气"?按照许衡的理解,天、地、人为形而下之气。有形而下者,必有形而上者。形而上者即是理。理气二者相即不离,如许衡说:"事物必有理,未有无理之物。两件不可离。无物则理何所寓。"① 这表明,在"理"与"物"(气)的关系问题上,许衡认为"理"与"物"(气)相即不离,同时存在,无有先后;但"理"是本原,有"理"然后才能有"物"(气)。这个"理"亦是"太极"。许衡说:"天下皆有对,唯一理无对,便是太极也。"② 由此可以看出,在许衡的思想中,"太极"可分为"太极之理"与"太极之气",是二者的统一。在许衡那里,宇宙的演化序列是:"道"("理"、"太极")为宇宙本原,宇宙本原演化为万物的关键是"太极之理"显现为"太极之气","气"则分为阴阳、判为天地,进而产生万物和人。这一演化序列说明了两个问题:第一,许衡视"理"为宇宙本原,表明他是朱熹"理"本论哲学的继承者;第二,许衡认为"理"与"气"不相分离,"太极"为理、气的统一,"太极之理"显现为"太极之气"后,"气"的阴阳消长运动,才演化为天、地、人、物。这些又表明他比朱熹更加强调"气"的功能和价值,突出了"气"在宇宙生成变化中的作用和地位。可见,"气"是许衡哲学中的一个重要范畴。许衡关于"气"的思想如下。

1. 阴阳气论

许衡哲学的"气"范畴的基本含义为阴阳之气。他说:"气,阴阳也。"③ 气就是宇宙中氤氲运动的阴阳之气,阴阳之气也就是精气。"天地阴阳精气为日月星辰,日月不是有轮廓生成,只是至精之气到处便如此光明。至阴无光,故远近随日所照。"④ 日月星

---

① 《语录》上,《鲁斋遗书》卷1。
② 《语录》下,《鲁斋遗书》卷2。
③ 《许鲁斋集·论生来所禀》,中华书局,1985。
④ 《语录》上,《鲁斋遗书》卷1。

辰由至精之气构成，所以能如此光明。大地由至阴之气凝成，所以要靠日光照耀。天地间的万物，虽然所禀之气精粗不同，但它们都生于一气。这就是"万物皆本于阴阳"。① 阴阳之气是天地人物产生的物质材料。

气为阴阳，因而气以及由气构成的天地万物和人类社会都遵循阴阳变化规律而运动。"万物皆本于阴阳，要去一件不得，天依地，地附天，如君臣、父子、夫妇皆然。"② 阴附阳、阳依阴，阴阳之气的运动相对、相依，因而天地万物的运动也呈现为对立交感状。此外，阴阳之气的运动还表现为相互转化。"气，阴阳也，盖能变之物，其清者可变而为浊，浊者可变而为清；美者可变而为恶，恶者可变而为美。"③ 阴阳之气有清浊、美恶之分，在其运动过程中，清轻、精美之气可以转化为重浊、粗恶之气，而重浊、粗恶之气也可以变化为清轻、精美之气。人性禀气，也因之有清浊、美恶间的转化运动。然而，阴阳之气的变化有其一定的度数。"日月行有度数，人身血气周流亦有度数，天地六气运转亦如是。"④ 阴阳之气有度数地运动和转化，纷繁复杂的天地万物和人类社会也随之有序地运动。

2. 性气论

在人性论上，许衡更加强调"气禀之性"。人禀气而生，因而人体包含有阴阳之气。阴阳之气既有精粗、美恶、清浊之分，所以"人生气禀不齐"，⑤ 人的品性、德行也各不大相同。"受生之初，所禀之气，有清者，有浊者，有美者，有恶者。得其清者则为智，得其浊者则为愚；得其美者则为贤，得其恶者则为不肖；若得全清全美，则为大智大贤，其明德全不昧也。身虽与常人一般，其心中明德与天地同体，其所为便与天地相合，此大圣人也。

---

① 《语录》上，《鲁斋遗书》卷1。
② 《语录》上，《鲁斋遗书》卷1。
③ 《许鲁斋集·论生来所禀》。
④ 《语录》上，《鲁斋遗书》卷1。
⑤ 《许鲁斋集·对小大学问》。

若全浊全恶，则为大愚大不肖，其明德全昧，虽有人之形貌，其心中堵塞，与禽兽一般，其所为颠倒错乱，无一是处，此大恶人也。若清而不美，则为人有智而不肖。若美而不清，则为人好善而不明。……清美之气所得的分数，便是明德存得的分数。浊恶所得的分数，便是明德堵塞了的分数。"① 人的圣或凡、智或愚、贤或不肖、明德或暗昧，是由生来所禀受的气的清浊、美恶决定的。所禀受的清浊、美恶之气的多寡厚薄，与圣凡、智愚、贤不肖、明德暗昧的程度成正比。据此，许衡进一步认为，"贫富、贵贱、死生、修短、祸福禀于气，是气禀之命，一定而不可易者也"。② 禀气不仅决定着人的道德品性，而且决定着人的祸福穷达、生死寿夭。

人生来因禀气不同，而有智愚、贤不肖之别，便有上、中、下品之分。然而，由气禀决定的人的智愚、贤不肖是可以改变的。既然气的清浊、美恶可以转化，人的智愚、贤不肖也可以转化，其条件就是要善于"扶护元气"，③ 涵养内心的"浩然之气"。④ "元气"和"浩之气"是天地至清至美之气，只要善于扶护和涵养它，便可以化愚为智，化不肖为贤，化暗昧为明德。

3. 心气论

许衡心论主要倾向于朱熹，他主张心分为二，并引进"气"范畴，指出："声色臭味发于气，人心也，便是人欲；仁义五常根于性，道心也，便是天理。"⑤ 这与陆九渊很少讲气，反对人心、道心之分和天理、人欲之分的思想有异。

许衡将"气"的含义规定为阴阳之气，并据此深入探讨了"气"在宇宙万物演化中的重要作用以及气与人物性情心的关系，

---

① 《许鲁斋集·答丞相问论大学明明德》。
② 《语录》下，《鲁斋遗书》卷2。
③ 《语录》上，《鲁斋遗书》卷1。
④ 《语录》下，《鲁斋遗书》卷2。
⑤ 《语录》下，《鲁斋遗书》卷2。

指出阴阳之气可以相互转化，人的气禀之性也可以改变。这些思想在一定程度上深化了对气范畴的认识，为元明"气"的思想的发展开了先河。① 同时，许衡关于"气"的思想对李穑产生了重要影响作用，并进一步通过李穑影响了整个朝鲜时代的儒学。重"气"，成了朝鲜儒学的一大特色。

李齐贤是李穑的老师，对李穑的儒学思想和特色的形成起了一定影响作用。这种影响作用主要表现在李齐贤主张儒学的务实、笃行性和强调心性修养方面。

李齐贤诚如其号"实斋"一样，主张儒学为务实、笃行之学，将儒学引进修己治人与经世致用的层次。

李齐贤认为儒学是日用事物之道，因此不提倡观念的理论，只举出历史上的实例，对应现实，警戒未来。如他所写的《史赞》，就是以史实告诫为政者如何实行王道的一部史鉴书。他在景王条中举出孟子所说"夫仁政，必自经界始。经界不正，井地不均，谷禄不平"为例，说明了以仁政治理国家要从农村经济做起，这是治国之本。在成王条中，他对崔承老的二十八条给予很高的评价，并将实践二十八条的成王之业绩，规定为历代帝王实行儒治的模范和标准。

李齐贤赞美成王以儒治国："承老见成王有志可与有为，乃进此书，皆实录也。成王立宗庙、定社稷，赡学以养士、覆试以求贤，励守令、恤其民，赍孝节、美其俗，每下手扎词旨恳恻而以移风易俗为务，去浮夸、务笃实，以好古之心求新民之理，行之无倦而戒其欲速，躬行心得而推己及人。齐变至鲁，鲁变至道，可冀也。"② 这表明李齐贤坚信儒学以务实、笃行为根本，必有益于人伦事物。

---

① 徐远和：《理学与元代社会》，人民出版社，1992，第42、43页；张立文主编《中国哲学范畴精粹丛书——气》，中国人民大学出版社，1990，第170~172页；张立文主编《中国哲学范畴精粹丛书——心》，中国人民大学出版社，1993，第227页。
② 《益斋乱稿·史赞成王条》，《丽季明贤集》。

在心性修养方面,李齐贤亦主张敬以直内的修养功夫。他说:"以敬以慎,敬慎之实,莫如修德。修德之要,莫如响学,择贤儒讲《孝经》、《语》、《孟》、《大学》、《中庸》,以习格物、致知、诚意、正心之道。四书既熟,六经以次讲明目习与性成德造。"① 可见,李齐贤强调儒家经典是心性修养的必读书,按照儒家要旨——敬、慎修养心性,方可性成德造。②

李齐贤重视修养和实践的思想,对于李穑心性观及讲究践履的观点,起了一定的影响作用。

李榖是李穑的父亲,也是高丽末期重要的儒学家和思想家。他为统一国运,达独立自主之目的,主张融会儒释道三教。这一三教融会思想影响了李穑。

关于儒教和佛教的同一性,李榖说:"盖圣人好生之德,佛者不杀之戒,同一仁爱,同一慈悲也。"③ 另外,在李榖看来,儒教与佛教慈悲一致,从伦理上亦应无异。他说:"予曰:'有生必有死,人之常理也。养其生,送其死,人子之至情也。子之于父母,弟子之于师,其道一也。孔王殁,弟子丧三年,犹有庐于墓而不能去者,夫以孔子之有后,而其门人若是。况吾佛者绝人伦,以传法为嗣,其于慎终之义,为如何也?昔释氏之示化,着地右胁,示有终也;敛之金棺,示不薄也。则虽外死生,而其慈孝之教,未尝不寓于其间。'"④ 关于儒道的融合,李榖在道教的《下元青词》、《冬至青词》、《本命青词》三帖祭文中写道:"苍苍无极,道在混沌之先。""乾元自处为始,显覆天之仁,为雨以兆丰年。""存斯心,存斯诚,和合孝道,亦富亦寿,平安长住。"从这些祷文中,

---

① 《栎翁稗说》拾遗,《丽季明贤集》。
② 金忠烈:《高丽儒学思想史》,台北东大图书股份有限公司,1992,第282、283页。
③ 《金刚山长安寺重兴碑》,见《稼亭集》卷6,《稼亭集·牧隐集·麟斋集》卷1,第45页。
④ 《大崇恩福元寺高丽第一代师圆公碑》,见《稼亭集》卷6,《稼亭集·牧隐集·麟斋集》卷1,第46页。

也可看到李穀儒佛道三教融合的思想。① 李穀的这一儒释道三教融合思想对李穑也起了一定的影响作用。

三 李穑儒学思想之特色

李穑的儒学思想颇具特色，可以概括为以下三个方面。

1. "理以为之主，气以分其曹"

在许衡"气"思想影响下，李穑具有明显的"重气"思想倾向。这种"重气"思想表现为他强调"气"的功能和价值，具体说就是关于"气化"的思想。这一思想贯穿于他的诗稿和文稿之中。例如：

> 虽道之在太虚本无形也，而能形之者惟气为然是以。大而为天地，明而为日月，散而为风雨霜露，峙而为山岳，流而为江河，秩然而为君臣父子之伦，灿然而为礼乐刑政之具，其于世道也，清明而为理，秽浊而为乱，皆气之所形也。②

这是说，道、太虚是无形的，而其有形者为气。气的不同形态构成了天地间不同的事物。如大者为天地，明者为日月，散者为风雨霜露，峙者为山岳，流者为江河，秩者为君臣父子之伦，灿者为礼乐刑政之具，清明者为理，秽浊者为乱。

> 浩然之气，其天地之初乎？天地以之位；其万物之原乎？万物以之育。惟其合，是气以为体；是以发，是气以为用。是气也，无畔岸，无罅漏，无厚薄、清浊、夷夏之别，名之曰浩

---

① 刘明钟：《稼亭·牧隐父子的三教融合论及其思想史意义》，刊于《牧隐李穑学术思想中韩研讨会论文集》（打印本）。
② 《西京风月楼记》，见《牧隐文稿》卷1，《稼亭集·牧隐集·麟斋集》3，第801页。

然，不亦可乎？①

这是说浩然之气是天地之初，因天地以之位；浩然之气是万物之始，因万物以之育。合为气之体，发为气之用。气是无畔岸、罅漏、厚薄、清浊、夷夏之区别的，统称为"浩然之气"。

> 天地，气也。人与物，受是气以生，分群聚类，流湿就燥，外若纷揉而内实秩然，灿然伦理未尝紊也。②

这是说天地是气。人与物也是受气而生，虽然人分群、类，物分湿、燥，外面看纷乱不齐，但实质上是有秩齐一，伦理纲常也不紊乱。

> 天地本一气也；山河草木本一气也，岂可轻重于其间哉？③

这是说天地、山河、草木都以气为本，这是不可忽视的。

> 天地之判也，清轻者在上，而人物之生，禀是气以全者，为圣为贤。④

这是说清轻之气为天地，人禀气圆满者，则是圣人、贤人。

> 天地与杂卵，我今何所择？山河如内黄，虚空如外白。羽化于其间，匪独蓬莱客。浩然一气中，有魂斯有魄。形质岂长

---

① 《浩然说赠郑甫卅别》，见《牧隐文稿》卷10，《稼亭集·牧隐集·麟斋集》3，第876页。
② 《萱庭记》，见《牧隐文稿》卷2，《稼亭集·牧隐集·麟斋集》3，第808页。
③ 《菊涧记》，见《牧隐文稿》卷3，《稼亭集·牧隐集·麟斋集》3，第814页。
④ 《清香亭记》，见《牧隐文稿》卷5，《稼亭集·牧隐集·麟斋集》3，第829页。

存,声名出仁宅。我且安我居,无劳耳生额。①

这首《有感》诗用"羽化"一词,生动地说明了"浩然一气"的气化功能。

气有清明与浊昏,天包万物一名园;春来秋去争荣悴,须信精英返本元气化。②

这首《杂咏》诗用万物的荣悴、生死变化,讲解气化流程。所以,诗尾特意标明"气化"二字。

解析以上引文,可以看到李穑关于"气化"思想的要点有三。

其一,气是宇宙万物之本根——气化之根据。

"气化"之所以能够发生,这是因为天地、人类、万物,在实质上都是气。这一观点在李穑思想中是非常突出的。他反复强调"天地本一气也,山河草木本一气也","人与物,受气以生"。在李穑思想中,归根结蒂,气是宇宙万物的本根。他视气为天地之初,为万物之原。"初"和"原",就是"本"和"根"。"本根"的主要含义有二,一是始义,即宇宙之所始,万物之所出;二是统摄义,即万物虽然极其繁赜,但终有统一者。③ 在李穑思想中,气既是始义,也是统摄义。正是从气为宇宙之本根这一点上,可以说这是"气化"之所以能进行的根据。

其二,气是宇宙万物差异性之所在——气化之形式。

宇宙中的物物有异、人人有别,这种差异性,是由气的大、明、散、峙、流、秩、清、浊之不同而相异。具体讲,气之大为天地,气之明为日月,气之散为风雨和霜露,气之峙为山脉,气之流

---

① 《有感》,见《牧隐诗稿》卷2,《稼亭集·牧隐集·麟斋集》1,第246页。
② 《杂咏》,见《牧隐诗稿》卷13,《稼亭集·牧隐集·麟斋集》2,第419页。
③ 张岱年:《中国哲学大纲》,中国社会科学出版社,1982,第8页。

为河川，气之秩为君臣父子之人伦，气之全满，为圣人、贤人。可见，大千世界，纷繁百态，这正是气化不同形式的结果。

其三，气是宇宙万物之所然——气化之过程。

气产生宇宙万物的过程，实际上也就是气化的过程。在上述引文中，李穑引用了"位"（天地以之位）、"育"（万物以之育）、"合"—"体"（惟其合，是气以为体）、"发"—"用"（是以发，是气以为用）这些关键词，表明了"气化"的过程。天地，是在气"位"的过程中完成的；万物，是在气"育"的过程中形成的。总之，"合"是气之"体"，即无形之"道"、"太虚"；"发"是气之"用"，气之发，即气化，气的功用。所以，气之合为气之体，也就是气之本然；而气之发为气之用，这就是气化的过程，也就是宇宙万物形成的过程。这个过程具体说就是人与万物由气聚而生，气散而灭（死）。"春来秋去争荣悴，须信精英返本元。"人与万物最终又回归于气。这就是"气化"之过程。

由此，又引发出两个理论问题。

第一个问题，关于"气化"的所以然者，也就是气产生天地万物的缘由。这就涉及"理"与"气"的关系。在李穑的文稿和诗稿中，主要讲"气"，但也谈到了"理"，但多是从"体用一源"这个角度说的。如他说：

> 天地帝洪炉，鼓铸一何劳。
> 理以为之主，气以分其曹。
> 少或似麟角，多奚啻牛毛。
> 仁义是膏粱，礼法为芴袍。
> 灿然彼天下，吾生安所逃。[①]

天地如同一洪炉，造出少似麟角、多如牛毛之物，造出仁义与

---

① 《有感》，见《牧隐诗稿》卷22，《稼亭集·牧隐集·麟斋集》2，第578页。

礼法，其原则都是按照"理以为之主，气以分其曹"而鼓铸出来的。至于理怎样为主，气怎样分曹，李穑没有展开论述。而在理、气的显微无间、体用一源方面则作了具体说明。如他在《葵轩记》中说："夫理无形也，寓于物；物之象也，理之著也。是故龙图龟书，圣人之所则，而蓍草之生，所以尽阴阳、奇耦之变，而为万世开物成务之宗，则虽细物何可少哉？"[①] "理"无形寓于物中，为"隐"；"气"（物）为理之象，为"显"。理隐气（物）显，成为一个原则，不管是河图洛书，还是蓍草卜筮，都依据这一原则，尽阴（隐）阳（显）之变，而开物成务，生生不息。李穑在《之显说》中，对理隐气显的关系，作了更明晰的阐述："隐，不可见之谓也。其理也微，然其着于事物之间者，其迹也灿然。隐也显也，非相反也，盖体用一源明矣。……天河地下，万物散殊，日月星辰之布列，山河岳渎之流峙，不曰显乎？然知其所以然者，鲜矣。尊君卑臣，百度修举，诗书礼乐之谓兴，典章文物之贲饰，不曰显乎？然知其所由来者，亦鲜矣。"[②] 大千世界，芸芸众生，为显、为"气"（物）；而这一切的所以然者、所由来者，为鲜、为"理"。这里用的"鲜"即为"少"、"隐"之意。而理隐气显的关系为"隐也显也，非相反也，盖体用一源明矣"。理是气能够产生宇宙万物的所以然者，是气能够演为诗书礼乐、典章文物的所由来者。所以，隐的理为显的气之体。气在理的主宰下，生出天地、万物和人类。所以，显的气是隐的理之用。这里，体是用之体，用是体之用。这就是"体用一源，显微无间"。可见，在理与气的关系上，李穑的注意力不在本原论（即以理为本，还是以气为本），而是集中于体用论。这是由他"重气"的思想决定的。所以，他的"体用一源"讲的还是气按照理的原则，如何生化万物，即"气化"问题。

---

① 《葵轩记》，见《牧隐文稿》卷3，《稼亭集·牧隐集·麟斋集》3，第813页。
② 《之显说》，见《牧隐文稿》卷10，《稼亭集·牧隐集·麟斋集》3，第875页。

这样，就又引出了第二个理论问题，也就是关于"理"的含义问题。而这个问题又涉及"太极"问题。

关于"理"的含义，李穑没有明确的说明。他在上述引文（《葵轩记》）中曾写道："理无形寓于物中，尽阴阳、奇耦之变而开物成务。"在另一篇文章《养真斋记》中，也阐述了类似思想。他说："夫人之受是气以生也，乾健坤顺而已矣。分而言之，则水火木金土而已矣。求其阳奇阴耦、阳变阴化之原，则归于无极之真而已矣。无极之真难乎名言矣。《诗》曰：'上天之载，无声无臭'，其无极之所在乎？故周子作《太极图》亦曰无极而太极。盖所以赞太极之一无极耳。在天则浑然而已，发风动雷之前也；在人则井然而已，应事接物之前也。发风雷动而混然者，无小变则应事接物而井然者，当如何哉？譬之镜，妍媸在乎物而镜则无曷，尝以照物之故。"[1] 这段引文说明了两个问题。一是表明阴阳二气交合运动产生人与物的原因是无极之真。无极而太极，所以，太极为阴阳二气动静交感之原。由此可以看出，在李穑思想中，"太极"与"理"是等质概念。二是"太极"的含义问题。这段引文表明太极在"发风雷动之前"，在"应事接物之前"，意为"太极"为"动"之前，为"静"、为"寂"。"太极，寂之本也；一动一静而万物化醇焉。"[2] 寂之本的太极不动，一动一静的是阴阳之气，正是凭借着阳气动、阴气静的运动变化，才能"发风雷动"、"应事接物"，即"万物化醇"。这就像物照镜一样，镜不能动，只有当动之物照于镜，才有镜中之物，镜才称之为镜。这实质上就是说，太极是不动的，但其中有动之理，既有动之理，便有气"依傍"它，"依傍"动之理的气就是阳气。同样，太极之中也有静之理，既有静之理，便有气"依傍"它，"依傍"静之理的气就是阴气，[3] 只有当

---

[1] 《养真斋记》，见《牧隐文稿》卷3，《稼亭集·牧隐集·麟斋集》3，第816页。
[2] 《寂庵记》，见《牧隐文稿》卷6，《稼亭集·牧隐集·麟斋集》3，第842页。
[3] 冯友兰：《中国哲学史新编》第5册，人民出版社，1988，第169页。

太极之理显现为太极之气后,通过阴阳二气的作用,才能产生万物。所以,太极是"理"与"气"的统一体。李穑的这一思想与许衡非常相似,旨在强调"气"的功能和价值。

2. "泽民未副平生志,望道唯凭性理书"

李穑出于家庭和环境的背景,从小就对圣人非常敬仰,并决心从修身养性起,学做圣人。这方面的思想表现在他关于心性修养的论述之中。李穑心性论的特点是强调心性修养的重要性和实践性。

学儒学、读儒书,其目的是为了做圣人。李穑的这一心愿,反映在他的诗文之中:

誓心师孔孟,回首叫伊周。①
泽民未副平生态,望道唯凭性理书。②

他决心以孔子、孟子、二程和周敦颐为师,认真读性理书,努力学做孔子那样的圣人。这是因为,"孔氏祖述尧舜、宪章文武,删诗书、定礼乐、出政治、正性情,以一风俗以立万世太平之本。所谓生民以来,未有盛于夫子者"。③ 孔子制书作乐,移风易俗而立万世太平之本,就在于"正性情",即注重心性修养,也就是回归本性的尽性功夫。这种功夫叫做"中和",所达到的最高境界为"致中和"。

儒家经典《中庸》说:"喜怒哀乐之未发谓之中,发而皆中节谓之和。中也者,天下之大本也;和也者,天下之达道也。致中和,天地位焉,万物育焉。"④ 中和是指心性的不同状态,喜怒哀乐潜藏在心中,澹然虚静,这是"中"的状态;喜怒哀乐表现出来并符合一定的节度,无所乖戾,这是"和"的状态。"中"为"性",为体;"和"为"情",为用。"致中和"则是心性修养功

---

① 《浮生二首》,见《牧隐诗稿》卷9,《稼亭集·牧隐集·麟斋集》2,第256页。
② 《即事》,见《牧隐诗稿》卷13,《稼亭集·牧隐集·麟斋集》2,第411页。
③ 《选粹集序》,见《牧隐文稿》卷9,《稼亭集·牧隐集·麟斋集》3,第865页。
④ 《中庸》第一章。

夫所达到的最高境界。这个境界就是位天位、育万物、与天地相参、天人相合。

李穑完全接受《中庸》这种观点,故当庚申科状元李文和向他讨教行之准则时,他便以"中和"相送:

> 孝于家,忠于国,将何以为之本乎?予曰:大哉问乎,中焉而已矣。善事父母,其名曰孝。移之于君,其名曰忠。名虽殊而理则一。理之一即所谓中也。何也?夫人之生也,具健顺五常之德,所谓性也曷尝有忠与孝哉?寂然不动,鉴空衡平性之体也,其名曰中。感而遂通,云行水流性之用也,其名曰和。中之体立,则天地位;和之用行,则万物育。圣人悉赞之。妙德性,尊人伦,叙天秩,灿然明白,曰忠、曰孝、曰中、曰和,夫岂异致哉。①

中为性之体,和为性之用。从体用一源的思维出发,他认为"中和"的具体方法就是主敬、存诚、养真和力行。

所谓"主敬",李穑按照儒家经典《大学》和《中庸》的观点,认为就是"寂",具体表现为"静定"和"戒惧"。他说:"吾儒自庖羲氏以来,所守而相传者,亦曰寂而已矣。至于吾不孝,盖不敢坠失也。太极,寂之本也,一动一静而万物化醇;人心,寂之次也,一感一应而万善流行焉。是以《大学》纲领在于静定,非寂之谓乎?《中庸》枢纽在于戒惧,非寂之谓乎?戒惧,敬也;静定,亦敬也。敬者,主一而无适矣。主一,有所守也;无适无所移也。"② 李穑认为,《大学》的纲领为:"知止而后有定,定而后能静,静而后能安,安而后能虑,虑而后能得。"③ 这是说,

---

① 《伯中说赠李状元别》,见《牧隐文稿》卷10,《稼亭集·牧隐集·麟斋集》3,第877页。
② 《寂庵记》,见《牧隐文稿》卷6,《稼亭集·牧隐集·麟斋集》3,第842页。
③ 《大学》。

只有心不妄动、清静安宁,凡事才能不乱不躁,才能瞻前顾后,考虑周详,才能抓住根本,有所收益。所以,他视"静定"为修身正心乃至齐家治国平天下的关键,故称之为《大学》的纲领。李穑又认为《中庸》的枢纽为:"天命之谓性,率性之谓道,修道之谓教。道也者,不可须臾离也。可离非道也。是故君子戒慎乎其所不睹,恐惧乎其所不闻。"① 这是《中庸》首章。其意为天赋人的气质叫做性,一切顺着本性叫做道。道是人一刻也不能离开的。所以君子在别人看不到的地方,也警惕小心,在别人听不到的地方,也畏惧谨慎。总之,君子要做到"慎独"。因为只有这样,才能保持"中和"之德,达到"致中和"的境界。故"戒惧"为《中庸》枢纽。可见,李穑以"主敬"为红线,贯穿《大学》的纲领和《中庸》的枢纽。

而关于"主敬"的具体内容,他认为是"主一"和"无适"。"主一"为有所守也。李穑作诗形容"主一"说:

非尸坐如尸,无宾如见宾;
收敛不容物,吉触致精纯。②

要像僵尸一样静坐,要像见到贵宾一样有礼,这样才能守住本然之性,而致精纯。"无适"为无所移。李穑又作诗比喻"无适"说:

直将方寸慕唐虞,静坐深参太极图。
除却此心皆异域,算来无事或殊图。
风霜雨露天何限,礼乐诗书日出隅。
看取圣人神化大,只危坐处有功夫。③

---

① 《中庸》。
② 《斋心》,见《牧隐诗稿》卷25,《稼亭集・牧隐集・麟斋集》2,第628页。
③ 《有感》,见《牧隐诗稿》卷8,《稼亭集・牧隐集・麟斋集》1,第333页。

这里，除此心之外皆为异域，而心的修炼，也只是在太极图、礼乐诗书之内而不移另处。这就是圣人的"无适"功夫。

所谓"存诚"，李穑认为是在本然之性迷失之后，通过一番"克己复礼"的努力而恢复人的本然之性为"存诚"，又叫"明诚"。对此，他在《可明说》中作了解释：

> 善固在也，而人有贤不肖、智愚之相去也，何哉？气质敝之于前，物欲拘之于后，日趋于晦昧之地、否塞沉痼不可救药矣。呜呼，人而至此可不悲哉！一日克己复礼则如清风兴而群阴之消也。方寸之间，灿烂光明察乎天地，通于神明矣。……三达德必自一。一者，何也？诚而矣。诚之道，在天地则洋洋乎鬼神之德也，在圣人则优优大哉峻极于天者也。①

李穑认为人性本善，但由于被气质所敝、物欲所拘，因此失去本然之性。只有通过克己复礼的努力，方可恢复本来之善性。而这克己复礼的努力，可称为"诚"。诚之道贯通天地，意为真实无妄。为此，李穑特别指出要随时随地地进行克己复礼的存诚、明诚之功夫。如"真伪由来终自露，读书功业在明诚"；"三才一理耳，复初在明诚"；"钧乎无自弃，中节由明诚"；"只恐异端或娱我，闲邪直欲存吾诚"。② 读书、复初、中节等，都要"明诚"，尤其是当闲邪之际，更要"存诚"。这样，才能克己复礼，才能回归本善之性。

所谓"养真"，在李穑思想中是"存诚"的另一种表达方式。关于"真"，他讲："人之生既真矣。惟大人者不失之故能为大人耳，非大人之从外得也。事君尽礼非谄也，真也；辞疾出吊非诈也，真也。"③ 这是说事君尽礼不谄为真，辞疾出吊不诈为真，总

---

① 《可明说》，见《牧隐文稿》卷10，《稼亭集·牧隐集·麟斋集》3，第873页。
② 《有感》、《自伤》、《赵钧伯和》、《半夜歌》，见《牧隐诗稿》卷11、卷12、卷13、卷15，《稼亭集·牧隐集·麟斋集》2，第382、404、409、443页。
③ 《养真斋记》，见《牧隐文稿》卷3，《稼亭集·牧隐集·麟斋集》3，第816页。

之，要像大人君子那样做，就是真。至于如何养真，他认为"养心莫先于寡欲，请以寡欲为养真茅一义"。① 欲多则不真，所以要不被外欲所诱惑，才能不失本然之性。

所谓"力行"，就是笃行、有始有终、不舍昼夜地践履。"困学之士，惟力行一言，实入道之门也。力行之道，孜孜屹屹不舍昼夜。始也，吾心也昭昭之明也；终也，吾心也与日月合其明。"② 李穑这里的"力行"强调的是孜孜屹屹和有始有终，认为只有这样，才能尽善。他要突出的是心性修养的实践性，认为唯有实行、实做，才是入道之门，除此而外，别无他法。③

主敬、存诚、养真、力行的目的是为了"致中和"。这是李穑儒学思想的主旨和境界。

3. "从来谷谛皆真谛，最是僧风有士风"

在对待佛教和道教问题上，李穑一方面反对佛教（主要是从佛教徒财所耗竭方面进行批评），另一方面在他的诗歌和序记中又流露出了以儒为主的儒释道三教融合思想。例如，关于"道"的思想，李穑有两段重要论述。一是他送予绝传上人的序，说：

> 道在天地间，贯幽明、包大小，无物不有、无时不然，其体用固灿然也。而人之行之，有传与否焉？非独吾儒之事也。达摩学者牵宗之故，其衣之表信也。④

另一段是他送给峰上人的序，说：

---

① 《养真斋记》，见《牧隐文稿》卷3，《稼亭集·牧隐集·麟斋集》3，第816页。
② 《可明说》，见《牧隐文稿》卷10，《稼亭集·牧隐集·麟斋集》3，第873页。
③ 郭齐家：《李穑的教育活动与教育思想》，刊于《牧隐李穑学术思想中韩研讨会论文集》（打印本）。
④ 《送绝传上人序》，见《牧隐文稿》卷8，《稼亭集·牧隐集·麟斋集》3，第859页。

"师去游方何所求乎?"曰:"道焉而已矣。"曰:"请问道安在乎?"曰:"无不在。"曰:"然则不离当处矣乎?"曰:"然。"曰:"然则所谓游者赘甚矣。师在蒲团则道在蒲团矣,师用草鞋则道在草鞋矣,墙壁瓦砾无非道也,江山风月无非道也,不宁唯是着衣吃饭无非道也,扬眉瞬目无非道也。上人何待于游而后求道乎哉?吾之所谓赘者然乎否乎?"上人曰:"子之言也是矣。"①

上述两段话表明,李穑认为"道"作为一种理念,无物不有、无时不然,这是儒释道的共识,此儒释道相融合之一。这两段话均是李穑与佛教人士的对话,尤其是第二段与峰上人的对白,表明峰上人对李穑关于"道"无处不在、无时不有的观点是赞成的。而李穑的这番论述与《庄子·知北游》不仅观点一致,而且语序也颇似。《庄子·知北游》记述了东郭子与庄子的一段对话。东郭子问庄子说:"所谓道,在哪里?"庄子说:"无所不在。"东郭子说:"指出一个地方来。"庄子说:"在蝼蚁里面。"问说:"怎么这样卑下呢?"答说:"在稊稗里面。"问说:"怎么更加卑下呢?"答说:"在瓦甓里面。"问说:"怎么愈来愈卑下呢?"答说:"在尿溺里面。"东郭子不回应。庄子说:"道是不离物的。最高的道是这样,最伟大的言论也是这样。"② 这表明在李穑思想中,就"道"的理解,与《庄子》是相吻合的。在儒释道中,"道"的具体含义不尽相同,但作为一种形而上的观念、规则,李穑认为它贯彻于儒释道三教之中。

"道",作为前后传承的"道统"、"法统",李穑认为这也是儒释道的一个共性,此儒释道相融合之二。李穑在与绝传上人对话

---

① 《送峰上人游方序》,见《牧隐文稿》卷9,《稼亭集·牧隐集·麟斋集》3,第869页。
② 陈鼓应:《庄子今注今译》,中华书局,1991,第577页。

中认为,"道"之前后相传、相承,佛与儒一样,所谓"绝传者非其意也,反其义以要其成而已矣"。①

又如,在心性终极修养方面,李穑认为儒的"主敬"与佛的"寂灭"有相合性。他在《澄泉轩记》中说:"吾儒以格致诚正而致齐平,则释氏之澄念止观以见本源自性天真。佛度人于生死波浪,而归之寂灭,岂有异哉?"② 儒家主张通过格物致知、诚正以达修身、齐家、治国而平天下,而格致诚正的修养功夫是"主敬",主敬的实质是"寂"。正是在这一点上,李穑认为儒"主敬"之"寂"与佛之"寂"有相通、相合之处。

再如,在道德教化方面,李穑认为儒与道有相近性。他在《送徐道士使还序》中写有:"老氏周柱下史,不遇也,著书五千言。再传而至盖公,曹参荐之文帝,至汉刑措,虽吾儒用天下者,其成效未必皆是之美也。"③ 道教之大本在于反对刑罚,主张道德教化。这与儒家主张的德化思想非但不相悖,反而更加彻底。故李穑认为在道德教化这一点上,也能找到儒道之间的契合点。

On Mogeun Yi Saek's Thought of Confucianism

Li Suping

Abstract Yi Saek is a famous thinker, politician, educationist of the late Korea dynasty. As a thinker, he made the buddhism centered

---

① 《送绝传上人序》,见《牧隐文稿》卷8,《稼亭集・牧隐集・麟斋集》3,第859页。
② 《澄泉轩记》,见《牧隐文稿》卷3,《稼亭集・牧隐集・麟斋集》3,第819页。
③ 《送徐道士使还序》,见《牧隐文稿》卷7,《稼亭集・牧隐集・麟斋集》3,第850页。

Korea society shifted to Confucianism centered, and also made the Korean Poetry and Prose turned to the Neo-Confucianism. Yi Saek's thought origined from three aspects, the first one is Xu Heng's "Qi" thought, the second one is Korean Scholar Lee Jehyun's thoughts which emphasized on the training and practice, and the third one is his father Yi Kok, a great Korean thinker who insisted in the unity of the Buddhism, the Taoism and the Confucianism.

Key Words Confucianism; Li Qi; Xin Xing

【审读：石源华】

茶山丁若镛的心性论探析：以经学为中心

邢丽菊

【内容提要】 茶山丁若镛是朝鲜后期实学思想的集大成者。他的经学诠释体制脱离了以往朱子理学形而上的层面，注重现实和实践，同时突出人的主体地位。他的心性论从具体的现实和个体的自律性上来重新认识人，从而确立了其哲学思想的实学依据。他认为心是人的主体，性是心之嗜好。人心虽然有这种嗜好的倾向，但现实中的善恶取决于心的自主之权，心具有自律性。他反对性理学中本然和气质之性的分类，认为在本然上人物性是不同的，在气质上人物性又是相同的。在四端和四德的关系中，与性理学者的"德内端外"不同，茶山提出了"端内德外"，认为四端虽然是先天内在的，而仁义礼智四德则是在实践基础上形成的后天性的存在。

【关键词】 茶山经学　性嗜好　自主之权　人物性同异　四端　四德

【作者简介】 邢丽菊，复旦大学韩国研究中心副教授。

茶山丁若镛（1762~1836）是朝鲜后期实学派思想的集大成者。如果说朝鲜李氏王朝前期是性理学的发展鼎盛期，那么朝鲜后期则酝酿了最有影响的学术思想——实学思想。茶山生活的18世纪中后期，受外侵（主要指壬辰倭乱、丙子胡乱）影响的社会经济已经得到恢复，朝鲜社会逐渐由农耕社会走向工商社会，士林政治走向下坡路，出现了强化君主政权的荡平政治。当时作为士林政治基础的朱子学的理论体制已经动摇，而一系列的社会变化又需要开放的、多样的思想体系作指导。茶山在道器兼顾的立场上，吸取朝鲜前期的教训，提出了具有自己特色的实学思想。

作为朝鲜实学史上的核心人物，茶山的学问体制可谓集众家之长于一身。他继承了星湖派宗师李瀷（1681~1763）的学问，集经世致用学于一身，又通过同朴齐家（1750~1805）的交往，吸收了北学派的学问。不仅如此，他还受西学的影响，也接受了考证学的知识。如此广博的知识面，使得他的经学解释形成了与以往不同的新的体系。他的实学思想的代表著述是"一表二书"，即《经世遗表》和《牧民心书》、《钦钦新书》。但这些实学思想著述的理论依据，是他的经典著述中体现的经学思想。他的经学著作可谓庞大，限于心性论这一主题，本文将主要探讨收录在他的《与犹堂全书》中的一部分经学资料。

一 茶山经学体制的构成

所谓经学，主要是研究以四书五经为中心的原始儒家经典的学问。虽然这些著作中留下的孔孟、文武周公等的话语一直以来被奉为名义上的至上真理，但在历史发展的过程中，各个时代以及学者对他们的解释却不尽相同，而且对很多经典的出现年代和真伪问题也是众说纷纭。总体来讲，在中国历史上，先秦时期有原始儒家的洙泗学的经典世界，到了汉唐时代是训诂学，宋明时代出现了理学的经典注释，清朝则出现了考证学。而在朝鲜，从高丽王朝末期到朝鲜王朝前期是性理学的解释体制，主要是吸收和发展了以朱熹为代表的性理学；到了朝鲜后期则是脱离性理学的实学的解释体制。因此，随着时代学术背景的不同以及学者立场的不同，经典解释的性质就不同。

　　茶山经学的形成过程大致可分为四个阶段。第一阶段是他作为太学生时期，他在针对正祖的70余条文而著的《中庸讲义》中，已经开始对朱子的经学提出反对意见，并开始提出自己独特的经学体制。第二阶段是他在正祖身边为官讲课时的讲义记录，主要有《熙政堂大学讲义》（1789）和《诗经讲义》（1791）。在正祖的支持下，茶山一方面对经学有了更加广泛、深度的理解，另一方面又通过政治活动丰富了将经学的内容付诸实践的经验。第三阶段是他被流放时期（1801~1808年），这一时期，他埋头专攻经学，主要成果有《周易四笺》（1808）、《诗经讲义补》、《古训蒐略》、《梅氏书评》（1810）、《尚书知远录》、《丧礼四笺》（1811）、《春秋考征》（1812）、《论语古今注》（1813）、《孟子要义》、《大学公议》、《中庸自箴》、《中庸讲义补》（1814）、《小学枝言》、《心经密验》（1815）、《乐书孤存》（1816）、《丧礼节要》（1816）。第四阶段是他从流配地返乡后，与申绰、洪奭周、金迈淳等学者交流后而完成的《尚书古训》。韩国学者琴章泰教授将这四个时期依次比喻为春（萌芽期）、夏（成长期）、秋（收获期）、冬（保守期）。①

　　茶山一生留下的著述有500余卷之多，其中经集占多半数。仅收录在他的《自撰墓志铭》中的就多达232卷。② 这其中，除了有关"六经四书"的注释书以外，还有好多关于礼说（《丧礼四笺》、《丧礼节要》、《祭礼考定》等）的著述，体现了茶山试图以古代帝王的遗制为基础来发展、改革现有制度的坚强意志。由于礼说的著

---

① 琴章泰：《茶山实学研究》，韩国首尔：小学社，2001，第12页。
② 《自撰墓志铭》中经集的总卷数是232卷。但是合茶山花甲以后的著作，实际共有250余卷。参见李篪衡《茶山经学研究》，韩国首尔：太学社，1996，第16页。

述不是他的经典注释书的重点,故在此不作过多探讨。

关于自己的学问体制,茶山曾说,"六经四书,以之修己;一表二书,以之为天下,所以备本末也"。① "六经四书"② 的经学和经世论的"一表二书"是本末关系,说明了茶山经学与经世论有着不可断绝的关系。在此,茶山将六经置于四书前面,可以看出他脱离朱子的经学体制四书五经,试图向先秦经学的体制回归的倾向。他将"洙泗学"视为学问的标准,追求圣人孔子的经典精神与当时社会的世界观相一致。茶山生活的年代,主流经学虽是宋学,但也有受清朝考证学影响而埋头于汉学的学者。茶山虽然承认宋学和汉学的一部分优点,但关于二者的弊病,他指出:

> 汉儒注经,以考古为法,而明辨不足,故谶纬邪说,未免俱收,此学而不思之弊也;后儒说经,以穷理为主,而考据或疏,故制度名物,有时违舛,此思而不学之咎也。③

他认为汉学(训诂学)虽然以"考古"的考证作为方法,但是缺乏明确的辩论分析,是"学而不思"。而宋学(理学)以穷理为主而疏忽考据,是"思而不学"。另外,在他的经典著述中,论宋学和汉学时经常出现"非洙泗之旧"、"接洙泗之真源者"、"洙泗旧论"等语句,可见他将"洙泗学"视为学问的基准点,但不是单纯地向洙泗学的复原和回归。因此他的经学方法是综合汉代训诂学和宋代理学之长,克其短,将二者发展到一个新的层次。正是从超越宋学和汉学,从新的层次上发掘孔孟原典本质的层面上,将茶山的经学称作"洙泗学"。

---

① 《与犹堂全书》卷16《自撰墓志铭》。
② 茶山在他的《自撰墓志铭》(集中本)中指出,"六经四书"指的是《诗经》、《书经》、《礼经》、《乐经》、《易经》、《春秋》、《论语》、《孟子》、《中庸》和《大学》。
③ 《与犹堂全书》卷7《论语古今注》。

关于经学的研究方法，茶山追求的是缜密的考证。首先，他认为最重要的是准确把握字义，读书以"求义理"为目标，但"其字义之训诂有不明，则义理因而晦"，① 所以茶山将考证学认为是研究经学的基础方法，经学研究必须从"训诂字义"出发。其次，他在解释经典时还多次使用"以经证经"的方法，这是因为儒家经典的内容和基本精神在其他经典之间有重叠的部分，要注意相互补充和分析。最后，为了加强客观性，他还提出了"考异"、"考证"、"考辨"、"衍义"的方法。②

东西相结合的思维方式也是茶山经学的一个重要特点。在茶山经学萌芽期，他受西学的影响最大，西学的影响为他的经典注释注入了新的活力。他熟读利玛窦的《天主实义》，在经学中对其进行了能动性的取舍。他的上帝观、人类中心主义的思维方式、自由意志的肯定等都与西学的影响紧密相关。

不仅如此，茶山经学中还体现了强烈的实学精神和近代精神。在他的经学注释中，最重视的就是"站在个人和社会的角度上，究竟该做什么"以及"如何去做"等具有实践意义的问题，③ 他认为孔孟、尧舜也是很重视实践的人物。茶山在探求实学的哲学世界观的过程中，流露出了很多近代思想，概括起来主要有：人的主体精神、应该尊重个人的自由和选择、合理改善社会的制度和法律、发展科学技术、追求经济的福利等。可见他的经典注释中勾画的人间像与近代的人观基本一致。④

二 性嗜好说

人性的问题，早在原始儒家时代就是争论的焦点。孔子说过

---

① 《与犹堂全书》卷13《诗经讲义序》。
② 这一点在《尚书古训》中特别明显。参见《尚书古训凡例》。
③ 这一点可以参见他的《尚书知远录序说》。
④ 韩国哲学研究会编《茶山经学的现代理解》，韩国首尔：心山文化社，2004，第20~25页。

"性相近，习相远"，孟子提出了性善说，告子主张性无善无恶说。到了荀子又有了性恶说，汉代扬雄又提出了性善恶混说，到了唐代韩愈则提出了性三品说。这些多样的学说说明了人们对人性问题的关注程度之高。到了宋代，儒学者将人性论看作哲学问题的核心，提出了"性即理"，性理学这一名称也得以确立。朝鲜时代脱性理学者的代表——茶山将性理学中所提出的性当作重要的问题，对此进行了新的诠释，从而形成了自己独特的哲学体系。

我们先来看一下茶山对性的认识。他认为，"天性"这一用语最早出现在《书经》中祖伊说的"不虞天性"，后来《周易》中的"尽性"、《孟子》中的"知性"以及《中庸》中的"天命之谓性"都与祖伊所说的天性意思相同。性是人从上天禀赋的天命，源自天。性的实现在于人循天命而行。

他最早在对《论语》的注释中提出了"性也者，以嗜好厌恶而立名"，① 后来在解释《中庸》的"天命之谓性"时同样也指出：

> 据性字本义而言之，则性者，心之嗜好也。召诰曰节性唯日其迈，孟子曰动心忍性，王制云修六礼以节民性，皆以嗜好为性也。天命之性，亦可以嗜好言。盖人之胚胎既成，天则赋之以灵明无形之体。而其为物也，乐善而恶恶，好德而耻污。斯之谓性也，斯之谓善也。②

茶山反对性理学以理气来解释人性的观点，指出说：

> 今人推尊性字，奉之为天样大物，混之以太极阴阳之说，杂之以本然气质之论，渺茫幽远，恍惚夸诞，自以为毫无缕

---

① 韩国哲学研究会编《茶山经学的现代理解》卷9《论语古今注》。
② 韩国哲学研究会编《茶山经学的现代理解》卷1《中庸自箴》。

析，穷天下不发之秘，而卒之无补于日用常行之则，亦何益之有矣，斯不可以不辨。①

认为性理学过于偏重形而上的理而忽视实践，显示出了要对人性论进行实学性的再考察的意志。

他认为性是"心之所嗜好"，这与朱子的"性即理"有着根本的区别。"嗜好"指的是具有分别好恶之感情的态度，具有对象或价值的取向性。与之相比，理则是其本身就具有正当性的、根源性的原理，它意味着作为价值判断基准的形而上的本体。②

茶山认为"天命之谓性"的"性"是人所固有的、从人的生成根源上被赋予的性，正如上文他所说，"盖人之胚胎既成，天则赋之以灵明无形之体。而其为物也，乐善而恶恶，好德而耻污。斯之谓性也"。与此相比，朱子则认为，"天即理也。天以阴阳五行化生万物，气以成形，而理亦赋焉，犹命令也。于是人物之生，因各得其所赋之理，以为健顺五常之德，所谓性也"。③ 在此，二人形成了鲜明的对比，即茶山认为此处的"性"是人心的嗜好，而朱子认为是人和万物所共同禀赋的健顺五常之德。

茶山认为，天所赋予人的"灵明无形之体"正是人的心，心所具有的"乐善而恶恶，好德而耻污"的性质才是性。换言之，人从上天禀受的人所存在的根源性的本体只有心，而所谓的性不是本体，只是心所具有的属性而已。因此他把性看作是能否乐、恶、好、耻的嗜好，提出了性嗜好说，对性概念作了新的诠释。为了确认心的这种嗜好的属性，他还指出：

其在古经，以虚灵之本体而斫制，则谓之大体。以大体之

---

① 韩国哲学研究会编《茶山经学的现代理解》卷2《心经密验》。
② 琴章泰：《茶山实学探究》，第95页。
③ 《四书集注·中庸章句》。

所发而言之,则谓之道心。以大体之所好恶而研制,则谓之性。天命之谓性者,谓天于生人之初,赋之以好德耻恶之性与虚灵本体之中,非谓性可以名本体也。性也者,以嗜好厌恶而立名。①

可见,茶山所说的"本体"并不是朱子性理学中所认为的形而上学的本体(理),而是蕴含着作为实际存在的"实体"的意味。

茶山提出的这种"性嗜好"的思想并不是他的首创,而是根源于原始儒家思想。茶山在自己的著述中也多次引用原始儒家经典中出现的术语来证明。他认为《召诰》中的"节性唯日其迈",《孟子》中的"动心忍性",《王制》中的"修六礼以节民性",都是以嗜好来说明性的。不仅如此,孟子也是"借形躯之嗜好,以明本心之嗜好",② 而人之心乐善耻恶,即所谓性善。他说:"孟子论性,必以嗜好言之,其言曰,口之于味,同所嗜;耳之于声,同所好;目之于色,同所悦。皆所以明性之于善,同所好也",③ 认为孟子是由这种心之嗜好来说明性之本善。不仅如此,他还认为孔子引用《诗经》中的"民之秉彝,好是懿德"也是为了证明人性。认为"舍嗜好而言性者,非洙泗之旧也",④ 强调自己的"性嗜好"说是立基于孔孟之说、洙泗之旧的。除了引用经典语句外,他还大量列举日常生活中的实例来力证之,说"我性嗜脍炙"、"我性恶殰败"、"我性好丝竹"、"我性恶蛙声"等。⑤ 而且在此基础上批判性理学者论性都是些空虚的主张,把人搞得思维恍惚。他指出:

---

① 《与犹堂全书》卷15《论语古今注》。
② 《与犹堂全书》卷19《答李汝弘》。
③ 《与犹堂全书》卷5《孟子要义》。
④ 《与犹堂全书》卷3《中庸自箴》。
⑤ 《与犹堂全书》卷3《中庸自箴》。

> 独于经学家论性处，必舍嗜好二字，乃取本然气质两大柱曰理同气异，曰心大性小，曰心小性大，曰已发未发，曰单指兼指，千头万绪，棼然淆乱。又远取太极一元之圈，先天二五之妙，曰心曰性，使学者恍兮忽兮，莫知其入头下手之处，岂非枉劳苦乎？①

关于性嗜好的种类，茶山认为有两种：一是形体嗜好，指的是"目下之耽乐"；二是灵知嗜好，指的是"毕竟之生成"的人生的本态。他将"节性"、"动心忍性"以及"耳目口体之性"归为形体嗜好，"天命之性"、"天道"、"性善"以及"尽性"的性则归结为灵知的嗜好。因为茶山将人看作是神形妙合的存在，所以在嗜好上也就相应的具有两面性。这两种嗜好分类的理论根据，是孟子的"体有贵贱，有大小。无以小害大，无以贱害贵。养其小者为小人，养其大者为大人"。② 他说道：

> 大体者，无形之灵明也；小体者，有形之躯壳也。从其大体者，率性者也；从其小体者，循欲者也。道心常欲养大，而人心常欲养小。乐知天命则培养道心矣，克己复礼则伏人心矣，此善恶之判也。③

在这里，人只有顺其大体（灵明）才能保持其作为人的本性。但人的心并非始终顺其大体，还有顺其小体（形体）的欲心。道心养其大体而追求道义，人心养其小体而追求私欲。这就产生了善恶的区别。大体之嗜好具有好善恶恶的倾向，小体之嗜好从本能上具有利己、追求欲望的倾向。大体和小体的嗜好共同组成了性嗜好的要素。④

---

① 《与犹堂全书》卷19《答李汝弘》。
② 《孟子·告子上》。
③ 《与犹堂全书》卷5《孟子要义》。
④ 方浩范：《茶山性嗜好的人间观》，浙江社科网。

关于性善性恶的问题，茶山认为，性虽然具有嗜好的倾向，但是现实中的善恶区别并不在于天，而是在于"心之权"。他否认善恶取决于人性，说道：

> 天之于人予之以自主之权，使其欲善则为善，欲恶则为恶，游移不定，其权在己，不似禽兽之有定心，故为善则实为己功，为恶则实为己罪，此心之权也，非所谓性也。①

点出了人心从上天禀赋了自主之权，是主体性的存在。选择善恶在于心的意志，与性是无关的。天赋予人可善可恶之权，行善行恶全在于心，行善则是功，为恶则是罪。心的这种自主权说明了其不是被决定的，而是具有开放的、可能性的存在。人心究竟指向善还是恶，是自己决定的事情，因此功和罪的责任也在于自己。若像"水性好就下"、"火性好就上"那样是依据自然的、必然性来决定的话，善恶就不会成为人的功和罪。可见茶山的性论强调人的主体性以及心的自律性，具有引导人自发性努力的意志。②

在此，他也对以前的性说做了评论。他指出：

> 灵体之内，厥有三理。言乎其性，则乐善耻恶，此孟子所谓性善也；言乎其权衡，则可善可恶，此告子湍水之喻，扬雄善恶浑之说，所由作也；言乎其行事，则难善而易恶，此荀卿性恶之说，所由作也。荀与扬也，认性字本误，其说以差，非吾人灵体之内，本无此三理也。③

他认为人心之内有三理，因此把以前的性说归结为三种类型，

---

① 《与犹堂全书》卷5《孟子要义》。
② 金庚泰：《茶山丁若镛的人性论所具有的道德实践意义》，载《韩国实学论文集》，韩国首尔：不咸文化社，1994，第46页。
③ 《与犹堂全书》卷2《心经密验》。

认为将心说为性（嗜好）时，是孟子的性善说；将心说为权衡（意志）时，则是告子的湍水之喻和扬雄的善恶浑之说；将心说为是行事（行为）时，则有荀子的性恶说。换言之，孟子将性看作"嗜好"，荀子将性看作"形气之私"，扬雄将性看作是"自主之权能"。告子、扬雄和荀子虽然没有正确地理解性，但是人心中确有他们所指的这三种要素。

综上所述，茶山将性看作是心（灵体）的属性。在心这一行为的主体中，虽然大体和小体、道义和人欲一直处于矛盾斗争中，但性是嗜好的。尽管这样，人并不是任何时候都行善的，根据心的性（嗜好）、权衡（意志）和行事（行为）之不同而出现善恶的差异。①

三 人物性的同异问题

人物性同异论争（又称湖洛论争）是朝鲜性理学史上重要的论争之一。以巍岩李柬为代表的洛派主张人物性同，理论依据是朱子对《中庸》"天命之谓性"的注释，朱子说，"天以阴阳五行化生万物，气以成形，而理亦赋焉……于是人物之生，因各得所赋之理，以为健顺五常之德，所谓性也"；以南塘韩元震为代表的湖派主张人物性异，理论依据是朱子对《孟子》"生之谓性"的注释："人物之生，莫不有是气，莫不有是理。……以气言之，则知觉运动人与物莫不异也。以理言之，则仁义礼智之禀，岂物之所得而全哉？"二者的观点之所以不同，是因为他们各自对本然之性的定义不同。巍岩将其看作是理一之理，而南塘将其看作是"因气质"的本然之性（孟子所说的犬牛人之性）。尽管二者的基本主张不同，但至少他们在承认物这一自然存在的道德性方面是统一的。而茶山则彻底否认物的道德性，主张人物性异。

---

① 琴章泰：《茶山实学探究》，第105页。

传统的朱子性理学一般认为,"人物同得天地之理以为性,同得天地之气以为形",其不同者在于"其人于其间得形气之正,而能有以全其性,为少异耳",① 即人和物的本然之性是相同的,而气质之性是相异的。本然之性是纯善无恶的,而气质之性是可善可恶的,如此将性的概念两分化。而茶山则反对这种本然和气质之性的分类,特别是强烈批判本然之性。他指出,宋代的理学者是根据《楞严经》中的"如来藏性,清静本然"引出了本然之性,佛书中的本然是"无始自在之意",而"儒家则谓吾人禀命于天"。他认为本然气性之性"不见六经、不见四说","孟子之时,本无本然之说,岂可执后出之谬名,欲以解先圣之微言乎",以此批判朱子的性论有悖于传统孔孟儒学的本质。

茶山认为人物性从根本上是相异的。人性合道义气质二者,而禽兽之性纯是气质之性。他指出:

> 人之性,只是一部人性;犬牛之性,只是一部禽兽性。盖人性者,合道义气质二者,而为一性者也;禽兽性者,纯是气质之性而已。今论人性,人恒有二志相反,而并发者。有馈而将非义也,则欲受而兼欲不受焉;有患而将成仁也,则欲避而兼欲不避焉。夫欲受与欲避者,是气质之欲也;其欲不受而不避者,是道义之欲也。犬与牛也,投之以食,欲食焉而已;怵之以刃,欲避焉而已。可见其单有气质之性也。且人之于善恶,皆能自作,以其能自主张也;禽兽之于善恶,不能自作,以其为不得不然也。人遇盗,或声而遂之,或计而擒之;犬遇盗,能吠而声之,不能不吠而计之,可见其能皆定曾也。夫人性之于禽兽,性若是悬绝,而告子只就其生觉运动之同处,便谓之一性,岂不谬乎?臣以为犬牛人之性,同谓之气质之性,则是贬人类也;同谓之道义之性,则是进禽兽也。二说俱有病

---

① 以上两句引言均出自朱熹的《四书集注·孟子集注》。

痛。臣谓人性即人性，犬牛之性即禽兽性。至论本然之性，人之合道义气质而为一性者，是本然也；禽兽之单有气质之性，亦本然也，何必与气质对言之乎？①

人是同时具有"道义"的道德性和"气质"的自然性的二重存在。因此对善恶的道德问题能够进行自律性、主体性的判断和行动，在类似于遇到盗贼等的危急情况下，会设法逃脱并处理，茶山将这称为"自主之权"。但禽兽只是在其先天具有的本能下进行条件反射，没有选择的余地。禽兽只具有自然性，而没有道德性，故不能向禽兽追究道德责任。若说人是开放性的存在，则禽兽是封闭性的存在。人与禽兽的本性是截然不同的，故本然之性和气质之性这一对立的性论不能适用于人物性论中。

他因此批判"性即理"，提出了"性嗜好"说。以此为根据，指出追求善和有道德的行为是人的本然之性，而根据本能来行固定之事是禽兽的本然之性。人物的本然之性本来就是不同的。其理由是各自禀赋了不同的天命，所受天之理是不同的。他说：

> 观虎狼蜂蚁之性，其果与吾人之性同是一物乎？人所受者，酒也；虎狼蜂蚁之所受者，秽汁败浆之不可近口者也，恶得云理同而气异乎？②

但是，"人之所以知觉运动，趋于食色者，与禽兽毫无所异"。从自然性的观点来看，告子所说的气质之性，人和物是相同的。因此批判朱子的学说歪曲了孟子之意，犯了大错。

不仅如此，他还主张人与自然的分离，他指出，"草木禽兽，

---

① 《与犹堂全书》卷5《孟子要义》。
② 《与犹堂全书》卷5《孟子要义》。

天于化生之初，赋以生生之理，以种传种，各全性命而已。人则不然。天下万民，各于胚胎之初，赋此灵明，超越万类，享用万物"。① 他强调人与物的根源上的差别，认为物只是禀受了其生的道理，而人从一开始则禀受了灵明，所以是比物优越尊贵的存在，具有享有并利用物的权利。

可见，茶山认为只有人具有道德性和自律性，否定禽兽的道德性，并将其规定为从属于必然的自然法则之存在，从而将自然和人的世界分离开来，将脱道德化的自然视为人类享有和利用的对象，突出了人的独特地位。他的这一思想实现了由传统儒学向近代的转化。②

四 四端和四德

作为脱性理学的代表，茶山提出了与性理学不同的、具有强烈实践意义的四端说。性理学主张"性即理"，这个"理"，指的就是人从上天禀赋的仁义礼智之性。而茶山则认为，仁义礼智成于人行事之后，并不是内在于人心中的本性。

为此，我们先来看一下他对四端之"端"的解释。自古以来，对端的解释甚是丰富，③ 茶山认为"端也者，始也"，"物之本末，谓之两端，然犹必以始起者为端"。他还列举《中庸》、《礼记》、

---

① 《与犹堂全书》卷4《中庸讲义》。
② 崔英辰：《朝鲜王朝时期儒学思想的根本问题》，邢丽菊译，《哲学研究》2006年第4期。
③ 关于孟子"四端"之"端"，自古以来有各种不同的解释。赵岐认为端即首，"端者，首也，人皆有仁义礼智之首，可引用之"；孙奭认为端即本，"人有恻隐之心，是仁之端本起于此也……恻隐四者，是为仁义四者之端本也"；朱子认为端即绪，"因其情而发，而性之本然，可得而见，犹有物在其中而绪见于外也"；蔡季通认为"端乃是尾"，陈北溪认为"比之茧丝，外有一条绪，便知得内有一团丝"。由此看来，古注系列中通常将端解释为"端本"或"首"，认为仁义礼智由此而生，故常用作开始、最初、首端之义，四端的扩充是四德成立的阶梯。但新注中，端解释为绪，是尾、尽头、结果之义，认为四德内在于其中，性发为情是四端。可见古注和新注的观点正相反。

《春秋传》中的语句来证明端为始之义，引证如下："君子之道，造端于夫妇；君子问更端则起对；履端乎始，序则不愆；步历之始，以为术历之端首；主人奠爵于序端；司正升立于席端；笔端、舌端、杖端、墙端、屋端。"最后说，"凡以头为端者，不可胜数，乌得云尾为端乎",① 认为具体的事物都是以头为端，而不是以尾为端。他同时也指出，孟子自注的"若火之始然，泉之始达"中两个始字，也说明了端之为始义。

他认为必须是在实践中扩充四端之心，才能成就仁义礼智四德之名，"若其仁义礼智之名，必成于行事之后"，② 即四德不是先天地存在于人性中的，也不是天命之性的实体，而是行事之后出现的结果。四德是爱（仁）、善我（义）、宾主拜揖（礼）、事物辨明（智）之后而出现的德目，③ 不是像桃仁、杏仁一样直接挂在人的心底深处的，是在经验基础上行事以后才成立的。可见，茶山的经典注释不是立足于性理学的思维，而是以实践的思考为前提，这反映了他的经典注释具有很强的实践性。

关于人人皆有不忍之心的仁，茶山认为不是传统朱子学说的"心之德"或"爱之理"，而是两者之间应该遵守的最善的道德规范。他指出说：

> 仁者二人也。事亲孝为仁，子与父二人也。事君忠为仁，臣与君二人也。牧民慈为仁，牧与民二人也。人与人尽其分，乃得为仁。故曰强恕而行，求仁莫近焉，在心之理，安得为仁乎？唯德亦然，直心所行，斯谓之德。故大学以孝弟慈为明德，论语以让国为至德，实行既著，乃称为德。心体之湛然虚

---

① 此段中的引文均出自《与犹堂全书》卷5《孟子要义》。
② 《与犹堂全书》卷5《孟子要义》。
③ 《与犹堂全书》卷5《孟子要义》：爱人之后谓之仁，爱人之先，仁之名未立也……岂有仁义礼智四颗，磊磊落落，如桃仁杏仁，伏于人心之中者乎？

明者，安有德乎？心本无德，况于仁乎？①

他把仁看作是二人之间的实践。先儒以仁德为生物之德，而茶山指出，"仁非生物之理，以此求仁，比无以见仁迹矣"。他的仁是在实践基础之上的，与传统的解释大不相同。

关于《孟子·告子上》6章中的"仁义礼智，非由外铄我也，我固有之者"，茶山解释说，"谓推我在内之四心，以成在外之四德"，认为四心是人性所固有的，而四德是四心之扩充。若不扩充四心，则四德之名无从立，突出了扩充（实践功夫）的重要性。

由此可以看出，茶山对四端之心与仁义礼智四德的相互关系的解释与传统的朱子性理学解释正好相反。朱子认为，四端之"端"为"端绪"，"犹有物在其中而绪见于外也"。② 依照性理学的观点，仁义礼智是人性中先天固有的，四端是从四德中发显出来的。因此性理学的修养是通过四端之心来认识内在的性，使之向内在的性来收敛，是一个内向的过程；茶山则认为四德不是先天固有的，而是后天形成的。四端是开始，由此出发，经过实践后，才形成外面的四德。即由四端之心出发来扩展到行为的四德，是一个外向化的过程。并在此基础上批判性理学者通过内面的省察实现道德性的做法如同禅家的"面壁观心"。总起来，茶山将自己的观点称为"端内德外"，而将性理学的观点称为"德内端外"。关于二者的区别，我们可以用图1来表示如下。

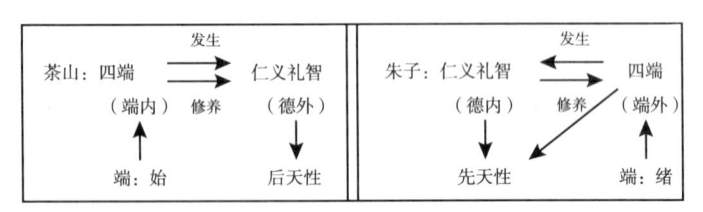

图1 茶山与朱子对四端与四德相互关系的解释之区别

---

① 《与犹堂全书》卷5《孟子要义》。
② 《四书集注·孟子集注》。

五　结论

茶山的心性论摆脱了以往性理学观念性的、形而上的认识，通过洞察现实中具体的人来确立自己独特的经学体制。他对人的理解的焦点和核心就在于对心性的重新规定上。他从根本上推翻了性理学的心性论，从具体的现实性和个体的自律性上来重新认识人，从而确立了其哲学思想的实学依据。下面我们对茶山心性论与朱子性理学作一总结和比较。

茶山否认性理学中将性看作心之本体的观点，认为心是灵明的实体，是人的主体，性则是心的属性。可见他对人的本质的理解是基于对心的理解的。他还把人看作是神形妙合的有机的生命体，心是其中的核心，否定用理气来诠释心。

茶山主张性嗜好说，认为人心都具有向往善的价值取向性——乐善恶恶、好德耻污。性虽然具有这种嗜好的倾向，但现实中并不全是善。善恶的区别不在于人性，而在于心的自主之权。人是主体性的存在，选择善恶在于心的意志，心具有自律性。而性理学则以理气来解释性，认为善恶取决于人性，本然之性纯善，而气质之性兼恶。

在人物性的同异问题上，性理学一般认为人与物的本然之性是相同的，而气质之性是相异的。而茶山则反对这种本然和气质之性的分类，尤其是强烈批判本然之性。他认为从本然来讲，人物性是不同的，即人的本然是合道义与气质为一性者，而禽兽的本然是单有气质之性。而从知觉、运动、食色等气质之性上讲，人物性是相同的。

在四端和四德的关系上，茶山主张"端内德外"，认为四端虽是先天内在于人心的，但只有将其扩充，付诸实践才会形成外在的仁义礼智四德；而性理学的观点则是"德内端外"，认为仁义礼智是内在于人性中的，是人从上天禀赋的先天之德，四端之心由此发显。可见这二者的观点正好相反。

综上可见，茶山的思想突出人的自主性和自律性，强调人的实践主体的地位，这对我们也有很重要的启示意义。

An Analysis of Dasan Chung-yakyoung's Theory of Spirit and Nature: with the Study of Confucian as the Center

Xing Liju

Abstract Dasan Chung-yakyoung, who epitomized the thoughts of *Shi Xue* (real learning) in late Korea, left a lot of materials concerning the Study of Confucian. Deviated from previous Zhu Zi's *Li Xue* (theory of principles) and metaphysics, his way of explanation about the Study of Confucian paid attention to the reality and practice, and gave prominence to the subjective position of human being. His theory of spirit and nature established the *Shi Xue* basis of his philosophical thoughts by re-understanding human being from concrete reality and individual character of self-discipline. He deemed that spirit is the subject of human being while human nature is the addiction of human spirit. Though human spirit has the inclination of this addiction, the goodness and evil in real life depend on the autonomic power of human spirit which has the character of self-discipline. He opposed the classification of spirit between naturalness and temperament by *Xing Li Xue* (Theory of Human Nature and Principle), and believed that the nature of human being and substance is different in naturalness while same in temperament. With regard to the relationship between four germs and four virtues, different from scholars of *Xing Li Xue* who argued "the internality of virtues and externality of germs", Dasan pointed out "the internality of germs and externality of virtues", and claimed that while four germs are congenital and internal, four virtues (namely, Humanity/ *Ren*, Justice/*Yi*, Courtesy/*Li*, and Wisdom/*Zhi*) are acquired existence based on the practice.

Key Words　　Dasan's Study on Confucian; Addiction of Nature; Autonomic Power; Sameness and Difference of the Nature of Human Being and Substance; Four Germs; Four Virtues

【审读：蔡建】

韩国私教育盛行之探析

李冬新　范　靓

【内容提要】 目前韩国的私教育盛行，导致学生课业负担加重，家庭经济负担增大，出现了严重的公教育危机。这一系列令人深思的私教育问题引起韩国政府的关注，韩国教育科学技术部在2010年的工作报告中表示，韩国政府将2011年定为"减少私教育费的元年"，积极推进提高公众教育水平的有关政策。本文通过对2010年韩国私教育的部分数据分析，查找问题的原因，剖析问题的危害，并对韩国政府针对此问题所采取的措施给予评价。

【关键词】 韩国　私教育　现状　危机

【作者简介】 李冬新，韩国世宗大学经营学博士，复旦大学国际关系与公共事务学院在站博士后；范靓，中国石油大学（华东）文学院讲师。

在韩国，公教育（公共教育，public education）是指为了培养优秀的国民，国家或地方自治团体等准国家自治机构设立、运营、统制、管理的学校教育或准这样的学校的教育。简单地说，就是指国立、公立、私立学校的教育，和私教育是相对应的意思。由此可以得出韩国的私教育（private education）就是指支付高额的费用而准备入学考试的课外辅导及职业技术的培训班的教育。从广义上来说，它不仅包括狭义上通常理解的课外补习，即学生（小学、初中、高中）在学校正规课程外，根据个人需要，在校外接受的补充教育，也包括公务员考试补习、资格认证等职业教育的所有领域。而本文中所提到的私教育，是指其狭义上的课外补习，即在应试教育的指挥棒下产生的"补课"，以及为培养学生特长爱好的艺术教养类课程教育。近年来，韩国的私教育盛行，这主要得益于韩国政府与国民对教育投入的极端重视。据韩国媒体披露，韩国对公教育（学校教育费）的投资占年 GDP 总量的约 8.2%，在有"富国俱乐部"之称的经济合作与发展组织（OECD）30 个成员国中位居第二，该组织成员国对公共教育的投入占 GDP 的比重平均为 5.6%。近二三十年来，韩国财政预算总支出的 1/5 安排为教育经费。

20 世纪 60 年代末 70 年代初，韩国中小学校之间的教学软件和硬件设施参差不齐、差距很大，由此造成全国择校之风盛行，学生在学业上的竞争异常激烈。为此，韩国政府果断地在 1968 年废除了小学升初中的考试，又在 1974 年推出了教育"平准化"政策，提出了"公共教育正常化，减少私教育费"，"教育让大多数人满意"的口号。具体措施有四项：第一，增加对"差"学校的教育拨款，大力改善其办学条件；第二，实行教师四年流动一次，确保学校师资水平的均衡；第三，每个阶段所有的学生使用统一的教科书，取消公、私立学校之分，取消"小学升初中"、"初中升高中"的入学考试，对学生进行综合评分，各学区内由计算机随机确定学生就读的学校；第四，一年一度的高考由教育部统一命题，划定录取分数线，各名牌高校再根据自己的情况，确定新生录取分数线等。同时严格实行"三不政策"：不允许高校自主举行入学考试、自主招生；不允许各高中学校按高考成绩划分重点、非重点学校；不允许私人捐款入学（类似中国交赞助费上学）。大刀阔斧地改革后，韩国的公教育在全国范围内有效地实现了教育均衡，同时成功地遏制了择校热，使偏远地区的孩子和城市孩子享有均等同质的受教育机会。但随即出现了新的问题：韩国家长为了让子女在高考中拔得头筹，考入一流大学，为学生安排了大量的课外辅导。在公教育成功为学生减负之后，各种各样、五花八门的私教育却给了学生更大的负担。私教育的逐渐盛行，导致学生课业负担加重，家庭经济负担增大，并引发了严重的公教育危机。

一 韩国私教育盛行现状

1997年亚洲金融危机以后，作为"亚洲四小龙"之一的韩国经济一直萎靡不振，各个家庭都努力压缩消费支出，然而唯独教育支出一直呈上升状态。2007年人均月平均私教育的费用为22.2万韩元，2008年为23.3万韩元，2009年为24.2万韩元。[①] 家庭用于私教育的费用占家庭总教育支出的比重，更是呈逐年上升趋势。2000年是28.4%，2001年是31.4%，2004年为34.1%，2007年则为47%。从绝对额看，2008年韩国全国私教育费用是2000年的3倍。[②] 即使生活再困难，学生家长也不愿意减少对孩子的教育支出。有统计显示，这10年来，韩国物价年均上涨2%~3%，但教育费用上涨是物价的2倍以上。

经济危机时期，百业萧条，唯有私教育行业一枝独秀。韩国统计厅《2010年私教育费用调查结果》显示，2007年韩国私教育费

---

① 韩国统计厅：《2010年私教育费用调查结果》，http：//kostat.go.kr，2011年2月15日。
② 《韩国各类课外辅导形成庞大产业链，名校竞争激烈》，http：//www.sina.com.cn，2010年8月4日。

用总额为 20.04 万亿韩元, 2008 年为 20.91 万亿韩元, 2009 年为 21.63 万亿韩元。在这个年销售额达 20 多万亿韩元的市场中, 私教育形成了一个庞大的产业链条。课外辅导班数量急剧上升。仅以小学升初中、初中升高中辅导为对象的课外辅导班为例, 2002 年末全国有 16659 家, 2006 年有 27724 家, 2008 年 9 月增加到 34500 家。6 年间, 补习学校增长了 1 倍多。① 私教育市场火爆, 赢利空间大。依靠私教育扩张上市的公司也达到十几家, 如 2002 年上市的能率教育（株）②, 2004 年上市的 daekyo③。巨大的利润促使韩国很多著名企业都纷纷染指课外辅导行业, 如 2010 年, SK 通信与上市私教育机构 CHUNG DAHM 合作开发 English Bean Smart Learning Service。④ 根据相关统计和韩国媒体报道, 2008 年, 韩国从事课外辅导的私教育从业人员达 52 万人。其中, 在课外辅导班任教的讲师有 24 万人, 课外辅导学校派到学生家庭进行辅导并批改作业的老师有 7 万, 另外, 还有 21 万从业人员上门进行一对一辅导。在这个约有 5000 万人口的国家, 52 万人的从业数量相当于其当年全国总就业人口的 2.2%。⑤

私教育的盛行, 课外辅导的泛滥, 造成学生学业负担过重, 家长经济负担过大。有韩国专家明确指出, 学费昂贵的课外辅导班就像侵害民生经济的"毒瘤", 是韩国社会的"陈年疾患"。显然, 私教育在韩国已然成了一个严重的社会问题。

首先, 通过下面一系列数据来观察一下私教育在韩国盛行的热度、深度和广度。

韩国科学技术部和统计厅 2010 年对韩国小学、初中、高中 1012 所学校的约 44000 名学生家长的调查结果如表 1 所示。

---

① 《韩国各类课外辅导形成庞大产业链, 名校竞争激烈》。
② 능률교육소개, http://www.neungyule.com.
③ 대교포커스, http://www.daekyo.com.
④ 청담러닝 히스토리, http://www.chungdahm.com/.
⑤ 《韩国各类课外辅导形成庞大产业链, 名校竞争激烈》。

表1 2010年韩国学生私教育费支出及私教育参与率

	小学	初中	高中	平均
人均月平均支出(万韩元)	24.5	25.5	21.8	24.0
支出总额(亿韩元)	97080	60396	51242	69573
参与率(%)	86.8	72.2	52.8	73.6

资料来源：根据韩国统计厅2010年私教育费用调查结果的相关数据整理编制。详见http：//kostat.go.kr。

由表1可知，2010年韩国学生私教育费用支出总额达到208718亿韩元，与2007年[①]统计数字200400亿韩元相比，增加了4.2%，远高于公教育支出的额度。小学、初中、高中学生的私教育费人均月平均支出为24.0万韩元，与2007年人均22.2万韩元相比，增加了8.1%；参与率为73.6%，与2007年77%的参与率相比也有所下降。支出费用之大，家庭负担之重，参与率之高，可见一斑。同时，与支出费用呈上升趋势相反，参与率却出现了下降趋势。由此可以推断，参与率的下降很大程度上不是因为学生家长认为课外辅导没有必要参加，而是因为受家庭经济状况所限，不得不让孩子放弃进行私教育的机会。

2010年统计结果显示（参见表2），家庭的经济收入与子女私教育费用的支出成正比例关系。不同收入家庭间其子女的私教育费用支出差距明显，月收入在700万韩元以上的家庭，其子女的私教育费用是月收入不足100万韩元家庭的7.7倍。相对贫困的家庭其子女的私教育费用支出与参与率明显偏低。由此可见，经济上的不平衡、贫富分化加剧了受教育机会和水平的不平等，使得贫困家庭的孩子想通过高考实现"鲤鱼跳龙门"的自身改变难上加难。

---

① 在韩国，关于私教育费用的调查一直是根据政府政策研究的需要，不定期进行的。直至2007年，韩国政府才第一次正式实施定期的私教育费的调查。

表 2　2010 年家庭月收入对子女私教育费支出和参与率的影响

	不足 100 万	100 万~ 200 万	200 万~ 300 万	300 万~ 400 万	400 万~ 500 万	500 万~ 600 万	600 万~ 700 万	700 万以上
人均月平均支出（万韩元）	6.3	10.3	17.0	24.0	29.8	36.2	40.4	48.4
参与率(%)	36.0	50.7	69.8	79.8	84.5	87.1	89.6	89.1

资料来源：根据韩国统计厅 2010 年私教育费用调查结果的相关数据整理编制。详见 http://kostat.go.kr。

2010 年统计结果显示（参见表 3），成绩排名前 10% 的学生月平均私教育费支出最高，达 31.7 万韩元，参与率也最高，为 85.3%。随成绩排名的顺序，依次呈递减趋势。成绩越好的学生私教育费用支出越高，参与率也越高。这一结果表明，韩国私教育的主要目的是为"锦上添花"，而非"雪中送炭"。这样的结果只能是成绩好的学生与成绩排名靠后的学生之间差距越来越大，直至形成严重的两极分化。

表 3　2010 年不同成绩学生的月平均私教育费支出与参与率

	成绩排名前 10%	10%~30%	31%~60%	61%~80%	成绩排名后 20%
人均月平均支出（万韩元）	31.7	28.2	23.3	18.2	13.6
参与率(%)	85.3	83.9	73.8	59.8	48.8

资料来源：根据韩国统计厅 2010 年私教育费用调查结果的相关数据整理编制。详见 http://kostat.go.kr。

二　韩国私教育盛行的原因

1. 思想观念上，深受儒家思想的影响

韩国是一个深受儒家思想影响的国家，"万般皆下品，唯有读书高"的思想根深蒂固，因此大部分家庭非常注重子女的教育。

韩国有句古语叫做"即使是老师的影子也不能踩"。这句话生动形象地反映出韩国人自古以来尊师重教的程度,也是韩国这个民族长期以来兴办教育的一个原则。过去韩国人称大学生是"牛骨塔里的人"。因为在过去,即使是再贫苦的人家,父母宁肯自己挨饿也要将子女送到学堂读书,许多农民为了送孩子上学将耕地的牛卖掉也在所不惜。在韩国人看来,再苦再累送孩子读书是理所当然的事情,这已在韩国形成一种根深蒂固的传统观念。因此,接受大学教育成为必然的选择,是他们人生的必修课,也只有接受大学教育才能得到社会的认可和尊重,而私教育成为帮助他们取得必修课选课资格的最有效手段。

2. 社会意识上,学历社会、英才教育导致私教育盛行

韩国社会是一个学历社会。相关统计证实,如今,这个不到5000万人口的国家,四年制大学超过200所。韩国在1980年时,高中生升入大学的比率仅为27.2%,1990年为33.2%,2000年为68%,2005年为82.1%,2008年已经跃升到83.8%。在大学教育普及率高达84%的国家,一个人要想在社会上得到认可,出人头地,一张普通大学的毕业证已不足以证明自己的优秀,名牌大学的毕业证才是真正的通行证、敲门砖。"学历是门面、是进入上流社会的通行证"等观念深入韩国民众的骨髓。韩国年轻人认为男性成功最重要的要素是"学历",60%的韩国征婚者把学历作为首选条件。一家研究就业问题的机构对1200名在校大学生所作的问卷调查发现,占总数22%的被访问者认为"要想在韩国取得事业成功,学历是关键"。重视学历的另一个原因是收入与学历直接挂钩。在韩国社会,就业应聘文凭优先,不同学历的人就业收入差距甚大。在不同大学获得的学位在就业市场上的待遇可谓大相径庭。2007年,韩国开发研究院对全国199所四年制大学依次排名后,分析了他们毕业后第一年的工资。排名第1~5位的大学,毕业生平均月工资为233万韩元;第6~10位的大学是178万韩元;第11~30位的大学是173万韩元;第31~50位的大学是160万韩元;

第 51～100 位的大学是 152 万韩元；第 100 位以外的大学是 145 万韩元以下。①

3. 物质经济上，经济的发展成为私教育的物质保障

韩国的经济在朴正熙执政的 20 世纪六七十年代开始起飞，随后在 1988 年召开汉城奥林匹克运动会，经济得到一个更大的飞跃，创造了"汉江奇迹"，进入中等发达国家的行列，2010 年韩国人均 GDP 为 2.06 万美元。人们的生活水平大大提高，私教育由此从贫困时期少数富裕家庭的私教育，发展为全民接受的私教育，且愈演愈烈。这一点，我们可以从表 2 中窥见一斑。

4. 大学入学上，选拔制度的单一化

韩国大学入学的选拔内容总体上包括三个方面，即考生高中的平时成绩及表现评价，高考成绩，以及各个大学根据本校实际情况所采取的对报考考生论述等方面的笔试和面试的考核成绩，但是三者之中占据绝对比重的仍然是万人都要挤的独木桥，即每年一次的高考。一年一度的高考牵动着千万个家庭的神经。高考升学率往往也成为评价一个家庭、一所中学优劣的重要指标。对于韩国大多数考生来说，高考不是一场普普通通的考试，而是一次他们无法回避的、完成自我人生跳跃、化蛹成蝶的重大跳板。这次考试分数的高低基本上成为各个高校选拔考生的主要依据。因此在韩国私教育中，除了少数一部分科目是为了培养学生的兴趣爱好之外，更大一部分的科目则是为各种应试考试而准备的辅导，其中，以数学和英语科目辅导尤为突出。

5. 社交环境上，韩国严格的社会等级、集团主义是私教育盛行的又一原因

韩国有着严格的社会等级，上层社会的人们要通过精英教育，取得高学历，保障自己的社会地位。下层社会的人们想要"鲤鱼跳龙门"，改善自己的社会地位，而接受高等教育几乎是

---

① 《韩国各类课外辅导形成庞大产业链，名校竞争激烈》。

他们最有效的途径之一。韩国 1300 名高层公职人员中,拥有硕士、博士研究生学历的人已达到 700 多人,用公费攻读国内外硕士、博士研究生的公职人员有 600 多人,还有人自费攻读学位。①

6. 韩国的集团主义思想严重,地缘、学脉等情结根深蒂固

在韩国,无论是公务员考试、司法考试,还是各企事业单位招聘员工,在履历表中都少不了"最后学历、毕业学校"栏目,有些单位招聘甚至要求应聘者填上"父母学历"。那些毕业于名牌大学的高学历者,尤其是毕业于"SKY"②的学子个个信心十足,而毕业于地方大学的毕业生在职场竞争中则处于劣势,显得信心不足。毕业于"SKY"三大名校的毕业生在政府高官、大企业高管中占据非常高的比例。例如,一再强调反对"学历社会"和"学阀社会"的韩国教育与人力资源部 20 名局级以上官员中有一半是首尔大学毕业生。韩国国家司法研修院新生中,首尔大学、高丽大学、延世大学 3 所名牌大学毕业生占据半壁江山。③ 好的成绩可以进入好的大学,之后结交许多成功的前辈、导师,他们在日后工作中予以你很多的帮助,帮你成功,之后,你再提携你的后辈。这样周而复始,成为一个学脉社交网,而进入这个社交网,除了个人无法选择的姓氏、出生地之外,大学是仅有的可以通过后天努力学习而决定的途径之一。

7. 教育体制上,公教育的缺失

在国家要求给学生减压减负的倡导下,韩国的中小学一般在下午 3 点以后就停课放学。公教育在学业上,对学生的要求是相对轻

---

① 《韩国反思"学历热"危害,大学成为"学脉"社交场所》,http://news.qq.com,2007 年 10 月 8 日。
② SKY:S、K、Y 分别是韩国首尔大学、高丽大学、延世大学英文名称的第一个字母。韩国人将其首字母组合在一起,刚好是英文单词 SKY,这也恰到好处地说明,名校就像遥远的天空一样,高不可攀。
③ 《韩国反思"学历热"危害,大学成为"学脉"社交场所》。

松的,同时在时间上也是相对宽松的,这使得私教育有了施展的空间。本该是作为辅助角色的私教育,越来越受到学生家长的重视,孩子学习成绩上的好坏统归功于或归罪于课外辅导班老师或家庭教师,家长为了给孩子请到优秀的辅导老师,不惜花费巨资,相互之间对优秀教师资源进行争夺和隐瞒,于是便有了"爸爸的经济能力和妈妈的情报能力,再加上孩子的学习能力成为孩子成功的必备条件"这一说法。私教育日益挤占公教育的空间,私教育机构沉重的课业量和紧张的时间表,使学生身心疲惫,于是,学生白天在学校昏昏欲睡,晚上在课外辅导班彻夜苦读,形成恶性循环。本应该承担教书育人责任的公教育机构和教师,对此放任自流,视而不见,只关心学生最后的升学率。

8. 社会角色分配上,家长自我价值实现的途径单一和严重的攀比、从众心理

尽管经济危机后,韩国经济大不如以前,出现了很多双薪家庭。但大多数的韩国妇女在升级做妈妈之后,仍然选择回家做全职太太。回归家庭的女性家长将自我价值的实现寄希望于孩子。加之家长过于强烈的攀比、从众、竞争心理意识也直接导致了私教育的盛行。家长"望子成龙"的强烈竞争意识,致使他们对子女有着过高的期望,期望自己的子女能够"高人一筹",成为尖子生。因此,家长为子女请家教或精心选择课外补习班,提高学习成绩,为孩子在激烈的升学竞争中增加砝码。

三 韩国私教育存在的问题

1. 造成家庭严重的经济负担,人口出生率低

韩国家庭每月的私教育支出造成家庭经济负担沉重。巨大的教育开支也导致人口出生率低下。尽管韩国政府出台一系列政策鼓励生育,但收效微乎其微,毕竟政府无法承诺提供私教育费用。

2. 造成教育资源的严重不平衡，加剧社会矛盾

私教育盛行带来的巨大教育开支，造成教育资源分配严重不平衡。越是高收入家庭，教育投入就越大，子女就享受质量越高的教育资源，进入一流大学的机会就会越大，贫困家庭的子女在竞争中就越处于劣势，因此更加剧了两极分化和贫富差距，造成社会矛盾。2010 年初，韩国《中央日报》和职业能力开发院针对 8000 名不同阶段的大学毕业生做了一项调查，调查印证了这一结果：入学时来自贫寒家庭的毕业生比例在 20 年间从 13.4% 骤降到 5.8%。只要头脑聪明就有可能获得大学教育机会，并借此来提高经济地位正变得越来越不现实。

3. 造成严重的公教育危机

作为一个"连老师影子都不敢踩"的尊师重教的国家，在私教育盛行的环境下，教师这一职业不再那么神圣，家长对学校的教学不再信任。作为学生引导者的老师和家长慢慢形成了一个可怕的认识：学校只需要通过考试检验学生成绩的好坏，并使学生可以顺利地拿到毕业证，进入更高阶段的学习就可以。至于成绩的好坏，却不是学校的责任，而是私教育机构中教师的能力问题。

4. 造成社会人力、财力资源大量外流

面对巨大的教育开支、激烈的考试竞争和沉重的学习压力，很多家长选择将孩子送出国门，形成了一个特殊人群——大雁爸爸。这些大雁爸爸独自在国内拼命赚钱，供给孩子和妻子在国外的学习和生活费用。还有些家庭干脆举家移民，造成社会人力资源和财力资源的大量外流。

5. 学生自主学习能力下降，依赖性增强

私教育机构的教育是教师将自己整理归纳的知识直接传授给学生，学生在这个学习过程中充当的仅仅是一部接收器而已。学生常常将学校作业中的难题交给私教育机构的老师来解答，老师也常常会直接把答案告诉学生。在此过程中省去了学生自己动脑思考、消化、吸收整理知识的步骤，使得学生的学习能力下降，学习兴趣和主动性逐渐弱化,依赖性越来越强。

6. 造成社会物质资源和人力资源的严重浪费

社会上接受高等教育的人越来越多,用人单位招聘时,为了能在众多的应聘者中选拔优秀人才,很自然地会提高应聘者的学历要求,希望应聘者学历"高高益善"。在政府部门或者银行、电力、邮电、交通、石油等国有企业,以及韩国的私营企业,很多之前都是以高中生、职业高中生为主,至多也不过是中专生、大专生。但是现在他们的传统岗位却不得不选择大学生。这导致大多数高中生选择毕业后进入大学学习,而本来以就业为主的中专生、职业高中生毕业后,也准备去考大学,专科生也纷纷准备专升本,造成了不必要的教育支出,形成教育和人才资源的浪费。于是就有韩国学者呼吁,政府部门、国有企事业单位、私营大企业招聘员工时,应该划出一定比例专招高中生、职业高中生和中专生。

四 韩国政府采取的措施与效果

目前韩国的私教育盛行,引发了一系列令人深思的问题,韩国的私教育问题也引起了韩国政府的关注。韩国政府也意识到,任由这种情况发展下去,将影响到内政的稳定。韩国历届总统都纷纷采取措施,力争要将私教育费用降下来,减轻学生家长的经济负担,减轻学生的学习压力。例如,卢武铉执政时期,政府将社会巨大的贫富差距归咎于教育的不平均:有钱人住在富人区,能上好学校(重点初中、重点高中)、参加昂贵的辅导班、聘请优秀的私人家教,然后能进入名牌大学,毕业后能拥有待遇好的工作。为此,卢武铉政府推出"教育均等化"政策,取消公立中小学的重点学校、重点班,学生升学一律就近入学,但是大学仍然要考试。结果是,家长为了使自己孩子考上名牌大学,家境好的就送入私立中学。上不起私立中学的,在公立学校放学后仍然纷纷将孩子送入课外辅导班补课,家长需要承担昂贵的私教育费用,学生需要担负沉重的学业，情况并没有得到良好的改善。就近入学造成优质学校附近的不动产价格快速上涨，越来越成为韩国富人聚集的专利场所；家贫的孩子却连辅导班也上不起，更不要谈"孟母三迁"，更加大了与家境优越学生在学习成绩上的差距。

2008年李明博总统上任后，政府提出强化学校教育，提高教育公平度，把课外教育内容纳入校内，使学生没必要再去上课外辅导班，进而降低家庭的私教育费用的举措。具体措施有：改进高考录取方式，从一张考卷定终身，到参考学生高中学习成绩；试卷从选择判断题为主到增加论述题分量；寓教育于娱乐中，实行活性化教育（有点类似我国的素质教育）；同家长和学生对公立学校中小学老师的工作进行评分制；硬性规定辅导学校学费的上限等。韩国教育科学技术部在2010年的工作报告中表示，韩国政府将2011年定为"减少私教育费的元年"，积极推进提高公众教育水平的有关政策，虽然效果不是十分明显，但确实取得了一定的作用。

1. 韩国历届政府中采取的比较有效的措施

（1）设立"课外学校"，放学后学校进行集体公共补课。

"课外学校"是指公立学校组织开展对学生的课外辅导，收费比社会上的各种辅导班和补习班少很多，可以说是韩国政府为解决私教育热采取的主要措施。"课外学校"作为国家教育的改革政策，进行了多方的、长期的努力和尝试。1995年5月，韩国政府将组织放学后的教育活动作为构筑"新教育体制"的改革。自1999年开始，将此项改革更名为"特长与适应能力培养教育活动"，2004年又改为根据学生兴趣和实际水平实施的匹配型补充学习，以及对低年级学生的保育教育的"课外学校"发展模式。尽管"课外学校"教育也存在着不少实际问题和困惑，例如，在农村学校很难找到优秀的课外讲师，农村学校的学生人数少，不成规模，难以实施教育培训项目，教育设施比较差；因经费所限而导致课外教育、辅导质量参差不齐，不能完全满足学生不断变化的个性需求，难以取得学生和家长的持久信任；"课外学校"教育的信息不透明、不对称等。但仍有不少成功之处，如，补充、完善和提高了正规学校教育，开阔了正规学校教育的时间、空间、设施，符合学生个人的成长，贴近社会和学生需求；构筑了公平教育的安全体系，缩小了贫困家庭与高收入家庭子女因收入差距带来的教育差距；构筑起终身社区教育体系，形成以学校为中心的社区终身教育体系，学校教育的职能不断延伸与扩展。综合考察，"课外学校"教育不仅为家庭减轻了私教育费用的负担，同时也发扬和光大了公共教育性质，树立了现代教育理念，成为构筑公平、和谐社会的有力保障。

通过表4可见，2010年韩国小学、初中和高中学生"课外学校"参与比率与2009年相比都有明显提高，韩国的"课外学校"教育，虽然还有诸多现实问题，但正在成为弥补"平准化教育"的不足，满足学生、家长和社会的不同需求，减缓以升学为导向的私教育热，减轻学生和家长的学业和经费负担，构筑现代公共教育和终身教育新理念和社会实践体系，建设公平、和谐社会的重要渠道。

表4 不同级别学生课外学校的参与率

单位：%

		小学	初中	高中	平均
免费	2009年	37.2	30.6	66.2	44.7
	2010年	39.8	38.1	70.1	49.3
收费+免费	2009年	43.1	43.1	74.1	53.4
	2010年	45.0	50.0	79.0	58

资料来源：根据韩国统计厅2010年私教育费用调查结果的相关数据整理编制。详见 http://kostat.go.kr。

（2）充分发挥韩国教育电视台EBS作用。

李明博执政以后，要求韩国教育电视台EBS通过电视和网络提供免费的课程资料，并且教育部也表示韩国高考70%的内容将出自EBS提供的内容，并且通过EBS、K-TV、KBS播放有关教育的优秀事例和优秀教育计划等。

表 5 显示，2010 年韩国小学、初中和高中学生购买 EBS 教材学生比率与 2009 年相比都有明显提高，EBS 电视和网络提供的免费课程正逐步被广大韩国家庭所接受。

表5　不同级别学生购买 EBS 教材的比率

单位：%

	小学	初中	高中	平均
2009 年	6.5	17.0	36.4	20.0
2010 年	7.2	19.4	45.1	23.9

资料来源：根据韩国统计厅 2010 年私教育费用调查结果的相关数据整理编制。详见 http：//kostat.go.kr。

据韩国媒体调查，由于高考试题难度降低及 EBS 教材比重的上升和课程的普及，对私教育的倚重在逐渐减弱。韩国私教育市场萎缩，造成 2011 年国内主要上市私教育机构股价的普跌。如 Digitaldaesung 下降 6.46%，Edubox 下降 15.50%，Wjthinkbig 下降 27.29%，Megastudy 下降 32.51%，Inet-school 下降 64.00%。[1]

2. 产生的效果

通过表 6，我们发现，韩国政府采取的遏制私教育发展的措施正逐步显现效果，特别是 2010 年与 2009 年相比，虽然数据显示不是十分明显，但情况确实有所改善。

（1）2010 年韩国小学、初中、高中在校生的人均月平均私教育费为 24 万韩元，比 2009 年减少 0.8%（实质金额减少 3.5%）。

（2）2010 年私教育的参与率为 73.6%，比 2009 年减少 1.4%。相反，学校的"课外学校"参与率为 55.6%，同比增加 4.3%p，购买 EBS 教材学生比率为 20.8%，同比增加 3.6%p。

---

[1] 사교육시장 위축돼…'물수능'에 우는 교육주，http：//biz.chosun.com，2011 年 11 月 8 日。

表6 2007~2010年对比变化情况

分类	2007年	2008年	增加率（差）	2009年	增加率（差）	2010年	增加率（差）
人均月平均私教育费(万韩元,%)	22.2	23.3	5.0	24.2	3.9	24.0	-0.8
私教育参与率(%,%p)	77.0	75.1	-1.9	75.0	-0.1	73.6	-1.4
课外学校参与率(%,%p)		45.1		51.3	6.2	55.6	4.3
购买EBS教材学生比率(%,%p)	15.6	16.0	0.4	17.2	1.2	20.8	3.6
私教育费用总和(亿韩元,%)	200400	209095	4.3	216259	3.4	208718	-3.5

注：p为预测值。
资料来源：根据韩国统计厅2010年私教育费用调查结果的相关数据整理编制。详见 http：//kostat.go.kr。

（3）2010年韩国全国私教育费用约为208718亿韩元，与2009年216259亿韩元相比减少3.5%。人均私教育费同比减少，私教育参与学生人数也同比减少2.8%。

（4）从2007年韩国政府第一次正式实施定期的私教育费用调查以来，2010年，学生人均私教育费和全国私教育费用总和均首次出现减少趋势。尽管数据下降并不是十分明显，但是确实取得了一定的效果，这是值得肯定的。

五 结语

韩国在教育均衡方面一直走在前面。在20世纪70年代初，中小学教学质量参差不齐导致学生的学业竞争激烈，择校之风盛行之时，韩国果断地废除了小学升初中的考试，实现了教育"平准化"政策。但随即出现了私教育问题。韩国在教育上一直有轻学校教育，重私教育（课外教育）的特点。然而，尽管韩国私教育的存在满足了家长和学生多样化的教育需求，可以有效地进行因材施教，帮助学生提高学习成绩，但是它的盛行却引发了社会、家庭的诸多问题，导致学生课业负担加重，家庭经济负担增大，出现了严重的公教育危机。韩国政府也意识到了这一严重的社会问题，并努力尝试用各种方式方法来改善状况，特别是开设"课外学校"和 EBS 免费讲堂这两项措施。我们通过韩国统计厅 2010 年私教育费用调查结果可以看到，这些措施的实施虽然不会从根本上改变韩国私教育的现状，但确实已经收到了一些成效，下一步的解决任务仍然任重道远。

Analysis of the Prevailing of Private Education in Korea

Li Dongxin　Fan Liang

Abstract　South Korea's prevailing of private education results in students' lesson burden, increases the family's financial burden, and creates a serious crisis in public education. This series of thought-provoking private education caused the concern of national government. Korea Science and Technology Education Ministry's work report in 2010 designated 2011 as "the first year to reduce private education expenses" and promoted some related policies on developing high level public education program. This paper gives a study of prevailing of private education by utilizing data analysis to find out the reason for some problems and makes comment on measures taken by the government of South Korea.

Key Words　Korea；Private Education；Current Status；Crisis

【审读：蔡建】

柳如是与黄真伊诗歌比较

郝君峰

【内容提要】女性文学一直是长期生活在"男尊女卑"的儒家思想影响下的中韩两国文学的重要组成部分,其中妓女文学在整个女性文学中占有较大比重。柳如是和黄真伊分别作为中韩妓女文人的代表,相似的才华、经历和命运让她们对人生有着相同的认识,对未来有着共同的追求。

【关键词】女性文学　妓女文学　柳如是　黄真伊
【作者简介】郝君峰,韩国仁荷大学博士。

女性文学一直是文学界较为关注的一个重要研究课题,而妓女文学在整个女性文学中占有较大比重。在古代,"三从四德"的封建思想,"七岁不同席"的封建礼教,让古代女性一直处于一个封闭的空间,她们无法客观地表现自己的思想,表达自己的存在。而妓女阶层则有所不同,她们的身份反而使她们拥有更多的"自由"。她们可以通过与社会名流、志士文人的交流,提高自己的文学素养，将自己的喜怒哀乐通过文学作品表现出来，展现自己独立的人格美。① 然而，她们毕竟处于社会的最底层，妓女阶层低下的社会身份使得她们虽然追求独立的人格和自我意识，却无力掌控自己的命运，始终无法摆脱封建伦理道德的束缚。所以，她们的作品中不仅记载了风花雪月的男女恋情，更多的是对社会的关注，对未来的追求，以及对命运的无奈。

在中国，妓女开始参与文学创作源于唐代的薛涛，到了明清时代，女性文学得到了极大的发展，而其中的妓女文学也达到了一个繁荣期，其中比较代表性的人物就是柳如是（1618～1664），她的诗作风格既展现了她本人深厚的文学素养，同时也体现了明朝文化的个性意识特征。而在韩国，黄真伊（约 1506～1544）则是古代女性文学中的杰出代表。黄真伊是 16 世纪后期朝鲜朝时代的名妓，她一生创作了大量的时调与汉诗，她的作品基本上以描写爱情为主，同时她又善于借助自然现象，通过比喻的手法巧妙表达自己的心声。

本文主要以柳如是和黄真伊的爱情诗、怀古诗和写景诗为研究对象，通过对这些作品的分析来探究她们双重的自我形象，再现当时处于劣势地位的女性的真实情感和思想。

一 爱情诗

古往今来，爱情诗的佳作车载斗量，该主题一直对文人志士有着较强的吸引力。而在古代，"男女相恋"一直受到封建道德伦理的束缚，特别是在儒教伦理和阶级观念的影响下，人们没有追求自己幸福的自由，因此这种把人类美好情感的追求寄托在诗歌中的佳作备受人们关注。妓女阶层的身份具有双重性，一方面她们才名远扬，往来于名人志士之间，这就使得她们对自由、对爱情有了更高

---

① 许米子：《韩国女性文学研究》，首尔：太学社，1996，第 101 页。

的追求；另一方面，她们毕竟生活在社会的最底层，她们拥有无尽的才华，到最后却只不过是"路柳墙花"，遭人唾弃。她们将这种理性与感性的矛盾融入她们的诗歌作品中，在现实与理想的矛盾交织中铸造自己的爱情，所以妓女文学中所展示的爱情描写，更多了几分辛酸和无奈，而离情与别恨始终是她们爱情的主色调，因此寄恨说愁也成了其诗词创作的主旋律。

柳如是与黄真伊的诗歌作品中一方面不乏女性的缠绵妩媚，一方面却追求一种"男性化"的阳刚之美。她们在与男性交友的过程中，虽然也表现出了自己对男性的依恋，但更多的是一种对独立、自由的爱情的追求，即使在与相爱的人分离之时，仍然能够表现出如男子般的洒脱。

《江城子·忆梦》是柳如是在和名士陈子龙离别时所作，虽然彼此互相爱慕，但是因为种种原因，二人最终不得不割舍这段短暂的爱情。柳如是将自己的这段爱情设置成梦境，在回忆自己的往事时，感到无限惆怅。

> 梦中本是伤心路，芙蓉泪，樱桃语。满帘花片，都受人心误。遮莫今宵风雨话，要他来，来得么？安排无限销魂事，砑红笺，青绫被。留他无计，去便随他去。算来还是许多时，人近也，愁回处。

梦中所描绘的"花瓣飘落"给人一种凄凉之美，而在这凄凉的氛围中，萧萧的风雨更增添了几丝寒意，表现了忧愁孤寂的感情。柳如是用"来得么？"这样一句反问的表达形式，更凸显了自己对恋人焦渴的等待之情。然而作者在这里并不是完全被动地等待，她虽然对恋人的到来充满了期待，但是如果恋人要弃他而去，她也会以"慧剑斩情丝"的气魄任他远去。"去便随他去"一句表现了作者希望超脱被动的爱情宿命，主动地去追求独立自主的爱情的自我意识的觉醒。

黄真伊的作品中也有很多类似的作品，特别是她的《咏半月》为后世广为传诵。

> 谁断昆山玉，裁成织女梳。牵牛离别后，愁掷碧空虚。

黄真伊妓名明月，所以这首五言绝句正是她的自画像。该诗通过比喻的方式表现了离别的情恨，作者将自己和恋人比作织女和牛郎，借用"牛郎织女"的典故抒写离别的愁绪，表达自己的相思之苦。但是黄真伊在这里却巧妙地更改了故事的情节，虽然男女相恋，但是在男人离开后，女人所选择的却是抛弃爱情，而不是苦苦地等待。黄真伊虽然对自己的爱情也充满了期待，希望抓住自己的爱人，使他不离开自己的身边，但是强烈的自尊心和现实的理性认识，让她最终决定以理性的方式对待这种缥缈不定的爱情。"愁掷碧空虚"一句中的"掷"字，就是作者在感性与理性的矛盾挣扎中的最终选择，是沉湎于爱情中的女子幡然醒悟后的果敢的行为。该诗的"起"和"承"部分表现的是女性哀怜的情感，而诗人诗笔陡转，在恋人离别后，也会果断地将自己的相思投掷虚空，这一举动正体现了作者追求自我解放与独立的思想情怀。

柳如是与黄真伊并不是将自己对恋人的爱慕和思念之情埋藏于心，而是以积极主动的态度向恋人告白，大胆地表达自己的情感。同时，强烈的自尊心和自信心让她们的诗歌创作也多了些与众不同。

> 风绣幕，雨帘栊，好个凄凉时候。被儿里，梦二中，一样湿残红。香焰短，黄昏促，催得愁魂千簇。只怕是，那人儿，浸在伤心绿。（《更漏子·听雨》）

这首诗词描写的同样是恋人离开的场景，同样的寒风凄凉，同样的凄婉哀怜,"湿残红"一句让我们眼前浮现出"香冢泣残红"的黛玉的形象。然而作品最后一句"只怕是,那人儿,浸在伤心绿",犹如作者曲折坎坷的身世一般,让人体会到了异样的情感。作者不是一味地泣诉自己的苦楚,而是将话笔转向相恋的对方,认为对方也同自己一样在感伤于这份离别,这样就加深了这种无奈的离别情怀。柳如是以她对爱情的执著,坚信彼此双方的真挚情感,这种自尊和自信让她对爱情充满期待,一生为爱情执著追求。与此诗中所描绘的画面有所不同,黄真伊的《奉别苏判书世让》则有着另一番韵味。

    月下梧桐尽,霜中野菊黄。楼高天一尺,人醉酒千觞。流水和琴冷,梅花入笛香。明朝想别后,情与碧波长。

  这是一首五言律诗,该作品无论在遣词造句上,还是在创作技巧上都表现得近乎完美。诗篇从远景入手,用"梧桐尽"、"野菊黄"交代出了时间背景,而"月"、"霜"二字更增添了几分清冷的意向,离别的气氛也更加凄凉,这也就更加衬托出了"人醉酒千觞"的情愁和无奈。然而作者笔锋一转,在这凄冷的氛围中,勾勒出了流水、琴声、梅花和笛声,这种听觉与视觉的和谐达成了诗歌整体和谐的气氛。尾联是送别者的深情告白,也是希望彼此的爱情如同碧水一样源远流长的祈祷。苏世让也正是从这首感人至深的作品中体会到了作者的心声,最终决定多住些时日。

  在"三从四德"、"贞德节烈"的儒教思想的束缚下,封建社会的女性无权去追求自己的爱情,而柳如是和黄真伊的诗歌中却大量地描写了自己对爱情大胆的追求,她们的爱情诗大部分是以相思为题材。相思具有多种因素,情欲要求为基本前提。柳如是和黄真伊的爱情诗主要表现的是因情欲受遏制所产生的怨苦与无奈。但是她们却有意地将男女之情欲向情的方向发展,向礼的方向靠拢,所以她们的诗歌并没有违反"天理人欲不可两存"的道德规范,也并没有被世人视为"淫词鄙俚"。① 柳如是和黄真伊,虽然身处社会的最底层,虽然要遭受更多的不公和唾弃,但是她们没有放弃自己的理想,没有放弃对独立人格的追求,她们的倜傥性格不乏儒士之风,她们面对社会的不公敢于去挑战,她们身上有着更多的生气与活力。黄真伊在时调《青山里碧溪水》中将这种女性的自尊与自信表现得淋漓尽致。

> 青山里碧溪水,莫夸易移去,一到沧海不复还。明月满空山,暂休且去奈何?

在文人的作品中,"山"和"水"是经常出现的艺术形象,人们常把男人比作巍峨的高山,把女人比作温柔的流水,而黄真伊在这里却与之相反,她把自己比作坚毅的大山,把男人比作多变的流水,以此来形容自己在爱情方面的坚定不移,以及男人对爱情的不专。这里的"碧溪水"是"碧溪守"在韩语里的谐音,有一语双关之意,黄真伊通过巧妙的构思实现了对碧溪守的嘲弄,并通过讽喻的手法表达了自己在爱情方面的积极主动和独立自尊。黄真伊被后世誉为平民文学的先驱。黄真伊的时调创作区别于朝鲜朝初期作为宣传封建伦理道德而存在的时调文学,她的作品更趋向于平民化,为当时的平民大众所接受,更突出的是对人间性的赞美,对"人间性的复归"有着非常重要的推动作用。②

传统的相思文学偏重于描写相思情感的焦虑、错觉、想象与期望,而正是由于爱的想象力,一个人对另一个人才具有性感吸引力。③ 柳如是和黄真伊在她们的爱情诗创作中,就是通过这种传统的抒情模式来表达自己的相思之苦。

---

① 王立:《古代相思文学中的两性情欲表现》,载叶舒宪主编《性别诗学》,社会科学文献出版社,1999,第361页。
② 许米子:《韩国女性文学研究》,第89页。
③ 王立:《古代相思文学中的两性情欲表现》,第365页。

二 怀古诗

柳如是和黄真伊虽都是女儿身，有着女性的阴柔妩媚，但是她们却不乏大丈夫的男儿豪情。她们自尊、自信，追求独立自主的人生，但这种自我意识的觉醒必然与传统的社会现实发生矛盾，她们注定要在矛盾和痛苦中挣扎。然而她们并没有向世俗低头，为了获得社会的认同，她们加强了性格中雄性特征的发展，"男女双性"的理想成为她们更高的精神追求。

怀古题材的诗歌创作一直是男性关心的话题，不管是从质还是量上都有很大的成就，而与此相反，女性的怀古作品的创作极为贫乏，且大多又局限在感慨红颜易老、青春不在的狭小空间。柳如是被称作"文化中的女英雄"，她不但与男士自由往来，而且大谈经世致用之道，在诗歌创作中力图表现出一种文人化的趋向。她的诗词创作不仅仅是缠绵多情的爱恋，还有对英雄主义的赞美，她的作品中有很多是反映明末清初的乱世历史，她借古讽今，在国家危难之时，忧心如焚，大声疾呼英雄谋士的出现。

《湖上草·岳武词》是柳如是游杭州岳王庙时留下的一首七言律诗。

> 钱塘曾作帝王州，武穆遗坟在此丘。游月旌旗伤豹尾，重湖风雨隔鼍头。当年宫馆连胡骑，此夜苍茫接戍楼。海内如今传战斗，田横墓下益堪愁。

首联由古都入手联想到英雄岳飞，描写了岳飞征战沙场与敌人激战的场面。而诗句"当年宫馆连胡骑，此夜苍茫接戍楼"，却将思绪从过去转到现实，大敌当前，战士奋勇沙场，而在上者却勾结外敌，另有小人当道致使英雄无用武之地。柳如是的怀古诗中刻画的多是悲剧英雄，他们或是惨遭横祸，遭人陷害；或是报国无门，空有一腔热情。柳如是之所以重视落难英雄，是因为在她的心里，自己同这些英雄是同等的。她的雄心壮志与这些英雄豪杰毫无二致，但是迫于身份的限制，她无法亲上战场保卫国家。

明末崇祯时期内忧外患，内有以李自成为首的农民起义军，外有后金屡屡侵犯，在这种形势下，柳如是写下了《剑术行》一诗。

  拂衣欲走青珊瑚，须洞不言言剑术。须臾树杪雷电生，玄猿赤豹侵空冥。寒锋倒景不可识，阴崖落木风悲吟。吁嗟变化须开人，时危剑器摧石骨。我徒壮气满天下，广陵白发心恻恻。

诗中塑造的是一个理想中的英雄形象，也是对自己心声的倾诉，这里的英雄和她的心意相通，志趣相投，表达了对国家的忧患之情。"我徒壮气满天下，广陵白发心恻恻"一句表达了作者虽然对国家的局势充满了担忧，但是却因女儿身，不能亲上战场，更不能运筹帷幄，这种报国无门的无奈之情便和男性文人达成了共鸣；同时，这种理想与现实的矛盾，也铸就了柳如是一生"悲歌心不终"的悲情色彩。

黄真伊的怀古题材汉诗只留下了两首，一首诗是《松都》，一首是《满月台怀古》，前者采用了五言绝句体，后者采用了七言律诗体。这两首诗也是她汉诗创作中的经典之作。

  雪中前朝寺，寒钟故国声。南楼愁独立，残廓暮烟香。

这是黄真伊感怀高丽王朝和作为古都的松都的一篇五言绝句体诗歌。该作品从回想繁荣的高丽都城松都入手，继而用"寒钟故国声"来表现败亡后的高丽王朝的凄凉景象，与王维的"莺为故国声"有异曲同工之妙，这就自然引出了下一句的为故国的哀愁之情。[①] 而最后一句"残廓暮烟香"，表面上是对逝去的故国的哀

---

① 姜铨燮：《黄真伊研究》，首尔：创学社出版，1985，第140页。

思,实际则是对自己作为妓女身份的哀怜,徒有才华横溢,空有一腔抱负,最终只不过是供人欣赏把玩的玩偶,如同"过眼云烟"。这首诗从视觉到听觉再到感觉的描写,将黄真伊对自己作为妓女任人操纵的痛苦与无奈,同自己追求独立人格的理想之间的矛盾,淋漓尽致地表现了出来。

而在《满月台怀古》中,诗人同样展现了自己的双重人物性格。

> 古寺萧然傍御沟,夕阳乔木使人愁。烟霞冷落残僧梦,岁月峥嵘破塔头。黄凤羽归飞鸟雀,杜鹃花发牧羊牛。神松忆得繁华日,岂意如今春似秋。

诗中的"古寺"、"夕阳"给人带来一种萧索、零落之感,"夕阳西下,断肠人在天涯"的画面又浮现在眼前,这是作者在与恋人分离后,触景生情的有感而发,诗中的凄凉正是作者内心的写照。满月台和松都都是高丽王朝的遗址,曾经的盛世繁华,而如今只剩下残破的寺庙。黄真伊在这里借古伤今,看到破落的古都便联想到现在的自己,虽然作为一代名妓,才华横溢,声名远扬,但最终却无法逃脱世俗的樊笼,如"残花败柳"一般地消失在这个人世上。黄真伊的诗作中一直充满了"倜傥气",而这里的哀愁与忧伤则是她内心的真实写照,双重的身份塑造了双重的自我形象,而双重的自我形象又决定了双重的人物性格,黄真伊就是在这种理想与现实,希望与失望的矛盾中徘徊、挣扎。

黄真伊的怀古诗同男性创作的怀古题材的诗歌有所不同,它不是慷慨激昂的陈词,而是在清冷的诗情画意中抒发自己的情感,用画面中的冷色调展现了作者理性的美,也就是说在诗歌创作上,她更重视的是感情的自然流露,将生活中的真率、典雅、淡泊的特性展现在她所描绘的诗境中。所以,黄真伊的怀古情怀同柳如是有所不同,她们虽然同样地关心国家和社会的命运,但柳如是的诗歌作品中表现出来的是男性化的激烈情绪,大有"巾帼不让须眉"的气势；而黄真伊则更多的是"借古伤己"，将自己的命运同世事的沧桑联系在一起，表达自己无限的感怀。

这一区别跟她们生活的社会背景有着紧密的关系。柳如是生活在明末清初，动荡不安的社会现实让每一个有志之士都奋勇挺起。作为同样有着爱国思想的柳如是也不甘落后，她曾经恋人陈子龙介绍加入由激进分子组成的"几社"，谋划"抗清复明"的光复大业，她的雄心壮志不逊于任何一个伟人豪士。而黄真伊却有所不同，她生活在社会氛围较为平和的朝鲜朝前期，在她的作品中主要是对于曾经作为高丽都城松都的衰败景象的描写，往日作为经济文化的中心地，而今却没有了昔日的光芒，作者在看到这些景象时主要联想的是自己，曾经的歌舞升平，曾经的诗才满腹，都会在历史的长河里消失殆尽，就如同这破落的古都一样充满了凄凉和悲伤。

三 咏物诗

咏物诗与写景诗本应属于不同的范畴，写景诗旨在"借物抒情"，表现人们的喜怒哀乐；而咏物诗则强调"借物咏志"，即诗歌创作不是仅停留在抒发人的喜怒哀乐，更多的是涵括了人们的理想与抱负。但是二者又有着很多相似之处，作为描写对象的"景"和"物"本来就有着相似之处，自然物与周围环境的融合依然可以构成美丽的风景，而在"借物抒情"的同时，依然可以表达自己的理想和抱负。所以该部分将柳如是的咏物诗与黄真伊的写景诗放在一起进行考察，从中解读她们豪放的情怀和独立自由的精神。

"写作永远意味着以它特有的方式获得拯救。"[①] 柳如是虽然是风尘女子，生活在社会的底层，但是她依然满腔热情地追求自己的

---

① 埃莱娜·西苏：《从潜意识场景到历史场景》，载张京媛《当代女性主义文学批评》，北京大学出版社，1992，第223页。

爱情，追求自己的独立的人格，诗歌创作是她抒发个人感情的最好方式。柳如是不仅有着出众的才华，而且还具有高尚的情怀，她经常把挺拔俊俏的竹、格高韵雅的梅以及婀娜多姿的柳作为歌咏的对象。柳如是在她的诗歌创作中给予"柳"更多的内涵，她赋予"柳"人格，赋予它生命，并且以"柳"自喻，表达自己不自卑、不自贱，追求独立自由的思想情怀。

《金明池·咏寒柳》是柳如是离开陈子龙之后结识钱谦益之前创作的。

> 有怅寒潮，无情残照，正是萧萧南浦。更吹起，霜条孤影，还记得，旧时飞絮。况晚来，烟浪斜阳，见行客，特地瘦腰如舞。总一种凄凉，十分憔悴，尚有燕台佳句。
> 春日酿成秋日雨。念畴昔风流，暗伤如许。纵饶有，绕堤画舸，冷落尽，水云犹故。忆从前，一点东风，几隔着重帘，眉儿愁苦。待约个梅魂，黄昏月淡，与伊深怜低语。

该词采用了象喻的手法，将柳与人、人与柳融合在一起，借柳抒情，借柳言志，将自我心灵的感伤，以及对美好生活的憧憬寄托其中。诗人笔下的"柳"如同人一样，"见行客"竟能特地摆起腰肢翩翩起舞，这句话也流露出深深的自恋。而正是这种潜意识里的自恋，让她充满了自信，敢于追求幸福、憧憬未来。"忆从前，一点东风，几隔着重帘，眉儿愁苦。"本是诉说柳如是与陈子龙的爱情受阻，所以本应在东风里舒放的"柳"也多了几分愁苦。但是紧接着，"待约个梅魂，黄昏月淡，与伊深怜低语"，则表达了自己的择偶之思，上句的"愁苦"之情自然就随之淡化，从该句中可以看到作者对未来的憧憬，也展现出作者对独立自由的追求。柳如是在创作这篇诗词时将自己独立的人格、高尚的胸襟都融入其中，通过这首词可以看到柳如是双重的性格和多元的情感。

而《题画竹》一诗则是柳如是貌若柔柳，骨为傲竹的自身写照。

不肯开花不肯妍，潇潇影落砚池边。一枝片叶休轻看，曾住名山傲七贤。

作者虽为女儿身，但是却不愿受到世人，尤其是男性的轻视，在她的身上同样具备了不逊色于七贤士的傲骨。柳如是的诗中总能表现出独立的品格，她对独立自由的追求，对高尚人格的追求，表现出了女性的自尊和自信。在当时女性受封建社会伦理道德束缚，受性别歧视和压迫的时代，柳如是的作品无疑给当时沉寂的社会注入了很多新鲜的元素，为女性追求独立自由的精神指明了方向。

黄真伊一生创作了很多诗歌作品，但是在后世流传的却不多，关于写景的汉诗仅留有《朴渊瀑布》一篇作品。在写景诗中，山水田园诗一直是其中的一个重要内容，它侧重于歌咏自然景物，同时抒发自己的感情。这类诗歌的主要特点就是"一切景语皆情语"，亦即作者笔下的山水自然景物都融入了作者的主观情感，或借景抒情，或情景交融地表达作者的思想感情。

《朴渊瀑布》是黄真伊远离松都教坊，在与李世宗兄弟同居的过程中创作的。

一派长川喷壑岩，龙湫百仞水泱泱。飞泉倒泻疑银汉，怒瀑横垂宛白虹。雹乱霆驰弥洞府，珠舂玉碎彻晴空。游人莫道庐山胜，须识天磨冠海东。

这首诗采用了比喻和拟人的手法，使内容更加形象。"雹乱霆驰弥洞府，珠舂玉碎彻晴空"一句，通过雹、霆、珠、玉等喻体描写飞溅的水花，"玉碎"和"彻晴空"则给人带来了较强的视听效果。黄真伊的这首诗同以往男性所创作的写景诗有所不同，从她的作品中看不到男性诗人在创作山水田园诗时所表现出来的惆怅与无奈，她更多的是对自然的热爱，她把自然作为汲取生命能量的源泉，她渴望从自然的山水中实现枯竭灵魂的复活。朴渊瀑布的壮观激发了黄真伊的豪迈气质，让她重新找到了自信和自尊，让她对独立的自由有了更高的追求。

柳如是与黄真伊在她们的咏物写景诗中，通过比喻和拟人的手法，或是借景抒情，或是托物言志，表达她们对生活的热爱，对未来的憧憬，对个体价值的追求。柳如是在诗歌创作时将自己同诗中的"物"融为一体，通过对"物"的描绘和赞美，表达自己对高尚情操和独立人格的追求，并展现了作为女性的自尊和自信。而黄真伊在她的写景诗中，更多的是抒发自己的感情，"一切景语皆情语"，通过对山水细致的描绘，表达了自己对生活的热情，对大自然的热爱。她们虽然生活在社会的底层，但是却不因为自己身份的低微而自卑、自贱，相反，她们通过文学作品来表达自己的理想和抱负，她们追求独立自由的精神世界，渴望获得社会的认同，渴望获得同男性一样的发言权，这是女性独立意识的觉醒，是对个体价值追求的体现。

柳如是与黄真伊是中韩历史上比较有代表性的两位女性文人，她们既是妓女文学的代表，也是女性文学的典范，相同的身份，相似的生活经历，让她们的诗歌创作中有了很多相似的意识和情怀。作为妓女，她们生活在社会的最底层，如同"路柳墙花"任人攀折，甚至遭人唾弃；而作为一代才女，她们却是诗词满腹，才华横溢。这就促使她们强烈地希望能够摆脱社会的羁绊，去追求自由，追求独立的人格，而这也是她们自我意识觉醒的体现。但是在封建道德伦理的束缚下，女性根本无法改变自己的命运，尤其是以柳如是和黄真伊为代表的妓女阶层，她们终将要在美好的理想和残酷的现实中挣扎，而最终的悲情色彩构成了她们人生的主色调。但是她们敢于挑战命运，敢于追求自己的爱情，她们为维护自己的尊严和独立而付出的努力是值得肯定的，这也为近代女性的解放奠定了思想基础。

Comparative Study of Poetries between Liu Ru-shi and Huang Zhen-yi

Hao Junfeng

Abstract The women's literature is more concerned in China and Korea which live in the influence of Confucian patriarchy for a long time. And prostitutes literature is an important part of it. Liu Ru-shi and Huang Zhen-yi as the representatives of prostitute writers have the similar talent, experience and destiny. So they have the same understanding of life, and share the common pursuit of the future.

Key Words Female Literature; Prostitutes Literature; Liu Ru-shi; Huang Zhen-yi

【审读：邢丽菊】

浅析韩国影视文化对高校教育的影响

陈冰冰

【内容提要】 韩国影视文化以它独特的魅力吸引着无数的中国观众,尤其是受到众多青少年的青睐。在影视文化商业化发展的过程中,韩国影视将传统文化同现代文化成功结合,既迎合了当今社会广大观众的审美情趣,又将以儒家文化为代表的传统文化得以保留,实现了影视商业化的成功转型。作为高校,应该充分认识韩国影视文化给学生带来的重要影响,发挥影视文化的积极教育作用,促进学生的健康发展。

【关键词】 韩国影视 儒家文化 高校教育

【作者简介】 陈冰冰,北京第二外国语学院讲师、硕士生导师,韩国成均馆大学韩国文学博士。

一 序言

影视文化是大众文化传播的重要媒介。影视文化具有直观性、形象性、生动性等特点，它关注普通人的生活情感，打破了地域、民族、文化等限制。这种大众化的传播取向使其成为当今社会受众群体最多的主流文化，可以说影视文化的传播直接影响着当今社会人类的精神生活。其中，韩国影视文化的影响尤为显著。韩剧从20世纪80年代传入中国，从1997年的《爱情是什么》到后来的《蓝色生死恋》、《爱上女主播》等，几乎每一部作品都在中国掀起了一阵热潮。即使是像《看了又看》、《澡堂老板家的男人们》、《大长今》等集数较长的作品依然受到中国观众的追捧。2000年，在北京电影学院举行的第一届韩国电影周获得了极大的成功；而在2004年上海电影节上，13部韩国影片参展，无论是参展影片的数量、题材，还是在票房和受关注的程度上，韩国电影都取得了骄人的成绩。

影视作品作为一种社会文化，它负载着一个国家的精神情感、哲学思想、价值取向，展现出本民族的文化气质和精神风貌。而这种人文性的贯穿又促使受众群体在影视作品欣赏的同时，展开自己对人生价值和人生意义的思考。同时，影视文化还促进了各民族间的相互了解和交流，使现代人的思维方式从狭小的地域封闭性走向一种开放性和多元性。[①] 所以，目前高校常常把影视文化作为教育学生的一种手段，尤其是外语院校，影视作品不仅可以帮助学生了解一个国家的风土人情，还可以提高学生的外语水平。所以说，影视文化对高校学生的意识形态、道德观念、价值观念的发展都起着举足轻重的作用。本文主要以韩国影视文化为对象，分析其对我国高校教育的重要影响。

二 韩国影视文化对高校教育的积极影响

1. 树立积极向上的人生目标

韩国影视文化受到儒家思想的影响，以仁、义、礼、智、信为

---

① 陈默：《影视文化学》，北京广播学院出版社，2001，第3页。

代表的儒家思想常常贯穿于其中。作品常常以积极乐观的人物为对象，描绘他们在困难中不畏艰辛、励志向上的奋斗精神。韩国的影视作品中励志剧偏多，有历史题材的励志剧《大长今》、《海神》、《茶母》，也有现实题材的励志剧《明朗少女成功记》、《加油！三顺》等，作品都是以生活中平凡的小人物为主人公，他们虽然身处困境却从未想过放弃，并最终通过自己的艰辛努力获得了成功。现在的学生大部分生活条件较为优越，吃苦耐劳的传统美德对他们来说较为遥远，而韩国影视作品中的这些人物都比较现实，更容易被他们接受。这种奋发向上的主体意识同样也刺激了他们主体意识的萌发，让他们明白奋斗、励志这样的字眼离他们并不遥远，积极向上的进取精神在现实生活中也随处可见。

另外，通过韩国的影视剧我们还可以学到另外一种精神，即儒家思想中的"克己复礼"的理念，把自己的言行都纳入礼的轨道。韩国影视作品在讲述小人物的成功经历时，除了安排主人公家境贫寒、生活困窘之外，还常常在他们的奋斗过程中设计一些阴险小人，让他们的生活变得更加艰险，随时都会触及小人设置的种种陷阱和障碍。但是主人公却没有只是一味地苦恼和抱怨，而是默默地承受生活带给他们的磨难，用"善"去面对身边的"恶"。他们并非没有愤怒，只是通过自我调整将愤怒转化为宽容，并用自己的真诚和善良去感化对方。劝善惩恶是完美人格的最高境界，也是当今社会应该提倡的人格精神。

2. 提高健康和谐的审美感悟

当今社会，物质生活已经不再是大多数人追求的目标，人们生活的重心成为对精神的追求和精神上的享受，随着影视文化走入人们的日常生活，人们通过对影视作品的欣赏，获得各种生活和心理体验，同时释放内心的情绪情感。可以说影视文化已经在潜移默化地影响着人们的审美感悟，人们在影视欣赏的同时获得审美愉悦和心灵解脱。所以，影视文化中的审美观和价值观直接影响着人们对美的重新审视，影视在娱乐大众的同时，还承担起了教化的作用。

当电影以电视的方式，电视以游戏节目的方式进入客厅和人们的日常生活中时完全是在世俗的环境中进行，和日常生活交织在一起，打破了高雅文化的神圣和神秘感，在极大的亲近中得到轻松和休闲，美感已完全融合在日常生活中了。① 韩国影视作品比较突出的一个特点就是人性和文化的亲和力，它们总是希望把人性中最美好的一面展现给大家。韩国影视作品大多以普通人的生活为描述对象，用细腻而朴素的手法再现韩国民众的精神风貌。这些作品又都会设计一个情节曲折、感情细腻而又打动人心的故事，这些故事中通常蕴含着当今人类社会正在趋于淡化的亲情、友情、信义、道义等。人类最基本的情和义被巧妙地编织到日常生活中，让观众在感受影片中真情的同时，也能实现心灵的共鸣。所以，有些韩剧虽然长达上百集，却能始终扣住观众的心弦。

现在的学生除了上进心不足，责任心、荣辱心、是非心和平常心也在逐渐淡化。目前很多高校的美学教育往往脱离现实，僵化教条的内容让学生产生厌倦和抵触心理，不但起不到教育作用，反而会适得其反，导致学生逆反的情绪。而优秀的影视作品能够唤起学生对美的重新思考，使他们在影视文化的欣赏中获得鲜活而又深刻的审美感悟。

3. 培养孝悌忠信的道德观念

韩国影视作品中所体现的孝顺父母、重视家庭、谦恭礼让等东方传统礼仪也是吸引观众的一个亮点。人们在欣赏着精美的画面带来的视觉美感的同时，也能感受到浓郁的东方文化带来的精神享受。韩国人认为伦理道德水平代表了一个人的修养，所以韩国人所信奉的共同道德就是儒家的孝悌、忠信、礼义、廉耻。在"拜金主义"风靡、"个人主义"泛滥的当今社会，韩国却提出了"文化立国"的国策，主张不仅要挖掘发扬传统儒家文化道德的精髓，而且要大力发展以儒家文化道德为主体的"文化产业"，并以此作

---

① 蔡贻象：《影视文化美研究》，中国广播电视出版社，2004，第19页。

为拉动国民经济发展的强大动力。

忠孝的观念几乎在每一部韩剧中都有表现，如《澡堂老板家的男人们》中儿媳对公婆的孝敬，《松药店的儿子们》中爷爷在家庭中的绝对权威等。韩国的家庭并非不存在矛盾，只是每一个成员都在努力恪守着家庭的伦理规则。比如，韩国人在选择婚姻时如果受到父母的反对或阻挠，他们一般不会采取强硬对策，而是用自己的真诚和努力去感化对方，并最终接受自己。在这一点上，韩国人的处世之道同中国人存在着很大的差别。中国的影视作品中也经常放映类似的内容，但是很多人选择的方法是逃离或者放弃，或者采用比较过激的做法，伤了父母和子女之间的感情。很多人认为，从中国的影视剧中已经很难看到东方文化中固有的温情和教养，所以优秀的韩国影视作品可以帮助现在的学生重新树立忠信孝悌的道德观念。

4. 增强团队合作的集体意识

现在的大学生，尤其是"90后"学生，他们不乏开放的思想和强烈的独立意识，但是却缺乏传统的团队精神和集体意识。团队精神是建立在群体的凝聚力和协作意愿等基础上的，是个体成员对待集体的事物，以及个体成员对待相互之间的关系等态度的集中体现。现在的大学生所处的时代特点决定了他们个人主义倾向比较严重，同时还具有明显的叛逆心理。

中国社会几千年来一直受到儒家思想的影响，而儒家思想中所提倡的群体精神则是儒家的基本精神之一。其中的一个重要表现就是讲求人与人之间、人与社会之间的和谐并以此达到社会群体的整体和谐。孔子认为，君子就是"和"的典范，"和谐"不仅是人类社会应该追求的一种美德，也是一种至德的思想境界。儒家的群体精神把群体的利益放在首位，重视群体的和谐。所以就要求每个社会成员都要有强烈的社会责任心，强调个人行为要与社会发展协调同步。韩国政府早在1995年便发表了《为建立主导世界化、信息化时代的新教育体制》，提出培养"全人"的战略目标，并将其具体化为"21世纪的韩国人形象"的四项素质。而其中之一便是：具有很高的德育水准和共同意识的与众共生存的人。

韩国的影视剧也多以表现团队精神的内容为题材，如2007年拍摄的《我们生命中最辉煌的瞬间》，是根据2004年雅典奥运会韩国女子手球队队员的真实故事改编的，影片展现了韩国女子手球队员的凝聚力和团队精神。这些影片都具有很强的教育意义，尤其是对现在的学生来说，影片中人性化的描述同课本上教条的说教比起来更具有说服力和感染力。当代大学生是新时代的接班人，大学生团队意识的培养对我国社会的发展有着至关重要的作用。

三 韩国影视文化对高校教育的消极影响

1. 错误的人生观、价值观的形成

韩国的影视文化同其他影视文化一样，都具有一定的商业性和功利性，他们的最终目的是为了吸引观众，提高收视率。电视观众是数量上和视觉上的"社会大众"。他们决定收视率的高低，他们决定电视台的广告收入，因为他们是广告产品的消费者。① 所以画面中往往都是一些比较唯美的或者比较吸引观众眼球的画面，内容上也往往固定在一种比较容易被人接受的模式。如很多作品都以爱情为题材，男主人公往往被设计为富家子弟，女主人公则是家境贫寒的一般群体。像最近流行的《秘密花园》、《守护老板》等，男女主人公在身份上存在着较大的差距。虽然这种灰姑娘的模式在韩剧中经常上演，但观众却是百看不厌，其中一点就是对影片中俊男美女的喜爱，以及被影片中唯美画面的吸引。学生还没有树立正确的人生观和价值观，对影视作品中的内容还不能作出正确的判断，所以有些学生在观看影视作品的同时，就逐渐淡化了对人生意义的思考和追求。

---

① 陈默：《影视文化学》，第14页。

影视文化如果过分倾向于商业化而脱离社会现实，那么该作品就失去了其反映现实、指导人生的社会教育功能。同时也会对青少年观众产生误导，从而使他们产生错误的世界观和人生观。这样，影视文化不仅不能鼓舞观众树立积极向上的人生观和正确的世界观，反而会消磨他们工作和学习的热情。

2. 感性消费观念的普遍

随着全球化社会的发展，消费需求也变得日趋差异化、多样化、个性化。人们在购买商品时，看中的不再是质量或是价格，也不再是品牌，而是该商品能否让自己满足，或是给自己带来心理上的愉悦。所以，专家认为现代社会已经逐渐进入了重视"情绪价值"胜过"机能价值"的时代，也就是说人们更加重视个性的满足和精神的愉悦，而这种消费现象被称为"感性消费"。

韩国影视剧，尤其是最近流行的都市剧中登场的人物往往都是身居豪宅，他们总是被设计成某某集团的富二代，他们时髦的打扮、挥霍性的生活，诱导着人们对于物质享受的欲望。目前，很多高校的学生都是韩国迷，他们的服饰、发型，甚至言谈举止都韩国味十足。而有些学生家境条件并不太好，他们为了满足心理上的消费需求，就采取打工等方式。这样，学生打工的目的就发生了根本的变化，他们不是为了锻炼自己，也不是为了解决自己的基本生活，而是为了满足自己的"感性消费"。这种消费观最终会给学生带来严重的负面影响，促使他们走向"拜金主义"、"享乐主义"。

3. 功利性价值观的驱动

影视文化作为一种综合艺术，其审美活动具有两面性，即功利性与非功利性。随着商业资本的介入，影视作品的商业性特点越来越明显，韩国影视剧的这种特点则更为显著。巨额的投资需要巨额的回报，这就势必导致电影的功利性与世俗性。随着人们生活节奏的加快，各种压力随之而来，观众越来越希望从影视作品中得到更多的消遣和娱乐，影视作品的世俗性也就随之增强。

影视文化的功利性激活了人们原来被压抑的功利意识，人们比以往任何时候都更重视功效和利益。尤其是对于青少年学生来说，在人生观、价值观还没有完全确立之前，更容易受到当前功利性价值观的影响。当然，功利性价值观一方面也可以激发人们的工作热情，一定程度上促进社会的发展，但同时也会产生严重的负面影响。如果以个人的利益和欲望为动力，个人私欲就会无限膨胀，最后只能造成社会公德心的下降，影响社会的健康发展。

四　结论

影视文化的直观性、形象性和生动性等特点，决定了它在人们生活中的地位，直接影响着当今社会人类的精神生活。韩国影视剧以它独特的魅力和文化内涵，吸引着中国的无数观众。韩国影视剧中俊美的主人公、唯美生动的画面以及丰富多彩的文化深受广大青少年的普遍欢迎。然而任何事物都存在着两面性，韩国影视文化也不例外，它在提高青少年的审美观、人生观、价值观的同时，也会产生一些负面影响。我们要充分意识到影视文化给当今社会带来的积极影响，正确引导青少年的志向情趣，发挥影视文化的育人作用，对青少年进行正确的人生观教育。

同时，作为高校教师还要努力挖掘韩国影视剧中的重要文化内涵，加强影视文化传播效果分析，使影视文化不仅仅起到娱乐作用，通过深层次的分析和引导，拓展影视文化的教育作用。高校学生是一个国家和民族的中流砥柱，他们的人生观和价值观直接影响着今后社会的发展。优秀的影视作品不仅反映一个民族的文化，同时还凝结着该民族传统的价值与精神。所以，如何扬优弃劣，发挥影视文化的教育作用，构建健康和谐的影视文化氛围是当今社会必须要面对的问题。

Korean Film Culture's Influence on Higher Education

Chen Bingbing

Abstract Korean film culture with its unique charm attracts lots of Chinese viewers, and is particularly favored by many young people. In the process of the commercial development of film culture, Korean film achieves a successful combination of the traditional culture and modern culture. That meets the aesthetic taste of the audience in today's society, and at the same time preserves the traditional culture represented by the Confucian culture. College should be fully aware the impact of Korean film culture to students, and play its role of education to promote the healthy development of students.

Key Words Korean Film; Confucian Culture; Higher Education

【审读：邢丽菊】

韩国大学生的生活方式对休闲活动的影响

〔韩〕李敬姬

【内容提要】 本研究的目的在于揭示韩国大学生的生活方式对休闲活动产生的影响和探讨韩国大学生的人口统计学特征的休闲活动存在的差异。通过本研究发现了韩国大学生的五种类型的生活方式和六种类型的休闲活动。本研究表明,生活方式有助于今后休闲市场的细分化,而且可以对开发契合各种生活方式类型的休闲市场起到借鉴作用。

【关键词】 休闲　生活方式　大学生

【作者简介】 李敬姬,复旦大学旅游学系博士研究生。

一　绪论

现代社会者的消费行为正以多种形式出现。在物质丰裕的社会,消费者不仅追求单纯的物质享受,而且青睐能够给自己带来精神的满足的消费方式。可以说，这种现象在没有经历过战争和苦难的大学生一代人的消费生活上显得更为突出。不仅如此，大学生还是一个通过休闲活动来提升生活质量，追求自我实现与自我开发以及健康、幸福等多彩生活的群体。因此，通过分析大学生的休闲生活，有助于把握现代人理想中的生活方式。最近，在消费者活动的分类中，以生活方式（life style）为标准的市场细分化的方法正在增多。生活方式是能够反映一时或一定时间内所作出的选择行为背后所指向的追求自我满足的特有的方式（Choi Won Joo, 2004）。本文将对大学生的生活方式进行细分，通过考察他们的休闲活动，对休闲产业的市场战略作出有益的思考。此外，本文还试图考察人口统计学的特征与休闲活动之间的差异。值得注意的是，本文选取的研究对象是韩国大学生。韩国作为中国的邻国，对于韩国大学生生活方式与基于人口统计特征的休闲文化的研究，能够成为把握韩国休闲市场现状的一项重要资料。

二 生活方式与休闲活动

1. 生活方式

生活方式作为有效的市场细分化的指标，能够比较有效地说明消费群体的差异，并有助于预测社会的动向。也就是说，生活方式作为集心理、行为标准于一体的市场细分化的变量，既能作为理解消费者群体的整体性接近方式（Richard & Sturman, 1997; Solorman, 1999），也能够作为一种特定的接近方式来理解特定产品种类的消费者，或是在人口统计学意义上的特定阶层的消费者（Grube, Weir, Getzlaf & Rokeach, 1984）。

生活方式大体可分为宏观分析、微观分析。宏观分析将重点放在成为分析对象的社会或群体的生活方式的动向把握之上，而微观分析的主要兴趣点则在于通过生活方式来对社会进行细分化（Chaiy Seo Il, 1992）。市场和消费正行为角度的生活方式主要是运用微观的分析（Plummer，1974），包括 AIO（Activities，Interests，Opinions）、VALS（Value and Lifestyle）和 LOV（List of Values）等方式。

2. 休闲活动

在复杂的现代社会，人们日益被要求具有复杂的思维与突出的能力，并承受着与其相应的精神压力。从这种意义上来说，休闲活动对于现代人身心健康来说是必不可少的生活。此处所说的休闲活动的范围要比旅游活动的范围更广，这是因为旅游要受时间、场所、费用等因素的很大制约，与此相比，休闲所受到的这些制约则相对较少（炫成坤，2008）。Iso-Ahola（1980）将休闲分为体育活动、社会活动、工作活动等，以行为者休闲活动的形态为标准，又将其分为主动性的"做的休闲"与被动性的"看的休闲"。Beard 和 Ragheb（1980）将休闲活动分为大众媒体型活动、社会性活动、室外活动、体育活动、文化活动及趣味活动等六类，这种分类方式是基于对休闲活动的系统性验证方法，即根据信赖与合理性来得出休闲活动的问题项。由他们所发出来的休闲活动的尺度，一直被众多学者所使用。韩国文化观光部（2006）《休闲白皮书》将休闲活动的类型分为游乐及旅游活动、聚会·交友·社交活动、观赏及游览活动、体育活动、趣味及修养活动。而楼嘉军（2005）则在《休闲新论》一书中将休闲活动分为消遣娱乐类、怡情养身类、体育健身类、旅游观光类、社会活动类、教育发展类等六类。

3. 生活方式与休闲活动之间的关系

生活方式是社会中具有明显差别性特征的生活样式，它作为区分消费者行为的一种形态，是个人所具有的一种行为方式。Feldman 和 Thielbar（1997）认为，生活方式包含了生活的信条与价值观，并渗入工作、娱乐、学习等类似的领域。从这种意义上来说，生活方式可以被视为区分个人行为特征的一种社会性的分析工具，它对休闲活动的方式也产生了影响。Cho Myung Hwan（2005）

对现代人的生活形态与生活方式进行了调查，并验证了生活方式与休闲活动类型之间的影响关系。研究结果表明，属于家庭中心型活动方式的人们对修养文化活动、娱乐社交活动及旅游活动产生了很大影响。马勇占（2007）在其著作中援引了一项调查结果，该调查以大学教师为对象，设置了基于 AIO 而划分的生活方式的 33 个问题项与休闲活动的 63 个问题项，这项调查证明了教师的生活方式与休闲活动之间的相互关系。Moon Bo Young & Lee Kyoung Hee（2011）也研究了中韩大学生的生活方式对休闲活动的影响。

此外，Hur Jun Soo（2001）在一项关于都市老人休闲活动影响因素的研究中，得出了年龄、教育水平、居住形态等社会人口学的一系列变量会对老人的休闲活动产生影响的结论。该研究表明，老人的教育水平越高，身体越健康，收入越多，其休闲活动参与度也会越高。Kim Dong Jin & Kim Chae Woon（2001）的著作中关于大学生的一项研究表明，根据性别的不同，休闲活动也存在着相应的差异，男生大体上更热衷于积极的休闲生活，而女生则更喜欢消费性的休闲生活。不仅如此，收入越高，对于消费性休闲生活的积极性也越高。

玄成坤（2008）以 Cho Myung Hwan（2005）、Moon Bo Young & Lee Kyoung Hee（2011）的先行研究为基础，通过了解韩国大学生的生活方式对休闲活动类型的影响，得出以下假设。

假设 1：韩国大学生的生活方式对休闲活动有一定的影响。

假设 2：根据韩国大学生的人口统计学特征不同，休闲活动存在一定的差异。

本文主要侧重韩国大学生的生活方式和休闲活动类型以及生活方式对休闲活动的影响。有关生活方式则以 Plummer（1974）、玄成坤（2008）的先行研究为基础进行，衍生出 23 个选项以及运用李克特量表所涉及的答卷。而休闲活动则主要运用楼嘉军（2005）的《休闲新论》的休闲分类和韩国文化观光部（2006）的《休闲白皮书》所作的国民休闲参与调查结果，而衍生出了 26

个选项。

本研究调查的问卷取样范围是以首都圈内的大学生为对象进行的。问卷是在2010年1月1~15日内所采集的总共234张问卷，去除没有一次性完成内容的问卷，最终得到有效样本共计219张为基础进行的实证分析。问卷由生活方式、休闲活动类型以及人口统计学特点三部分构成。问卷调查由专门接受过问卷调查培训的问卷调查员通过一对一的面谈而完成。收集到的资料通过统计专门软件SPSS 12.0 for Windows进行了频数分析、因子分析、信度分析、多元回归分析、T-test和ANOVA差异分析。

三 韩国大学生生活方式对休闲活动的影响分析

1. 样本特点

作为本研究的分析样本而采集的219名调查对象都符合表1所示。性别比例为男性89人（40.6%），女性130人（59.4%），平均年龄为22岁。大学一年级学生26人（11.9%），大学二年级学生80人（36.5%），大学三年级学生89人（40.6%），大学四年级学生24人（11.0%）；月平均家庭收入不到100万韩元的有41人（18.7%），收入在100万~300万韩元的有65人（29.7%），300万~500万韩元的有66人（30.1%），500万~700万韩元的有29人（13.2%），700万韩元以上的有18人（8.2%）。月平均花费休闲费用不到10万韩元的有64人（31.4%），10万~30万元的有93人（45.6%），30万~50万韩元的有32人（15.7%），50万韩元以上的有15人（7.4%），结果显示，许多学生的月平均休闲花费在10万~30万韩元这个区间。月平均休闲活动参与次数在1~10次内的学生为93人（45.6%），11~20次内为49人（24.0%），21~30次内为59人（28.9%），31次以上有3人（1.5%），结果显示，有半数学生月平均参与休闲活动的次数为20次以上。而不参加休闲活动的最大理由是没有时间，有119名学生

（56.1%）选择了时间不足，接下来则是经济负担，有75名学生（35.4%）选择了该选项，选择可供使用设施不足的则有10人（4.7%），选择专业知识不足的有7人（3.3%），还有1位选择为其他（0.5%）。

表1 样本的特点（N=219）

变量	内容	频度	百分比（%）	变量	内容	频度	百分比（%）
性别	男性	89	40.6	月平均休闲活动的花费	不到10万	64	31.4
	女性	130	59.4		10万~30万	93	45.6
年龄	平均22岁	219	100		30万~50万	32	15.7
					50万以上	15	7.4
年级	大学一年级	26	11.9	参与次数	1~10次	93	45.6
	大学二年级	80	36.5		11~20次	49	24.0
	大学三年级	89	40.6		21~30次	59	28.9
	大学四年级	24	11.0		31次以上	3	1.5
家庭平均月收入（韩元）	不到100万	41	18.7	未参加理由	经济能力不足	75	35.4
	100万~300万	65	29.7		时间不足	119	56.1
	300万~500万	66	30.1		专业知识不足	7	3.3
	500万~700万	29	13.2		使用设施不足	10	4.7
	700万以上	18	8.2		其他	1	0.5

2. 变量的信度和效度验证

（1）生活方式的信度和效度。

为了测定韩国大学生的生活方式类型，笔者运用了23个问项并进行了因子分析，其结果如表2所示。而且因子范畴内属性的互相结合可以得出一般性验证结果，克隆巴赫系数≥0.6则不用删除任何选项，它的存在可以验证问卷的可信度。关于生活方式变量的因子分析结果如表2所示，其中全部的因子共有4个，因子1为健康指向型、因子2为流行跟风型、因子3为目标指向型、因子4为自信不足型。

表2 对生活方式进行的因子分析

因子名	测定问项	因子载荷量*
健康指向型 ($\alpha = .89021.34$)	运动能解除精神疲劳	.793
	运动带来健康体魄	.772
	规律性运动	.739
	把运动作为兴趣	.733
	运动防止老化	.728
	运动神经相对敏锐	.715
	运动场所免费	.649
	维持健康	.645
	体力强健	.610
流行跟风型 ($\alpha = .87316.14$)	简单跟随流行	.865
	对流行进行时间和金钱的投资	.847
	通过跟随流行表现自信	.812
	对流行关心	.784
	购买流行衣服	.699
目标指向型 ($\alpha = .84516.02$)	积极主动的性格	.807
	完成承诺	.754
	目标确定完成	.737
	一旦做事就要做到最好	.733
	即刻实施必须要做的事情	.589
	可以的话要改革	.552
自信不足型 ($\alpha = .6038.60$)	没有热情	.752
	无名牌衣物感到自卑	.636
	没有成功的事情	.625

注：*表示相应载荷大于0.5。

（2）休闲活动类型的信度和效度。

为了测定韩国大学生的生活方式类型，笔者运用了26个问项并进行了因子分析，其结果如表3所示。而且因子范畴内属性的互相结合可以得出一般性验证结果，克隆巴赫系数≥0.6则不用删除任何选项，它的存在可以验证问卷的可信度。

休闲活动类型的原因分析结果可见表3，表中一共有5个因子，因子 1 为购物及大众媒体活动型、因子 2 为体育活动型、因子 3 为收集修养活动型、因子 4 为旅游活动型，因子 5 为娱乐活动型。

表 3 休闲活动类型的因子分析

因子名	测定问项	因子载荷量*
购物及大众媒体活动型 （α = .827/15.55）	收看电视剧	.793
	听广播,听音乐	.749
	收看其他电视节目	.699
	观看话剧以及电影	.692
	上网	.615
	漫画	.615
	拍照摄影	.480
	音乐活动(乐器、唱歌等)	.417
	购物	.400
体育活动型 （α = .790/12.55）	登山,野营	.763
	慢跑	.736
	观赏竞技运动	.642
	技能(跆拳道、武术等)	.599
	健身,花样舞蹈	.560
收集修养活动型 （α = .705/10.88）	收集(邮票等)	.776
	美术(画图等)	.749
	体育舞蹈,娱乐舞蹈等	.640
	自己动手做(料理等)	.596
旅游活动型 （α = .840/10.54）	游乐场,郊外公园	.799
	郊游,野外聚会	.797
	散步	.698
	国内旅游	.524
娱乐活动型 （α = .648/8.85）	台球	.789
	电子游戏	.624
	麻将,花牌,扑克牌	.618
	酒吧,Club	.566

注：*表示相应载荷大于 0.4。

3. 假设验证

（1）生活方式与休闲活动的关系。

为了对韩国大学生的生活方式对休闲活动类型的影响这一研究

假设进行验证，必须进行大众性回归分析。表4和表5的分析结果显示，生活方式会对半数休闲活动产生影响。据此，韩国大学生的生活方式会对除收集修养活动以及旅游活动以外的休闲活动产生一定影响。所以本次研究所作的假设1是可以被采纳的。即与Cho Myung Hwan（2005）所作出的生活方式会对多样化的休闲活动产生影响的研究结果一致。

表4 生活方式与消费及大众媒体活动、体育活动、兴趣活动之间的回归分析

因子名	标准化回归系数(t-值)		
	购物及大众媒体活动	体育活动	收集修养活动
健康指向型	-.097(-1.666)	.449(8.353)*	-.047(-.704)
流行跟风型	.503(8.617)*	.059(1.096)	.109(1.616)
目标指向型	-.029(-.502)	-.327(-6.089)*	-.111(-1.653)
自信不足型	-.096(-1.644)	-.263(-4.895)*	.035(.526)
R^2	.272	.382	.028
Adjusted R^2	.258	.370	.010
F-值	19.995	33.000	1.529
p-值	.000	.000	.195

注：*表示P<0.01。

表5 生活方式与观光活动、娱乐活动之间的回归分析

因子名	标准化回归系数(t-值)	
	旅游活动	娱乐活动
健康指向型	.118(1.768)	178(2.757)*
流行跟风型	.120(1.768)	.066(1.027)
目标指向型	-.077(-1.149)	.182(2.824)*
自信不足型	-.119(-1.777)	.200(3.106)*
R^2	.048	.109
Adjusted R^2	.030	.093
F-值	2.710	6.570
p-值	.031	.000

注：*表示P<0.05。

仔细说来，流行跟风型的生活方式会对购物及大众媒体活动产生影响，健康指向型与目标指向型以及自信不足型的生活方式会对体育活动类的休闲活动产生一定影响。还有健康指向型、目标指向型以及自信不足型的生活方式也会对娱乐活动有所影响。但是生活方式对娱乐活动的影响说明力是9.3%（Adjusted R^2 = 0.093），这呈现出略低的结果。

进一步说明的话就是，流行跟风型的生活方式为了比别人更迅速地掌握流行，所以会对购物以及能够获得大众媒体信息的休闲活动倾注较多的关心，健康指向型的生活方式对体育活动最为热衷，而目标指向型和自信不足型则对体育活动最无动于衷。目标指向型最为关心知识的获得，因而对体育活动抱有成见，而自信不足型也对体育活动抱有消极的看法。相反，生活方式对收集修养活动无任何影响。

而且，健康指向型、目标指向型和自信不足型对娱乐活动有积极影响。健康指向型和目标指向型对类似 Club 和酒会这类社交性聚会娱乐活动都抱有积极态度。以自信不足型生活方式为例，它对与体育活动完全相反的饮酒等娱乐活动相当支持并积极参与其中。

（2）人口统计学特征造成的休闲活动的差异分析。

韩国大学生的人口统计特征在休闲活动上表现出有一定的差异，结果除了学年以外，只在性别、家庭收入、休闲活动花费上有一定的差异。因此，本研究部分采取根据人口统计特征在休闲活动上的差异的假设。

首先，韩国大学生的休闲活动区别的原因与性别有一定关系（见表6）。除收集修养活动以外的其他大部分休闲活动都以性别的区分而显现出差异。女生更倾向于购物及大众媒体类活动和旅游活动，男生更倾向于体育类活动及娱乐活动。Kim Dong Jin & Kim Chae Woon（2001）针对大学生所作的研究显示，男生倾向于积极的社会活动，而女生倾向于家庭、自我开发、购物及大众媒体类以及修养类休闲活动。而本研究也得出了相似的结论。

表6 性别带来的休闲活动的差异 t‐test

均值±标准差

性别	购物及大众媒体活动	体育活动	收集修养活动	旅游活动	娱乐活动
男	3.34±.69	2.88±.68	2.03±.86	2.93±.80	3.05±.78
女	3.86±.63	2.52±1.035	2.26±.83	3.34±1.03	2.71±.87
t‐值	-5.714*	2.904*	-1.952	-3.146*	2.933*

注：*表示 P<0.01。

韩国大学生的休闲活动区别的因子与月收入的不同也有所关联（见表7）。收入越高，人们参与活动的频度也越高，500万~700万韩元的家庭收入的大学生在消费及大众媒体活动和体育活动上呈现出积极性。Kim Dong Jin & Kim Chae Woon（2001）在其研究中已经证实，家庭收入越高对于消费性休闲生活的积极性也越高。Hur Jun Soo（2002）在他的研究中得出结果，收入不同，休闲活动参与率也呈现一定的差异。一般情况下，低收入阶层的休闲类型大部分属于消极或者跟家庭有关系的休闲类型。可以说，家庭收入跟休闲活动有密切的关系。

表7 家庭收入带来的休闲活动差异 ANOVA

均值±标准差

收入（韩元）	购物及大众媒体活动	体育活动	收集修养活动	旅游活动	娱乐活动
不到100万	3.83±.70	2.68±.55	1.78±.68	3.52±1.14	3.18±1.03
100万~300万	3.50±.46	2.30±.80	2.13±.79	2.71±.80	2.65±.64
300万~500万	3.43±.76	2.53±.87	2.30±.98	3.13±.85	2.75±.86
500万~700万	4.06±.83	3.49±1.20	2.33±.72	3.65±.74	2.73±.91
700万以上	3.91±.56	3.12±.73	2.47±.83	3.48±1.06	3.40±.58
F‐值	6.751*	11.701*	3.579*	8.201*	4.996*

注：*表示 P<0.01。

如表 8 所示,休闲花费带来的休闲活动分析在旅游活动和娱乐活动上有一定的差异。旅游活动和娱乐活动都在 30 万～50 万韩元花费的大学生群体中呈现出较高的频度。但是,购物及大众媒体活动、体育活动、收集修养活动没有明显的差异。

表 8 休闲花费带来的休闲活动的差异 ANOVA

均值 ± 标准差

休闲花费 (韩元)	购物及大众 媒体活动	体育活动	收集教养活动	旅游活动	娱乐活动
不到 10 万	3.62 ±.56	2.67 ±.85	2.21 ±.83	2.96 ±.89	2.88 ±.75
10 万～30 万	3.69 ±.73	2.73 ±1.03	2.23 ±.81	3.23 ±.83	2.63 ±.81
30 万～50 万	3.73 ±.77	2.55 ±.64	2.01 ±.87	3.64 ±1.20	3.34 ±.89
50 万以上	3.34 ±.91	2.72 ±1.00	2.03 ±.84	2.88 ±1.06	2.93 ±.89
F - 值	1.259	.326	.749	4.313*	6.192*

注:* 表示 P < 0.01。

四 结论

本文的研究目的在于了解韩国大学生的生活方式与休闲活动的类型,通过生活方式对休闲活动的影响的分析,试图揭示韩国大学生的休闲形态。本文的研究结果如下。

第一,流行跟风型的生活方式对购物、电视剧、音乐、网络、电视等活动产生明显的影响。健康指向型会对体育活动产生显著的影响。与此相反,目标实现型与自信不足型则对体育活动产生负面影响。此外,健康指向型、目标实现型与自信不足型会对娱乐活动产生突出的影响。但是,生活方式不会对旅游活动与修养趣味活动产生影响。本文的研究表明,大学生复杂而又多样的生活方式,对其休闲活动产生了切实的影响。对此进行有效的利用,有助于今后韩国休闲市场的细分化,而且可以对开发契合各种生活方式类型的休闲市场起到借鉴作用。

第二,在韩国大学生的人口统计学特征中,只有性别、家庭收入、休闲费用在休闲活动上表现出明显的差异。首先,女生比男生更喜欢购物、大众媒体活动与旅游活动,而男生相对于女生则更热衷于体育与娱乐活动。这启示我们,有必要在休闲市场中按照性别差异进行商品开发。其次,对由家庭收入带来的休闲活动的差异的分析,揭示了家庭收入对于所有活动都会造成差异这一事实。收入越高,人们参与休闲活动的积极性也会相对较高。在对因休闲费用而产生的休闲活动差异的分析中,对旅游活动与娱乐活动造成的差异十分突出。基于本文的研究,可以得出如下启示:在韩国大学生的休闲市场中,要按照性别的不同开发符合性别特征的商品,即以女性为对象的购物、观赏等商品和以男性为对象的体育、娱乐等商品。不仅如此,也有必要开发顾及高收入阶层细分市场差别化的高级休闲商品。

本文的研究只是以首尔这一特定区域与大学生这一特定群体为调查对象,因此在把研究成果普遍化这一点上存在着局限。今后为了形成科学的样本,要对调查区域进行分配,并以多样的年龄层为研究对象,以此来推进更有深度的研究。

参考文献

[1] Beard, J. G. & Ragheb, M. G., "Measuring Leisure Satisfaction", *Journal of Leisure Research*, 1980, 12 (1), pp. 20 - 30.

[2] Chaiy Seo Il, "Systemtic Analysis of Korea Life Style", *Korean Society Consumer Studies*, 1992, 3 (1), pp. 46 - 63.

[3] Cho Myung Hwan, "A Study on Leisure Activity Patterns and Lifestyle of the Moderns", *The Korea Academic Society of Tourism and Leisure*, 2005, 17 (4), pp. 7 - 23.

[4] Choi Won Joo, "The Creative Strategy of Advertising Followed by the Type of Consumer's Lifestyle", *Korea Advertising Society*, 2004, 15 (4), pp. 185 – 207.

[5] Feldman, S. D. & Thielbar, G. W., *Life Style*, Boston: Litter Brown & Co, 1997.

[6] Gilbert, F. W. & Warren, W. E. "Psychographic Constructs and Demographic Segments", *Psychology and Marketing*, 1995, 12 (3), pp. 223 – 237.

[7] Grube, J. W., Weir, I. L., Getzlaf, S. & Rokeach, M., "Own Value System, Value Images and Cigaret Smoking", *Personality and Social Psychology Bulletin*, 1984 (10), pp. 306 – 313.

[8] Hur Jun Soo, "Determinants of Leisure Activities among Urban Elderly Persons", *Journal of the Korea Gerontological Society*, 2002, 22 (2), pp. 227 – 247.

[9] Iso-Ahola, S. E., *The Social Psychology of Leisure and Recreation*, Dubuque, Iowa: Wm. C. Brown Company Publishers, 1980.

[10] Kim Dong Jin & Kim Chae Woon, "The Preference of Relationship between Leisure Activity and Socio-demographic Characteristic of University Students", *Korean Physical Education*, 2001, 40 (1), pp. 787 – 796.

[11] Kwon Mun Bae, "Leisure Activity Participation in Continuing Care Retirement Community", *The Korean Journal of Physical Education*, 2002, 41 (1), pp. 221 – 231.

[12] Moon Bo Young & Lee Kyoung Hee, "The Effects of Lifestyle on Leisure Activity Types and Leisure Satisfaction", *The Academy of Korea Hospitality & Tourism*, 2011, 13 (3), pp. 265 – 281.

[13] Plummer, J. T., "The Concept and Application of Life Style Segmentation", *Journal of Marketing*, 1974, 38 (Jan), pp. 33 – 37.

[14] Solomon, M. R., *Consumer Behavior: Buying, Having and Being* (4th ed.), Prentice Hall: Upper Saddle River, NJ, 1999.

[15] Richard, E. A. & Sturman, S. S., "Lifestyle Segmentation in Apparel Marketing", *Journal of Marketing*, 1997, Oct, pp. 89 – 91.

[16] 韩国文化观光部:《休闲白皮书》,2006。

[17] 玄成坤:《关于在济州居住的外国人的休闲活动和满足的研究》,济州大学观光经营学系,2008,博士学位论文。

[18] 楼嘉军:《休闲新论》,立信会计出版社,2005。

[19] 马勇占、吴欣、霍芹:《高效教师生活方式与其休闲行为选择的实证研究》,《西安体育学院学报》2007年第6期。

The Effects of Lifestyle on Leisure Activity Types of the Korean Students

Kyounghee Lee

Abstract The purpose of this study is to find out the lifestyle of the Korean college students and their leisure activity types, and to identify the effects of the lifestyle of the Korean college students on leisure activities, the differences in leisure activities due to demographic characteristics of the Korean college students. Based on the related research results, this paper constructs five types of lifestyle and six types of leisure activities. In this paper, we confirmed the effect of life-style factors on the leisure activity in Korean college students. Therefore, in developing tourism products or studying market segmentation in a country, it is suggested that the lifestyle of people in the target country should be considered.

Key Words Lifestyle; Leisure Activity; College Students

【审读：蔡建】

复旦大学韩国研究中心简介
(1992~2012年)

一 概况

复旦大学韩国研究中心1992年10月建立。1994年正式开展各种活动。现由石源华教授任主任,蔡建副教授任常务副主任。有专职人员7人,其中教授1人,副教授4人,助理研究员1人,资料员兼行政助理1人,具有博士学位者5人。兼职研究人员60余人,兼职人员以复旦大学国际关系、国际政治、外交学、历史、经济、哲学、新闻、社会学等学科的研究人员为主,兼有上海社会科学院、上海市档案馆、上海国际问题研究院、上海和平与发展研究所、华东师范大学、上海师范大学、华东政法学院、上海外国语大学、上海理工大学等以及中共中央党史研究室、中国社会科学院亚太研究所和哲学研究所、北京大学、清华大学、烟台大学、青岛大学、青岛科技大学、日本中央大学、大东文化大学、岛根县立大学、韩国成均馆大学和仁川大学等部分外地及海外学者加盟。中心实行敞开式、滚动式的研究人员管理模式,兼职研究员有进有出,保持研究队伍的活力。

中心的主要研究方向是：1. 朝鲜半岛问题及东北亚国际关系、区域合作研究；2. 当代韩国研究（政治、经济、外交、安全等）；3. 韩国独立运动及近代中韩关系研究；4. 韩国宗教哲学及东方传统文化研究。其中韩国独立运动及近代中韩关系研究已居国内外相关研究领域的高地，其他三个系列的研究也在国内外产生了重要影响，研究具有前沿性，在该领域具有一定的话语权。

中心主编出版了综合性韩国学研究集刊《韩国研究论丛》24辑，2005年曾入选首届教育部CSSCI来源集刊，2009年入选中国学术期刊综合评价数据库（CNKI）来源集刊。中心自成立以来，出版丛书及各类专著、论集、资料集共计71部。拍摄韩国文化系列电视片12集，举办国际国内学术研讨会90余次，书法展1次，开设韩国学前沿讲座30余次（含2012年）。

中心注重培养韩国学研究方向的博士生、硕士生，承担博士后研究员和访问学者的合作研究工作。在韩国国际交流财团韩国学奖学金资助下，组织和指导博士和硕士研究生完成相关韩国问题的近300项研究项目，其中包括34篇博士学位论文、37篇硕士学位论文，有71位同学通过对于朝鲜半岛问题的研究取得了博士和硕士学位。中心在复旦大学研究生院与国际问题研究院的支持下连续举办了8届中国韩国学博士生论坛，为中国从事韩国学研究的青年学者提供了一个交流学习的平台，对于推动中国韩国学的发展起了积极作用。现有中心成员先后开设了博士、硕士、本科各个层次课程共12门。目前，中心指导的毕业生以及参加过博士生论坛的一大批博士生已走上工作岗位，成为活跃在中国韩国学界的一支重要力量，较好地体现了大学研究机构在育人方面的功能。

中心注重专业资料的收集与收藏，目前已拥有韩国、朝鲜研究方面的专业图书15000册，是国内专业图书收藏最丰富的专业资料室之一。

中心的研究工作得到韩国国际交流财团、韩国学术振兴财团、韩国学中央研究院、韩国东亚财团、韩国东北亚历史财团、韩国国家报勋处、韩国统一部、韩国统一研究院、韩国产业研究院、韩国高等教育财团、韩国中央银行、日本国际交流基金、美国亚洲基金会、台北中国国民党文教基金会等以及国内国家教育部、上海市社会科学基金、上海浦江人才计划基金会等资助，并接受中国国家相关部委和上海市有关机构委托进行专题研究。

中心先后与联合国粮食署朝鲜办事处、国际高丽学会、韩国国家报勋处、韩国国史编纂委员会、韩国国会图书馆、韩国驻中国大使馆、韩国驻上海总领事馆、大韩商工会所、韩国中央银行、韩国民族运动史研究会、韩国韩战史研究会、韩国放送学会、韩国现代中国学会、韩国东海史研究会、韩国长老会神学大学、韩国成均馆大学东亚研究院、韩国延世大学现代韩国研究所和政治外交系、韩国中央大学国际大学院、韩国釜山大学韩民族文化研究所、韩国梨花女子大学国学研究院、韩国西江大学地域研究所、韩国大真大学、韩国仁川大学中国研究所、韩国庆熙大学国际大学院、日本中央大学日中关系研究中心、中国社会科学院《当代韩国》编辑部、中国东方史学会、清华大学日本研究中心、上海市人民政府政策研究室、上海市外事办公室亚洲大洋洲处、上海外国语大学国际问题研究所、华东师范大学国际冷战史研究中心、延边大学朝鲜研究所、上海市档案馆、上海国际问题研究院、中国中外关系史学会、中国朝鲜史研究会、上海对外文化交流协会、上海市友联会、上海国际友人研究会、上海书法家协会、韩国临时政府上海旧址管理处、台北韩国学研究会、台北中研院东北亚区域研究所（筹）、香港珠海书院亚洲研究中心、香港亚太21学会等，联合举办国际国内学术会议、开展文化活动或合作研究和委托研究。

中心参与发起组建由美国哈佛大学、加州大学、夏威夷大学、英国伦敦大学、澳大利亚国立大学、加拿大哥伦比亚大学、日本九州大学、韩国首尔大学、高丽大学、延世大学、北京大学、复旦大学12所世界名牌大学韩国学研究机构组成的世界韩国学联合会活动。自 2005 年起，连续参加各研究机构中心负责人年度会议，并 8 次派员参加在日本九州、加拿大多伦多、澳大利亚堪培拉、英国伦敦、韩国首尔等地举行的世界韩国学青年学者暑期研讨会。

二 举办国内外学术会议

1. 韩国在沪企业家高级研讨班（1994.12）
    中心与复旦大学发展研究院、韩国驻沪总领事馆合办
2. "中韩新闻学传播"学术研讨会（1994.12）
    复旦大学新闻学院主办、中心协办
3. 韩国独立运动研究国际学术会议（1995.4）
    中心与韩国韩民族运动研究会合办
4. "中韩纪念抗日战争胜利50周年"学术研讨会（1995.8）
    中心与韩国现代中国研究会、中国社会科学院《当代韩国》编辑部合办
5. "韩国大选后的政治走向"研讨会（1996.5）
    中心主办
6. "中韩基督教比较研究"学术研讨会（1996.10）
    中心与韩国长老会神学大学合办
7. "中韩友好与新闻传播"学术研讨会（1996.10）
    复旦大学新闻学院与韩国言论学会合办、中心协办
8. "朝鲜半岛局势的回顾与展望"研讨会（1996.12）
    中心主办
9. "朝鲜的现状与未来"研讨会（1997.3）
    中心主办
10. "韩国临时政府在中国研究"学术研讨会（1997.5）
    中心与上海市档案馆、韩国临时政府旧址管理处合办
11. "基督教与近代中韩社会"学术研讨会（1997.10）
    中心与韩国长老会神学大学合办

12. "金大中政府的内外政策"研讨会（1998.3）
    中心主办
13. "朝鲜韩国历史与文化"学术研讨会（1998.7，延吉）
    中心与延边大学朝鲜研究所合办
14. "基督教与近代中韩人思想演变"研讨会（1998.11）
    中心与韩国长老会神学大学合办
15. 纪念韩国临时政府成立80周年国际学术会议（1999.4）
    中心主办
16. 朝鲜半岛局势研讨会（1999.11）
    中心主办
17. "基督教与近代中韩社会转型"研讨会（1999.12）
    中心与韩国长老会神学大学合办
18. "南北元首会谈后朝鲜的政策走向"学术座谈会（2000.10）
    中心与韩国统一部、长春韩国朝鲜研究所合办
19. "朝鲜半岛的分裂与统一"中韩学术研讨会（2000.10，丹东）
    中心与中国东方史学会、韩国韩战研究会合办
20. "基督教与中韩伦理观念"学术研讨会（2000.12）
    中心与韩国长老会神学大学合办
21. "两岸三地东北亚国际关系"学术研讨会（2000.12）
    中心与香港珠海书院亚洲研究中心、台北韩国学研究会合办
22. "冷战以来的朝鲜半岛问题"国际学术会议（2001.1）
    中心与复旦大学美国研究中心合办
23. "布什新政府与朝鲜半岛局势"研讨会（2001.6）
    中心主办
24. 第四届韩国传统文化国际学术会议（2001.10）
    中心主办
25. "基督教与中韩现代化进程比较研究"研讨会（2001.11）

中心与韩国长老会神学大学合办
26. "面向21世纪中韩经济协作"研讨会（2002.3）
中心与大韩商工会所合办
27. "朝鲜半岛统一问题"国际学术会议（2002.5）
中心与复旦大学美国研究中心合办
28. "韩流"与"汉潮"学术研讨会（2002.7）
中心与韩国放送学会合办
29. "申圭植与中韩关系"国际学术会议（2002.9）
中心主办
30. "缓和与合作：东北亚国际关系30年"国际学术会议（2002.11）
中心与上海国际问题研究院合办
31. "韩国近代宗教思想"研讨会（2003.8）
中心与韩国大真大学大巡思想学术院合办
32. "朝鲜经济改革一周年"学术研讨会（2003.9）
中心主办
33. 第九届远东海域地名国际学术会议（2003.10）
中心与韩国东海研究会合办
34. "东亚社会发展与宗教"学术交流会（2003.11）
中心与韩国长老会神学大学合办
35. "东亚汉文化圈与中国关系"国际学术会议（2004.2）
中国中外关系史学会、复旦大学、上海外国语大学合办，中心与上海外国语大学国际问题研究所承办
36. "东亚近代宗教文化研究"学术交流会（2004.12）
中心与韩国长老会神学大学合办
37. 首届中国韩国学博士生论坛（2005.3）
中心与复旦大学研究生院、国际问题研究院及上海太平洋区域经济研究会联合主办
38. "朝鲜核问题与东北亚局势前景"中韩对话会（2005.4）

　　　　　中心与韩国统一部合办
39. "变化中的东北亚：文化、政治、国际合作"学术会议（2005.7）
　　　　　中心与韩国延世大学政治外交系合办
40. "基督教与东亚反法西斯战争"研讨会（2005.12）
　　　　　中心与韩国长老会神学大学合办
41. "东北亚和平与安全"国际学术会议（2005.12）
　　　　　中心与复旦大学国际问题研究院、外事处合办
42. "中日关系的历史与现状"研讨会（2006.2，苏州）
　　　　　中心与日本中央大学日中关系发展研究中心、华东师范大学国际冷战史研究中心合办
43. "最新朝鲜半岛局势"中韩对话会（2006.4）
　　　　　中心与韩国统一部统一教育院合办
44. "中日韩互相认知的误区及中国的应对"研讨会（2006.4）
　　　　　中心主办
45. "朝鲜问题"研讨会（2006.5）
　　　　　中心与韩国国际问题调查研究所合办
46. 第二届中国韩国学博士生论坛（2006.6）
　　　　　中心与复旦大学研究生院、国际问题研究院合办
47. "金九与中韩关系"学术研讨会（2006.8）
　　　　　中心主办
48. "基督教与教育"学术研讨会（2006.12）
　　　　　中心与韩国基督教长老会神学大学合办
49. "周边看中国"学术研讨会（2007.3）
　　　　　中心与日本中央大学日中关系研究中心等合办
50. 第三届中国韩国学博士生论坛（2007.5）
　　　　　中心与复旦大学研究生院、国际问题研究院合办
51. "朝鲜半岛新动向评估与东北亚安全"研讨会（2007.6）
　　　　　中心与韩国统一部访问团合办

52. "朝鲜半岛的未来与中韩合作"研讨会（2007.9）

　　　　中心与韩国统一未来领导人研修团合办
53. "基督教与和谐社会"研讨会（2007.12）

　　　　中心与韩国基督教长老会神学大学合办
54. "后朝核时代朝鲜半岛局势走向与中韩关系"对话会（2008.2）

　　　　中心主办
55. 第四届中国韩国学博士生论坛（2008.5）

　　　　中心与复旦大学研究生院、国际问题研究院合办
56. "后朝核时代的东北亚安全局势走向与中国应对"研讨会（2008.6）

　　　　中心主办
57. "纪念朝鲜义勇队创建70周年"国际学术会议（2008.9）

　　　　中心主办
58. "李明博政府的内外政策与中韩关系"研讨会（2008.11）

　　　　中心主办
59. "基督教与东北亚的未来"研讨会（2008.12）

　　　　中心与长老会神学大会合办
60. "纪念大韩民国临时政府创建90周年"国际学术会议（2009.4）

　　　　中心与韩国临时政府上海旧址管理处、中国社会科学院《当代韩国》编辑部合办
61. 第五届中国韩国学博士生论坛（2009.5）

　　　　中心与复旦大学研究生院、国际问题研究院合办
62. 第九届国际高丽学会学术研讨会（2009.8）

　　　　复旦大学与国际高丽学会合办，中心等承办
63. 第十届中国韩国学国际学术研讨会（2009.10）

　　　　中心主办
64. "和解与和平——基督教与东北亚国际关系"研讨会

（2009.12）

　　　　中心与韩国长老会神学大会合办

65. "朝鲜半岛最新动态及走向"圆桌研讨会

　　　　——朝鲜半岛局势与大国关系（2010.3）

　　　　中心与韩国统一部主办

66. "朝鲜半岛最新动态及走向"圆桌研讨会

　　　　——朝鲜粮食和经济现状（2010.4）

　　　　中心与联合国粮食署朝鲜办事处合办

67. 第六届中国韩国学博士生论坛（2010.5）

　　　　中心与复旦大学研究生院、国际问题研究院合办

68. 韩国研究前沿课题研究校庆报告会（2010.5）

　　　　中心主办

69. 中国教育工作者韩国学研修会议（2010.7）

　　　　中心受教育部委托主办

70. "东亚共同体建设与和平构筑"研讨会（2010.9，首尔）

　　　　中心与韩国东北亚历史财团合办

71. "基督教与东北亚和平"国际研讨会（2010.9，首尔）

　　　　中心与韩国长老会神学大学合办

72. "中国韩国学研究与韩国中国学研究"研讨会一（2010.8，上海）

　　　　中心与韩国关东大学中国学系合办

73. "中国韩国学研究与韩国中国学研究"研讨会二（2010.9，关东）

　　　　中心与韩国关东大学中国学系合办

74. "东亚一体化和中日韩关系"国际研讨会（2010.11）

　　　　中心与中国中外关系学会、清华大学日本研究中心合办

75. 第13届中华经济协作系统国际学术会议

　　　　——东亚共同体与东盟与中国关系的发展（2010.11）

中心与香港亚太21学会合办
76. "朝鲜半岛最新动态及走向"圆桌研讨会
　　——最新朝鲜粮食情况评估（2011.4）
　　中心与联合国粮食计划署北京办事处合办
77. "朝鲜半岛最新动态及走向"圆桌研讨会
　　——朝鲜半岛最新局势研讨会（2011.4）
　　中心与韩国统一研究院合办
78. 第七届中国韩国学博士生论坛（2011.5）
　　中心与复旦大学研究生院、国际问题研究院合办
79. 韩国研究前沿课题研究校庆报告会（2011.5）
　　中心主办
80. "朝鲜半岛与中美关系"国际学术研讨会（2011.10）
　　中心与韩国仁川大学中国研究所合办
81. "中韩关系二十年：回顾与展望"韩中国际学术会议（2011.11）
　　韩国驻上海总领事馆主办、中心协办
82. "中韩关于尊重生命思想"研讨会（2011.11）
　　中心与韩国长老会神学大学合办
83. "中国发展与韩中关系"研讨会（2012.1）
　　中心与韩国庆熙大学国际大学院合办
84. "纪念尹奉吉义举80周年"学术座谈会（2012.4）
　　中心与上海市国际友人研究会、虹口区人民政府外事办公室等合办
85. 第八届中国韩国学博士生论坛（2012.5）
　　中心与复旦大学研究生院、国际问题研究院合办
86. 韩国学研究前沿课题研究校庆报告会（2012.5）
　　中心主办
87. "韩国独立运动在中国"学术座谈会（时间待定）
　　中心与韩国驻上海总领事馆合办

88. 中国朝鲜史学会第九届年会暨学术研讨会（2012.7）
    中国朝鲜史学会主办、中心承办
89. "朝鲜核问题与中国与朝鲜半岛关系"研讨会（2012.9）
    中心主办
90. "中韩建交二十周年：发展与展望"国际研讨会（2012.10）
    中心与韩国驻沪总领事馆、韩中文化经济协会合办
91. "中韩基督教文化比较"研讨会（题目暂定，2012.11）
    中心与韩国长老会神学大学合办
92. "朝鲜半岛最新动态及走向"圆桌研讨会（2012年不定期）
    中心主办

三　研究成果

复旦大学韩国研究论丛

1. 《韩国研究论丛》第一辑（中心编），上海人民出版社，1995。
2. 《韩国研究论丛》第二辑（中心编），上海人民出版社，1996。
3. 《韩国研究论丛》第三辑（中心编），上海人民出版社，1997。
4. 《韩国研究论丛》第四辑（中心编），上海人民出版社，1997。
5. 《韩国研究论丛》第五辑（中心编），中国社会科学出版社，1998。
6. 《韩国研究论丛》第六辑（中心编），中国社会科学出版社，1999。
7. 《韩国研究论丛》第七辑（中心编），中国社会科学出版社，2000。
8. 《韩国研究论丛》第八辑（中心编），中国社会科学出版

社，2001。

9.《韩国研究论丛》第九辑（中心编），中国社会科学出版社，2002。

10.《韩国研究论丛》第十辑（中心编），中国社会科学出版社，2003。

11.《韩国研究论丛》第十一辑（中心编），中国社会科学出版社，2004。

12.《韩国研究论丛》第十二辑（中心编），中国社会科学出版社，2005。

13.《韩国研究论丛》第十三辑（中心编），中国社会科学出版社，2006。

14.《韩国研究论丛》第十四辑（第二届中国韩国学博士生论坛专辑）（中心编），世界知识出版社，2006。

15.《韩国研究论丛》第十五辑（中心编），世界知识出版社，2007。

16.《韩国研究论丛》第十六辑（第三届中国韩国学博士生论坛专辑）（中心编），世界知识出版社，2007。

17.《韩国研究论丛》第十七辑（中心编），世界知识出版社，2007。

18.《韩国研究论丛》第十八辑（中心编），世界知识出版社，2008。

19.《韩国研究论丛》第十九辑（中心编），世界知识出版社，2008。

20.《韩国研究论丛》第二十辑（中心编），世界知识出版社，2009。

21.《韩国研究论丛》第二十一辑（中心编），世界知识出版社，2009。

22.《韩国研究论丛》第二十二辑（中心编），世界知识出版社，2010。

23. 《韩国研究论丛》第二十三辑（中心编），世界知识出版社，2011。

24. 《韩国研究论丛》第二十四辑（中心编），社会科学文献出版社，2012。

复旦大学《韩国研究论丛》论文精选丛书（第1～23辑）

25. 《韩国研究二十年》五卷本（中心编），社会科学文献出版社，2012。

复旦大学韩国研究丛书

26. 《韩国独立运动与中国》（石源华编著），上海人民出版社，1995。

27. 《韩国经济发展的政治分析》（任晓著），上海人民出版社，1995。

28. 《韩国独立运动血史新论》（石源华主编），上海人民出版社，1996。

29. 《三千里江山回顾——朝鲜王朝政区建置沿革》（魏嵩山著），上海人民出版社，1996。

30. 《韩国产业政策研究》（朴昌根等著），上海人民出版社，1997。

31. 《圣王肇业——中、韩、日关系史考》（王新民著），上海学林出版社，1998。

32. 《韩国反日独立运动史论》（石源华著），中国社会科学出版社，1998。

33. 《韩国近代外交与中国》（王明星著），中国社会科学出版社，1998。

34. 《中国共产党援助朝鲜独立运动纪事》（石源华编著），中国社会科学出版社，2000。

35. 《基督教在近代韩国：传播及文化教育活动研究》（王春来著），中国社会科学出版社，2000。

36. 《韩国政治转型研究》（郭定平著），中国社会科学出版社，2000。

37.《朝鲜西学史研究》（〔韩〕李元淳著），中国社会科学出版社，2001。

38.《冷战以来的朝鲜半岛问题》（石源华主编），韩国高句丽出版社，2001。

39.《韩国传统文化的反思与探索》（石源华主编），韩国教育出版社，2002。

40.《李栗谷哲学研究》（洪军著），中国社会科学出版社，2002。

41.《韩国独立运动党派与社团研究》（石源华主编），中国社会科学出版社，2003。

42.《缓和与合作：东北亚国际关系30年》（石源华、方秀玉编），韩国大旺社，2003。

43.《战后朝鲜的抉择1945～1995》（李春虎著），韩国大旺社，2003。

44.《中国外交政策与中韩关系》（韩文版，方秀玉著），韩国人间之爱社，2004。

45.《中韩文化协会研究》（石源华著），世界知识出版社，2007。

46.《东北亚与西欧安全合作比较研究》（仇发华著），世界知识出版社，2009。

47.《宗教文化与东亚社会》（中心编），韩国长老会神学大学出版部，2010。

48.《第十届中国韩国学研讨会论文集》（韩文版，方秀玉主编），韩国新星出版社，2010年。

其他出版物

49.《中国国民政府外交部公报大韩民国关联史料选编》上下卷（石源华、李辅温合编），韩国高句丽出版社，1995。

50.《中国共产党与韩国独立运动关系纪事》（中韩文版，石源华著),韩国高句丽出版社,1997。

51.《金若山将军传》(中韩文版,石源华著),韩国高句丽出版社,1997。

52.《韩国政治体制》(任晓著),兰州大学出版社,1998。

53.《中国地域韩人团体关系史料汇编——上海市档案馆藏民国时期档案史料》一、二(石源华等参编),东方出版中心,1999。

54.《二十七年血与火的战斗——纪念大韩民国临时政府成立80周年论文集》(石源华主编),人民教育出版社,1999。

55.《申报有关韩国独立运动暨中韩关系史料选编》(石源华主编),人民文学出版社,2000。

56.《朝鲜义勇军李元大烈士生涯暨独立精神》(中韩文版,石源华等著),韩国高句丽出版社,2000。

57.《上海韩人社会史1910~1945》(韩文版,孙科志著),韩国韩蔚出版社,2000。

58.《东北亚国际关系研究会议论文集》(《亚洲研究》第40辑,合编),香港珠海书院亚研中心,2001。

59.《中国太行山的韩国魂——石正将军研究》(韩文版,石源华等著),韩国高句丽出版社,2001。

60.《申报有关大韩民国临时政府史料选编》(韩文版,石源华主编),韩国泛友出版社,2001。

61.《申圭植、闵弼镐与韩中关系》(韩文版,金俊烨、石源华主编),韩国罗南出版社,2003。

62.《朝鲜半岛统一前朝鲜改革方案研究》(韩文版,方秀玉等著),韩国统一研究院,2003。

63.《全球化与韩国的应对》(朴昌根编著),韩国白山资料院,2003。

64.《东亚汉文化圈与中国关系》(石源华、胡礼忠主编),中国社会科学出版社,2005。

65.《韩中关系史》上册（金翰奎著），韩国阿尔凯出版社，2005。

66.《首届中国韩国学博士生论坛文集》（石源华主编），《面向太平洋》第15辑（专辑），2005。

67.《朝鲜现状及其前景：与中国改革开放初期比较研究》（方秀玉等合著），韩国统一研究院，2005。

68.《系统论基础》（修订本）（朴昌根著），上海辞书出版社，2006。

69.《近代中国周边外交史论》（石源华等著），上海辞书出版社，2006。

70.《韩文的创制与易学》（李正浩著），河北人民出版社，2006。

71.《联盟理论与美国的联盟战略——以美日、美韩同盟研究为例》（汪伟民著），世界知识出版社，2007。

72.《晚清与大韩帝国的外交关系（1897～1910）》（蔡建著），上海辞书出版社，2008。

73.《韩国政党体系》（郑继永著），社会科学文献出版社，2008。

74.《第四届中国韩国学博士生论坛论文集》（石源华主编），《面向太平洋》第24辑（专辑），2008。

75.《韩国独立运动与中国关系论集》上下卷（石源华著），民族出版社，2009。

76.《大韩民国临时政府驻华代表团研究》（石源华著），社会科学文献出版社，2009。

77.《巍岩李与南塘韩元震人物性同异论的比较研究》（韩文，邢丽菊著），韩国首尔出版社，2009。

78.《韩国独立运动研究新探——纪念大韩民国临时政府创建90周年》（石源华主编、郑继永副主编），社会科学文献出版社，2009。

79. 《先秦儒家的生态伦理思想研究》（韩文，邢丽菊著），韩国新星出版社，2010。

80. 《战后韩国外交与中国：理论与政策分析》（方秀玉著），上海辞书出版社，2011。

81. 《韩国历史与文化》（蔡建等合著），中山大学出版社，2011。

82. 《美韩同盟再定义与东北亚安全》（汪伟民著），韩国年轮出版社，2011。

83. 《当代韩国外交与东北亚安全合作》（汪伟民等著），韩国年轮出版社，2011。

84. 《韩国独立运动与中国关系编年史》上中下卷（石源华主著），社会科学文献出版社，2011。

85. 《中国的发展与韩中关系》（方秀玉编），韩国新星出版社，2012。

86. 《东亚区域合作与中日韩关系》（石源华等编），北京大学出版社，2012。

电视系列片

《韩国文化选映》

（中心与韩国国交流财团、上海教育电视台合摄，庄锡昌、张德明监制，石源华、宋政、顾云深策划，冯玮、王海良、赵立行等编写）

1. 《韩国印象》（上）
2. 《韩国印象》（下）
3. 《汉城一日》
4. 《韩国的乡村文化》
5. 《韩国古代的印刷术》
6. 《韩国的传统园林》
7. 《高丽青瓷》
8. 《林林总总的韩国家教》
9. 《跆拳道》

10.《韩国的路标》
11.《韩国的包袱》
12.《韩国的艺术》

上海教育电视台 1996 年夏天播出

书法展览会

韩国兰亭笔会会长郑周相书法展览会（2000.10）
中心与上海对外文化交流协会、上海书法家协会合办

四　韩国研究中心工作通讯（含内部文稿）

《韩国研究中心通讯》1996 年 1～6 期（中心编）
《韩国研究中心通讯》1997 年 1～4 期（中心编）
《韩国研究中心通讯》1998 年 1～4 期（中心编）
《韩国研究中心通讯》1999 年 1～4 期（中心编）
《韩国研究中心通讯》2000 年 1～4 期（中心编）
《韩国研究中心通讯》2001 年 1～4 期（中心编）
《韩国研究中心通讯》2002 年 1～4 期（中心编）
《韩国研究中心通讯》2003 年 1～4 期（中心编）
《韩国研究中心通讯》2004 年 1～3 期（中心编）
《韩国研究中心通讯》2005 年 1～4 期（中心编）
《韩国研究中心通讯》2006 年 1～4 期（中心编）
《韩国研究中心通讯》2007 年 1～4 期（中心编）
《韩国研究中心通讯》2008 年 1～4 期（中心编）
《韩国研究中心通讯》2009 年 1～4 期（中心编）
《韩国研究中心通讯》2010 年 1～4 期（中心编）
《韩国研究中心通讯》2011 年 1～3 期（中心编）

五　韩国学博士、硕士研究生培养

从 1995 年起，韩国国际交流财团在复旦大学设立奖学金，用

于资助研究韩国问题及朝鲜半岛研究方向的硕士和博士研究生。1995~1996年度有王泠一等9位博士生、石建国等11位硕士生获得奖学金。1996~1997年度有李春虎等10位博士生、谈丽等21位硕士生获得奖学金。1997~1998年度有朴英姬等9位博士生、王静等29位硕士生获得奖学金。1998~1999年度有王玉洁等14位博士生、宋晓念等23位硕士生获得奖学金。1999~2000年度有王玉洁等23博士生、符常俊等17位硕士生获得奖学金。2000~2001年度有后智钢等11位博士研究生、王蓉等7位硕士研究生获得奖学金。2001~2002年度有戴建兵等9位博士研究生、张毅强等8位硕士研究生获得奖学金。2002~2003年度有蔡建等4位朝鲜半岛研究方向博士生获得奖学金。2003~2004年度有汪伟民等7位朝鲜半岛研究方向的博士生和3位硕士生获得奖学金。2004~2005年度有郑继永等9位朝鲜半岛研究方向的博士生和4位硕士生获得奖学金。2005~2006年度有仇发华等9位朝鲜半岛研究方向的博士生和6位硕士生获得奖学金。2006~2007年度有郑继永等9位朝鲜半岛研究方向博士生和5位硕士研究生获奖学金。2007~2008年度有高奇琦等7位朝鲜半岛研究方向博士生和3位硕士研究生获得奖学金。2008~2009年度有许亮等6位朝鲜半岛研究方向博士生和3位硕士研究生获得奖学金。2009~2010年度有朱芹等5位博士生和4位硕士生获得奖学金。2010~2011年度有曹玮等5位博士生与4位硕士生获得奖学金。在中心的组织下，在各位研究生导师的精心指导下，每位获奖者都按规定完成并提交了有关韩国问题研究的论文，其中部分同学以韩国研究为题完成了博士和硕士学位论文，并取得了相关学科的博士和硕士学位。另外，中心老师还担任博士后研究人员的合作研究者。

博士后研究报告：

1. 朴胤善（韩国淑明女子大学历史学博士）：《百济与南朝外交关系的开展及其性质研究》

2. 祁怀高（武汉大学历史学博士）：《20世纪东亚国际秩序的

演变研究》

博士学位论文：

1. 《论韩国独立运动对于韩民族凝聚力的作用》（王泠一）
2. 《宋理学与退溪哲学》（金仁权）
3. 《战后朝鲜"自主型"发展战略探析》（李春虎）
4. 《朝鲜民族革命党研究》（朴英姬）
5. 《基督教在近代韩国的传播与韩国的近代化》（王春来）
6. 《朝鲜近代外交政策研究》（王明星）
7. 《论朱子学与李栗谷哲学》（洪军）
8. 《论汇率决定的一般跨时均衡分析——以韩国经济为例》（徐蓉）
9. 《韩国政治转型研究》（郭定平）
10. 《美国军政府下的南韩警察制度研究》（杨红梅）
11. 《闵妃研究》（王玉洁）
12. 《古代朝鲜和日本儒学特质及其成因比较研究》（潘畅和）
13. 《小乘律本研究——以〈高丽藏〉中六部广律的形成为中心》（陈开勇）
14. 《大韩帝国与中国的外交关系史（1897~1910）》（蔡建）
15. 《联盟理论与美国的联盟战略——以美日、美韩同盟研究为例》（汪伟民）
16. 《朝鲜半岛安全机制研究——一种理论分析》（李华）
17. 《十六至十九世纪初中韩文化交流研究——以朝鲜赴京使臣为中心》（杨雨蕾）
18. 《西欧与东北亚地区多边安全合作的比较研究》（仇发华）
19. 《冷战后美国在亚太地区的多边安全行为研究》（余建军）
20. 《东亚经济一体化主导问题研究》（彭述华）
21. 《韩国政党体系变迁动因与模式研究》（郑继永）
22. 《权力与规范：东北亚能源安全合作研究》（孙霞）
23. 《购买"和平"：冷战后美国对朝鲜的经济援助》（燕玉叶）

24.《美韩同盟与东亚安全:一种结构主义理论的分析》(李治军)

25.《美韩核关系(1956~2006)对同盟矛盾性的个案考察》(高奇琦)

26.《中美在朝鲜半岛问题上的互动之研究(1950年至今)》(陈宗权)

27.《霸权与地区主义:美国与冷战后东亚地区合作的关系研究》(周慧来)

28.《印象理论与外交政策分析》(蒋建忠)

29.《美韩同盟与六方会谈的兼容——一种制度主义视角分析》(许亮)

30.《欧盟反核扩散政策研究:以朝鲜核问题为例》(吕蕊)

31.《核能政治学》(赵品宇)

32.《近代朝鲜半岛中立问题研究(1882~1905)》(毛吉康)

33.《朝鲜半岛的分裂:以国际政治结构为视角》(高鹏)

34.《地缘区位、战略选择与"自我—他者"互动——朝鲜、利比亚及伊朗核行为比较研究》(宗伟)

硕士学位论文:

1.《论抗战时期在华活动的韩国独立党》(石建国)

2.《美国在韩国势力的扩张和收缩》(谈丽)

3.《美韩联盟与韩国军事独立化倾向》(王康)

4.《韩国金融自由化中的政府职能》(邹薛军)

5.《韩国企业集团的发展与国际化及其对我国的启示》(吴勇红)

6.《论韩国企业集团形成和发展中的产业政策》(吴志刚)

7.《朴正熙政权时期韩国农村开发》(任贤胜)

8.《高丽高宗元宗二朝与蒙元的关系》(宋晓念)

9.《论民国时期的中韩文化协会》(周春雨)

10.《抗战时期的朝鲜独立同盟研究》(郑龙发)

11.《政府与私人市场——韩国现代化模式的利弊》(张丽梅)

12.《日韩金融改革研究及对中国的启示》(张浩)

13.《从"主导"到"引导"——韩国大企业集团发展过程中的政府作用分析》(王庆)

14.《韩国经济思想的中国渊源性研究》(于保平)

15.《抗日战争时期的朝鲜民族革命党研究——以〈朝鲜义勇队通讯〉为中心》(王蓉)

16.《明丽鲜外交研究(1368~1418)——对几个重要问题的再探讨》(张辉)

17.《〈海牙信托公约〉对两大法系信托制度的协调——兼论中韩信托立法比较》(张云辉)

18.《韩国现代化进程中合法性的构成与获取研究》(薛元)

19.《韩国财阀政治研究》(杨洪刚)

20.《战后两极体系稳定性的来源——以朝鲜停战谈判的开始和结束为例》(周平)

21.《非传统安全问题对中国外交的挑战——以脱北者为例》(沈斌)

22.《抗美援朝中的群众动员模式研究——以上海学生和医务界知识分子为个案》(马圣强)

23.《新中国外交体制的构建与运作——以抗美援朝为案例(1949.9~1954.9)》(谢瑜)

24.《日本殖民统治下的朝鲜华商之历史考察——以仁川地区为中心(1910~1931)》(徐荣青)

25.《韩国文化外交述评——以"韩流"在中国为中心》(王欢)

26.《韩国的儒家政治文化及其对外交的影响》(傅干)

27.《朝鲜战争前后国共两党对朝鲜半岛政策比较研究》(郑智巍)

28.《美韩自由贸易协定研究——以美国为视角的分析》(王

永全）

29.《〈高丽亚那〉杂志与韩国新国家形象塑造——软权力分析视角》（尉一蔚）

30.《南京韩人研究（1910~1946）》（李辛）

31.《试析中韩FTA的动因、障碍和前景》（王虹）

32.《韩国女性政治参与的制约因素——以国会选举为中心》（王月倩）

33.《冷战后美国对朝政策演变之研究——以朝核问题为个案研究》（由杨）

34.《1994年以来的中朝首脑外交活动探析》（王勇）

35.《世界粮食计划署朝鲜粮食援助项目研究（1995~2010）》（赵兰）

36.《近代中国人的朝鲜亡国著述研究》（徐丹）

37.《广东产业升级影响因素与路径研究——基于TFP实证和韩国经验借鉴》（梁冰）

2012年3月

2011年韩国研究中心大事记

1月1日 中心方秀玉、石源华受聘为复旦大学日本研究中心兼职研究员,聘期3年。

1月3日 中心石源华接受《环球时报》英文版采访,谈新建鸭绿江大桥与中国对朝政策。

中心蔡建接受《环球时报》英文版采访,谈如何看待新年朝韩缓和讲话。

1月4日 中心石源华接受河北人民广播电台、《环球时报》、《东方早报》采访,分别谈美特使访问韩国及重启六方会谈、韩国军事事故与军队的战斗力、韩日是否会结成同盟等问题。

中心方秀玉接受《第一财经日报》采访,评论《李明博:"一气呵成"跨过发达国家门槛》。

1月5日 韩国关东大学中国学系李奎泰教授访问中心。

1月6日 中心石源华接受香港凤凰电视台连线访谈,谈美国朝鲜半岛特使访问中国的目的及影响。

中心蔡建接受《环球时报》英文版采访,谈美国特使与韩发表联合声明对重启六方会谈的影响。

1月7日 中心方秀玉应邀参加上海发展研究基金会主办的"中韩经济和外交关系"研讨会并发言。

1月8日 中心蔡建接受美国之音采访,谈中美会谈对半岛南北关系的影响。

1月10日 中心石源华、兼职研究员傅德华应邀出席上海大韩民国临时政府旧址管理处举办的迎新晚会。

1月12日 上海市友联会陈秘书长一行访问中心,商谈合作事宜。

中心石源华接受香港《长城月刊》采访,谈朝核问题的产生根源、现状及可能的前景。接受中央人民广播电台连线访谈,谈朝韩谈判及韩日能否结盟问题。

1月13日 中心石源华应邀参加中共上海市委组织干部培训中心迎新联谊活动。

中心方秀玉应邀参加庆祝复旦大学女教授联谊会成立十周年暨换届大会。方秀玉被推荐为第二届女教授联谊会理事。

中心蔡建接受美国之音采访,评论盖茨称朝鲜五年内具备攻击美国本土的能力。

1月16日 中心蔡建接受《环球时报》英文版采访,谈中国驻军朝鲜传闻事。

1月25日 中心石源华接受《第一财经日报》采访,谈韩朝预备性会谈。

1月26日 韩国驻上海总领事馆秦领事访问中心,商议举办韩国独立运动研究会议事宜。

1月28日 中心蔡建接受美国之音采访,谈胡锦涛访美后中国是否会改变对朝政策。

2月3日 中心石源华接受河北人民电台连线访谈,谈朝鲜何以主张朝韩国会对话。

2月15日 中心石源华接受韩国KBS报道局长金天鸿采访,

谈尹奉吉义举照片的真伪问题。接受美国之音采访，谈孟建柱国务委员访问朝鲜以及中国对待朝鲜接班人态度问题。

2月16日 韩国国际交流财团北京办事处文成基主任访问中心，商议韩国专家来复旦上课事。

中心石源华获上海世博会外事指挥部授予的上海世博外事工作优秀个人奖。

2月20日 中心石源华接受美国之音记者采访，谈中朝经济合作与图们江"借港出海"合作。

2月23日 中心石源华应邀接受香港凤凰卫视"新闻大直播"连线访谈，谈杨外长访问韩国及六方会谈前景。

2月25日 中心方秀玉接受澳洲广播电台直线采访，谈从朝鲜准备核试验看朝韩关系与六方会谈前景。

2月27日 中心石源华接受《环球时报》采访，谈韩国对朝宣传茉莉花革命及朝方的强烈反应。

2月28日 中心石源华接受《解放日报》采访，谈最新美韩军演的新特点。

中心蔡建接受《环球时报》英文版采访，谈韩美军事演习。

3月1日 中心石源华接受澳洲电台采访，谈美韩军演及朝鲜半岛局势。

3月2日 日本政治评论家本泽一郎访问复旦大学，中心方秀玉应邀参加座谈会。

3月12日 中心石源华参加清华大学日本中心主办的"东亚共同体的可行性与东亚国际关系"国际学术会议，报告《论中国东亚共同体构想的背景、理念及特点》，会期2天。

韩国前外交部长韩升洲当面邀请中心石源华担任韩国通商外交部韩国国际政治研究所主办之 *KOREA REVIEW* 杂志国际编委。

3月15日 中心方秀玉与复旦大学国务学院包霞琴老师共同主持"中日韩国际贡献"国际学术会议，会期3天。

3月20日 中心石源华参加《东方早报》国际关系专家招待

晚宴。

3月21日　中心石源华赴上海市国际关系学会，参加小型国际形势研讨会。

3月23日　接韩国中央研究院通知，中心石源华承担之"东亚共同体"会议结项报告已获通过，评定等级"A"。

3月29日　中心石源华接受《中国日报》采访，谈中国崛起与周边国家关系中的中韩关系。

3月31日　中心方秀玉主持第五届复旦—庆熙大学国际文化交流项目，接待来访的50人学生团队并为该团组织一系列讲座活动，会期7天。

4月7日　中心与联合国粮食计划署北京办事处合办"朝鲜半岛最新动态及走向——最新朝鲜粮食情况评估"圆桌研讨会，办事处主任那娜、官员刘大耕参加会议，并作评估报告。

4月8日　中心方秀玉应邀参加《解放日报》与上海市国际关系学会联合举办的"朝鲜核试后的东北亚安全形势"讨论会。

4月13日　复旦大学政治学博士后流动站开会通过李冬新入站，从事朝鲜半岛问题研究。

4月14日　中心全体成员出席中国国际友好联络会与朝鲜对外友好联络会共同主办之"朝鲜美术展览会"开幕式。

韩国京畿道副知事方基成一行10余人访问中心。

4月18日　韩国韩中文化经济友好协会会长金英爱访问中心，商议在中心设立该协会办事处以及联合举办国际会议事宜。

4月19日　中心石源华接受深圳卫视连线访谈，谈美国前总统卡特即将访问朝鲜的意义。

4月20日　中心与韩国统一研究院合办之"朝鲜半岛最新局势研讨会"举行。韩国统一研究院徐载镇院长一行5人参加会议。

4月23日　中心蔡建接受美国之音采访，谈中日韩三国建立自由贸易区问题。

4月25日　中心蔡建接受香港凤凰卫视连线访谈，就澳大利亚总理访问中日韩三国发表评论。

4月28日 韩国义士尹奉吉侄子尹洲一行访问中心，商谈明年纪念尹奉吉义举80周年事。

中心方秀玉接受韩国三星经济研究所进行的关于朝鲜半岛安全指数的第二季度问卷调查。

中心蔡建接受《环球时报》英文版采访，谈卡特访问朝鲜事。

4月29日 中心蔡建接受《纽约时报》采访，谈卡特访问朝鲜与六方会谈重启的前景。

5月3日 中心石源华接受美国之音采访，谈朝鲜与北非国家社会制度之区别与不同特点。

5月5日 韩国前外交通商部长官（第32任）、现韩国首尔国立大学教授尹永宽等一行访问上海，中心方秀玉应邀与来访者交谈关于朝鲜半岛与东北亚形势的有关问题。

5月14日 中心石源华参加上海社会科学院法学所主办的"东海争议岛屿史地考证内部研讨会"，报告"琉球问题研究的最新动态"。

5月21日 中心主办第七届中国韩国学博士生论坛，会期2天。

5月23日 中心石源华赴韩参加由延世大学和宁越郡共同主办之"宁越论坛"，报告《中国的韩国学博士生教学研究——以六届中国韩国学博士生论坛为中心》，会期4天。

中心蔡建接受路透社及美国之音采访，谈金正日访问中国事。

中心方秀玉接受《南方日报》采访，谈峰会能否改变日本对华战略问题。

5月24日 韩国国际交流财团驻北京办事处主任文成基访问中心。

中心蔡建接受《环球时报》英文版采访，评论美国罗伯特·金访问朝鲜事。

5月25日 中心蔡建接受香港凤凰卫视连线访谈，评论金正日访问中国事。

5月26日 中心石源华接受《海峡导报》采访，谈金正日再次访问中国的意义及影响。

中心蔡建接受 Asia Time 采访，谈金正日访华问题。

5月27日 中心主办"韩国研究前沿课题研究"校庆报告会。

中心蔡建接受《悉尼晨报》采访，谈金正日访华的成就。

5月30日 中心石源华接受《东方早报》采访，谈朝鲜关闭南北通讯联络之意图。

中心蔡建接受 USA TODAY 采访，谈金正日访华后朝鲜是否会推行经济改革。

5月 中心石源华主持的《百位民国外交家传》获准为国家重大招标项目之子课题，并经校文科科研处核准登记。

6月1日 中心石源华参加并主持由中国国际关系学会与复旦大学国际问题研究院合办之"第六届中国国际关系学会博士生论坛"会务工作，承担会议论文审查及点评，会期2天。

6月3日 韩国驻上海总领事一行访问中心，商议明年庆贺中韩建交20周年事。

吉林社会科学院著名韩国史研究专家杨昭全研究员访问中心。

韩国青年外交代表团访问复旦大学，中心蔡建、郑继永、邢丽菊参加座谈。

6月5日 中心邢丽菊赴英国伦敦大学 SOAS 参加世界韩国学联合会组织的年会，报告《从朱熹学的角度来看朝鲜儒者南塘的人物性异论》，会期3天。

6月7日 金俊烨先生不幸逝世，享年92岁，中心发送唁电。

6月10日 金俊烨先生葬礼在首尔举行，朱芹老师代表中心出席。

6月14日 中心蔡建接受香港凤凰卫视连线访谈，就李源潮访问朝鲜及魏圣洛访问日本以及中国租借罗津港等发表评论。

6月18日 中心蔡建接受《环球时报》英文版采访，谈韩军枪击民航客机事。

6月19日 中心石源华接受《环球时报》采访，谈韩国士兵误击韩国民航班机事件。

6月23日 中心邢丽菊参加韩国儒教学会主办的"韩国儒学研究的省察与现代人文学的疏通"国际学术会议，报告《朝鲜儒者巍岩与南塘的未发论辩之考察》，会期2天。

6月30日 中心石源华接受美联社采访，谈平壤与上海直航的意义。

中心邢丽菊参加并主持由韩国成均馆大学学生与复旦大学学生举办的"韩流与儒教文化"的汇报会。

6月 中心石源华申报的《中华民国外交史新著》（三卷本）获准为国家社科基金后期资助项目。

7月5日 中心石源华参加复旦大学发展研究院与国家建设研究中心共同主办，国际问题研究院承办之"未来十年中国的国际关系和和平崛起"研讨会，报告"亚洲国际新体系的不确定性与未来十年的中国周边环境和周边外交"。

7月6日 中心石源华接受韩国KBS电视台采访，谈金俊烨先生将申圭植等5位韩国先烈遗骸迁移国内的过程及功绩。

中心蔡建赴韩国参加韩国国际交流财团成立二十周年纪念大会，并在大会上报告《中国韩国学研究的历史与现状》，会期4天。

7月7日 中心石源华接受香港凤凰卫视采访，谈七七抗战的意义以及对青年的教育问题。

7月9日 韩国关东大学中国学系李奎泰教授访问中心。

7月11日 中心石源华接受中央人民广播电台连线访谈，谈美韩合作空中加油演习及其影响。

7月13日 中心石源华、郑继永、邢丽菊应韩中文化经济协会邀请，组团访问首尔、丽水等地，并签署合作协议。

7月14日 英国大使馆政务处二等秘书李博安（BenBuley）

访问中心，中心蔡建接待并就朝鲜半岛内外局势进行了讨论。

7月18日 中心石源华、郑继永、邢丽菊参加中国朝鲜史学会在杭州举行的年会。

中心石源华接受《环球时报》采访，谈中韩军事高层互访事。

7月19日 中国朝鲜史学会理事会决定明年的年会在上海复旦大学举行，主题为"庆贺中韩建交20周年"，由中心承办。

7月20日 中心石源华接受《环球时报》采访，谈韩国学生代表团采访韩人在中国的悲痛历史事。

7月22日 中心石源华接受深圳卫视采访，谈钓鱼岛事件与中日关系。

中心邢丽菊赴内蒙古鄂尔多斯参加由中国实学会主办的东亚实学国际学术研讨会，与中心访问学者韩国光州大学李曦载教授共同报告《韩国儒者崔锡鼎的礼学与实学思想》，会期3天。

7月23日 中心石源华接受深圳卫视采访，谈朝韩巴厘岛会谈及六方会议前景。

7月25日 中心蔡建接受路透社采访，谈即将到来的金桂冠访美及六方会谈前景。

7月29日 韩国汉阳大学名誉教授任桂淳访问中心。

8月8日 中心蔡建接受美国之音采访，谈朝鲜设置开发区事。

8月10日 韩国外国语大学黄载浩教授访问中心。

8月16日 韩国外交安保研究院中国研究中心主任辛正承一行访问中心，就最近朝鲜半岛问题与中心成员进行座谈。

中心石源华接受香港凤凰卫视采访，谈新中国成立初期之中美关系及中国的对外政策。

8月24日 上海市友好联络会新任李强副秘书长一行访问中心。

8月25日 中心蔡建接受香港凤凰卫视连线访谈，就金正日访问俄罗斯一事发表评论。

8月26日 中心石源华参加中国中外关系史学会创建30周年学术研讨会,报告《30年来的中华民国外交史研究概述》,会期2天。

中心蔡建接受《南华早报》采访,谈金正日顺访中国事。

中心方秀玉赴南京参加海军指挥学院冯梁教授主持的关于社科基金讨论会,会期2天。

9月2日 中心石源华接受《南方周末》采访,谈民政部拨款修建海外中国烈士墓及海外中国军人遗骸返国问题。

9月5日 韩国国民大学中国人文社会研究所尹昊雨教授访问中心。

9月6日 中心与上海外事办公室亚太处合办韩国公务员研习班第3期开班,会期2天。

9月7日 中心石源华应《人民日报》国际部邀请,撰稿评述韩国在济州岛修建军事基地事。

9月9日 韩国驻上海总领事设宴招待中心石源华、蔡建、郑继永,商议举办中韩关系研讨会事。

9月19日 中心石源华应聘为教育部重大项目评审委员,赴北京出席"东北亚区域合作与东北地区改革开放研究"评审会议。

9月20日 中心石源华接受《东方早报》采访,谈中国欲捍卫朝核问题调停人角色。

中心蔡建接受《人民日报》及《环球人物》杂志采访,谈济州岛修建海军基地事。

9月21日 中心方秀玉接受澳大利亚广播电台采访,就六方会谈重启和韩国外交通商部提出间岛问题谈个人的观点。

中心蔡建接受《环球时报》英文版采访,谈韩国允许七宗教团体访问朝鲜事。

9月26日 中心邢丽菊应邀赴山东曲阜参加由文化部、山东省政府与中国孔子研究院共同主办的第四届世界儒学大会,报告《从韩国儒学恶角度来解析儒学的生态伦理》,会期3天。

9月28日 中心石源华接受深圳卫视采访,谈韩日独岛之争会否升级为战争。

9月29日 国际红十字会亚太区总裁访问中心,中心蔡建、郑继永接待并就半岛形势交换了看法。

10月4日 中心蔡建接受 Asia Time 采访,谈朝鲜接班体制一周年后的形势。

10月7日 中心郑继永、邢丽菊应邀赴韩国参加韩国茶文化联合会主办的"第12届大韩民国茶香庆典",邢丽菊报告《韩国庆尚南道的文化遗产与中韩两国的茶文化交流》,会期3天。

10月12日 中心蔡建接受美国之音采访,谈中越签订南海协议问题。

10月13日 中心石源华参加全国高校韩国研究机构负责人工作会议,决定第14届中国韩国学大会由辽宁大学主办。

10月14日 中心石源华、方秀玉参加由吉林大学主办的第11届中国韩国学大会,分别报告《韩国独立运动与中国关系研究的新课题》和《评析韩日安全关系》,会期2天。

中心石源华、方秀玉拜会韩国国际交流财团北京办事处新任主任,谈合作资助事宜。

10月17日 中心邢丽菊应邀赴北京参加由北京大学哲学系与崔致远国际学术交流会共同举办的纪念崔致远学术交流会议。

10月19日 中心石源华、蔡建、汪伟民、郑继永、邢丽菊应邀出席"2012年韩国丽水世博会说明会"。

中心石源华接受《东方早报》采访,谈李克强副总理同时访问韩朝的意义。

10月20日 中心石源华接受《新闻晨报》采访,谈美朝新一轮会谈及李克强访问朝韩。

10月22日 中心蔡建接受美国之音和《环球时报》英文版采访,谈李克强访问朝鲜事。

10月23日 中心石源华接受《环球时报》采访,谈李克强访问朝韩及中朝、中韩关系。

中心蔡建接受路透社和《环球时报》采访,谈李克强访问朝鲜事。

10 月 24 日 中心蔡建接受香港凤凰卫视连线访谈,评论李克强访问朝鲜及中韩、中朝关系。

10 月 25 日 中心石源华应邀赴哈尔滨,参加由韩国独立纪念馆和哈尔滨朝鲜民族研究馆联合主办之"安重根浮雕揭幕、安重根研究经典荟萃首发式暨学术研讨会",报告《安重根义举的后续影响及其历史作用》。

10 月 26 日 中心方秀玉接受《南方日报》采访,谈李克强出访朝韩、美朝认知有差异、重启六方会谈有困难等。

中心蔡建接受美国《基督教科学箴言报》采访,谈朝美恢复接触事。

10 月 29 日 中心方秀玉主持首届"中国朝鲜半岛和平论坛:朝鲜半岛和平与中美关系"国际学术会议,会期 2 天。

中心石源华、邢丽菊应邀赴济南,参加由山东大学亚太研究所主办之"东亚新趋势:变革·秩序·发展"国际研讨会,报告《深化中韩战略伙伴关系的课题和模式》和《对韩国传统思想的主体性探究》,会期 2 天。

10 月 31 日 中心石源华接受《国际先驱导报》采访,谈朝鲜近期外交新动向。

11 月 1 日 中心石源华参加中共上海市委宣传部、中国董必武思想研究会等主办之"董必武思想研究会暨《董必武文集》、《董必武诗词》首发式",报告《董必武:中国共产党走向世界的先驱》,会期 2 天。

中心石源华、蔡建、方秀玉参加韩国驻上海总领事馆举办的韩国开天节招待晚宴。

11 月 3 日 韩国统一部官员访问中心,并就朝鲜半岛最新局势与六方会谈重启问题与中心成员进行座谈。

中心全体成员应安总基总领事邀请，出席韩国驻上海总领事官邸晚宴。

11月4日 中心石源华接受《瞭望周刊》采访，谈中日韩民意调查及其评估。

11月5日 中心石源华参加上海市社联与复旦大学国际问题研究院共同主办之"中国快速崛起背景下的周边环境与周边外交专题研讨会"，作主题报告《中国周边环境与周边外交的演变过程以及未来面临的问题》。

中心石源华参加上海市社联与上海社会科学院法学所共同主办之"钓鱼岛的史地与国际法专题研讨会"，并作报告《钓鱼岛与中琉关系》。

11月6日 中心石源华应邀审读庆贺延边自治州建州60周年特别展览"千秋正气——中国朝鲜族革命斗争史展览陈列大纲"。

11月11日 中心方秀玉、蔡建、郑继永应邀参加同济大学主办的"第四届中日韩民间外交"国际学术会议，会期2天。

11月15日 韩国驻上海总领事馆主办、中心协办之"中韩关系20年：回顾与展望"中韩学术研讨会在复旦大学举行。

11月17日 中心石源华应上海财经大学教务处邀请，参加对《当代世界政治与经济》等上海市精品课程评审验收。

11月18日 中心蔡建、郑继永参加上海社会科学院亚太所举办的学术会议，并就"六方会谈与东北亚安全合作机制的构建"以及"朝鲜内部的稳定性"问题作了报告。

11月19日 中心与长老会神学大学联合主办之"中韩尊重生命思想"研讨会在复旦大学举行，中心邢丽菊报告《韩国儒学的生态伦理思想》。

11月21日 中心方秀玉接受深圳卫视直线采访，谈韩国抓捕中国渔船事。

11月24日 中心石源华应邀赴台北，参加由台北中研院近代史研究所主办之"中国与周边国家关系"国际研讨会，报告《搁置外交与中国周边外交的几点思考》，会期 2 天。

11 月 26 日 韩国前任统一部长官、现任韩国圆光大学校长丁世铉先生访问复旦大学，并就目前朝韩问题交换意见。

11 月 28 日 中心石源华应邀参加由美国圣若望大学亚洲研究中心和台湾科技艺术教育协会主办之"民国肇建与在美华人"国际学术会议，参加会议专题研讨。

中心蔡建、郑继永参加上海市国际关系学会年会。

11 月 29 日 中心石源华应邀赴台湾佛光大学访问，演讲《琉球问题与中日关系》。

12 月 2 日 中心邢丽菊赴北京参加由中国人民大学与韩国高等教育财团共同举办的"第 8 届国际儒学论坛"，报告《朝鲜后期儒者的未发论与修养论》，会期 2 天。

12 月 5 日 中心石源华接受韩国《世界日报》采访，谈朝鲜半岛局势与中国外交的年终回顾与展望。

12 月 7 日 中心方秀玉应邀参加复旦大学 FDUROP 管理办组织的本科生学术研究资助计划中期评估会议。

12 月 8 日 中心石源华接受《新闻晨报》采访，谈美国国务卿访问朝鲜可能性不大。

12 月 9 日 《新闻晨报》国际部记者徐惠芬一行访问中心，商谈创办晨报国际评论版事。

美国前任六方会谈首席代表希尔访问复旦大学美国研究中心并作报告，中心方秀玉、郑继永、邢丽菊、朱芹应邀参加座谈。

12 月 12 日 中心蔡建接受香港凤凰卫视连线访谈及《环球时报》英文报采访，评论中国渔民刺死韩国海警事。

中心方秀玉接受深圳卫视直线采访，谈韩国海警扣押中国渔船问题。

12 月 13 日 中心石源华接受《东方早报》采访，谈中韩渔业纠纷及中韩关系。

中心方秀玉接受《法制晚报》的采访，谈韩国海警扣押中国渔船问题。

中心蔡建接受云南电视台连线采访，谈中韩渔业争端。

中心方秀玉接受韩国三星经济研究所的采访，谈朝鲜半岛安全现状和未来走向。

12月15日 中心蔡建接受澳大利亚广播电台采访，谈中韩海上划界及渔业争端。

12月16日 中心邢丽菊赴韩参加由韩国栗谷学会主办的"社会变革与知识人的领导力"国际学术研讨会，报告《从历史上来看新旧势力的对决》，会期3天。

12月17日 中心方秀玉应邀参加复旦大学日本研究中心主办的2011年忘年会。

12月19日 中心邢丽菊陪同韩国成均馆大学韩国哲学科教授崔英辰先生访问南京大学哲学系。

中心石源华接受《东方早报》、《凤凰网》、《华盛顿邮报》、《新闻晨报》、《解放日报》等媒体采访，谈金正日逝世后及对朝鲜半岛局势的影响。

中心蔡建接受路透社、英国《独立报》、《悉尼晨报》、《基督教科学箴言报》、德国《明镜周刊》、USA TODAY、《华尔街日报》、Asia Time、美国之音、美国《新闻周刊》、《第一财经》、凤凰卫视及上海电视台等媒体采访，谈金正日去世后朝鲜半岛局势及中韩、中朝关系。

12月20日 中心方秀玉、汪伟民应邀参加复旦大学亚洲研究中心组织的座谈会。

中心接待韩国济州大学学生代表团，石源华演讲《上海城市的魅力与中韩关系》。

中心石源华接受日本产经新闻上海支局长采访，谈"后金正日时代的朝鲜及东北亚安全局势"。接受深圳卫视采访，谈金正日逝世后的朝鲜半岛局势。

12月21日 中心石源华接受香港凤凰卫视连线访谈，谈金正日逝世后朝鲜半岛局势及各方的反应和政策。

中心邢丽菊陪同韩国成均馆大学韩国哲学科教授崔英辰先生访问上海师范大学国际儒学院。

12月23日 中心石源华应邀参加复旦大学美国研究中心主办的"第六届美的战略走向与中美关系研讨会"。

中心石源华接受深圳卫视采访，谈中韩中国渔民越界捕鱼纠纷会否升级为重大外交问题。

中心邢丽菊参加并主持由韩国成均馆大学学生与复旦大学学生举办的"韩流与儒教文化"的汇报会。

12月27日 中心石源华应邀接受香港凤凰卫视连线访谈，谈中韩第四次战略对话及六方会谈的前景。

中心蔡建接受云南卫视连线采访，谈韩国通过决议允许海警在执勤过程中对拒捕中国渔民开枪事。

12月29日 中心石源华接受美国全国公共广播电台采访，谈中朝关系及朝鲜半岛局势的稳定。

12月30日 中心石源华接受湖北卫视采访，谈重启六方会谈的可能性。

图书在版编目(CIP)数据

韩国研究论丛.24/复旦大学韩国研究中心编.—北京：社会科学文献出版社，2012.8
(复旦大学韩国研究丛书)
ISBN 978-7-5097-3412-4

Ⅰ.①韩… Ⅱ.①复… Ⅲ.①韩国-研究-文集 Ⅳ.①K312.607-53

中国版本图书馆 CIP 数据核字（2012）第 099097 号

·复旦大学韩国研究丛书·

韩国研究论丛（第二十四辑）

编　　者／复旦大学韩国研究中心

出　版　人／谢寿光
出　版　者／社会科学文献出版社
地　　　址／北京市西城区北三环中路甲29号院3号楼华龙大厦
邮政编码／100029

责任部门／近代史编辑室 (010) 59367256　　责任编辑／高明秀
电子信箱／jxd@ssap.cn　　　　　　　　　　责任校对／杜若普
项目统筹／徐思彦　　　　　　　　　　　　　责任印制／岳　阳
经　　销／社会科学文献出版社市场营销中心 (010) 59367081　59367089
读者服务／读者服务中心 (010) 59367028

印　　装／三河市尚艺印装有限公司
开　　本／787mm×1092mm　1/20　　　　印　张／27.8
版　　次／2012年8月第1版　　　　　　　字　数／482千字
印　　次／2012年8月第1次印刷
书　　号／ISBN 978-7-5097-3412-4
定　　价／79.00元

本书如有破损、缺页、装订错误，请与本社读者服务中心联系更换
版权所有　翻印必究